中国现代民间文学史

高有鹏 著

河南大学出版社
·郑州·

图书在版编目(CIP)数据

中国现代民间文学史/高有鹏著. —郑州:河南大学出版社,2018.12
ISBN 978-7-5649-3598-6

Ⅰ.①中… Ⅱ.①高… Ⅲ.①民间文学—文学史—中国—现代 Ⅳ.①I207.790

中国版本图书馆 CIP 数据核字(2018)第 289543 号

责任编辑	余建国
责任校对	谢 冰
封面设计	翟淼淼

出版发行	河南大学出版社		
	地址:郑州市郑东新区商务外环中华大厦 2401 号	邮编:450046	
	电话:0371-86059712(高等教育出版分社)		
	0371-86059713(营销部)	网址:www.hupress.com	
排 版	郑州市今日文教印制有限公司		
印 刷	郑州市运通印刷有限公司		
版 次	2019 年 1 月第 1 版	印 次	2019 年 1 月第 1 次印刷
开 本	787mm×1092mm 1/16	印 张	21.5
字 数	434 千字	定 价	52.00 元

(本书如有印装质量问题,请与河南大学出版社营销部联系调换)

作者简介

高有鹏,河南项城人,历史学博士,上海交通大学教授,博士生导师,中央电视台百家讲坛主讲人。出版学术著作《中国民间文学史》(2001)、《中国现代民间文学史论》(2004)、《中国民间文学通史》(2012)、《中国民间文学发展史》(2015)、《神话传说与民族记忆》(2015)、《马克思主义民间文艺学》(2018)等,出版长篇历史小说《袁世凯》(一二三卷)、《清明上河》、《大宋风月》等,出版书法作品《大篆论语》、《大篆道德经》等。

目 录

第一章 中国现代民间文学的历史发展与民间文学思想理论体系建立 …………（1）
    一 中国现代民间文学的历史发展 ………………………………………（1）
    二 中国现代民间文学思想理论体系的建立 ……………………………（5）

第二章 五四歌谣学运动 ………………………………………………………（30）
    一 五四歌谣学运动的缘起与方向 ………………………………………（31）
    二 歌谣学范式的建立 ……………………………………………………（35）
    三 歌谣的思想文化 ………………………………………………………（40）
    四 拓展与转向 ……………………………………………………………（46）

第三章 现代民俗学运动 ………………………………………………………（51）
    一 北平的余音 ……………………………………………………………（53）
    二 东南的风浪：从广州到杭州 …………………………………………（58）
        （一）中山大学民俗学会 ………………………………………………（58）
        （二）杭州中国民俗学会 ………………………………………………（73）
    三 文化复兴：中西部民间文学研究 ……………………………………（82）
        （一）大河上下 …………………………………………………………（83）
        （二）复兴的文化主题 …………………………………………………（94）
    四 《中华全国风俗志》的民间文学史意义 ……………………………（100）

第四章 乡村教育运动 …………………………………………………………（106）
    一 以"乡村民众"为对象的民间文学调查 ……………………………（107）
    二 《相国寺民众娱乐调查》的民间文学史价值 ………………………（113）
    三 关于乡村教育运动中的民间文学理论问题 …………………………（118）

第五章 《古史辨》学派与现代神话学 ………………………………………（128）
    一 《古史辨》神话学派 …………………………………………………（128）
    二 中国现代神话学 ………………………………………………………（135）

第六章 红色歌谣 ………………………………………………………………（147）
    一 十送郎当红军——中央苏区红色歌谣 ………………………………（148）

二　八月桂花遍地开——鄂豫皖革命根据地红色歌谣 ………………………（156）
　　三　老子本姓天——湘鄂西红色歌谣 …………………………………………（160）
　　四　千里的雷声万里的闪——陕北民歌与刘志丹 ……………………………（162）
　　五　大瑶山民歌 …………………………………………………………………（164）
　　六　秦巴山民歌 …………………………………………………………………（165）

第七章　"林兰女士"与《民间故事》 …………………………………………………（168）
　　一　"林兰现象" …………………………………………………………………（168）
　　二　故事的内容与类型 …………………………………………………………（172）
　　三　《民间故事》的故事史价值 …………………………………………………（181）

第八章　抗日歌谣与现代民间文学 ……………………………………………………（184）
　　一　东北抗日歌谣 ………………………………………………………………（185）
　　二　晋冀鲁豫抗日歌谣 …………………………………………………………（189）
　　三　南方抗日歌谣 ………………………………………………………………（195）
　　四　大西南的抗战歌声 …………………………………………………………（203）

第九章　鲁迅的民间文学观 ……………………………………………………………（213）
　　一　尊重民间与正视现实的文化立场和价值观念 ……………………………（213）
　　二　关于民间文学的起源及其与作家文学的关系 ……………………………（223）
　　三　对民间文学嬗变历史及其价值的文化透视 ………………………………（236）
　　四　鲁迅的神话学观 ……………………………………………………………（245）

第十章　胡适的民间文学观 ……………………………………………………………（254）
　　一　比较歌谣学的创制及其歌谣学思想 ………………………………………（254）
　　二　关于民间传说故事的研究 …………………………………………………（264）
　　三　民间文学与作家文学问题 …………………………………………………（278）
　　四　《白话文学史》对现代民间文学理论发展的贡献 …………………………（285）

第十一章　延安民间文艺运动 …………………………………………………………（295）

第十二章　民族学为背景的民间文学理论建设 ………………………………………（302）
　　一　民族志的意义 ………………………………………………………………（305）
　　二　边疆建设的文化选择与民间文学问题 ……………………………………（311）

第十三章　中国现代民间歌曲理论 ……………………………………………………（316）

第十四章　少数民族民间文学 …………………………………………………………（328）

第一章 中国现代民间文学的历史发展与民间文学思想理论体系建立

在中国民间文学史上，中国现代民间文学具有非常重要的价值意义。无论是其搜集整理民间文学作为文献文本所显示的内容，还是其从学科与学理上探讨所体现出的思想理论内容，都可以把它看做以"科学"和"民主"为核心内容的新文化事业的发展；尤其是在反抗外敌入侵的民族危亡时刻，民间文学成为唤醒民众民族意识、鼓舞民族斗志的文化利器，它在事实上成为了中华民族追求独立、自由与解放事业的一部分。

这是由中国社会现实所决定的，也是中国现代知识分子所表现的文化自觉，是对中国优秀传统文化的继承与发扬，更是对社会发展中人民大众思想文化诉求的应答。

一 中国现代民间文学的历史发展

中国现代民间文学是中国现代社会文化发展的重要体现。

中国现代民间文学史包括三个重要组成部分、第一个是民间文学自身的发展，既有对传统民间文学类型的接着讲与照着讲，又有对社会现实生活的及时表现，这是其主体；第二是民间文学的搜集整理与翻译，包括各种形式的介绍、改编；第三是民间文学思想理论，见仁见智，各抒己见。三者相互影响作用，尤其是前两个部分常常形成共处于一个民间文化生活整体之中互为的现象，搜集整理的民间文学内容中，有许多就是对当世社会风俗生活的直接体现。

"现代"是一个历史学的时间概念，意在表明距离我们现实最近的一个特殊时间阶段，或者说就是当前社会形态的一个重要开端，以区别于社会形态的以往历史阶段。而由于传统的划分方式，对于中国社会历史分期，我们常常把中华人民共和国成立之前至五四新文化运动时期这一阶段称为"现代"；1949年之后的历史被称为"当代"，即当下发生的社会历史。其实，民间文学是一条波浪汹涌的大河，泥沙俱下，只能大致划分某一阶段，如果强加给它一定的时间阶段作为其标签，未必不是勉强，或者是削足适履，或者是掩耳盗铃。在历史文化的记忆述说中，许多时候事件作为记忆与表述的单位意义,应该比具体的时间划分更准确。这就是"模糊美学"叙事价值体现。

民间文学与时代发展同步,及时体现、表现社会生活的现实状态。但是,民间文学与作家文学与社会现实的关系一样,有时是非常直接具体的表现,有时具有一定的社会现实色彩,而许多时候并没有什么联系。诸如民间文学的时政歌谣,直接讽刺、批评或歌颂社会现实中的某些典型;有一些民间传说故事在讲述中夹杂着时代的影子,留下相应的历史文化痕迹;有一些民间传说故事在任何时候任何地点都能讲述。而且,民间文学在具体流传中存在着一个非常重要的现象与规律,它常常在一些重大社会历史事件发生之后,作为一种历史记忆,对其进行不同形式的评说。如太平天国和义和团这些农民起义,当世未必有多少真正直接体现于民间传说故事,做什么绘声绘色的讲述,而在多少年之后,这些起义的英雄们还被民间百姓所记忆和讲述,而且有许多事件被更加完整地讲述出来。诚然,讲述者与记录者面对这些民间文学的口头文本,讲述与记述的语言与立场常常大不相同,一切讲述与记述都具有鲜明的身份,体现出不同的文化权利或文化利益性思想情感内容。这同样属于现代民间文学。不同形式与不同内容的民间文学共融社会生活整体,也如同动植物的生态与时代相联系,共处一片天地,各显本色。但是,从总体上讲,对于那些深刻影响到社会现实发展变化的重大事件,民间文学从来不会无动于衷。在这种意义上讲,民间文学又堪称为时代发展的晴雨表,是社会风俗生活的一部分,成为映照社会现实生活的一面明亮的镜子。

对于民间文学与社会历史发展的联系而言,我们应该重视其体现社会历史发展真实的一方面,但是,决不能也不应该把这些内容作为其唯一的价值。其最可贵的价值意义在于其体现最广大人群即民间文学讲述主体的情感与意愿。许多时候,讲述的实际与记录效果并不是完全一致的。也就是说,民间文学的讲述与记述在体现历史真实的意义上是不尽相同的。一个突出的现象就是民间文学表现大多数人的文化利益,即一定人群之中所具有或表现出的具体的思想情感意愿,在不同地区不同时间内,其民间文学形态也常常表现出不确定性;记录民间文学具体内容的人不仅仅是身份不同、立场不同,而且记述能力与记述方式也有很大差别,所以,形成的民间文学的文本也千差万别。在民间文学史的意义上,无论什么样的文本,都具有其"存在"的价值与意义。就整体而言,民间文学是千百万社会大众的心声,它可能不一定细致地表现社会历史发展的全部而具体的生活,但是它从来不会歪曲现实;因为群众的眼睛是雪亮的,如古人言,"防民之口甚于防川",群众是真正的英雄。所以,历史唯物主义一再强调人民群众是创造历史和推动社会历史前进的根本动力。

民间文学与社会历史发展同步,对影响民族命运、社会发展的重大事件什么时候都不会冷漠,但并不是简单、刻板的对社会历史发展做所谓"起居注"式的直接记录,其讲述内容常常根据讲述者的具体感受作具体表现与表达。举数影响民族命运、社会发展的重大事件，在民间文学的讲述中都有所表现；有一些被记录，证明这些民间文学内容的存在，而由于多种原因，有些内容没有被及时记录，甚至直到多少年之后，有的被不完全记录，有的仍然没有被记录，因此形成了民间文学文本形式与具体流传实际不相符合的现象。而且，在许多时候，民间文学的流传是有选择条件，然后才被认同和表现的。

对于今天流传和被记录的民间文学，我们看到其历史记忆的内容在许多时候被概括为中国共产党领导全国人民建立新中国这一文化主体。我们从现代历史文献中可以深切感受到新的民族与国家政权的建立过程的极其不寻常；这是近代历史以来，中国人民浴血奋战，争得民族自由、独立与解放，第一次取得完全而伟大的胜利。诚如毛泽东在新中国成立的开国大典上所宣告的：中国人民从此站起来了！所以，千百万人民衷心感谢中国共产党的领导，歌唱共产党的伟大光荣正确。但是，历史的过程是极其曲折和复杂的，也正是这种艰难曲折才更显示共产党与各种正义力量的坚强不屈；我们不得不承认，中国共产党建立于1920年代的初期，当时还十分弱小，只有人数不多的党员，中国社会并没有在它一开始就完全接受它和它的政治主张。中国共产党的宗旨是全心全意为人民服务，这就决定了它与人民大众血肉相连，与其说它领导了中国人民建立新中国，更应该说是它获得了最广大人民群众的支持。民间文学代表了历史的良心，接受了这种历史事实，及时表现了这些内容。所以，我们可以看到从土地革命、上海工人武装起义、广州起义、南昌起义、秋收起义、井冈山革命根据地、中国工农红军长征、新四军、延安革命根据地，一直到解放战争时期的东北、平津、淮海三大战役，人民解放军跨过长江，彻底打败中国国民党及其率领的数百万大军。这些内容无一遗漏被民间文学所讲述，与历史上流传的政权建立故事一样，民间文学并不是像教科书那样照本宣科，逐条解说，而是常常选取其中的具有传奇色彩的"英雄"，将其"神话化"、"箭垛化"，诸如贺龙两把菜刀闹革命、许世友武艺高强等传奇故事成为这些历史事件被传说的表现。与此类似的是那些时政歌谣，诸如秋收起义对毛泽东的歌颂，表现穷苦人翻身求解放，打土豪分田地，充满喜悦，他们未必明白多少高深的道理，而是更感激他们熟悉的"毛委员"；鄂豫皖苏区流行《八月桂花遍地开》等红色歌谣，他们未必懂得什么叫左倾右倾，他们面对的是"鲜红的旗帜飘起来"，是"红军干部好作风"，更多表达拥护"扩红"、"拥红"，表现出对红军的热爱和对革命的无限热情。抗日战争时期流行的歌谣更是这样，人们痛心东三省被日本侵略者占领和东北军的不抵抗，到处传唱着不当亡国奴的歌谣，传唱着救国家救民族的抗日歌谣，歌唱抗日英雄，在中国每一片土地上掀起反抗日本侵略者的民族革命浪潮。与此相比的是在知书达礼的一群人中间流行着他们无耻的"汉奸文学"，他们极力散布不抵抗主义。这更显示出"不识字"的民间文学主体所具有的良心与使命。历史的记忆与认同是一个文化选择与建构的过程，其实就是不断忘却或淡化、或强化那些事件，以此在重复中形成民间文学世界自己的秩序与情感;多少年之后,人们仍然在讲述这些传说故事和歌谣,甚至不同程度忘记或淡化了某种重大社会政治事件。这是民间文学历史发展的重要规律。

中国现代民间文学史不可回避的一个重要内容是中国社会现实生活中的党派之争,主要是共产党与国民党两大阵营之间的较量与异同,及其在民间文学中的表现。许多文学史回避这个问题。应该看到,世界上从来没有无缘无故的爱与恨,爱与恨是可以转化的,民间文学的不确定性也正体现在这里。如当年军阀混战时期,北伐代表着时代的意志,有许多北伐英雄如叶挺被神话化,此时的蒋介石作为孙中山的助手出现在政治舞台上,未必被民众所辱骂;或者说,直到抗日战争初期,尽管其曾经有大肆屠杀革命党人与进步力量的恶行,全社会仍然把蒋介石视作全民抗战的领袖,在民间歌谣、民间歌曲中不乏对他的颂扬。但是,社会风云变幻无常,历史发展充满许多更复杂的因素,蒋介石和他领导的军队,虽然在抗日战争的正面战场上打出了台儿庄战役、南京保卫战、武汉会战和长沙保卫战等那样被全民族热烈歌颂的壮举,但是,他们最终走向人民大众的反面。尤其是当时的国民党政府在政治上严重背叛孙中山的三民主义,日益反动,其愈演愈烈的腐败、贪污,鲜廉寡耻,草菅人命,民不聊生,独裁专制,甚至疯狂镇压提出正当诉求的民众,无情打击迫害扼杀民主与自由,罪恶滔天!其完全失去社会公信力,最终失去人民大众的信任,必然为时代所抛弃。民间文学以民间歌谣中歌唱"想中央(军),盼中央,中央来了更遭殃",出现把蒋介石骂作"蒋该死";与当年张宗昌祸害山东时,人们歌唱"也有葱,也有蒜,锅里煮着张督办(张宗昌);也有葱,也有姜,锅里煮着张宗昌"的歌谣是一样的道理。凡是独裁专制、祸国殃民之徒,无论其权势熏天,或者是如何耀武扬威,都逃脱不了人民的辱骂和历史的唾弃!笔者曾经考察民国时期的土匪,他们中有许多人也曾经是受到饥寒压迫的穷苦人,也曾经劫富济贫,甚至在民族危亡关头,能够不怕牺牲,敢于抗日,但是,在其人生遇到艰难险阻时,又经受不住物质与精神的诱惑,最后反过来欺压民众,丧尽天良。一个人未必生下来就恶贯满盈,但是,所有的罪恶都会付出代价。民间文学以种种形式鞭挞这些残害人民、危害社会的行为,以时政歌谣、政治笑话等形式讽刺、谩骂,这是民众思想情感最真实而热烈的表达和倾诉。同样,民间文学更多表现出对正义力量的颂扬,如其对当年冯玉祥亲民爱民为民等行为的歌颂等现象。民间文学歌颂光明,鄙视邪恶,在政治笑话与生活故事中对韩复榘军阀作风的嘲笑讽刺,对各地大大小小贪官污吏祸害天下行为的揭露与痛骂,都是发自肺腑,表达出的义愤。民间文学体现民心所向,在中国古代历史上有振木铎以求歌谣,观政治得失,形成问政于民的良好文化传统。现代社会同样如此;毛泽东为代表的共产党人在解放区文艺运动中提倡搜集整理民间歌谣,出现陕北民歌的大流行。陕北民间歌曲《东方红》歌唱"中国出了个毛泽东"为典型,与痛骂蒋介石的"五大天地"等歌谣形成天地之间的差别。因此,中国现代民间文学的历史具有特殊的社会政治价值,它用最直接最简朴的语言给世人一直重复讲述着得民心者得天下的道理与事实,也用同样的语言告诫世人要尊重民众,以历史上那些民贼为戒,以那些臭名昭著的失政者、亡国者为鉴。或曰,殷纣王确实在统一国家民族中具有巨大历史功勋,而民间文学讲述的却是一个横征暴敛、酒池肉林、荒淫无度的历史罪人。应该说,这就是民间文学最重要的历史价值。

二 中国现代民间文学思想理论体系的建立

中国现代民间文学史虽然在时间上只有三十年,但它处于现代社会的重要开端,是中国古代社会政治彻底结束之后,以科学和民主为主要内容的新文化发展的特殊时期。这一时期,西学自近代社会融入中国文化,为中国文化的发展充注思想生机,出现了一大批杰出的民间文学思想家、理论家、翻译家与搜集整理的热潮,并形成以民间文学为主要内容的文化运动。但是,这并不是中国现代民间文学历史的全部内容;民间文学具有历史传承性,虽然它会因为新的社会历史阶段而体现出社会现实性内容,而在总体上仍然具有传统的内容与特征。

中国现代民间文学理论体系的建立有三个十分重要的学术背景,其一是最直接的背景,即域外文化的影响,主要是西方现代文明的冲击,迫使传统文化格局发生变化;其二是近代文化思潮,即明代中后期就已经形成的求新求变,具有启蒙意义的思想潮流,促进了学术发展中的民本意识;其三是中国文化自身的自觉寻求,即"礼失求诸野"的文化规律的作用。这三方面的基本内容相融合,就自然形成中国现代民间文学理论体系的学术思想与学术方式的基础。

在这三个背景中,域外文化的影响是最为直接的因素。应该说,没有世界各民族间的文化交流,人类文明的进程就会停滞,甚至会发生倒退;我们中华民族壮大和发展的历史就是最好的证明。昔司马迁曾说过,三代之居皆在于河洛之间。三代,就是传说中的帝王,他们其实也都是不同国家的或民族的首领,通过文化较量,当然也有各种斗争,分别在河洛地望取得统治权利。所以古人也就有得中原者得天下之说。另外,我们从中华民族的始祖神黄帝的图腾构成上也可看到,正是民族或部落间的融合,形成民族或部落的迅速发展,其中发展的重要因素便是文化交融所形成的向心力、凝聚力。世界各民族的标志,其主要内容便是文化;美国自1776年建立独立的国家,独立战争中形成的文化精神,对自由、民主、平等等文化理念的追求,形成极重要的民族精神,甚至影响到世界的发展;至今,它却以另一种姿态形成霸权,而且在世界各地包括中国培养了许多无限忠诚于他们的孝子贤孙。自然,文化间的交流,在世界各民族的历史发展中,从来都是具体到不同民族的各种利益追求与选择的内容,不平等的因素常常占据大多数。中国近代化的构成,包括近代文化思潮的发展,就是鸦片战争的结果;在更重要的程度上是民族内部极其严重的政治腐败,无官不贪,个个色厉内荏、懦弱无能而又鲜廉寡耻,形成社会文化良心普遍极度缺失,社会正义荡然无存,人们对统治阶层完全失去信心,才转而向异域文化求取生存和发展的经验与道理。在某种意义上讲,中国近代文化就是罂粟之花,充满悲壮的美丽。我们检索历史,可以深切感受到林则徐、龚自珍他们的愤恨中包含着深广的民族精神,而其中包含着非常突出的对异域文明的强烈排斥,因为异域文明固然有现代成分,但也不乏甚至更多的是罪恶。但是,不管怎么样,我们还是选择了接受异域的文明和文化,虽然这和历史上对西域的寻求在感情上有着巨大差别。中国现代民间文学理论体系的重要精神,如面向民间的启蒙、融入民众的文化追寻,及对民主、科学的宣传与实践,都离不开对西方文明的接受。中国社会政治文化和经济的格局,充满了不情愿的因素,但正如孙中山所言,"世界潮流,浩浩荡荡,顺之者昌,逆之者亡",我们更多的是无可奈何。回首中国现代民间文学理论体系的建立过程,如果没有蒋观云、周作人他们的对西方民间文学理论概念的译入,我们的这个体系很可能没有那些丰富多彩的思想文化理论,或者仍然作为传统学术方式,不能如此迅速融入现代思想文化之中。当然,过分夸大域外文明的主导作用,也是不符合实际的。食洋不化与食古不化都属于机械主义。

在中国现代民间文学理论体系的建立过程之中,我们可以看到,其西方民间文学理论的传入,基本上分为三个阶段。第一个阶段是周作人时代,主要从日本移入,梁启超他们要强国,从日本明治维新的历史中得到深刻启发,他们强调"新民",尤其是鲁迅他们寻求与传统不合拍的"恶声",是不自觉的文化选择。第二个阶段便是江绍原和郑振铎时代,他们有了较为自觉的意识,认识到西方民间文学理论包括相关的民俗学、文化人类学理论对研究中国社会具有重要意义;这个时期的成就尤为突出,诸如黄石、谢六逸他们,对于西方神话学的译介,使得中国现代民间文学理论体系获得成熟发展的内容。第三个阶段是抗日战争前后,更年轻的一批学者,诸如岑家梧、芮逸夫等学者,他们更多的译入了与民间文学理论相关的图腾理论、民族学和语言学理论,使现代民间文学理论有了更充足的发展。在这三个阶段中,第二个阶段即20世纪的二三十年代,在中国现代民间文学史上至关重要。正是集中在这一阶段的理论翻译,构成中国现代民间文学理论研究的基本方式,形成其基本框架。这三个阶段的翻译对象也各有侧重,第一个阶段重在从日本译入,第二个阶段重在从法国、英国即欧洲地区译入,第三个阶段则重在从美国译入。这三个阶段的三个地区,在文化构成与发展上有着明显的不同。按一般的道理讲,日本文化更多的是作为中西文化的驿站;而欧洲学者更多的是理性批判,是历史研究,诸如泰勒的(Tylore)"遗留物说"、马克斯·缪勒(Max Muller)的"比较神话学"、安德鲁·朗(Andrew Lang)的"人类学派神话学"和杰·弗雷泽(J. Frazer)的"巫术理论",关注较多的是历史与现实之间的文化传承与变异;美国文化更多的是经验主义,追求实证。

总之,不同的文化风格直接影响到各国的学术方式和学术风度,从而也影响到译入区域的学术发展。

第二个背景即近代文化思潮,若追溯其源头,应该是明代中后期就蕴含或孕育着这种具有批判和启蒙意义的文化思想了。这就是从冯梦龙到戴东原,再到龚自珍、黄遵宪、梁启超他们,构成一条思想文化的大河;他们的学术思想最突出的品格就是对传统与时代所表现的批判与叛逆,敢于冲破已经腐朽到极点却越来越顽固的文化传统和思想传统。近代文化思潮影响下的民间文学思想理论发展内容,已经有学者做出整理性的工作。如阿英对相关资料的钩沉与挖掘,钟敬文对改良派、革命派的民间文学理论的透视与勾勒、梳理,张振犁对顽固派民间文学理论的研究①。近代民间文学理论作为庞大的文化思想体系,其内容尤其复杂;在前面相应的章节中,笔者已经做了论说。这里应该指出的是,鲁迅他们的早期的民间文学思想,包括章太炎的《訄书》等文献,尤其是小说、诗歌、戏剧的改良和教科书重制等文化现象,都体现出浓郁的民族主义,如何更深入地探索这些内容,确实是中国历史的大转折时期的再认识的关键。特别是近代哲学思潮的意义,尤值得人们深思。

第三个背景其实就是古典文化的优秀传统。中国文化发展中的自觉的民本意识,是中华民族伟大的精神财富。"礼失求诸野"是我们的传统文化的一条重要规律。所谓"礼",其实就是主流文化;所谓"野",其实就是民间文化,自然包含民间文学。我们常常把儒家文化作为文化主体,讲究修身齐家治国平天下,讲究个人责任和使命。但仅仅是这样,还远远不够。郑振铎说民间文学就是大众文学,是中国文学史的中心②,这固然有他的偏颇,但无视民间文学为全民所拥有的历史存在事实,这是更大的偏颇。应该看到,民间文学作为民间文化的重要组成部分,它不仅是语言的艺术形式,而且是一个民族相当重要的精神生活和文化生活;离开了生活的实质意义,就难以看到中国文化的真正面目。正因如此,如人所说,理论是灰色的,生活之树常绿,所以,作为主流文化的"礼"就能从作为民间文化的"野"中汲取到源源不断的汁液,促使其自身的健康发展。如孟子所强调的君为轻社稷次之民为重,在事实上构成了整个中国文化的重要理念;加上更为古老的"天行健君子以自强不息"的文化精神,中国文化的自觉性就有了更特殊的价值和意义。鸟瞰中国文化发展的历史,文学的每一次革新几乎都与民间这个特殊的群体有着极其密切的联系。现代民间文学理论的体系构成中,传统的文化精神得到充分的张扬,这就是这种文化规律的延续。若没有这种

---

① 见阿英系列著作;钟敬文与张振犁文章见《民间文艺学文丛》,北京师范大学出版社1982年版。
② 郑振铎:《中国俗文学史》,第一章《何谓"俗文学"》,长沙商务印书馆1938年版。

内容及文化精神的贯彻,中国现代民间文学理论体系将是空中楼阁,或沦为一种殖民话语。也正因为有了数千年的中国传统文化及其文化精神的巨大支持,这个体系才能扎根于中国社会,并在现代历史发展中成为民族精神的一缕火花,照亮中国社会前进和发展的前程。中国现代民间文学理论体系的建立与古典文化的优秀传统有着割不断的联系,这对于今天民间文学的发展具有启发意义。

正因为受到不同学科知识与思想理论的影响,"民间文学"的学科概念在民间文学思想理论具体建构过程中形成。

或曰,"民间"这个概念和"文学"这个概念,在我国古代文献中都早有存在。但是,"民间文学"这个概念出现其实并不是很早,而至于 1920 年代之前,似乎没有出现于报端。如胡适回忆与朋友的来往经历时所说:"1916 年 3 月间,我曾写信给梅觐庄,略说我的新见解,指出宋元的白话文学的重要价值。觐庄究竟是研究过西洋文学的人,他回信居然很赞成我的意见。他说:来书论宋元文学,甚启聋聩。文学革命自当从'民间文学'(Folklore, Popularpoetry, Spoken Language, etc.)入手,此无待言。惟非经一番大战争不可。骤言俚俗文学,必为旧派文家所讪笑攻击。但我辈正欢迎其讪笑攻击耳。这封信真叫我高兴,梅觐庄也成了'我辈'了!"①这就是后人所说的梅光迪第一个使用"民间文学"这个概念的根据。但是,这里胡适以信件述说并证明"民间文学"的概念,到底不是直接的证据。如果考察民间文学作为学科的概念出现,则应该始自胡愈之的著述中。

胡愈之是曾经被我们忽视过其重要贡献的文化巨人。

胡愈之是著名的出版家、编辑家,也是一个作家(其长篇小说《少年航空兵》可谓最早的科学幻想小说),是杰出的文化战士,他早年受过扎实的古文训练,并有在杭州英语专科学校学习的经历;其 1914 年考入上海商务印书馆为练习生,自学英语、日语、世界语,开始发表著译,1915 年起,做《东方杂志》编辑,其非常勤奋,阅读到许多西方图书报纸;他积极投身于新文化建设,曾经参与过声援北京五四运动,与茅盾、郑振铎等人一起组织成立文学研究会。其视野非常开阔,所以能够迅速感受到新文化与民间大众的特殊联系,而及时提出"民间文学"这个重要的学科概念。

---

① 胡适:《逼上梁山——文学革命的开始》,原载《东方杂志》第 31 卷第 1 期,1934 年 1 月 1 日。

《妇女杂志》创刊于1915年①,1931年12月停刊;其提出办刊思路为"以提倡女学,辅助家政为宗旨,而教养儿童之法尤为注意,既足为一般贤母良妻之模范童蒙养正,又为研究教育者所必当参考之书",其提出"改良家庭即整顿社会"等主张。《妇女杂志》由上海商务印书馆出版,开始由王莼农主编,自第七卷第一期即第七卷到第十一卷由章锡琛主编;此后还有杜就田、叶圣陶、杨润馀等人做主编。胡愈之是这份杂志的重要撰稿人,他的《论民间文学》发表于《妇女杂志》1921年1月即第七卷第一期,这时的杂志主编是刚刚上任的章锡琛。胡愈之谈论民间文学并不是心血来潮,而是有着扎实而深刻的思想文化基础,而且是持之以恒的。1930年代,他发表《关于大众语文》提出"'大众语'应解释作'代表大众意识的语言'","大众语文一定是接近口语的"②,表达出同样的看法。

胡愈之在《论民间文学》中系统论述了民间文学的各个方面内容与特征,以及价值意义。他开篇即说"民间文学的意义,与英文的'Folklore',德文的'Volkskunde'大略相同","是指流行于民族中间的文学",其范畴在于"像那些神话、故事、传说、山歌、船歌、儿歌等等"③,都是民间文学。

在与作家文学的比较中,他强调"民间文学"所具有的"两个特质",其论述道:

第一,创作的人乃是民族全体,不是个人。普通的文学著作,都是从个人创作出来的,每一种著作,都有一个作家。民间文学可是不然,创作的决不是甲,也不是乙,乃是民族的全体。老农所讲的故事,婴儿所唱的乳歌,真实的创作家是谁,恐怕谁也说不出。有许多故事歌谣,最初发生的时候,也许是先有一个创意的人,但形式和字句却必经过许多的自然修正,才能流行民间;因为任凭你是个了不得的天才,个人的作品,断不能使无智识的社会永久传诵的。个人的作品,传到妇女儿童的口里,不免逐渐蜕变,到了最后,便会把作品中的作者个性完全消失,所表现的只是民族共通的

---

① 1915年是许多重要报纸杂志创办的时间,如胡晓明在《近代上海诗歌系年初编(1898—1919)》中统计显示:1月1日,鸳鸯蝴蝶派刊物《小说海》创刊。5日,商务印书馆创办《妇女杂志》月刊,后又创办《英文杂志》月刊。20日,梁启超主编《大中华杂志》创刊。本月,《科学》杂志创刊,中国科学社主编,以"传播世界最新科学知识为职志"。本月,《小说海》《妇女杂志》《中华学生界》等月刊创刊。2月,中华医学会在上海成立,11月创刊《中华医学》杂志。3月,《双星》《戏剧丛报》《小说新报》《消闲钟》等月刊创刊。5月,《中国白话报》创刊。6月8日,内务部电令查禁《中国白话报》《爱国晚报》《救亡报》《五七报》等上海报刊。8月1日,包笑天主编的《小说大观》季刊创刊。5日,《日本潮》创刊,由群益书社编辑发行。15日,《国货月报》创刊,该刊"以发达工商,提倡国货"为宗旨。31日,李辛白主编《通俗杂志》半月刊创刊。9月10日,《亚细亚日报》《中华国货月报》创刊。15日,陈独秀主编的《青年杂志》(2卷1期起改名《新青年》)创刊。10月1日,《中华新报》杂志创刊。10日,《中华新报》创刊,谷钟秀、杨永泰等主编。11月,《大厦丛刊》月刊创刊。12月25日,《民俗日报》创刊。本月,《复旦杂志》月刊创刊。
② 胡愈之:《关于大众语文》,《独立评论》1934年第109期。
③ 愈之:《论民间文学》,《妇女杂志》第7卷第1号,上海商务印书馆1921年1月。

思想和情感了。所以个人创意的作品,待变成了民间文学,中间必经过无量数人的修改;换句话,仍旧是全民族的作品,不是个人的作品了。

第二,民间文学是口述的文学(Oral Literature),不是书本的文学(Book Literature),书本的文学是固定的,作品完成之后,便难变易。民间文学可是不然:因为故事歌谣的流行,全仗口头的传述,所以是流动的,不是固定的。经过几度的传述,往往跟着时代地点而生变易;所以同是一段故事,或一首歌谣,甲地所讲的和乙地不同,几十年前所讲的又和几十年后不同。这也是民间文学的一个特征。

所以民间文学和普通文学的不同:一个是个人创作出来的,一个却是民族全体创作出来的;一个是成文的,一个却是口述的不成文的①。

这是最早系统论述民间文学特征的文献。从其理论来源看,确实是与西方学者的民间文学论述有关,但他没有任何摘抄搬用的痕迹。应该说,胡愈之完成了关于中国民间文学概念和特征阐释这一最基本最重要的工作。

其学术视野尤其宽广,如其所论述民间文学的艺术发生及其教育功能,他更早注意到民间文学中"研究民族生活民族心理的,研究人类学社会学或比较宗教学的都不可不拿民间文学做研究的资料"这样重要的科学研究价值。如其所说:

从艺术的本质来看,文学的发生,是由于原始人类的艺术冲动(Art-impulse)。表现这一种艺术冲动的,在野蛮人类是跳舞、神话、歌谣等等。这种故事、歌曲,虽然形式是很简陋的,思想是很单纯的,但也一样能够表现自然,抒写感情。而且民间文学更具极大的普遍性。又因为民间文学是口述的文学,是耳的文学,不是目的文学,所以在有韵的民间歌谣中,往往具有很自然的谐律(rhythm)。有许多歌谣当中的音律,决不是文学作家所能推敲出来的。再从心理上看来,民间文学是表现民族思想感情的东西,而且又是表现"人的"思想,"人的"情感的最好的东西。因为个人的文学作品,往往加入技巧的制作和文字形式的拘束,所以不能把人的思想感情很确切很真率的表现出来。只有民间文学乃是人们思想感情的自然流露。而且流露出来的是民族共通的思想感情,不是个人的思想感情。所以研究民族生活民族心理的,研究人类学社会学或比较宗教学的都不可不拿民间文学做研究的资料。再从教育上看来,民间文学是原始人类的本能的产物,和儿童性情最合,所以又是最好的儿童文学②。

胡愈之更看重"中国民族在世界上占有特殊的位置"的命题,并以此论述"中国的民间风俗"与"民间文艺",其"当然是极有研究的价值"。他进而论述道:"可是中国的故事歌谣,却从来没有人采集过;虽有几个外国人的著作,但是其中所收的,也不过是断片的材料罢了。"所以,他提出"现在要建立我国国民文学",其所说"国民文学",应该

---

① 愈之:《论民间文学》,《妇女杂志》第 7 卷第 1 号,上海商务印书馆 1921 年 1 月。
② 愈之:《论民间文学》,《妇女杂志》第 7 卷第 1 号,上海商务印书馆 1921 年 1 月。

是指现在所说的"民族文学",其基本任务在于"研究我国国民性,自然应该把各地的民间文学,大规模的采集下来,用科学方法,整理一番"。也正如他所担忧的"我国地大人多,交通又不便,各省的民风,各各不同,所以要下手研究,恐怕没有像别国的容易"。至此,他提出学术合作,即"我国也设起许多民情学会,民间文学研究会","许多人合力做去才好啊!"①或曰,胡愈之是中国现代民间文学史上第一个倡议成立"民间文学研究会"的学者。

关于"研究民间文学应该分两个阶段",其实是民间文学研究的理论方法。他提出"最先把各地的民间故事、民间传说、民间歌谣采集下来,编成民间故事集、歌谣集等",然后是"把这种资料,用归纳的分类的方法,编成总合的著作"。所谓"总合的著作",他举例介绍,称"要算佛赖瑞博士(Dr. J. G. Frazer)的《金枝集》(Golden Bough),哈德兰(E. S. Hartland)的 Legend of Perseus 最为著名",同时,他又指出"但现在研究我国民间文学,还没有现成的研究资料,所以应该从采集入手",他的许多论点与歌谣研究会的学者思想理论是相同的。如他指出"采集民间文学有几桩事情应该注意",即:"下手时候应该先研究语学(Philology)和各地的方言","因为不懂得语学和方言,对于民间文学的真趣,往往不容易领会"。这与歌谣学运动中的方言调查颇为相似。他指出"用文字表现民间的作品,很不容易,因为文字是固定的,板滞的,语言却是流动的;最好是用简单的辞句,把作品老老实实的表现出来,切不可加入主观的辞句,和艺术的制作","像丹麦安徒生(Christian Andersen)那种文体最为合适",与歌谣学运动所提注音注释等主张相似。其指出"采集的时候,应该留心辨别,到底所采的故事或歌谣,是不是真正的民间作品","因为有许多故事或民歌,也许是好事的文人造作出来的,而且造作得未久,还没有变成民族的文学,所以不应该采集进去",是强调民间文学的选择与认同,与歌谣学运动中研究"猥亵的歌谣"在思想理论上有异曲同工之妙。其最后指出"民间作品的价值,在于永久和普遍","流行的年代最久而且流行的地方最广的,才是纯粹的民间文学",所以"采集的时候最应该注意"②等理论,无论是搜集整理与理论研究的方法还是境界,都远远超越了同时代许多学者。

同时,胡愈之在《文学旬刊》上相继发表了《研究民间传说歌谣的必要》③和《童话与神异的故事》④等民间文学理论研究文章,从不同方面论述了民间歌谣与民间故事研究的意义与方法等问题。此后,他发表《关于大众语文》等文章;在流亡法国时,他又

---

① 愈之:《论民间文学》,《妇女杂志》第7卷第1号,上海商务印书馆1921年1月。
② 愈之:《论民间文学》,《妇女杂志》第7卷第1号,上海商务印书馆1921年1月。
③ 胡愈之:《研究民间传说歌谣的必要》,《文学旬刊》1921年6月20日。
④ 胡愈之:《童话与神异的故事》,《文学旬刊》1921年6月30日。

翻译了法国人类学家倍松的重要著作《图腾主义》①。《图腾主义》是中国民间文学有重要思想理论价值的著作,影响到中国民族学与人类学的发展。与胡愈之《论民间文学》可以媲美的还有胡怀琛的《中国民歌研究》②和《中国寓言研究》③;胡怀琛与胡愈之一样,做了许多民间文学研究,曾经连续在1923年至1929年之间的《小说世界》上发表《中国民间文学之一斑》、《民间诗人》、《〈国风〉不能确切代表各国风俗辨》、《〈诗经〉国风中所表现的民族精神》、《辨〈国风〉中之巫诗》、《民间文艺书籍的调查》等文章,这些文章具有开拓性,较早从不同方面丰富和完善了关于中国现代民间文学概念的阐释。之后,许多学者沿着他们的道路述说"民间文学"的概念,如徐蔚南著《民间文学》,解释道:"民间文学是民族全体所合作的,属于无产阶级的、从民间来的、口述的、经万人修正而为最大多数人民所传诵爱护的文学。"④其他还有杨荫深《中国民间文学概说》(上海华通书局1930年版)、王显恩《中国民间文艺》(上海广益书局1932年版)、老赵《民众文学新论》(中国出版社1933年版)等著作,与胡愈之《论民间文学》所论大同小异。此更显胡愈之开创之功。

中国现代民间文学理论体系的建立中,其思想文化内容表现出这样几个方面的重要特点,即:一、神话学的多元并立;既有中国传统文化的考据辨析,又有西方人类学、民族学、社会学等学科知识的融入。二、古典文学研究的重要融入;民间文学的实质其实仍然是文学,没有其文学性存在,就会失去其传播魅力。其作为古典文学的一部分被历代学者所关注,在事实上已经形成中国古代民间文学思想理论的重要内容;这是现代民间文学思想理论形成与发展的重要基础。三、域外民间文学理论的运用倾向;别求新声于异邦的翻译与介绍,是中国民间文学的历史传统,在现代民间文学发展及其思想理论的建构中,其意义更为特殊。四、时代精神的高扬。这是中国现代民间文学的思想文化主体,它包含着各种形式的民间文学被搜集整理、发掘和利用的事实,也包含着不同人群以不同方式研究和述说民间文学,所表现出的民间文学思想理论的"时代特色"。

这四个方面的特点使现代民间文学理论获得了可喜的生机,是我们准确把握中国现代民间文学史的重要渠道。

神话学的多元并立,是指以鲁迅为代表的强调神话与民族精神相联系的文化研究一维,以茅盾为代表的强调文化人类学研究方法的一维,以顾颉刚为代表的"《古史辨》学派"为一维。鲁迅的神话研究,强调对神话中所蕴含的民族精神的张扬。在他早

---

① (法)倍松(M. Besson):《图腾主义》,胡愈之译,上海开明书店1932年版。
② 胡怀琛:《中国民歌研究》,上海商务印书馆1925年9月版。
③ 胡怀琛:《中国寓言研究》,上海商务印书馆1930年11月版。
④ 徐蔚南:《民间文学》,(上海)世界书局1927年版,第6页。

年的《破恶声论》等著述中,他异常重视"破除迷信"的意义,有人对龙图腾在神话中的表现提出曲解意见时,他则给予指正,借以维护和捍卫民族文化尊严。更不用说他的《故事新编》,用小说的形式表现自己对神话的理解。他更重视挖掘神话中的民族精神,藉以振奋民族精神;他还非常重视活在民间百姓口头上的神话,在与人的通信中提到"中国人至今未脱原始思想,的确尚有新神话发生",以自己家乡的太阳生日神话为例①。同时,他还对西方人利用其他民族神话传说进行文化改造,揭示其用心。若追溯这种神话研究方法的源,似乎可在梁启超强调"影响于古代人民思想及社会组织"的内容中找到痕迹②。我们在后世学者袁珂等人的研究中看到这种方法的发展。茅盾的神话研究,其基本方法是文化人类学,即强调现代民族中存在的原始时代的文化遗留,同时,他尤其重视在各民族的神话传说中进行比较。在某种意义上讲,茅盾称得上是西方文化人类学派神话理论在中国的典型的代言人;在周作人、郑振铎、闻一多等学者的神话研究中,我们可以看到这种相似的现象;后世学者中,尤其是新的历史时期,一批青年神话学者受这种理论的影响更为明显。值得人重视的是,自从闻一多等学者开始,注重神话研究与田野作业,以及其他学科相结合的方法,使神话学得到更迅速的发展,这种研究方法在今天表现出更为独特的价值。顾颉刚的《古史辨》一派,在厘清历史与神话传说之间有一些贡献,他们提出层累的构成说等学术论点,确实有益于启发人的思索,而且他本人也曾经重视民间文学研究的田野作业,如其对吴地民歌的搜集整理与考证。但是,他始终是把神话看作历史的虚构成分,他和他的同志们坚持对神话进行严格而细致的辨析,只看到典籍文献中的神话材料。这种研究方法自有其独特的理由,但是,其无视活在民间百姓口头上的神话的重要历史价值,这不能不说是一种局限。令人遗憾的是,这种研究方法仍充注在当代学术发展中,一些青年学者无视当年徐旭生、郑振铎他们对这种方法的批判,仍在步其旧辙。当然,我们也需要从史学角度研究神话。在中国现代民间文学史上,三种神话学的研究方法既是并立的,又是互补的,应该说,这是学术的福音。

　　古典文学研究的重要融入,对于中国现代民间文学思想理论体系的建立和发展具有相当重要的作用。关于在文学史的研究中重视民间文学的重要作用问题,当年,我在《中国民间文学史》中曾做过详细论述,③或曰,没有古典文学意义上的民间文学研究,就不会出现中国民间文学思想理论体系与相应的学科建设。这里我想着重提出的是,民间文学研究应该充分注意到文学研究的基本方法。民间文学的最基本的属性还是文学!现代学术史上,诸如胡适、鲁迅、闻一多、朱自清、郑振铎,他们都有着

---

① 见《鲁迅书信集》,人民文学出版社1959年版。
② 梁启超《太古及三代载记》,见《饮冰室丛话》,上海中华书局1922年版。
③ 参见拙作《中国民间文学史》"绪论"部分,河南大学出版社2001年版。

坚实的古典文献的基础,更不用说郭沫若、陈寅恪、徐旭生他们作为文史研究学者深厚的学养。正是基于对古典文献的深邃的造诣,他们才有那么多惊人的见解。在文化发展的历史进程中细致考察民间文学的形成与流传、变异等问题,胡适曾经对《西游记》《三国演义》《水浒传》等名著中的故事原型进行考辨,郑振铎也做过相似的工作;闻一多对文字学、语言学和艺术理论的运用,鲁迅和朱自清对文学史的独到见解,包括周作人、茅盾、老舍,中国现代民间文学史上这些学者出身的作家,都以非凡的学养,特别是古典文献的深厚学养,构成他们扎实的理论基础,从而也影响到他们文学作品中的思想深度。民间文学和传统的诗文、文人戏曲确实有很大不同,但它们共处于古典文化的整体之中,我们没有必要硬将它们等量齐观,更没有必要将它们分成三六九等,随意论其长短,但是,我们确实要看到它们之间的复杂关系。有一个时期,我们强调过于追求民间文学的社会性,甚至有许多人叫嚷什么民间文学不存在,用什么"口头传统"代替民间文学。与其说有些人在标新立异,倒不如说是无视民间文学的文学性。应该说,依靠多少代人的努力奋斗,建立了民间文学思想理论的大厦,其雄伟和豪迈的风度并不是少数人的无视就不存在。

在文学发展中,重视对中国传统文化特别是民间文学的价值意义,能够使其文学作品产生非凡的魅力与思想价值。这是中国文化传统的重要现象与重要规律。

如郭沫若,限于史料,只是从他的传记中了解到他在青少年时代家乡生活中对民间文学的耳濡目染,笔者并没有见到他直接搜集整理民间文学"采风"之类的文化活动,而他却在自己的诗歌《女神》和历史剧《屈原》等文学作品中大量表现神话传说这些民间文学,讴歌神话英雄,体现他对新时代的期待与向往。更不用说他在《中国古代社会研究》等历史文化著述中,对中国古代神话与各种传说故事的考证、甄别、辨析,表现出他对中国传统文化意义上的民间文学的熟稔。同样,他关于民间文学的理解并不是直接而系统的表现,却是不乏真知灼见,如其后来在中国民间文艺研究会成立大会上当选为第一任理事长,他的讲话或者可以看作他对民间文学的具体认识,是他对自己在现代文学实践中形成的民间文学思想理论的总结。时间虽然是在1949年之后,但仅仅是在1950年的3月,仍然属于现代的范畴,是现代民间文学思想理论的延伸。

他提出"民间艺术的立场是人民,对象是人民,态度是为人民服务","必须借民间的镜子来照照自己","民间文艺才是研究历史的最真实、最可贵的第一手的材料","今天研究民间文艺最终目的是要将民间文艺加工、提高、发展,以创造新民族形式的新民主主义的文艺",在《我们研究民间文艺的目的》具体论述"保存珍贵的文学遗产并加以传播"与"民间艺术的立场是人民,对象是人民,态度是为人民服务","必须借民间的镜子来照照自己","民间文艺才是研究历史的最真实、最可贵的第一手的材料"等"五点"内容道:

一、保存珍贵的文学遗产并加以传播。中国幅员广大,各地有各地方的色彩,收集散在各地的民间文艺再加以保存和传播,是十分必要的。我是很喜欢《国风》这个"国"字,这"风"用得真是不能再恰当了。民歌就是一阵风,不知道它的作者是谁,忽然就像一阵风地刮了起来,又忽然像一阵风地静止了,消失了。我们现在就要组织一批捕风的人,把正在刮着的风捕来保存,加以研究和传播。在中国五千年的历史上,捕风的工作是做得很不够的,像《诗经》这样的搜集就不多。因此有许多风自生自灭,没有留下一点踪迹。今天我们就不能重蹈覆辙,不能再让它自生自灭了。

二、学习民间文艺的优点。我们搜集了民间文艺,并不是纯粹为了当做艺术品来欣赏,甚至奉为偶像,而是要去寻找它的优点来学习。在诗歌,要学习它表现人民感情的手法语法,学习它的韵律、音节。同时,还可以借民间的东西来改造自己。民间艺术的立场是人民,对象是人民,态度是为人民服务。凡是爱人民的即爱护之,反对人民的即反对之。我们的作家应当从民间文艺中学习改正自己创作的立场和态度。

三、从民间文艺里接受民间的批评与自我批评。文艺不仅是现实生活的反映,而且是现实生活的评价与批判。民间文艺中,或明显地、或隐晦地包含着对当时社会,尤其是政治的批评。所以,我们今天研究民间文艺不单单着眼在它的文艺价值,还要注意其中所包含的群众的政治意见。今天我们大家都要有自我批评,更要收集群众意见。古人也早已有此见解。据说古代统治者派遣采诗官,采集诗歌在朝廷演奏,借以明了民间疾苦。这种事是否的确有,不能确定,但至少有人有过这种想法。在音乐方面,古人也知道"审乐而知政",从民间音乐的愉悦或抑愤中考察政治的清明或暴虐。我们不好单单把民间文艺当作一种艺术来欣赏,一种文学形式来学习,还必须借民间的镜子来照照自己。

四、民间文艺给历史家提供了最正确的社会史料。过去的读书人只读一部二十四史,只读一些官家或准官家的史料。但我们知道民间文艺才是研究历史的最真实、最可贵的第一手的材料。因此要站在研究社会发展史、研究历史的立场来加以好好利用。

五、发展民间文艺。我们不仅要搜集、保存、研究和学习民间文艺,而且应给以改进和加工,使之发展成为新民主主义的文艺。在中国历史上长久流传的全文学艺术,如《离骚》、元曲、小说等,都是利用民间文艺加工的。这对我们是个很好的启示。今天研究民间文艺最终目的是要将民间文艺加工、提高、发展,以创造新民族形式的新民主主义的文艺①。

在文学发展的意义上重视民间文学的母体性,郭沫若与胡适他们是一致的,都强

---

① 郭沫若《我们研究民间文艺的目的》,《民间文艺集刊》第1册,人民文学出版社1950年版。

调民间文学对作家群体的重要影响。但是,所谓"加工、提高、发展",无疑便是在事实上仍然把民间文学作为"不发达状态"的文学,与毛泽东把民间文学视作"萌芽状态的文学"一样,没有看到民间文学在历史文化发展中特有的存在价值。民间文学有远远早于作家文学发生的历史,孕育了作家文学,在语言文字发达之后,各自具有独立的发展规律与艺术特性,并不是所谓发达与否、成熟与否。遗憾的是,如此观念一直充斥文坛,至今不绝。

如阿英,他是一个一生对民间文学都情有独钟的作家和学者。他的话剧具有鲜明的民族特色与时代特色,与他的文学思想一样,是中国现代文学的一座丰碑;而其文学创作与文化思想的重要来源,与民间文学有着极其密切的联系。他对民间文学如此广泛、深入、细致的搜集整理及其所表现的民间文学思想理论,在同时代作家与学者中都是非常出色的。或曰,其可以与郑振铎媲美,郑振铎主要搜集整理了中国古代民间文学的内容,而阿英对中国近代民间文学的搜集整理其成就却是空前的巨大。

阿英的民间文学思想理论是在其青年时代就明确形成的,很明显,与当时流行的民粹主义有密切联系。1926年5月,阿英发起并主编的《苍茫》杂志。他在这一年第四期的《苍茫》杂志上发表《到民间去》,他说,无论是搞革命,还是搞文化都要到民间去:一是搞好宣传,鼓动群众造反,二是搞"到民间去"运动,第三步才是"将自己的新思想,普及到所有的人民,普及的方法,就是先去与人民为伍"。他批评那些沉浸在"无结果的议论"中的人不能毅然到民间去,因此斗争不可能坚持下去。"到民间去"最早由李大钊提出,影响了五四新文化运动"面向民间"的立场与方法。阿英接受了这种思想文化主张,他说"文艺家要到民间去",非此,便"不能完成文学的雄图"。在这里他高喊道:"'把自己的生命为民众牺牲',这种伟大精神的传播,竟成就了俄国革命的光荣历史,完成了文学的雄图,占领得整个的世界!"①从1920年代起,他出版许多文学作品,如短篇小说集《革命的故事》、《义冢》、《白烟》与历史剧《李闯王》等,而且出版大量文学史著述《中国俗文学研究》、《雷峰塔传奇叙录及其他》、《弹词小说评考》、《晚清小说史》等,整理出《中法战争文学集》、《中日战争文学集》(后改名《甲午中日战争文学集》)、《杨柳青红楼梦年画集》、《红楼梦版画集》、《晚清戏曲小说目》、《鸦片战争文学集》、《西行漫画》、《庚子事变文学集》、《反美华工禁约文学集》、《晚清文学丛钞》(包括小说1—4卷,每卷各2册,小说戏曲研究一卷,说唱文学一卷,域外文学译文一卷,俄罗斯文学译文一卷,传奇杂剧一卷)等包含许多民间文学内容的文学史资料。更不用说他主编《民间文学》,为时代保存了许多珍贵的民间文学作品。阿英为中国文学事业和中国民间文学事业都做出杰出贡献,是中国民间文学史上一位巨人。遗憾的是,

---

① 阿英《到民间去》,《苍茫》1926年第4期。

我们许多学者没有注意到这一事实。

如台静农,他曾经是一个挚爱新诗的热血青年,当年发表新诗《宝刀》①,立志要铲除世界上的邪恶。1920年代,他出版短篇小说集《地之子》、《建塔者》,他与鲁迅成为好友,是未名社的重要成员。1930年代,他多次被逮捕入狱。1924年,他在北京大学国学门肄业,在风俗调查会工作过(事务员)。他受到刘半农、沈兼士和常惠他们的影响,进行民间歌谣的搜集整理和研究。在中国现代民间文学史上,他较早注意到民间歌谣与劳动生活之间的联系,提出"研究歌谣应该从题材里看出它的生活背景,从形式上发现它的技巧演变。题材所包含的是人类学同社会学的价值,由某种题材发现某一社会阶段,及其生活姿态"②。对于歌谣中所表现的"原始人同文明时代的人所不同的是生活(产)技术"问题,他详细论述道:

原始人同文明时代的人所不同的是生活(产)技术,而喜怒哀乐的情绪却没有什么分别。原始人主要的生产技术是渔猎、牧畜、播种,除了这些劳作以外,精神上的慰安,只有放情的歌唱。在辛苦的时候,拿歌来减轻疲乏;在喜悦的时候,拿歌来表示兴奋;在不幸的时候,拿歌来抒写悲哀。所歌唱的未必都有意义,至少与他们的情感一致的。感情是歌谣的原动力,而感情的现象如何,则决(定)于人类的生活。所以我们研究歌谣的起源,要注意到人类的实(际)生活的背景。可是时代久远了,最早的风格也随着改变了。现在论到的《杵歌》,还可以看出历史的蜕变的痕迹。句子的"请成相",一向认为是一种特殊的体制,然据俞樾的解说,此种特殊的体制,就是从《杵歌》演变成的。

《诸子·平议》卷十五云:"此'相'字即'舂不相'之相"。《礼记·曲礼》篇:"邻有丧,舂不相",郑注曰"相谓送杵声"。盖古人于劳役之事,必为歌讴以相劝勉,亦举大木者呼"邪杵"之比,其乐曲即谓之"相";请成相者,谓成此曲也。

俞氏此种解说,看来颇为奇特,实则非常明锐。即如"邻有丧,舂不相",显然"杵声"已变为丧乐,但在我们的典籍里竟找不出旁证,而野蛮民族则确有其实事,如《昭代丛书》中檀萃的《说蛮》云:"死以杵击臼和歌哭,葬之幽岩,秘而无识。"这里所记的是苗民"狗耳龙家"族的风俗,"送杵声"之成为哀乐,大概是如此的。杵臼是半开化民族日常必需的生活工具,所以能成为一种乐歌之启发。在舂谷的时候,唱着歌——或哼着没有意义的调子,因声音的调协,感到音乐的美,进一步演成乐歌,离开了单独的杵臼的声音,这却是极自然的演变③。

又如长篇历史小说作家姚雪垠创作出《李自成》这部巨著,许多人只知道他是一

---

① 台静农《宝刀》,(上海)《民国日报》副刊,1922年1月20日。
② 台静农《从〈杵歌〉说到歌谣的起源》,《歌谣》周刊第2卷第16期,1936年9月19日。
③ 台静农《从〈杵歌〉说到歌谣的起源》,《歌谣》周刊第2卷第16期,1936年9月19日。

位在明代史学方面有深厚造诣的学者,其实他的古典文学研究包括民间文学的研究同样不俗。对于任何一个民族而言,传统的意义都是非常重要的,这不仅是因为在传统中积聚着民族的历史与文化的认同与选择,体现着民族的思想、智慧与精神,而且还标志着一个民族的尊严。

传统文化是被历史文化认同而形成的。在相当长的一个时期,我们仅仅把历史文献视作传统文化,有意或无意的排除了文化发展中风俗生活作为传统的存在意义。应该说,文化作为传统的形式,既有文献的一面,又有生活的一面,而千百万民众所传承和使用的风俗生活包括民间信仰、口头文学创作等内容,作为民族传统的文化标志,是传统文化更重要的方面。对于一个作家而言,是否能够很好的使用传统文化,应该是可遇而不可求。姚雪垠出身河南邓县的农家,青少年时代曾被土匪裹挟相当一段时间,后来在开封读书,接触到新史学与新文化,尤其是他对历史文化所表现的热情,和他献身民族独立、自由、解放事业的理想与实践,都为他创作表现明末农民起义的长篇巨制《李自成》无形中形成漫长而艰辛的思想准备。传统文化是在历史进程中形成和确立的。事实上,我国古典小说对传统文化的表现从来都不缺乏浓墨重彩,诸如《水浒传》中的"燕青打擂",《三国演义》中的诸葛亮作法,但这些作品的表现方式与表现内容都受到自己时代的限制。姚雪垠《李自成》的超越也就在学者们赞扬的历史唯物主义创作态度与创作成就①,集中体现为对待民众与历史发展的基本态度,即民众的立场。姚雪垠把历史上长期诬为"闯贼"的农民起义领袖李自成作为英雄描写,而且表现出栩栩如生的悲剧英雄性格及其命运,这与他的人生追求与人生经历息息相关。1929年秋天,姚雪垠考入河南大学,至1931年暑假,他被河南大学以"思想错误,言行荒谬"为名开除;其间,他不仅受到学业上的基本训练,更重要的是他受到思想与精神的洗礼,如他参加反帝大同盟,积极从事反抗黑暗统治的串联、张贴传单等文化宣传活动②。姚雪垠自己也承认,"在河大预科的两年,决定了我这一生的道路";其最重要的是"知"与"行",所谓"知",就是包括梁启超《清代学术概论》和"古史辨

---

① 茅盾:《关于长篇历史小说〈李自成〉》,《文学评论》1978年底期;茅盾:《给姚雪垠的信》《关于长篇历史小说〈李自成〉》,上海文艺出版社1979年版,第3页;严家炎:《〈李自成〉初探》,《北京大学学报》1978年第4期;王维玲:《从〈李自成〉的出版谈起》,《文艺理论与批评》1991年第1期。

② 此系拙作《访谈录》(未刊印,1983年7月26日)所存,笔者曾访问现代诗人河南大学教师周启祥等人讲述材料。周与姚雪垠是1930年代的诗友,来往甚多,曾经在开封一起从事反抗黑暗统治的文化斗争。周启祥介绍了姚雪垠与樊粹庭、陈雨门等人一起考察民间戏曲与民俗的活动。周启祥先生编著有《三十年代中原诗抄》(重庆出版社1993年出版)、《三十年代中原诗抄新编》、《中原新文学史料钩沉》(皆为自印)。姚雪垠后来在《学习追求五十年》中也记述了这些,但是,他没有更详细地讲述这些内容,而他也多次承认自己"对新文学和新史学发生了特别浓厚的兴趣",承认这一时期所谓"历史运动"对他的"启蒙教育和熏陶"(《姚雪垠回忆录》,中国工人出版社2010年版,第65页)

学派"在内的史学训练,所谓"行",就是"中共开封地下党"领导的"地下政治活动",被他称为"决定了我一生的政治立场和世界观",他说,"一九三零年前后是我国史学界思想十分活跃的时期,而当时的史学界情况对我这个小青年的成长发生过强烈影响,在相当程度上决定我以后的文学创作道路"①。此时的河南地区聚集了一批具有新思想的学者,如教育学家李廉方、民俗学家江绍原、社会学家胡石青、历史学家徐旭升、青年戏剧改革家樊粹庭等人,他们与姚雪垠的交往形成姚雪垠对传统文化中民间文学等浓郁的学术兴趣。新史学强调关注下层民众的生存方式,包括民俗学、社会学重视民间风俗在社会文化中的重要作用,影响到姚雪垠文化立场的形成。如江绍原这一时期在河南大学开设了民俗学研究和平民文学的研究等课程,并延揽神话学家高亨、俗文学研究学者姜亮夫等人在文学院开设关于歌谣研究、神话研究、敦煌的俗文学研究;胡石青、李廉方等学者积极推动河南乡村教育运动,鼓动青年学生走进乡村走进民众,以开封教育实验区的名义做出《开封相国寺民众娱乐调查丛刊》等出版物;姚雪垠尽管是在法学预科读书,但是他对文学产生了特殊的热情,他发表了短篇小说《两个孤坟》②等文学作品,同时,他深入研究历史文化,与樊粹庭他们一起走进开封的大街小巷与周围的乡村,调查这里的民间戏曲、民间风俗和历史文化,为他日后的民间文学研究与文学创作做出积极准备。这一时期,他接触到包括唯物史观在内的新史学思想的影响,对他后来关注下层民众苦难命运的文化立场应该说具有直接的影响。如他读到《古史辨》和郭沫若的《中国古代社会研究》,他说,"前一书对我这一生都有帮助",而对后者,他特意在书的扉页上写着"这是我心爱的一本书"③。

民间文学与新文学的发展有着非常特殊的密切联系。无论是在五四歌谣学运动时期,还是在后来的民俗学运动和乡村教育运动中,都体现出新文学作家对民间语言与民间文学思想内容的特别关注;这种现象是我国文学发展史上学习民间、走进民间即"礼失求诸野"文化规律的重要体现④。姚雪垠发表民间文学研究的理论文章最早是从民间戏曲开始入手的,可数《土戏中的滑稽趣味》⑤《唠子腔》⑥《小喜子赶嫁妆》⑦《女子变物的故事》⑧等,这是他从北平回到河南之后,在河南淇县豫北中学教书时研

---

① 姚雪垠《姚雪垠回忆录》,中国工人出版社 2010 年版,第 44 页。
② 《河南民报》"民报副刊"1929 年 9 月 9 日。
③ 姚雪垠《姚雪垠回忆录》,中国工人出版社 2010 年版,第 46 页。
④ 参见拙作《中国现代民间文学史论》第一章《中国现代民间文学理论体系的建立》,河南大学出版社 2004 年版。
⑤ 《河南民国日报》"民众乐园副刊",1932 年 2 月 20 日。
⑥ 《河南民国日报》"民众乐园副刊",1932 年 3 月 3 日。
⑦ 《河南民国日报》"民众乐园副刊",1932 年 3 月 5 日。
⑧ 《河南民国日报》"民众乐园副刊",1932 年 3 月 14 日。

究中国文学史的重要收获。开封是中原地区的文化中心,也是我国北方的戏曲文化中心。1927年,冯玉祥主政时,曾经在这里进行戏曲改良的工作,有力促进戏曲文化的发展和繁荣。姚雪垠正是在这一背景下结识提倡戏剧改革的樊粹庭等学者,曾经出入相国寺等民众娱乐场所,耳濡目染,熟悉了所谓的"土戏"等民间戏曲艺术。如其中的"唠子腔",或称"捞子腔",原名落子腔,也称安阳腔,是流行于豫北地区的民间戏曲艺术。《河南新志》(1927年)称其"简单猥鄙,每数人为台,演于太行山之荒村","若思神、迷信、男女淫污之剧、以花鼓、猕猴戏,二架弦,安阳腔、锣锣戏及各都市之男女合演者为最"。姚雪垠注意到开封和邓县家乡的"土戏",也注意到豫北淇县即卫辉府一带的"唠子腔"。落子腔与民间曲艺莲花落联系密切,传说由宋代路歧人和露台弟子创制的一种说唱艺术,一般为七言顺口溜,也常常作为故事的引擎被用来歌唱;元代,这种戏曲艺术发展为一种长调。清代"唠子腔"演化成为一旦一丑登台演唱故事的形式。地方艺人介绍,清嘉庆末年到光绪年间,落子腔从唱景、说事,被不断丰富,演变成为彩扮莲花落分角色扮演人物演唱故事,表演形式演变为多人多角、分别上场、多场曲目的戏剧演出方式。地方民间艺人将民间小曲与"莲花落"相结合,使曲调板式固定下来,逢年过节时化妆上台演出包括《小喜子赶嫁妆》之类的短剧,受到地方民众的喜爱。发现民间戏曲的文化价值,其实就是发现民众最真实的思想与情感;在民间文化世界中,民间戏曲是许多民间艺术与民间文学的重要题材与形式来源。姚雪垠认真考察了这些内容,以"唠子腔"《小喜子赶嫁妆》等作品为例,分析所谓"土戏"的教化与娱乐等文化功能,总结并指出其流行的原因。《女子变物的故事》的核心是"变物",他注意到这些传说故事在唐宋时期颇为流行,对其进行具体的文化分析,展开历史文化等多方面的研究。姚雪垠考察了这一故事在历史文化中的流传,指出其表达了民众渴望婚姻与自由的幻想。民间故事常常成为小说艺术的原型,那么,《李自成》中的妇女形象作为文化群体诸如高夫人、慧梅、红娘子等女性典型形象的出现,我们或许就不难理解其中的隐喻内容了。

1937年之前,姚雪垠基本上形成了其系统的民间文学思想理论,这与他后来的文学创作尤其是长篇历史小说《李自成》浓厚而动人的传统文化表现,应该说具有割不断的联系。1933年年初,姚雪垠回到开封,主编《河南民报》副刊,至编辑《今日》杂志而遭追捕,其举家回到家乡河南邓县,只身逃往北平,到河南杞县大同中学教书、养病,颠沛流离;1935年冬,回到邓县,编辑《中原语汇》;直到1937年,他返回开封,与范文澜等人一起创办《风雨周刊》,宣传抗日,投入民族独立自由与解放的伟大事业。1937年之后,姚雪垠更多的关注现实,投身于抗战,曾深入前线采访;值得注意的是他发表了关于战争的思索的文章,如其《文人眼中看军纪》①、《论南洋风云——对于太平洋大战的预测》②。当然,值得重视的还有他在抗战胜利之后写作的《崇祯皇帝传》③、《明初的锦衣卫》④,这应该是他创作《李自成》最直接的准备。他自觉将自己的追求、向往与民族命运联系在一起,将自己的人生融入民族解放事业,从而形成其文化史诗《李自成》最早的思想准备与文化准备。这期间,姚雪垠从事的民间文学理论研究主要包括民间戏曲与神话传说。不仅如此,他关注历史文化的价值意义,此前发表了《东西文化之搀和》⑤,论及东西方文化的差别与融合问题;此时他发表了《词以后清歌文学底解放》⑥、《大诗人曹子建》⑦、《草虫章——〈诗经〉今译》⑧、《文人与装鳖》⑨、《大众的话和文学》⑩等理论文章,特别是他在抗战中主编《风雨周刊》,发表《文字宣传到乡间》⑪、《通俗文艺短论》⑫、《论大众文学的风格》⑬等,在许多地方涉及新文学与民间文学的关系这一问题的思索。民间文学的本质特征在于其口头性与集体性,与书面形式的文学作品保持着紧密联系,而且民间文学从来不是孤立存在的。他十分清醒的注意到这些内容,强调作家尊重民众情感、关注民众命运、启迪民众聪明智慧的文化使命与责任。

民间艺术范畴内的戏曲文化其实质不仅仅体现为其作为某一地方综合性的艺术,而且还表现为其直接的人民性与批判性;对善良与正义的讴歌,对邪恶势力尤其是对强权的鞭挞,常常成为民间戏曲的重要主题。姚雪垠关注"土戏",其实正表明其对民间艺术、民间文化的深切关注。其继续从事的民间戏曲研究是否与其早年所受到新史学关注下层民众文化思想的影响有关,应该引起我们的思索。如其《元剧录》⑭、《论元剧底扮演》⑮、《土戏中之滑稽趣味》⑯。他并不是简单的研究戏曲艺术的

---

① 《阵中日报》1940年2月25日。
② 《阵中日报》1940年8月1日。
③ 《幸福月刊》1948年第23期至第26期。
④ 《中国建设》1948年第7卷第6期。
⑤ 《河南民国日报》"民众乐园副刊",1932年2月21日。
⑥ 《河南民国日报》"新圃周刊"1933年4月至1933年5月。
⑦ 《河南民报》"艺术周刊"1933年4月至1933年5月。
⑧ 《河南民报》"平野副刊"1934年5月20日。
⑨ 《论语》1934年9月第52期。
⑩ 《河南民国日报》1936年3月6日。
⑪ 《河南民国日报》1937年2月2日。
⑫ 《风雨》1937年9月19日第2期。
⑬ 《风雨》1937年11月21日第11期。
⑭ 《河南民报》"艺术周刊"1933年2月至1933年3月。
⑮ 《河南民报》"茉莉副刊"1933年3月25日。
⑯ 《河南民报》"茉莉副刊"1933年3月16日。

发展,而是将元杂剧等同于民间戏曲,关注到下层文人的文化命运与戏剧艺术之间的有机联系。矛盾冲突是戏剧的灵魂;其中,我们可以从他对戏剧人物角色与戏剧冲突的理解,他把角色的世俗化看做艺术发展的关键,或许可以感受到《李自成》中此起彼伏、环环相扣的戏剧性结构的意蕴所在。后来,作者在回忆自己对元曲的研究时一再说,"元曲中有一派作品以生动质朴的语言表现所谓市井生活,十分可贵,很值得我们学习"①。

在文学发展史上,神话传说具有极其独特的地位。神话传说在任何一个民族文化传统的构成中,都是最深刻的记忆,因为许多民族的神话传说的流传与保存在事实上形成了其坚固的信仰;神话传说的流传并不是一个简单的文本存在,而是不同历史时期社会认同与文化选择的结果。姚雪垠从1920年代至1930年代中国神话学发展中受到启示,他曾经认真研究《古史辨》,他并不是像茅盾他们那样以西方进化论为思想基础进行人类学的理论研究,更不是像顾颉刚他们那样提倡研究"层累构成的历史",而是注意到神话传说中所蕴含的历史文化内容,看到社会发展与历史文化之间的内容在神话传说中的生动表现。其神话传说如《羿射十日》②、《天地开辟毁灭及重建》③、《中国产日月的女神》④、《嫦娥补考》⑤等,不同程度地体现出这种态度。《羿射十日》考察了射日神话中羿与后羿、弟子逢蒙、妻子嫦娥之间的文化联系,阐述了射日的理由与悲剧结果;《天地开辟毁灭及重建》是姚雪垠最长的一篇论文,主要讲述的是开辟神话、洪水神话与人类再造世界,涉及人类命运选择等问题;《中国产日月的女神》考察了日神、月神作为神性角色的问题;《嫦娥补考》是对《羿射十日》神话研究的补充,质疑奔月与情感背叛等问题。其系列神话研究文章的发表,固然与1930年代中国神话研究热潮相关,而从中我们可以看到姚雪垠对相关问题的思索可能生成的文化表现情结,或者会与后来创作长篇历史小说《李自成》所表现的情感倾向形成时空上的联系:诸如射日神话中所蕴含的反抗天庭、挑战神权即王权,这与李自成向明王朝的挑战即造反有无联系呢?因为日即天,是苍天的标志,皇帝为天之子,意味着神权与王权的统一;那么,反抗的主题是否在射日神话中蕴含就形成人们理解这一问题的基础。在姚雪垠《天地开辟毁灭及重建》中也具有同样的道理,天地毁灭是否意味着在明末农民起义烈火燃烧中明王朝的大崩溃呢?重建是否意味着李自成为代表的起义军通过反抗斗争获得自由,为天下百姓的幸福而重建新的政权呢?固然,我们不能

---

① 姚雪垠:《姚雪垠回忆录》,中国工人出版社2010年版,第81页。
② 《河南民报》"平野副刊"1934年3月24日第5卷第6期、4月8日第6卷第1期、4月11日第六卷第2期。
③ 《河南民报》"平野副刊"1934年8月3日、8月10日、9月3日、9月9日;《华北日报》1935年4月15日、4月16日、4月17日。此两年连载完。
④ 《申报》1935年7月12日。
⑤ 《申报》1935年7月25日。

把一切都纳入索隐派的方法去做牵强附会的考据;但我们又该如何看待这些内容与《李自成》中随处可见的传统文化表现之间的联系呢?

民间文学与作家文学都是语言的艺术,所不同者集中体现为语言形式,一个是纯粹的天然的生活语言,一个是经过不断修改"得来捻断数茎须"的书面文字。在历史上,从来优秀的作家都虚心学习民间文学;只有那些心胸狭隘、目光短浅、品格低下的读书人才极力诋毁民间文学。或曰,作家群体对民间文学的研究,其意义更为特殊。民间文学的实质内容到底还是在于它是文学。我们今天的民间文学研究许多人将其纳入民俗学、人类学的视野,这本当无可厚非,但若完全抛开民间文学的文学意义,那么这是否步入了又一种歧途呢?直到现在还应该说,如果离开了古典文学中的民间文学的研究,这个学科恐怕很难有真正深入的发展。日益轻薄、浮躁甚至恶意谩骂他人的学风,都与一些人轻视或忽视古典文学修养的提高有着直接的联系;我们数千年形成的古典文学中,汇聚着丰富的民族文化优秀的精神财富,应该能够使我们有开阔的视野、深邃的思想与崇高的品格。

中国传统文化从来不拒绝外来文化,显现出宽阔的胸襟。在中国现代民间文学史上,以鲁迅、曹靖华、许地山等人为代表,出现了一批盗火者,他们非常重视从西方弱小民族成为强国的历史,积极介绍他们重视民间文学唤起民族记忆的重要经验;同时,他们积极介绍具有反抗精神的西方民间文学,包括西方现代民间文学思想理论,充实自我,使自己不断壮大、强盛起来。

域外民间文学理论的运用倾向,主要是欧洲学者提出的文化人类学,在中国现代民间文学理论体系的构建中,发挥了相当积极的作用。关于这一点,马昌仪曾经在她的《人类学派与中国近代神话学》①中详细介绍了在现代学术进程中,神话研究领域中国学者受文化人类学理论影响的情况。在20世纪的二三十年代,有大量的域外民间文学理论及其相关的著述被翻译、介绍。诸如周作人、黄石、谢六逸、茅盾、江绍原、郑振铎、赵景深、钟敬文、汪馥泉、杨成志、钟子岩等,极大地丰富了我国现代民间文学理论的体系构成。最为典型的是北京大学歌谣研究会的《歌谣》周刊,诸如其第一卷中的家斌发表的翻译 Frank kidson 等人的《英国搜集歌谣的运动》(第 16 号)、Andrew Lang 的《民歌》(第 16 号、19 号),其译述《歌谣的特质》(第 23 号),刘半农的《海外的中国民歌》(第 25 号),还不包括转录意大利人 Guido Vitale 的《〈北京的歌谣〉序》(第 12 号)、Taylor Headland 的《〈中国的儿歌〉序》(第 21 号)等;其第 2 卷中,翻译和译述之作如郭麟阁的《法兰西古代的恋歌》(第 18 号)、于道源的《歌谣论》(第 21 号、22 号)和《童话型式表》(第 24 号、25 号、26 号、27 号、28 号、29 号、39 号、40 号)、方纪生的《俄

---

① 《民间文艺集刊》第 1 期,上海文艺出版社 1982 年版。

国之民俗文学》(第30号)、李长之的《略谈德国民歌》(第36号)等。这些翻译内容有民间文学题材与形式上的代表性,诸如古代民歌与现代民歌、民间故事类型与社会风俗等,从不同方面影响中国民间文学的发展。其他报刊也不乏此类著述,为中国民间文学的研究打开了一扇又一扇面向世界的窗户。这里面应该提到的是,郭沫若、徐旭生他们既尊重西方学者人类学派的理论,更重视运用社会历史分析的马克思主义,用历史唯物主义和辩证唯物主义诠释神话传说,他们的成就也应该为我们所重视,他们的影响在1949年以后一直到1990年代末都不衰。

但是,不能不承认,在中国民间文学史上也出现许多食洋不化的严重现象,削足适履,诸如周作人他们就曾不无盲目和生硬地套用西方民间文学理论,影响了中国民间文学理论建设和发展。如车锡伦所说:"(民间文学理论)应从中国文学(包括"艺术",下同)发展全过程的实际出发,不能用从国外输入的概念生搬硬套。因为,一方面,中国文学数千年不间断的发展过程中,民间文学(包括"民间艺术",下同)的形式和活动的丰富、与作家文学的密切关系,等等,都是其他国家和民族所无法比拟的。而现代欧洲人文科学各学科的建立,基本上没有考虑中国的情况;与民间文学相关的现代民俗学更是如此。如果念错了经,贻害无穷。比如,20世纪初,周作人用从日本引进的三个概念,武断的将中国民间故事(广义)三分为"神话、传说(原称"世说")、童话"(这些概念是日本学者用汉语词根造的词),这种"三分法",加上其他一些偏见,一直限制了中国民间故事的历史和分类的深入研究,也限制了当代民间故事的搜集工作。"①

在中国现代民间文学史上,以1930年代中期为界限,前半个时期的翻译及其理论运用倾向上,主要表现为人类学的理论;后半个时期,则渐渐转向社会学、民族学等学科。其中,历史唯物主义学说的运用,使中国现代民间文学理论体系有了更高更全面的发展;但是,不可忽视的是,这种可贵的方法在中华人民共和国建立后,越来越多的成为机械搬用某种教条,其科学意义更多地被误解或曲解。

在中国现代民间文学史上,作家出身的学者和思想家们富有社会政治热情,具有思想文化的敏感性,对民间文学思想理论的贡献尤其特殊。这是中国现代民间文学的重要特色。

中国现代民间文学理论体系得到了可喜的发展,其中与一群作家出身的思想家所具有的责任感和使命感,即鲜明的时代精神,有着密切的联系。从北京大学五四歌谣学运动到中山大学民俗学运动,从乡村教育运动到大众文艺运动,这些作家和学者们走进民间文学研究的文化天地之中,都怀抱着火热的理想和信念;尤其是全民族的抗日战争,它从根本上改变了许多人对于民间文学的基本态度,其中最典型的便是老

---

① 车锡伦:《排除成见偏见建立学科体系》,《民间文化论坛》2005年第5期。

舍和郑振铎。老舍和郑振铎都曾经在自己的著述中提到民间文学有显著的局限性，称这种来自社会底层的文学与封建糟粕有着脱不尽的联系。这时期他们的认识更多的是在审视民间文学，带有明显的居高临下的姿态，这种态度和立场与鲁迅对国民劣根性的批判在实质上是一致的，但是，无论如何讲，他们都没有真正融进《歌谣》周刊和《民俗周刊》所宣传的"目光向下"、"面向民间"、"走进民间"。顾颉刚他们一再高呼要建立"全民众的历史"，"要把几千年埋没着的民众艺术、民众信仰、民众习惯，一层层地发掘出来"，"打破以圣贤为中心的历史"，"要站在民众的立场上来认识民众"。但是，这仅仅是一群知识者的呼号。当日本人侵入中国，野蛮屠杀手无寸铁的中国民众时，这种呼号便又重新响起，并化作"文章入伍，文章下乡"的巨浪，涌向神州大地。老舍、郑振铎他们都很快走进这抗日的文化激流。老舍不但自己进行学习民间文学，尝试进行通俗文学的写作，而且动员更多的人走进民间用文化抗战。郑振铎从来就是一个热心于搜集整理、翻译、研究民间文学的人，他极有远见地提出建立"民间文学博物馆（图书馆）"，借以保存完整而充分的民间文学研究资料，并且提出建立中心和分中心，加强民间文学理论及相关的田野作业等研究工作①。这和我们今天提出的抢救和保护口头与非物质文化遗产，竟是一致的。搜集整理不是目的，理论研究也不是目的，运用民间文学进行"为大众"的文学发展，提高全民族的科学和文化水平，才是他们，也是我们的目的。胡适也好，鲁迅也好，他们大都是以天下为己任的人；其创作也好，其理论也好，学术境界和学术品格的自我提高，具有尤为重要的时代意义。

作家群体以自己特殊的热情与敏感形成中国现代民间文学史极其辉煌的一页。他们表现出强烈的时代意识与战斗精神，如当年蒋介石大肆屠杀共产党人，郑振铎与胡愈之他们致信国民党当局，表示强烈抗议，而险遭杀害；郑振铎逃往欧洲避难。在英法国家图书馆，郑振铎接触到敦煌变文等宝贵的历史文化文献②，开始研究希腊罗马文学和神话，包括西方人类学派神话学理论。他翻译了《民俗学概论》《民俗学浅说》③，为中国现代民间文学思想理论寻找攻玉的他山之石。阿英、赵景深、郭绍虞、叶圣陶和文学研究会、创造社的一批作家，包括张恨水、张资平等致力于通俗文学创作的作家，以及沈从文、赵树理等一批乡土色彩非常浓郁的作家，他们都热切关注民间文学，参与民间文学搜集整理与理论研究的工作，或者利用民间文学的题材与形式进行民间文学的文学化创作。在抗日战争中，几乎所有作家无一例外地投入文化抗战，以各种形式与姿态"到民间去"。这是值得我们注意的一个文化现象。他们中间，钟敬文既是一个散文作家、诗人，又是一个专心研究民间文学的学者，对中国现代民间文

---

① 郑振铎：《民间文艺的再认识问题》，《联合日报》1946 年 5 月 16 日。
② 郑振铎：《敦煌俗文学》，《小说月报》第 20 卷第 3 期，1929 年 3 月。
③ 上海商务印书馆 1934 年版。

学思想理论做出贡献尤其突出。

当然,在中国现代作家群体中,并不是每一个人对民间文学都有深入研究,但不可否认的是,民间文学与作家文学有着天然的联系而且成为中国文学的重要传统,每一个作家在社会生活实际上都与民间文学有着不同形式的联系。如冰心曾经在《我的文学生活》中回忆自己的成长时说:"刮风下雨,我出不去的时候,便缠着母亲或奶娘,请她们说故事。把'老虎姨'、'蛇郎'、'牛郎织女'、'梁山伯祝英台'等,都听完之后,我又不肯安分了。"①民间文学是每一个家庭都具备的生活学校,其潜移默化,熏陶性情;作家如何表现这些内容,自然都是个人选择。

在中国现代民间文学理论体系的建立中,作家出身的学者对于学科发展的贡献具有更为独特的意义,这是因为他们有着特殊的感受,其视野也常常因此更加开阔,能够避免自身的一些不足。回顾中国现代民间文学理论体系的建立,能让人看到这个学科相当不平凡的经历;这不仅益于文学,而且益于整个人文学科,它教会世人学习无私,为全民族的发展而不断超越狭小的个人。

除了作家出身的学者,还有一大批历史学家、教育学家、社会学家,特别是那些民族学家、民俗学家、人类学家,他们与民间文学有着天然的亲近感。他们积极参与中国现代民间文学理论体系的构建,从不同学科视野观察民间文学,调查和研究民间文学,取得重要成就。或者可以将这种现象分为三种思想文化力量,其一是历史学家群,其二是教育学家包括社会学家群,其三是民族学家包括人类学家群,以这三种力量形成中国现代民间文学思想理论的主体。中国文化传统中素有以民为本的文化思想,强调在历史评价中重视统治者对民众的情感倾向,分成以秦始皇为代表给天下人民带来沉重苦役的"暴君"、以隋炀帝为代表不关心天下百姓生活的"昏君",和汉代文景二帝与唐太宗李世民为代表,这样一些注重休养生息,关心民间辛苦的"明君"。历史学把秉笔直书作为自己的神圣职责,在中国现代学术体系构建中,这些历史学家保持着在历史文化传统中形成的学术良心,如顾颉刚、徐旭升、杨宽、童书业他们,在民族危亡的历史关头,从来都走向时代的前沿,积极投入社会现实的斗争中。他们所做的田野作业,与他们所从事的历史文化研究形成有机结合,极大地拓展和丰富完善了中国现代民间文学思想理论。教育学家与社会学家更注重乡村社会的文明改造与社会礼俗重建的社会文化生活事实,他们投入为民谋利、为民造福、为民脱除"愚、贫、弱、私"而不遗余力的伟大事业。这是中国现代民间文学史上关于理论与实践相结合的思想文化中最有价值的一页。他们首先注意到以"愚"所表现出的神鬼信仰等民间文学内容,决意对其实行文化改造,通过因势利导的形式实现社会风俗生活再造的"礼

---

① 冰心:《我的文学生活》,《冰心全集》第5卷第5页,海峡文艺出版社1994年版。

俗重建";他们同样看重在社会风俗生活中蕴藏的聪明智慧,强调向民众学习,与民众一起探讨中国乡村社会发展的道路与方向。与那些文学家和历史学家不同的是,乡村教育运动中的教育学家与社会学家不但提出问题,发现问题,而且努力解决问题,使得其富有特色的民间文学思想理论具有可贵的实践意义。民族学家包括人类学家是中国现代社会新生的学术力量,他们将异国他乡的各种关于人类与民族的学说拿来透视中国社会现实,发现其中具有"文化遗留物"的民间文学及其所具有的特殊价值,借以更加深入细致地理解和研究中国社会的隐秘。尤其是在少数民族中发现许多具有珍贵语言学、民族学等学科意义的"第一手资料",是田野作业这种科学考察方式在内容与形式上的大突破。三种学术力量集结于中国现代学术体系的构建与发展进程之中,与中国语言文学学科并存,相互影响,形成中国现代民间文学思想理论如此"四大板块"的重要学术格局。此"四大板块"不是中国现代民间文学思想理论体系的全部内容,但确实是其不可忽视的基本组成部分。

他们的经验告诉世人,礼失求诸野;只有深入人民大众之中,民间文学思想理论才能不断获得生机。中国现代民间文学史也因此显示出一种重要现象,即无论是民间文学的搜集整理和翻译介绍者,还是不同学科与学派的思想理论家,他们都具有明确的立场。如郭沫若所说"民间艺术的立场是人民,对象是人民,态度是为人民服务"。诚然,他说"民间文艺才是研究历史的最真实、最可贵的第一手的材料",其实是在强调民间文学对历史文化表现的另外一种意义,未必就是无条件的接受和认同。

总体讲,中国现代学术思想对中国民间文学的热情与敬戴,更多是济世的情怀,这是中国民间文学史上所表现出对人民大众空前的尊重,是中国现代民间文学思想理论尤为宝贵的内容,这正是时代的特色。中国民间文学史的选择并非面面俱到,也并非有意回避民间社会藏污纳垢的事实,或曰,作家文学不一样拥有此污秽吗?民间文学的主体是人民大众,体现人民大众最真切的声音,这是它最宝贵的内容。所以,对待民间文学的立场问题,就不仅仅是一个学术方法问题,而在事实上表现为如何面对人民大众创造的文化财富的具体态度。

现代民间文学理论构成中,价值立场尤其重要,在某种意义上,它决定着研究方法的成败。而今,这个问题被我们所忽略,越来越多的学者一再强调对文本要客观、冷静地对待,尽管这也是十分必要的。回首五四歌谣运动、乡村教育运动、大众文艺运动等历史阶段,我们深深感受到先贤们对待民间文学更多的是对民众创造艺术的推崇,在感情上远远胜过理性的把握,甚至这也成为今天一些年轻的学者哂之不具备科学性的口实,那么,置之于更为广阔的文化背景上重新理解和认识这一问题时,究竟孰是孰非,或者它是否构成必要的现代民间文学理论的坚硬基石呢?这就是对历史的把握问题。古人常讲,欲灭其国,先毁其史。史就是一种传统,传承薪火的背景,也是一种方法或范式,更是一种尊严。我们的学术史研究的显著价值,也正在于此,让我们看到前人的得失。不可否认的是,现在民间文学研究除了外部的干扰之外,学界自身是存在着许多问题的。其中,"为民众的"立场的失却,在学术品格上讲,绝对是一种低下的倒退。我们可以看到,鲁迅也好,顾颉刚也好,他们的观点可能会有很大的不同,甚至尖锐冲突,但在学术品格、学术立场上,则都强调对民间文学的尊重。今天,我们未必真正懂得民众创造的民间文学的重要价值,有不少人以期与国际学术界对话为由,而完全忽视或抹杀对民间文学尊重的基本立场。当我们躲进远离民众生活的书斋、大字不识几个却以为自己学贯中西、盲目搬用西方学者早已抛弃的流行词汇为喜为乐时,我们有什么资格来进入这一神圣的学术殿堂呢?当然,学术创新需要突破,突破却未必需要完全颠覆我们自己的传统,尽管我们的传统中有很多不尽如人意的内容。我们应该具备更广阔的胸怀和视野,问题在于我们能否真正把握真实而全面的民间文本,如果我们连这一点都达不到,与盲人摸象又有何异?前辈学者不可避免地有自己的局限,但他们深入民间,密切关注民间文学的时态,不断探索和突破,其扎实、求是的学术品格,特别是其"为民众的"立场,永远都是我们所应该推崇和发扬的。

对话是学术发展的必要平台,但它是双向的,应该有自己的声音。发出自己的声音,首先要懂得自己的家底,同样要懂得他人的图谋。并不是说一提到全球化、信息化,马上自己就融入了国际学术界。应该说,"为民众的"立场就是我们的优势和特色,它要求我们不断深入民间去尽可能全面地把握民间文学,尊重民间文学,将民间文学研究纳入"为民众的"事业之中,即礼失不但求诸野,而且要用之于野。多元互补的研究,一个必要的前提就是真正懂得民众,包括他们的情感表达方式、审美思维方式和价值确立方式。具体地讲,不走进民间,民间文学研究就无从谈起;"为民众的"立场不但是民间文学研究的前提,而且是其目的。不可避讳地讲,现在流行着形形色色的贵族和假贵族,鄙夷民众,将大众与庸众完全等同,貌似神圣,事实是俗不堪言。近年来,民间文学研究为此而陷入困窘。这绝不是危言耸听。所谓的学术规范,并不是与技术主义划等号的,但确实是技术主义泛滥;若一味诉求民间文学文本的旁枝末叶,严重忽视民间文学所蕴藏的丰富而复杂的情感,那么,其真实的、实质的内容,即其科学性又从何谈起呢?再者,与国际学术界对话,也不应该是一味搬用、套用他人的东西,而更重要的,是让我们自己的声音为人所知。文化帝国主义、殖民主义等强权势力同样影响着我们的学术发展,这与闭关锁国、盲目排外同样无益于我们的民间文学研究的深入而全面的探索。坚守"为民众的"立场,既是现代民间文学理论传统的延续,也是民间文学研究壮大自身的需要;获得千百万民众的支持并为之服务,是我们的宝贵经验,更是我们的科学品格。走进民间,无疑是极其艰辛的,而离开这个前提,就无从谈"走出民间"去客观、冷静、理智地研究民间文学。

为什么人说话,写给什么人看,包括如何写、写什么,这些内容都是我们回避不了的问题。走进历史文化,并不仅仅是搜索历史文化典籍中的蛛丝马迹,走进社会现实,并不仅仅是一叶障目,忘却传统。尊重历史文化,尊重民间大众,这应当成为我们的文化价值立场。

我们常常口口声声说是人民群众养育了我们,那么,由千千万万人民大众所创造、传承、使用的民间文学,应该如何在我们的人文社会科学研究中占有一席之地呢?如果我们有意冷落、漠视这些珍贵的民族文化遗产,甚至蔑视或侮辱人民大众的创作,或以偏概全,利用所谓的猥亵色彩做无聊的放大,尽情嘲讽人民大众之粗鄙,等等,这诸多行为又是否属于文化回应上的忘恩负义呢?

民间文学不是万能的,而其所包含的民族文化思想等内容之博大精深,确实是我们所无法想象的。

总之,一切都应该从实际出发。

第二章 五四歌谣学运动

五四歌谣学运动得名于北京大学一批学者在五四时期发起这场学术运动。它不单纯是一个搜集整理和研究民间歌谣的学术热潮,而是由《歌谣》周刊为重要发生背景而形成的民间文化运动,是一个思想文化启蒙运动。在中国现代民间文学史上,这是一个具有里程碑意义的学术运动。

五四歌谣学运动以"五四"为名,在于表现"科学"和"民主"的新文化。在最简单的意义上讲,其"科学"在于打破传统的思想文化体系,反对神权等传统的信仰方式与信仰内容,而充实以现代文明;其"民主"在于反对专制,提倡尊重民众。"科学"和"民主"是新文化运动的光辉旗帜,贯穿于中国现代民间文学的发展之中,形成独具思想文化特色的五四歌谣学运动。这正是新文化运动之新;把历史上为士大夫所鄙视的民间歌谣引入现代学术体系,表现出新文化特殊的胆识与品格。

有一个问题我们应该非常清醒的看到和理解,即从时间上看,《歌谣》周刊第1号即创刊号是在"1922年12月17日";但是,歌谣学运动却早在这之前就已经出现。或曰,我们应该看到早在民国建立的时候,随着政府提倡白话文,上海、广州、杭州和天津等地已经出现大量"白话报",其中有一些报纸就曾发表搜集整理民间歌谣的文章。1915年,许多白话报如雨后春笋般出世;笔者在1915年、1916年间河南洛阳的《河洛日报》等媒体上就曾看到多篇论民间歌谣的文章。白话文运动并不仅仅是五四时期才出现。

刘复即刘半农是少年早成的文学天才,曾以中学肄业的身份被蔡元培邀请至北京大学任教。当年,他参与过《新青年》的编辑,痛斥"桐城谬种"、"选学妖孽",与钱玄同他们一起积极投入到白话文运动之中,宣传新文化。他于1917年暑期在江阴的船上搜集了20首船歌,自己做了注释。周作人为其《江阴船歌》写序称:"这20首歌谣中,虽然没有很明了的地方色彩与水上生活的表现,但我的意思却以为颇足为中国民歌的一部分代表,有搜录与研究的价值。半农这一卷的江阴船歌,分量虽少,却是中国民歌的学术的采集上第一次的成绩。我们欣喜他的成功,还要希望此后多有这种撰述发表,使我们能够知道'社会之柱'的民众的心情,这益处是普遍的,不限于研究室的一角的;所以我虽然反对用赏鉴眼光批评民歌的态度,却极赞成公开这本小集,做一点同国人自己省察的资料。"①其搜集整理民间歌谣时在五四之前。刘半农敢作敢为,是五四歌谣学运动的重要先驱,在中国现代民间文学史上是一个十分独特的学者。也正是这位"江阴才子",提倡尊重女性,为中国文化创造了"她"这个专指女性的汉字,成为历史的佳话。

当然,任何一场运动总是有自己的内外两种基本原因,外因固然重要,如近代以来西方文明的冲击直接影响到新文化运动的形成发展,而更重要的在于明代社会以来汇聚成的求新求变的文化潮流,其强调民生,反对专制,出现王夫之、戴震等杰出的思想家,他们离经叛道,推动思想解放的文化潮流。甚至可以毫不夸张的说,明代社会开始的民间歌谣较大规模的搜集整理及其所表现的明确目的性,其实就是现代歌谣学的先声。五四之前,歌谣学运动在事实上就已经具体形成,而五四时期由于"科学"与"民主"旗帜的高扬,而使得这场文化运动有了更为特殊的意义。当《歌谣》周刊出现时,其学术目的、学术方法等具有更明确的内容,从而使这场文化运动渐渐转变成学术运动,进而又变化成为思想文化运动。

无论如何,五四歌谣学运动是现代歌谣学的一个亮点,而不是当世中国现代民间文学理论研究唯一的内容。或曰,"科学"与"民主"为标志的新文化运动是中国现代学术体系的重要内容,绝不是其全部的内容。新文化运动具有巨大的思想文化价值,但是它不是整个现代学术思想文化的全部。其中,刘半农他们是新文化运动的急先锋,更是歌谣学运动的重要开拓者。此如一位学者所说:"歌谣运动于1918年2月在北京大学异军突起,不是偶然的,而是时代、时势、环境、人事的共同产儿。歌谣运动的兴起,与新文学运动有着不可分割的血肉联系,甚至可以说是新文学运动的一翼","没有酝酿已久的启蒙思想运动,没有北京大学及其校长蔡元培的思想和支持,没有鲁迅的著文呼吁,没有刘半农、沈尹默、沈兼士、钱玄同等文化先锋人物的策划与身体力行,就不会有歌谣的征集和研究运动"②。诚然,北京大学是五四新文化运动的重要策源地,它有力推动了现代歌谣学研究的深入发展;如新文学是新文化的一部分,新文化是现代文化的一部分。

一　五四歌谣学运动的缘起与方向

这场运动的基本目的在于《歌谣》周刊"发刊词"所说的"为文艺的"和"为学术的"

---

① 周作人《中国民歌的价值》,《学艺杂志》第1卷第2号;《歌谣》周刊第6号转载,1923年1月21日。
② 刘锡诚《20世纪中国民间文学学术史》,河南大学出版社2006年版第76页。

两个重要方向。如其所称"汇集歌谣的目的共有两种,一是学术的,一是文艺的","歌谣是民俗学上的一种重要的资料。我们把它辑录起来,以备专门的研究;这是第一个目的。因此我们希望投稿者不必自己先加甄别,尽量地录寄,因为在学术上是无所谓卑猥或粗鄙的。从这学术的资料之中,再由文艺批评的眼光加以选择,编成一部国民心声的选集。意大利的卫太尔曾说'根据在这些歌谣之上,根据在人民的真情感之上,一种新的民族的诗也许能产生出来。'所以这种工作不仅是在表彰现在隐藏着的光辉,还在引起当来的民族的诗的发展;这是第二个目的"①。此后,又有研究范围的扩大,如北京大学歌谣研究会致俄国人伊凤阁的信所说:"学术的研究当采用民俗学(Folk-lore)的方法,先就本国的范围加以考订后,再就亚洲各国的歌谣故事比较参证,找出他们的源泉与流派,次及较远的各国其文化思想与中国无甚关系者作为旁证;唯此事甚为繁重,恐非少数人所能胜任,须联合中外学者才能有成。本会事业目下虽只以歌谣为限,但因连带关系觉得民间的传说故事亦有汇集之必要,不久拟即开始工作。至于文艺的研究将来或只以本国为限,即选录代表的故事,一方面足以为民间文学之标本,一方面用以考见诗赋小说发达之迹。"②

关于这场学术运动的缘起,应该与刘半农所拟《北京大学征集全国近世歌谣简章》和以北京大学校长蔡元培名义发布的《校长启事》两个文告有关。两个文告共同刊登在1918年2月1日第61号《北京大学日刊》上。考《北京大学征集全国近世歌谣简章》,后来刊载于《歌谣》周刊,其称:"本会拟刊印左列二书:中国近世歌谣汇编。中国近世歌谣选录。其材料之征集用左列(此)三法:一,本校教职员学生,各就闻见所及,自行搜集。二,嘱托各省官厅,转嘱各县学校或教育团体,代为搜集。三,如有私人搜集寄示,不拘多少,均所欢迎。规定时间,以当代通行为限。"其中,他们提及"寄稿人应行注意之事项",如:"字迹宜清楚","如用洋纸,只写一面","方言成语,当加以解释","歌辞文俗,一仍其真,不可加以润饰","俗字俗语,亦不可改为官话","歌谣性质并无限制;即语涉迷信或猥亵者,亦有研究之价值,当一并录寄,不必先由寄稿者加以甄择","一地通行之俗字,及有其音无其字者,均当以注音字母,或罗马字母,或国际音标(International Phonetic Alphabet)注其音;并详注其义,以便考证","歌谣通行于某地方某社会,当注明之","歌谣中有关于历史地理,或地方风俗之词句,当注明其所以","歌谣之有音节者;当附注音谱(用中国工尺,日本简谱,或西洋五线谱均可)"云云。其又称,"寄稿者当书明籍贯姓氏,以便刊入书中。寄稿者当书明详细地址;将来书成之后,依所寄高见多少,赠以《汇编》或《选录》","稿件寄交北京大学第一院研究所国学门歌谣研究室","稿件过多者,应粘订成册,挂号付寄","来稿之合用与否,寄稿人

---

① 《歌谣·发刊词》,见《歌谣》周刊第1号,1922年12月17日。
② "信",《歌谣》周刊第26号,1923年9月30日。

当予本会以自由审定之权","稿件如须寄还,来函中应声明之","如有个人搜集某处或数处歌谣,已经编辑成书者,本会亦可酌量代印"。其尤其强调"本会征集关于研究中国歌谣之书记:无论古今。不拘何国文字。已经刻印者:或赠或售,以及借阅,均可函商。未曾刊印者:须以挂号将稿寄下,阅毕仪以挂号奉还"①云云。《校长启事》与之大致相同,所不同者在于记录内容的要求,如"有关一地方、一社会或一时代之人情风俗政教沿革者;寓意深远有关格言者;征夫野老游女怨妇之辞,不涉淫亵,而自然成趣者;童谣谶语,似解非解,而有天然之神韵者"等;其中还特意提到"沈尹默主任一切,并编辑《选粹》;刘复担任来稿之初次审订,并编辑《汇编》;钱玄同、沈兼士考订方言"。所寄方式也有所不同,一为"北京东安门内北京大学法科刘复收",要求封面应写明"某省某县歌谣",一为"北京大学第一院研究所国学门歌谣研究室",显然,"国学门"名义下歌谣研究室的成立,同样是现代学术史上关于民间文学的一个重要学术事件。此《北京大学征集全国近世歌谣简章》是中国现代民间文学史上一篇重要文献,其得之于刘半农,他在《〈国外民歌译〉自序》中回忆到"九年前"即1918年发生的这件事情,说:"这已是九年前的事了。那天,正是大雪之后,我与(沈)尹默在北河沿闲走着,我忽然说:'歌谣中也有很好的文章,我们何妨征集一下呢?'尹默说:'你这个意思很好。你去拟个办法,我们请蔡(元培)先生用北大的名义征集就是了。'第二天我将章程拟好,蔡先生看了一看,随即批交文牍处印刷五千份,分寄各省官厅学校。中国征集歌谣的事业,就从此开场了。"②同时,《新青年》在1919年第4卷第3期上转载此《北京大学征集全国近世歌谣简章》,很快收到来稿80余起,搜集整理歌谣一千一百余则。1919年5月20日第141号《北京大学日刊》选择发表148则歌谣。1920年12月15日《北京大学日刊》《发起歌谣研究会征求会员》的启事;1920年12月19日北京大学歌谣研究会宣告成立;此后,出版《歌谣》周刊。五四歌谣学运动完全拉开帷幕。

《歌谣》周刊"发刊词"成为这场运动的宣言书:

我本校发起征集全国近世歌谣,前后已有五年,但是因为种种事情,不能顺利进行,以致所拟刊行的歌谣汇编和选录均未能编就,现在乘本年纪念日的机会创刊《歌谣》周刊,作为征集和讨论的机关,庶几集思广益,使这编集歌谣的事业得有完成的日子。

歌谣征集,发起于民国七年二月,由刘复、沈尹默、周作人三位教授担任编辑,钱玄同、沈兼士二位担任考订方言。从五月末起,在《(北大)日刊》上揭载刘先生所编订的《歌谣选》,共出148则。五四运动以后,进行暂时停顿,随后刘沈二先生都出国留学去了,缺人主持,事务更不能发展。九年的冬天,组织"歌谣研究会",管理其事,由沈兼

---

① 《歌谣》周刊第1号第8版,1922年12月17日。
② 刘半农《国外民歌译·自序》,北新书局1927年4月版。

士、周作人二先生主任。但是十年春天因为经费问题,闭校数次,周先生又久病,这两年里几乎一点都没有举动,所以虽有五年的岁月,成绩却很寥寥,这是不得不望大家共力合作,兼程并进,期补救于将来的了。

  本会搜集歌谣的目的共有两种,一是学术的,一是文艺的。我们相信民俗学的研究在现今的中国确是很重要的一件事业,虽然还没有学者注意及此,只靠几个有志未逮的人是做不出什么来的,但是也不能不各尽一分的力,至少去供给多少材料或引起一点兴味。歌谣是民俗学上的一种重要的资料,我们把他辑录起来,以备专门的研究,这是第一个目的。因此我们希望投稿者不必自己先加甄别,尽量的录寄,因为在学术上是无所谓卑猥或粗鄙的。从这些学术的资料之中,再由文艺批评的眼光加以选择,编成一部国民心声的选集。意大利的卫太尔曾说"根据在这些歌谣之上,根据在人民的真感情之上,一种新的'民族的诗'也许能产生出来。"所以这种工作不仅是在表彰隐藏着的光辉,还在引起当来的民族的诗的发展;这是第二个目的。汇编与选录即是这两方面的预定的结果的名目。

  但是这个事业非常繁重,没有大家的帮助是断不能成功的,所以本会决计发起这个周刊,作为机关,登载歌谣材料及论著等,借以引起一般的兴趣,欢迎歌谣及讨论的投稿,如特殊的歌谣固然最所需要,即普通大同小异的歌词,于比较研究上也极有价值,更希望注意抄示。倘若承大家热心的帮助,到了本校二十五周年纪念时能够拿出一部分有价值的成绩来,那就是本会最大的希望与喜悦了①。

  由于种种原因,1925年6月,《歌谣》周刊停刊,代之而起的是《北京大学研究所国学门周刊》于同年10月14日创刊,继续选登民间歌谣与相关的理论文章。《北京大学研究所国学门周刊》创刊词中称:"国学门原有一种《歌谣》周刊,发表关于歌谣的材料。去年风俗调查会成立,也就借它的余幅来记载一点消息。后来寖至一期之中,尽载风俗,歌谣反付缺如,顾此失彼,名与实乖。兼之国学门成立以来研究生之成绩,及各学会搜集得来整理就绪之材料,日积月累,亦复不少,也苦于没有机会发表。于是同仁遂有扩张《歌谣》周刊另行改组之举。这个新周刊是包括国学门之编辑室、歌谣研究会、方言研究会、风俗调查会、考古学会、明清史料整理会所有的材料组合而成。其命意在于将这些材料编成一个略有系统的报告,以供学者之讨论,借以引起同人之兴趣及社会之注意。其组织虽于本校《国学季刊》不同,却是表里相需并行不悖的。以后尚望同志随时赐教。"好景不长,1926年8月,《北京大学研究所国学门周刊》停刊。至此,从当年《北京大学日刊》上发表民间歌谣,到《歌谣》周刊之创刊停刊,到《北京大学研究所国学门周刊》短暂的闪身,一场将近八年时光的歌谣学运动基本上告一个段

---

① 《歌谣》周刊第1号,1922年12月17日。

落。之后,虽然有胡适的努力,在 1930 年代使《歌谣》周刊得到复刊,毕竟是昙花一现,仅仅一年时间,而且时过境迁,风景大不相同。继之而起的是以中山大学为学术中心的现代民俗学运动,虽然同样时间短暂,但是,都具有非常重要的学术成就。

如其所言,歌谣学其研究目的在于"民俗学"的研究与"新诗"的借用。所谓"歌谣是民俗学上的一种重要的资料,我们把他辑录起来,以备专门的研究",归结于"由文艺批评的眼光加以选择,编成一部国民心声的选集",其实是其思想文化的研究,未必就限制在民俗学之范围内;其"根据在这些歌谣之上,根据在人民的真感情之上,一种新的'民族的诗'也许能产生出来"而"引起当来的民族的诗的发展",也只是强调歌谣的文学性。其实,宣言只是宣言,真正的歌谣研究并不一定就是按照其设计的方向发展。如胡适此前就曾经论述道:"近年来,国内颇有人搜集各地的歌谣,在报纸上发表的已很不少了。可惜至今还没有人用文学的眼光来选择一番,使那些真有文学意味的'风诗'特别显出来,供大家的赏玩,供诗人的吟咏取材。"①

在笔者看来,五四歌谣学运动最重要的历史功绩不仅仅在于它引发人们对民间歌谣这种"引车卖浆之流"所传唱的思想文化内容的重视,而更重要的是促使人们渐渐形成对民间歌谣为代表的社会风俗生活的整体研究,直接形成新的学术话语体系与新的学术规范,奠定了中国现代民间文学思想理论体系的重要基础。

这首先是关于歌谣分类与歌谣母体,以及搜集整理方法和方式等内容的研究,其次是关于歌谣及其相关的民间文学现象及其社会思想文化内容的研究;最后是关于以歌谣为典型的社会风俗生活的拓展性民俗学转向。

二 歌谣学范式的建立

歌谣学的形式研究,诸如关于歌谣分类、歌谣搜集整理方法和研究方式等问题的探讨,在事实上是关于歌谣学范式建立的讨论。应该提出的是,这里的歌谣学范式原本应该是文艺学的研究,却在事实上成为文艺学与民俗学的结合,或者就是民俗学的文艺学研究。

歌谣分类是歌谣学研究建立其理论体系的重要前提。其分类标准与分类方法形成不同见解的争论,众说纷纭,见仁见智,都有自己的知识经验与社会感受渗透其中。在歌谣分类讨论之前,刘半农曾著有《歌谣界说》,但是,《歌谣》周刊尊重其意见而没有发表。所以有人埋怨,说"你们不把《歌谣界说》尽先发表了,恐怕研究的人,无从着手;

---

① 胡适《北京的平民文学》,《读书杂志》,1922 年 10 月 1 日第 2 期。

而搜集的人,也费此无谓的审查光阴"①云云。

较早提出歌谣分类问题的是沈兼士,他在1921年12月写给顾颉刚的信中说:"民谣可以分为两种:一种为自然民谣;一种为假作民谣。二者的同点,都是流行乡里间的徒歌。二者的异点,假作民歌的命意属辞,没有自然民谣那么单纯直朴,其调子也渐变而流入弹词小曲的范围去了,例如广东的粤讴,和你所采苏州的《戏婢十劝郎》诸首皆是。我主张把这两种民谣分作两类,所以示区别,明限制,不知你以为如何。"②周作人把歌谣分为情歌、生活歌、滑稽歌、叙事歌、仪式歌、儿歌等六大类,他对其中的儿歌作论述说:"儿歌的性质与普通的民歌颇有不同,所以别立一类。也有本是大人的歌而儿童学唱者,虽然依照通行的范围可以当作儿歌,但严格的说来应归入民歌部门才对。欧洲编儿歌集的人普通分作母戏母歌和儿戏儿歌两部,以母亲或儿童自己主动为断,其次序先儿童本身,次及其关系者与熟习的事物,次及其他各事物。现在只就歌的性质上分作两项:(1)事物歌;(2)游戏歌。"③继而,歌谣分类问题在《歌谣》周刊上引起大讨论,如邵纯熙曾发表过《我对于研究歌谣发表一点意见》,提出"歌谣的性质,又有自然和假作的,不如分为民歌民谣儿歌童谣四类","这四类中可依七情的分类法编次之,凡歌谣中的词句,表现欢喜状态的,则归入喜字一类","表现愤怒状态的,则归入怒字一类","表现悲哀状态的,则归入哀字一类","表现恐惧状态的,则归入惧字一类","表现欢爱状态的,则归入爱字一类","表现憎恶状态的,则归入恶字一类","表现欲望状态的,则归入欲字一类"云云。④

白启明是河南省省立第一师范学校的国文教师,他最早提出发动青年学生进行民间文学搜集整理歌谣的方法,《歌谣》周刊的编者曾经把他和刘经庵、李鹔、杨一峰、尹淑敏、何尤等河南学者称为"作搜集歌谣工作"之"最多"者⑤。他以《豫宛民众艺术丛录》、《河南民众文艺》、《河南谜语》等著述和民间歌谣、民间谜语的研究闻世,是中国

---

① 《讨论:几首可作比较研究的歌谣》,《歌谣》周刊第4号,1923年1月7日。
② 顾颉刚、沈兼士《歌谣的谈论》,原载于《晨报》,《歌谣》周刊1923年1月28日第7号转载。
③ 周作人《歌谣》,《晨报》1922年4月13日副刊。
④ 邵纯熙《我对于研究歌谣发表一点意见》,《歌谣》周刊1923年4月8日第13号。
⑤ "编者的话",《歌谣》周刊第24号,1923年6月24日。

现代民间文学史上一位重要的先行者①。他引述了周作人的"六类说",与邵纯熙进行"商榷"说,他对"分类的研究"作为一种方向是赞成的,但对具体的分类方法,则"不敢苟同"。他对所谓"七情"与"合乐曰歌,徒歌曰谣"等理论提出质疑,说,"若普通所说的歌谣,就是民间所口唱的很自然很真执(挚)的一类徒歌,并不曾合乐;其合乐者,则为弹词,为小曲——这些东西,我们久主张当另加搜辑,另去研究;不能与单纯直朴的歌谣——徒歌,混在一块"。② 邵纯熙接受了白启明的意见,说自己"因白(启明)君的纠正,又想出一种分类法",并"参考周仲密(周作人)君及沈兼士先生的分类方法",将民间歌谣分为"民歌"和"儿歌"两大类,其中"民歌"又分"假作"和"自然"两类,细分为"情绪类"、"滑稽类"、"生活类"、"叙事类"、"仪式类"、"岁事类"和"景物类",在"情绪类"中,他仍然坚持往日的"七情分类法";在"儿歌"中,他同样分"假作"和"自然"两类,细分为"情绪类"、"滑稽类"、"游戏类"和"物事类",自然在"情绪类"中保持"七情分类法"的分类方式③。

孙少仙讨论了同为民间歌谣的内容,所谓"山歌"、"民歌"和"情歌"之间有许多不同,其称:"'山歌(秧歌)'和'民歌'是大不同的,有许多人都误认了。'山歌(秧歌)'大半是有排列的,对站的,并且是有一定的调子(如前所举的四种调子),若非这四调中的调子,一定不是'山歌(秧歌)'。'山歌(秧歌)'只表情,别无他意,我可以武断说它是'情歌';'民歌'就不然,它里头也有政治、法律、社会、家庭、私人……的赞扬和攻击、劝戒、警告……并且他的句子,长短不一律的很多,全无调之可言。"④此时,刘文林发表《再论歌谣分类问题》,⑤邵纯熙发表《(三论)歌谣分类问题》和常惠对邵纯熙的《答

---

① 白启明是中国现代民间文学史上一位特殊的人物,他的身世被许多人误解。1980年代初,笔者在写作《河南现代民间文学史》的时候采访过笔者的老师任访秋和周启祥、现代诗人开封市中学教师陈雨门等人。他们与白启明有许多交往,如任访秋就是白启明在河南省省立师范学校教书的学生,曾经响应其"发动青年学生搜集民间歌谣",回到家乡调查民间文学。他告诉笔者,他就是受到这位白先生影响对民间文学的搜集整理与研究产生兴趣,而且得到他介绍,后来能够结识周作人,他在北京读书期间发表了《谚语之研究》等文章;1940年代,任访秋先生写作《中国现代文学史》,开章明义,第一章就是关于五四歌谣学与现代文学的论述。任访秋先生说,白启明是光绪时代的人,1925年的12月因为肺结核去世,去世的时候很年轻,大约在四十岁左右。陈雨门和周启祥两位先生也说,白启明在1920年代的开封因为民间文学搜集整理而知名,是《河南民报》等报刊发表民间文学搜集整理与理论研究文章很活跃的人;他们告诉笔者,白启明与董作宾,还有当时发表过《大灰狼故事》的谷万川,他们都是河南南阳人,平时私交很好,对民间文学有共同的兴趣。陈雨门说,白启明当时准备编写民间谜语的书,后来贫病交加,无力从事。
② 白启明《对〈我对于研究歌谣发表一点意见〉的商榷》,《歌谣》周刊1923年4月15日第14号。
③ 邵纯熙《歌谣分类问题》,《歌谣》周刊1923年4月22日第15号。
④ 孙少仙《论云南的歌谣》,《歌谣》周刊第40号,1924年1月6日。
⑤ 《歌谣》周刊1923年4月29日第16号。

复》,①以及后来《歌谣》周刊复刊之后,仍然进行着这种分类研究。如寿生发表《我所知的山歌的分类》②等文章,讨论一直持续到乡村教育运动中。

比较才有鉴别。比较研究不同地域的民间文学,在事实上形成了民间文学历史地理的研究方法,这是现代歌谣学运动中的重要理论成就。例如对于不同地区的歌谣内容差异问题,罗家伦曾经与常惠他们谈论到北京地区流行的民间歌谣"所以一切名词,与习惯并不相悖","及足相互发明"云云,刘半农做应答说:"尊稿所举是通行于北京客籍社会之歌谣,常君以北京人之眼光评判之,自不能相合。亦或常君所举五种,是北京社会中原有之谣。当时旅京南人,以旗人中有不读书之子,而亦居然延师,乃为增入'先生'一种,遂成尊稿所举六事,亦未可知。总之,歌谣随时代与地方为转移,并非永远不变之一物。故吾辈今日研究歌谣,当以'比较'与'搜集'并重。所谓比较,即排列多数之歌谣,用研究科学之法,以证其起源流变。虽一音一字之微,苟可讨论,亦大足增研究之兴味也。"③这种比较研究的方法影响到同时代的胡适,也影响到后世,诸如"民间文学比较研究"和"比较神话学"等学科建设的深入发展以及命题的讨论,都应该与现代学术史上的比较研究有一定的联系。

民间文学是口头语言艺术,它的语言价值极其丰富,既有作为科学研究的重要意义,又有中国语文建设的应用意义。

歌谣记录与注释追求本真即原始文本,强调科学研究价值,是歌谣学运动非常重要的学术贡献。《北京大学向全国征集近世歌谣简章》中已经明确提到"方言成语,当加以解释","歌辞文俗,一仍其真,不可加以润饰","俗字俗语,亦不可改为官话","歌谣性质并无限制;即语涉迷信或猥亵者,亦有研究之价值,当一并录寄,不必先由寄稿者加以甄择","一地通行之俗字,及有其音无其字者,均当以注音字母,或罗马字母,或国际音标(International Phonetic Alphabet)注其音;并详注其义,以便考证","歌谣通行于某地方某社会,当注明之","歌谣中有关于历史地理,或地方风俗之词句,当注明其所以","歌谣之有音节者;当附注音谱(用中国工尺,日本简谱,或西洋五线谱均可)",等。又如刘半农《江阴船歌》所存:"因为'船歌'这两个字我就想起一首来:'月子弯弯照九洲,几家欢乐几家愁,几家夫妻同罗帐,几家飘散在他洲。'这首很古的了,当宋时极流行的,《京本通俗小说》也引过这首。邱宗卿的'柳梢青'的词也用'月子弯弯'句,还有《云麓漫钞》管他叫'吴中舟师歌',可见宋时流行到现在还是很有生气的。"④

在民间文学研究中,我们常常特别强调实地观察与记录中的全方位记录,要注明

---

① 《歌谣》周刊1923年5月6日第17号。
② 《歌谣》周刊1937年1月第2卷第32期。
③ 罗家伦君与刘复教授往来之函,《北京大学日刊》第258号,1918年11月25日。
④ 常惠:《江阴船歌》附记。见《歌谣》周刊第24号,1923年6月24日。

搜集整理的时间地点,以及讲述人、记录人等参与者的各方面情况,而且要对讲述内容做必要说明。这是因为民间歌谣在传播中形成广泛的文化认同,但是,一切认同都是有条件的。如果没有必要的注释,其损失不仅仅在于失去其科学研究的文本价值,而且直接影响到其传播效果即为人所知的认同结果。如台静农搜集整理许多淮南民歌,有上千首之多。他说:"我们淮南的发音,同南方诸省比较起来,总算同普通话接近,但有些音是我们淮南特有的,有些音是淮南中一部分特有的,这都是在必注之例。在已发表的一百多首中虽然有些音注,可是极其粗忽与不精密,而且是用字注的。今后当采用国音字母注音,因以字注音是不见得正确的","如风俗、人情、习惯、土语、地名等等,皆在必注之例的;如不详细注明,则易于使读者误会;误会一生,自不能领得其中意趣与价值。今后当于要注的必详细注明,使读者于领略歌谣的本身而外,同时还能了然于淮南的风俗人情及其他。"如其中一首民歌唱道:"想郎想的掉了魂,接个当公下个神,打柳打在奴房里,袖子口嘴笑殷殷,因为贪花你掉了魂!"对于"接个当公下个神"中的"当公",其注释道:"当公,即巫者,乡中请巫者为病人祷告,即谓之下神。"对于"打柳打在奴房里"中的"打柳",其注释道:"打柳,即巫者所用之柳枝,裹纸图女像,谓为柳神;借此柳神为病者招魂,招魂之后即将此柳神置病人床头,因此名之为'打柳'。"①显然,没有这样的解释,如果仅仅去望文生义,一切理解都会大相径庭。

民间歌谣具有地方性的显著特征,对于语言学的研究有十分重要的价值,这一问题引起许多学者注意。如,就方言问题,周作人曾经制定出"一地通行之俗字,及有其音无其字者,均当以注音字母,或罗马字母,或国际音标(InternationalPhoneticAlphabet)注其音;并详注其义,以便考证"的规则,此时他发表《歌谣与方言调查》,提出"歌谣与方言"的联系问题,具体论述道:"歌谣与方言的密切的关系,这里可以不必多说,因为歌谣原是方言的诗。当初我们征集歌谣的时候,原想一面调查方言,但是人力不足,而且歌谣采集的运动正在起头,还未为社会所知,没有十分把握,恐怕一时提出许多题目,反要分心,得不到什么效果,所以暂且中止了。这一二年来,承会内外诸君的尽力,采集事业略有根底,歌谣采到的也日渐增加,方言调查的必要因此也就日益迫切的感到。"同时,他还特别注意方言调查的实行,说:"要做研究的工夫,充分的参考资料必不可少,方言也就是其中的一种重要分子。所以为将来研究的预备起见,方言调查觉得是此时应该着手的工作,虽然歌谣搜集的事业也还正在幼稚时代;因这件工作不是一年半载所能成就的,早一点着手较为适当。好在方言调查的利益不仅是歌谣研究能够得到,其大部分还在别的文学方面,可以希望得到大家的注意与赞助,或者还不是很难成功的事业。"其注意到方言在中国语文建设中的特殊作用,声称"我觉得

---

① 台静农:《淮南民歌第一辑》(续)注,《歌谣》周刊第88号,1925年4月26日。

现在中国语体文的缺点在于语汇之太贫弱,而文法之不密还在其次,这个救济的方法当然有采用古文及外来语这两件事,但采用方言也是同样重要的事情"云云①。他的论述引起学界的重视;之后,《歌谣》周刊第 35 号发表容肇祖的《征集方言的我见》;《歌谣》周刊连续刊登了董作宾谈论方言问题的系列文章,如《歌谣》周刊 1923 年 11 月 11 日第 32 号《歌谣与方言问题》、《歌谣》周刊 1924 年 4 月 6 日第 49 号《为方言进一解》、《歌谣》周刊 1924 年 4 月 13 日第 50 号《研究婴孩发音的提议》等。对此,董作宾指出,"由分地整理之结果,可以知语言的变迁与歌谣有同样的关系。据歌谣的传布情形,绘出地图,便也是方言地图的蓝本;因为甲地和乙地的歌谣相同,就是甲乙两地语言相通的证据;歌谣不同,也可以说就是语言不通","这样看来,歌谣又是方言的顶可靠而且有价值的参考材料了。一山相隔,歌谣便自不同,一水相通,歌谣便可传布。努力的采辑歌谣,同时就是调查方言的根本大计"②。应该说,这是现代民间文学历史地理研究的先声,遗憾的是至今没有引起人给予应有的重视。1923 年 12 月 17 日《歌谣周年纪念增刊》发表钱玄同的《歌谣音标私议》、林玉堂的《研究方言应有的几个语言学观察点》、魏建功的《蒐集歌谣应全注音并标语调之提议》、黎锦熙的《歌谣调查根本谈》、沈兼士的《今后研究方言之新趋势》等文章;《歌谣》周刊第 55 号发表《方言标音专号》,汇聚众多的语言学家与民俗学家就方言问题展开集中讨论,使歌谣语言学这一问题的研究逐渐推向深入系统。

研究范式的形成具有十分重要的意义。此如一位学者所述:"《歌谣》周刊前后历时八年,虽然主要以提倡歌谣搜集渐而及于故事传说材料为要旨,但一些学者,如顾颉刚、董作宾、白启明、刘经菴、张四维、孙少仙、刘策奇、王礼锡等,也在歌谣、传说、故事研究方面形成了一个乡土研究的流派,并创造了至少两个研究范式:一个是歌谣的,即董作宾的歌谣《看见她》母题研究;一个是传说的,即顾颉刚的孟姜女故事研究(那时"传说"、"故事"的界说还缺乏严格的界定)。"③范式形成意味着理论品格的成熟发展。

三 歌谣的思想文化

民间歌谣的思想文化内容具有博大精深的一面,其鲜活的生活性与短小精悍的形式相统一,从不同方面表现出对社会风俗生活的典型表现,堪称人民生活的百科全

---

① 周作人:《歌谣与方言调查》,《歌谣》周刊第 31 号,1923 年 11 月 4 日。
② 董作宾:《一首歌谣整理研究的经过》,《歌谣》周刊第 64 号,1924 年 10 月 19 日。
③ 刘锡诚:《20 世纪中国民间文学学术史》,河南大学出版社 2006 年版第 84 页。

书,同时也是他们倾诉和宣泄胸中郁闷、表达苦痛与欢乐的狂欢广场。歌谣及其相关的民间文学现象及其社会思想文化内容的研究是五四歌谣学"关注民间"的集中体现。他们更看重其中所体现的婚俗等社会风俗生活现象,尤其是其中所表达的民众情感中苦痛和哀愁的内容,他们把妇女阶层的哀怨看做民间歌谣最真实最集中的思想价值所在。

民众的情感在民间歌谣中的表现内容,作为"民族心理的表现",是他们调查社会、研究社会思想文化发展及其价值与意义的重要前提。如常惠说:"(某)先生不赞成'堆垛式的文学',若仅论文艺,似是不错。但要拿'民俗学'来论'堆垛式的歌谣',就不然了。因为俗语说的好,'文从瞎说(话)起,诗从放屁来。'这正可以看出普通的人的心理来,本没有什么高深的思想和了不得的文学。就如《夹雨夹雪》是极重要的一首,差不多传遍了国中,各省有各省的讲解,各地方有各地方的说法。不过他们都认为有多大的寓意或迷信在里边;而在我们看着不值得一笑。确实说起来在'民俗学'里实在有重要的关系。我以为先生与其说歌谣是'文艺之结晶',不如说它是'民族心理的表现'。"①

民间歌谣是民众发自内心的歌唱,是"文艺之结晶",也是"民族心理的表现",这是其实质表现。总之,歌谣的基本内容在他们看来就是生活与情感。而所谓民间歌谣中的生活与情感,在这些学者的论述中,几乎无一例外都成为"民俗学"的研究。

当然,在民间文学的诸多体裁中,歌谣只是一个类型。也有学者在这一时期提出"不必只从民俗学上去研究",即未必一切民俗学的研究都适用于民间文学的问题。如赵景深给周作人的信中说:"我近来看了《神话学和民间故事》,知道童话的渊源是原始社会的神话和传说,所以你用民俗学去解释童话,我现在更为相信,这是最确当的。自然从童话里去研究原始社会的风俗习惯,才是极正当的方法,可以说是从童话的本身,把价值研究出来了。"在他看来,"童话虽不能不用民俗学去解释,但是却不必只从民俗学上去研究","各人研究了民俗学以后,就可以分途实施到别处去的","我对于童话的志趣,便是将童话供给予儿童看","我愿用民俗学去和儿童学比较,我不愿用民俗学去研究民俗学"②。

民间歌谣中的社会风俗生活从来都是历代学者所关注的重点,在五四歌谣学运动中,这种现象更突出。他们甚至把民间歌谣等同于社会风俗生活。这种研究方式,既有歌谣社会风俗生活表现价值的意义,又具有研究方法的意义,是中国现代民间文学史上非常重要的一页。如常惠与刘半农的通信中,就比较早的关注到这些现象,其称:"《歌谣选》说有'六件事',是北京高等旗人家中之所必具。与惠所知,微有不合。

---

① 《讨论》,《歌谣》周刊第 11 号,1923 年 3 月 25 日。
② "赵景深信",《晨报副刊》1922 年 3 月 28 日。

即如第一项的'凉棚',北京人都叫它'天棚',决没有叫作'凉棚'的。这个名目上的差异,虽然无关宏旨,然而它已经成了一处地方的习惯名,在普通文字中,或可随便改得,在于歌谣之中,就断断改不得的。要是改了,就失了研究歌谣的本旨了。第二项的'水缸'。北京谁家没有盛水的缸,何必要单说高等旗人家中才有呢。其实是摆在院子中间,养金鱼的缸。北京人都叫它'鱼缸'。第四项的'先生'。北京在前清的时候,'先生'二字不很常有。因为是在皇上脚底下的地方,有钱的,人人都可称'老爷'。即使没有老'字',也要称'爷'。再拿'先生'说吧,若是教书的'先生',就称他'老师'或'师老爷'。若是管帐的'先生',就称他'帐房先生'或'师爷'。决没有单叫'先生'的。那六件事,好像是五件——'天棚、鱼缸、石榴树、肥狗、胖丫头'。这是北京富厚人家所惯有的,决不是高等旗人家中所独有的。再说北京的旗人,也没有高等下等的,只有穷富就是了。或讲差使红不红、或讲支派近不近。要说有钱的旗人,没有受过教育的,很多很多。他们家中,何尝没有那五样东西,那么,也可叫他高等旗人吗?"刘半农答复道:"来书言习惯名之不可擅改,极是极是。但罗君来稿,当是传闻或记忆之误,未必有意代改也。至'高等旗人'四字,来稿本作'亲贵'。复以凉棚等物,较为富厚之人即可有之,不必亲贵,故用'高等'二字,以别于不富厚者。今见来书所言,亦自悔用此二字之不当也。"罗家伦提出疑问说:"我今天在日刊上看见常维钧先生论第61章歌谣的信,同先生的回信。常先生事事求真的热心,我十分佩服。但是关于这些歌谣的来源,我还有几句话说。今年3月间,在东城我的朋友王觉生家里赴宴。这位王先生,在北京住了30几年,知道北京情形很熟。他在席上,忽然说起这个歌谣,我听了有趣得很,就记住了。今年暑假,住在西山静宜园消夏,一天,同一位商科同学李光忠先生谈起这个歌谣,他所听见的,也同我所记的一样。我以为王先生在京多年,李先生在京也有多年,两位所知的竟不谋而合,所以我以为这条是千真万真的了。那天我同先生在图书馆主任室遇见,说起先生房东(旗人)的家庭生活,我忽然想起这个歌谣来,立刻就在李守常先生桌上写给先生,当时的情形,先生大约还可以记得。总观以上的事实,这条歌谣大约不是假的,或是'传闻或记忆之误'了。当是常先生从习惯名词上说的一番话,也有道理。我自己想了一想,并且打电话去问王先生,方知道这条歌谣系旅京的南方人所编的,通行于北京的'客籍'社会。前清光绪末年更盛行于官场。所以一切名词,与习惯并不相悖,与常先生所说的,及足互相发明。再说'先生'一物,却是北京旗人家中所常有的。我有两位朋友的同居,都是旗人。他们都有不读书的儿子,却是都有'先生'呢。附书于此,聊博一笑。并请质之常先生而且代我多谢他的盛意。"然后,刘半农作答"尊稿所举是通行于北京客籍社会之歌谣,常君以北京人之眼光评判之,自不能相合。亦或常君所举五种,是北京社会中原有之谣。当时旅京南人,以旗人有不读书之子,而亦居然延师,乃为增入'先生'一种,遂成尊稿所举六事,亦未可知。总之,歌谣随时代与地方为转移,并非永远不变之一物。故吾辈今日研究歌谣,常以

'比较'与'搜集'并重。所谓比较,即排列多数之歌谣,用研究科学之法,以证其起源流变。虽一音一字之微,苟可讨论,亦大足增研究之兴味也"云云①。这应该视作歌谣注释这种传统的解释学意义上的民俗学研究,当年,董作宾等学者就《看见她》这首民间歌谣不同地域流传内容作比较,《歌谣》周刊做专号展开深入探讨。这是一个"母题"研究的典型,如董作宾所说:"一个母题,随各处的情形而字句必有变化,变化之处,就是地方的色彩,也就是我们采风问俗的师资。所以歌谣中一字一句的异同,甚至于别字和讹误,在研究者视之都是极贵重的东西。从歌谣中得来的各地风俗,才是真确的材料,因为它是一点点从民众的口中贡献出来的。像本题一首寥寥百余字,到一地方就染了一层深深的颜色,以前他处的颜色,同时慢慢的退却。"②他特别强调"考订"的意义,他说,了解一个地方的民间歌谣,必须有"考订","考订的手续,应该分做四层:一是字,二是词,三是句,四是段。这四层功夫,首先要限制具有考订的资格的人才能着手,干脆一句话就是非歌谣的同乡不可。因为不是本地方的人就不能断定某字某词是错的;某句短了某句长了。况且关于方言用字,又非有专门学识不能考定。"此时有一首"汉阳民歌"被记述为"白纸扇,手中拿,亲哥听见走人家。黄家门前跕一跕,大舅子扯,二舅子拉,拉拉扯扯吃杯茶,吃了清茶吃换茶,八把椅子是摆家,红漆桌子拭布拭,十二碟,摆下它,风吹隔眼瞧见她;漂白袜头枝子花,青丝头发糯米牙,还缓三年不接她,摇窝扁担挑娃娃",有人对其中的"换茶"做解释云云,董作宾说:"换,当作红。汉阳方音读 ng 为 n,舌后收声之字,多变为舌前收声。红字在北方多侈音为黄,在南即可变音为 huan。'换茶'必是红茶之误,清茶,红茶,也同粗茶细茶相类。若'换茶'对清茶便无所谓了。原注曲解为'换易佳品',似不甚妥。"此时又有人指出董作宾这种解释也有误,说:"先生谓'换'当作'红',引了许多音韵学上及音义上的证据,其实'换(换字不知应当怎样写?)茶',本有这样东西,并不是茶,是用芝麻、豆子、炒米、胡椒、盐一类的东西混合在一块,以开水泡之,名曰'换茶',上等人家,有用橘饼与白糖和在一块的,乡间有喜事或接待非常宾客用之。如此说来,换字应为形容词,实非动词,而先生说'原注曲解为换易佳品',似乎收集这首歌谣的人,也不知有所谓换茶似的。"董作宾对此解释说:"许先生'换茶'的解释,就令将来不能证实,也不失为方言和风俗中一个很好的材料。"③董作宾的研究方法与他提到的内容引起胡适的赞同。胡适在给董作宾的信中,在这里提出著名的"大胆假设"理论方法,他说:"此书的整理方法极好。凡能用精密方法来做学问的,不妨大胆地假设;此项假设,虽暂时没有证据,将来自有证据出来。此语未可为一般粗心人道。但可为少数小心排比事实小心求证的学者道。不然,

---

① 《北大日刊》1918 年 11 月 23 日第 256 号发表刘半农、常惠、罗家伦他们的来往信函。
② 董作宾:《一首歌谣整理研究的经过》,《歌谣》周刊第 63 号,1924 年 10 月 12 日。
③ 《关于〈看见她〉的通讯(4)》,《歌谣》周刊第 70 号,1924 年 11 月 30 日。

流弊将无穷无极了！此书中有我征集的两首。其旌德一首是我的夫人念出而我写出的；她说明是从南京传去的，故我注出是南京。其绩溪一首是我的表弟曹胜之君写给我的。你在此书里说此首有北系的风味，疑是北京传去的。曹君今天见了此段，甚赞你的细心。他说此首是他的母亲从四川带回绩溪的；后来他家的人因久居汉口武昌，故又不知不觉地染了湖北的风味。你试把绩溪这一首(45)和成都(26)汉阳(乙,28)两首相比较，便可明白你的假设已得了证实了。"①

婚俗是社会风俗生活中最重要的民俗事项。此时，有许多学者注意到撒帐歌、闹洞房和各种礼仪仪式的重要价值，这些民间歌谣与民间信仰内容在社会风俗生活中的具体表现，成为许多学者关注和研究的内容。如孙少仙发表《云南关于婚姻的歌谣》②，白启明发表《河南婚姻歌谣的一斑》③，探讨其中的婚俗生活。同时，白启明还发表《一首古代歌谣(弹歌)的研究》④，他推定《弹歌》是"黄帝时代"之前就存在的歌谣，从古代文献的记述中探讨其歌谣中的葬俗表现，探讨歌谣与社会生活的联系及其被汉代人"追忆"等问题。其他如《歌谣》周刊第50号所发表顾颉刚的《东岳庙七十二司》，《歌谣》周刊第56、57、58、59、60号连续编发"婚姻专号"；这些"专号"都是从"民俗学"角度研究民间歌谣中社会风俗生活内容的。

妇女问题是《歌谣》周刊最为关注的内容之一。与中国民间文学史上出现许多谴责不孝媳妇变为猪狗之类低贱动物作为惩罚相比，五四时期的歌谣学对妇女生活的不幸表现出极大的同情。

如刘经庵是五四歌谣学运动中研究妇女歌谣成就最突出的一位学者。当年，常惠曾经以他搜集整理民间歌谣之辛苦为例，称"现在有一位刘经庵先生辑河南的歌谣，他说去问男子，他以为是轻慢他，不愿意说出；去问女子，她总是羞答答的不肯开口。我自己呢，到民间去搜集，大概总是不肯说的多。不是怕上洋报，就是来私访的，或者是失了自己的体统"⑤。他说："中国的家庭问题是很大很大的，不是研究歌谣的人所能解决得了的；这也不过是供给研究家庭问题的小小的一点材料。因为现在有许多学者研究家庭问题都到处搜罗世界的名著来翻译或介绍。至于这种著作整个的拿到中国来，是否对症下药，实在是个问题。然而研究中国的家庭问题，还得由实行调查民间的家庭状况入手，我们研究歌谣的人，从歌谣中也略略看出一点民间的家庭问题来。"⑥刘经庵是当时(河南新乡)河南省省立第五师范学校的国文教员。1927

---

① 《关于〈看见她〉的通讯(4)》，《歌谣》周刊第70号，1924年11月30日。
② 孙少仙：《云南关于婚姻的歌谣》，《歌谣》周刊第57号，1924年6月1日。
③ 白启明：《河南婚姻歌谣的一斑》，《歌谣》周刊第59号，1924年6月5日。
④ 白启明：《一首古代歌谣(弹歌)的研究》，见《歌谣周年纪念增刊》，1923年12月17日。
⑤ 常惠：《我们为什么要研究歌谣》，《歌谣》周刊第2号，1922年12月24日。
⑥ 常惠：《歌谣中的家庭问题》，《歌谣》周刊第8号，1923年3月4日。

年,刘经庵出版《歌谣与妇女》。其序中称"本书所引证的歌谣,除编者的《河北歌谣》外,多取材于《歌谣》周刊"云云,是他研究妇女歌谣的集中。应该说明的是,他所说的"河北歌谣",并不是现在行政地理意义上的河北省,而是当时河南省对黄河以北地区的"俗称"。周作人对刘经庵的《歌谣与妇女》的内容与方法做概括总结,在为其所写序言中说:"他的办法是聚集各处关于妇女生活的歌谣,分别部类,加以解说,想从这民间诗风中间看出妇女在家庭社会中的地位,以及她们个人身上的苦乐。这是一部歌谣选集,但也是一部妇女生活诗史,可以知道过去和现在的情形——与将来的妇女运动的方向。中国妇女向来不但没有经济政治上的权利,便是个人种种的自由也没有,不能得到男子所有的几分,而男子实在也还过着奴隶的生活,至于所谓爱的权利在女子自然更不必说了。但是这种不平不满,事实上虽然还少有人出来抗争,在抒情的歌谣上却是处处无心的流露,翻开书来即可明了的看出,就是末后的一种要求我觉得在歌谣唱本里也颇直率的表示着;这是很可注意的事,倘若有人专来研究这一项,我相信也可以成就一本很有趣味更是很有意思的著作。"①其称之为"一部妇女生活诗史",应该是刘著最显著的价值。当然,《歌谣与妇女》更多是材料的罗列,是展示歌谣中的妇女生活问题,其最缺少的是应有的学理分析与总结。

这一时期刘经庵在《歌谣》周刊发表搜集整理关于妇女问题的民间歌谣与此类理论研究文章甚多。如他曾经发表《歌谣与妇女》、《歌谣中的舅母与继母——妇女的教育与儿童文学》等许多有影响的文章,较早注意到民间歌谣中的家庭问题,以及继母问题、童养媳问题、婆婆虐待媳妇问题、男权压迫与歧视等问题。如他在《歌谣中的舅母与继母——妇女的教育与儿童文学》中说"中国家庭之腐败,真是糟到极点了",有人说"关于中国妇女的歌谣,就是妇女们的《家庭鸣冤录》、《茹痛记》",他说"我以为这话很有道理"②云云;对此,他论述道:"中国的家庭,向来是主张大家族制的;因之姒娌与姑嫂间的倾轧,婆媳与夫妇间的不和,随处皆是,无家不有,中国家庭之腐败,真是糟到极点了。要知道家庭的腐败,就是妇女们的不幸,因为妇女们总是幸福之牺牲者。中国歌谣关乎妇女问题多,恐怕就是中国家庭不良之明证了。有人说,关乎中国妇女问题的歌谣,就是妇女们的《家庭鸣冤录》、《茹痛记》,我以为这话很有点道理。"③他在《歌谣与妇女》中称赞民间歌谣是"真诗","比一般的花呀月呀爱呀的无聊的新诗,要感人至深",他认同于民间歌谣所表现的社会苦难,特别是妇女儿童的不幸,但是他

---

① 周作人:《刘经庵〈歌谣与妇女〉序》,(上海)商务印书馆1927年3月初版。
② 刘经庵:《歌谣中的舅母与继母——妇女的教育与儿童文学》,《歌谣》周刊第46号,1924年3月9日。
③ 刘经庵:《歌谣中的舅母与继母——妇女的教育与儿童文学》,《歌谣》周刊第46号,1924年3月9日。

却把这些苦难仅仅归之于妇女阶层的"缺乏教育"①。他理解歌谣中的妇女问题,更多的只是作为一种社会风俗生活表现形态做描述,如其就"关乎舅母与继母的歌谣,有共同的一个特点,叫我们很容易看到的,就是儿童们的眼中的舅母与继母是非常可恨可痛的"问题,论述道:"儿童是天真烂漫、活泼可爱的,为什么当舅母与继母的竟不痛爱他们?这虽有点是血统的关系,舅母在'三不亲'之列(在我的家乡有'三亲'、'三不亲'之说。'三亲':舅父、姑母、姨母,'三不亲':姑父、姨夫、舅的媳妇——舅母)继母以前子为非己出。"②或曰,这是他自己所以为的合情合理的解释。我们未必强求他清楚什么阶级社会的不平等现象原因在于阶级压迫的道理,而这是当时社会普遍存在的思想文化现象。或曰,我们的民间文学研究中,迄今没有对这个问题做更深入更系统的研究;也就是说,在文学研究中已经有妇女文学史与女性文学研究的大量出现,而民间文学研究中却只是较少一批学者涉及女红的研究,在妇女问题日益受到广泛重视时,至少应该有妇女民俗学之类的著作更多出现。

与之相联系的还有儿童生活与儿童教育等问题,虽然也有一些学者注意到古代儿童教育的局限,提出如何对待未来儿童教育与民间歌谣的历史文化价值等问题,而其更多是与妇女问题在一起被论述。

四 拓展与转向

所谓拓展,在于超越原来所规定的"为学术"与"为文艺"目标;所谓转向,就是说基于五四歌谣学运动主要有一批文学家出身的学者这样一种事实,而渐渐形成多学科的融入,出现多学科的民间文学研究。正是这种多学科的学术思想相互影响,使得现代歌谣学摆脱历史上就事论事这样相对单一的民间文学思想理论表述传统的狭隘。

学术转向的基本动因在于西学东渐的背景下,人们越来越不满意单纯的学术内部的研究,人们更看重在文本形成的基础上所出现的思想文化与社会生活的更广泛的综合研究。诸如历史上的乾嘉学派,其提倡精细的辞章、义理、考据,这固然是十分重要的学术传统;而面对轰轰烈烈的社会转型,现代学术思想更多倾向于应答社会发展的时代诉求,表现出强烈的"当代"意识。由此形成白话文为重要内容的国语运动等现代学术热潮,因为现代社会科学的繁荣而不断形成学术思想的解放;此为民间文学思想理论的发展提供了可喜的契机。

---

① 刘经庵:《歌谣与妇女》,《歌谣》周刊第 30 号,1923 年 10 月 28 日
② 刘经庵:《歌谣中的舅母与继母——妇女的教育与儿童文学》,《歌谣》周刊第 46 号,1924 年 3 月 9 日。

学术的拓展主要表现在不再是历史文化的"过去时"的文献研究,许多当世歌谣的记录与研究使得歌谣研究具有更鲜明的时代内容,而且并不仅仅是文体上的拓展,也包括研究空间从乡村到都市的延伸,更包括从内陆到边疆地区的拓展,许多簇新的民间歌谣形态给人们带来眼前一亮的感觉。

如孙少仙对云南民歌的搜集整理与研究,其称:

> 昆明的歌谣,自民国成立以来,实在很多,并且是极复杂。因云南近来屡次遭旱灾匪患所以边僻县份的居民,有钱的富翁,大半迁居在昆明,于是一齐的人情风俗也迁到昆明:所以昆明的歌谣一天一天的繁杂起来了。现在几乎各州县的歌谣,有十之七八,我们昆明都知道的。以我的眼光看来,昆明的歌谣,从民国成立以前到了现在,其中很改革变化了一些:民国成立以前,受专制官僚的驱使,老是讲究'古的好',所以谁也不敢改革——变化——建设。到民国成立之后,驱使人民'服从'的官僚政客。换了一些,人民的知识也进步,有许多都知道歌谣是歌咏我们的人情风俗。我们依着环境来产生它,是我们应有的权利。并且于行政、法律、军事……有很好的现象,我们应作歌谣赞扬他。若是暴虐专制贪污的官僚政客军阀,我们可以作为歌谣永远的使人民咒骂他,因此一切血气方刚的青年就乘此'言论自由'的时代,大唱而特唱——昏歌乱歌的就产生起歌谣来。现在云南的行政、法律、军事,都是奇奇怪怪的,所以歌谣虽是经改革变化后的萌芽时代,我可以说现在的昆明歌谣是产生极盛的时代。①

他笔下的云南少数民族社会风俗生活的"风情",是一个汉族知识分子眼中的具有与都市生活极大不同之"异端"或原始色彩的风俗生活,因为独特而具有特殊的民俗志和民间文学史志的价值意义。

如其所描述:

> 未婚的男女青年,每人于晚饭后,拿着乐器,提着很小的纸灯笼(可以点烛,照着行路),到那山的顶上,将灯笼挂在树上,先是一男一女分开,各人弄着乐器,口里呻着,跳着舞(他们的跳舞也是有一定的举动),好似预习一样,后来几十个集在一块儿,一男一女的排列起来,就手弹足舞口呻的热闹起来。一直到月落,他们又就照前的分开,分开后就有少数人归家(这是因为没有恋爱的),其余的就一对一对的又热闹起来,跳舞后就提着灯笼跑,跑到可以睡眠的地方,他们就一

---

① 孙少仙:《论云南的歌谣》,《歌谣》周刊第40号,1924年1月6日。

对一对睡眠了。但是他们的言语,真是比拉丁文难几十倍,只可口说,不可笔写①。

与此同时的云南青年张四维记述了少见的工人歌谣,其记述道:"此次所抄的都是儿童的歌谣,此外还有'厂歌'——是矿工唱的,表诉他们的苦楚——'山歌'——放牛和砍柴的人所唱,是说他们的快乐——'秧歌'——栽秧时唱的","第一、二种俟有机会再托人去办"云云②。在中国现代民间文学史上,"矿工"作为特殊的工人群体,他们的歌谣能够被记录具有更特殊的意义。

歌谣学关注社会风俗生活的内容,渐渐形成民俗学倾向,标志着五四时期这场思想文化运动的重要转向。其实,从《歌谣》周刊创办开始,就已经形成了其民俗学的方向。如常惠在《我们为什么要研究歌谣》中说:"依民俗学的条件:非得亲自到民间去搜集不可;书本上的一点也靠不住;又是在民俗学中最忌讳的。每逢写在纸上,或著成书的,无论如何——至少著者也要读过一点书的。所以多少总有一点润色的地方,那便失了本来面目。而且无论怎样,文字决不能达到声调和情趣,一经写在纸上就不是它了。"③当年,刘半农曾经感慨道:"研究歌谣,本有种种不同的趣旨:如顾颉刚先生研究《孟姜女》是一类;魏建功先生研究吴歌声韵类,又是一类;此外,研究散语与韵语中的音节的异同,可以别归一类;研究各地俗曲音调及其色彩之变递,又可以另归一类;如此等等,举不胜举,只要研究的人自己去找题目就是。而我自己的注意点,可始终是偏重在文艺的欣赏方面的。"④周作人也曾经如此论述道:"其一,是民俗学的,认定歌谣是民族心理的表现,含蓄着许多古代制度仪式的遗迹,我们可以从这里边得到考证的材料。其二,是教育的,既然知道歌吟是儿童的一种天然的需要,便顺应这个要求供给他们整理的适用的材料,能够收到更好的效果。其三,是文艺的,'晓得俗歌里有许多可以供我们取法的风格与方法,'把那些特别有文学意味的'风诗'选录出来,'供大家的赏玩,供诗人的吟咏取材。'这三派的观点尽管有不同,方法也迥异,——前者是全收的,后二者是选择的,——但是各有用处,又都凭了清明的理性及深厚的趣味去主持评判,所以一样的可以信赖尊重的。"⑤此中多出一个"教育的",未必是乡村教育运动的影响,确实是他们在研究过程中看到了歌谣所具有的社会教育功能。如杨世清所说:"现在研究歌谣的人,从他们的目的看来,大约可分以下四派:(一)注重民

---

① 孙少仙:《论云南的歌谣》,《歌谣》周刊第40号,1924年1月6日。
② 张四维:《研究与讨论》,《歌谣》周刊第5号,1923年1月14日。
③ 常惠:《我们为什么要研究歌谣》,《歌谣》周刊第2号,1922年12月24日。
④ 刘半农:《国外民歌译·自序》,北新书局1927年4月版。
⑤ 周作人:《读〈童谣大观〉》,见《歌谣》周刊第10号第1版,1923年3月18日。

俗方面,(二)注重音韵训诂方面,(三)注重教育方面,(四)注重文艺方面。在这四派的里边,本难说哪派重要,哪派不重要;不过默察现在的情形,似乎注重文艺方面的人,较为多点。"①又如1923年1月7日《歌谣》周刊常惠答蔚文信写道:"我们研究'民俗学'就是采集民间的材料,完全用科学的方法整理他,至于整理之后呢,不过供给学者采用罢了",他说,"等我们将来把'歌谣研究会'改为'民俗学会'扩充起来再说吧"②。1923年10月14日第28号《歌谣》周刊发表闻寿链《福建龙岩县的风俗调查》。此后,歌谣研究会以《本会启事》名义称:"歌谣本是民俗学中之一部分,我们要研究他是处处离不开民俗学的;但是我们现在只管歌谣,旁的一切属于民俗学范围以内的全部都抛弃了,不但可惜而且颇感困难。所以我们先注重在民俗文艺中的两部分:一是散文的:童话,寓言,笑话,英雄故事,地方传说等;二是韵文的:歌谣,唱本,谜语,谚语,歇后语等,一律欢迎投稿。再倘有关于民俗学的论文,不拘长短都特别欢迎。"③这是民间文学的研究与民俗学研究的大融合;此将民俗学与民间文学研究在学术方法方式上不加区别地理解与运用,正是这一时期民间文学思想理论所表现出的重要特点。

民间歌谣在北京大学国学门的登堂入室,有力冲击了传统的学术格局与既定的文化秩序。歌谣学运动在一片神鸦社鼓的喧嚣中渐渐退出主演,此情此景如顾颉刚《〈国学门周刊〉1926年始刊词》所声称:

> 凡是真实的学问,都是不受制于时代的古今、阶级的尊卑、价格的贵贱、应用的好坏的。研究学问的人只该问这是不是一件事实;他既不该支配事物的用途,也不该为事物的用途所支配。所以我们对于考古方面、史料方面、风俗歌谣方面,我们的眼光是一律平等的。我们绝不因为古物是值钱的古董而特别宝贵它,也决不因为史料是帝王家的遗物而特别尊敬它,也决不因为风俗物品和歌谣是小玩意儿而轻蔑它。在我们的眼光里,只见到各个的古物、史料、风俗物品和歌谣都是一件东西,这些东西都有它的来源,都有它的经历,都有它的生存的寿命;这些来源、经历和生存的寿命都是我们可以着手研究的,只要我们有研究的方法和兴致。固然,在风俗物品和歌谣中有许多是荒谬的、秽亵的、残忍的,但这些东西都从社会上搜集来,社会上有着这些事实乃是我们所不能随心否认的。我们所要得到的是事实,我们自己愿意做的是研究;我们并不要把我们的机关改做社会教育的宣讲所,也不要把自己造成"劝人为善"的老道士。何况这些荒谬、秽亵、残忍的东西原不是风俗和歌谣所专有。考古室里的甲骨卜辞和明器便是荒谬思

---

① 杨世清:《怎样研究歌谣》,《歌谣周年纪念增刊》第19页,1923年12月17日。
② "常惠答蔚文信",《歌谣》周刊第4号,1923年1月7日。
③ 《本会启事》,《歌谣》周刊第64号,1924年3月9日。

想的遗迹。史料室中更不少残忍的榜样,如凌迟处死、剖尸枭士等案卷。但这些荒谬和残忍的遗迹却是研究的最好的材料,因为它们能够清楚地表出历史的情状。假使我们一旦得到了汉代"素女图",当然不嫌它的秽亵,也要放到考古室里备研究。如果风俗室里有"磨镜党"的照片,我们当然可以把它和素女图比较研究。我们研究这种东西的不犯淫罪,正如我们研究青洪帮不犯强盗罪,研究谶纬的不犯造反罪一样。我们原不要把学问致用,也不要在学问里寻出道德的标准来做自己立身的信条,我们为什么要对于事实作不忠实的遮掩呢!①

五四歌谣学运动披荆斩棘,在中国现代民间文学史上具有开拓性的重要贡献。它以"民主"思想为利器,向传统的上尊下卑、上智下愚等文化信条发出最猛烈的冲击;历史以来,"引车卖浆之流"的歌声,竟然在这一时期与历代圣贤们的经典并驾齐驱于研究高深学问的高等学府,堂而皇之成为见证历史文化的宝典——这一切都不能够被传统体制下的文化阶层所容忍。所以,其退场就具有了必然的诸多色彩。至今,民间文学作为非物质文化遗产的存在,包括其学科建设,这应该与人民群众当家作主的身份相匹配,而它仍然不时遭遇着来自某些方面的误解、曲解。文化传统立身于社会现实,从来都是有选择有条件的;民间文学在昨天曾因为是"引车卖浆之流"的声音而受到腐朽文人的嘲讽与侮辱,今天其作为特殊的文化事业,也曾被作为所谓的封建迷信甚至被限制,可见"民主"还有很长的道路要走。

或曰,从相对单纯的歌谣学研究,渐渐形成民间文学与社会风俗生活的拓展与转向;与此相应的是,在歌谣研究会的"国学门"同伴中,此时出现了风俗调查、方言调查等研究团体。尤其是顾颉刚他们在歌谣学运动中所展开的社会考察活动,诸如对东岳庙和妙峰山的调查,以及他所发起的对孟姜女传说故事的调查等民俗学田野作业实践,在事实上形成对这一时期民间文学思想理论的检验和运用。这些活动开启了学术发展的多元局面,不仅仅使得歌谣学运动能够持续发展,而且深刻影响到后来现代民俗学运动的深入开展。查阅蔡元培他们继北京大学国学门设立歌谣研究会等民间文学调查研究机构之后,在中央研究院设立相关研究组,以及刘半农归国之后所进行的民间文学考察与现代技术的记录整理,甚至献出生命,这些活动体现出学者们"面向民间"、"走进民间"的学术热忱,也彰显出在五四科学与民主这一思想文化光辉照耀下,民间文学思想理论所显示的实践品格与非凡的文化精神。如俗语所说,众人拾柴火焰高;现代歌谣学在众多学科的支持下,日益发展壮大,取得许多可喜的成就,正是众多学科相互支持、共同发展的结果。

---

① 顾颉刚:《〈国学门周刊〉1926年始刊词》,《北京大学研究所国学门周刊》1926年第1期。

第三章　现代民俗学运动

　　现代民俗学运动是指歌谣学运动结束之后，随着一批学者南下，以广州中山大学《民俗丛书》和杭州中国民俗学会等事件形成的又一次民间文学理论研究的热潮。其大致的路径和格局由三大块组成，即在北方以北平为中心，一批民俗学、民间文学研究的学者，继续进行民间文学为主要内容的民俗学研究，在事实上是对五四歌谣学的继续和发展；在南移的学者中，从广州到杭州，民间文学的民俗学研究形成一种特殊的景象，包括此时如火如荼的乡村教育运动中的民间文学搜集整理与理论研究，出现中国现代民间文学史上的大繁荣；这是时代发展的文化风浪！抗日战争开始后，如此形式的民间文学研究格局在我国大西南的四川、贵州、云南等地，包括中原地区与西北地区的社会风俗生活调查，以中国民俗学会的重新建立与各种不同规模与形式的民俗、民间文学考察，以及不同方法的民间文学研究，形成又一种学术发展方式；这是中国现代民间文学史上十分特殊的一页。由于东北沦陷、东南沦陷，河南、山西、湖北、湖南、绥远等内陆省的一部分地区，连同陕西、甘肃、宁夏、青海、四川、云南、广西、贵州和新疆等广大中西部地区，民间文学为主要内容的社会调查与理论研究的热潮，在抗日烽火的映照下格外醒目。或曰，中西部地区的民间文学研究在抗日战争的特殊历史时期，具有鲜明的文化复兴色彩。

　　关于民间文学理论研究中心南移的原因，有许多学者讲述为北洋政府对新文化的扼杀，导致北京大学为代表的一批学者离开北平这一文化中心。除了社会政治的原因，还应该有更多的因素；诸如歌谣学运动在全国的展开，南方，特别是东南沿海地区，素有开风气之先的文化传统，自然就形成更大规模的民俗学运动。比如一位学者所描述："在北京大学征集歌谣活动的影响下，北平和上海的一些报刊也加入到歌谣运动中来，歌谣受到普遍的重视，歌谣运动一时形成了一个全国性的文化运动。在上海出版的《妇女杂志》是较早关注和提倡民间文学的有影响的著名期刊，它于1921年1月出版的第7卷第1期上就发表了胡愈之的《论民间文学》一文。这家杂志被称为传播人类学派观点的主要期刊。在北平，当时的《晨报》副刊连续发表西方文艺理论和社会科学理论的文章和著作，介绍西方的思潮和马克思主义的学说的同时，也不断地发表各地寄来的歌谣（如南京、浙江余姚、四川、河南鲁山等地）和开展关于歌谣的讨论。《晨报副镌》还发表了芬兰学者卫斯脱马（Westermarck）的《人类婚姻史》（从1921年12月21日起）。这部书与民俗学有着极为密切的关系。本来婚姻史就是民俗学的一个重要组成部分,况且在这部书中还有大量关于人类社会不同阶段上婚姻习俗的描写。从1920年底到1921年,断断续续发表了歌谣运动先驱者们魏建功（1920年1月26—30日）、顾颉刚（1921年1月30日）、沈兼士（1922年12月16日）等学者的讨论歌谣与方言的文章。孙伏园接手编《晨报副镌》后,这类文章更多起来了。周作人（笔名仲密）从1922年1月22日起在该报连载他的《自己的园地》；这本书里的文章,大部分是关于民俗学和民间文艺问题的,因而从中可以系统地看出他的民俗学的立场和观点。"①正是五四歌谣学运动的影响,形成现代民俗学运动重要的思想理论准备与学术力量准备。同时,这也是学术发展自身的趋势所致,歌谣学的研究虽然取得巨大成就,但它已经远远不能够满足人们日益增长的思想文化理论与方法的需要；同时,乡村教育运动强调思想理论融入社会现实,更符合社会文化的发展。民俗学以社会风俗生活的历史与现实为重要研究对象,尤其是其理论与方法的实践性所表现的"求真务实",更适合这一时期的学术发展需要。后来,顾颉刚回顾歌谣学运动的历史时,也讲到"歌谣的研究只使我们感到它在民俗学中的地位比较在文学中的地位为重要"以及"自愧民俗学方面的知识的缺乏而激起努力寻求的志愿",他说："当民国八九年间,北京大学初征集歌谣时,原没想到歌谣内容的复杂,数量的众多,所以只希望于短期内编成《汇编》及《选粹》两种；《汇编》是中国歌谣的全份,《选粹》是用文学眼光扶择的选本。因为那时征求歌谣的动机不过想供文艺界的参考,为白纻歌竹枝词等多一旁证而已。不料一经工作,昔日的设想再也支持不下。五六年中虽然征集到两万首,但把地图一比勘就知道只有很寥落的几处地方供给我们材料,况且这几处地方的材料尚是很零星的,哪里说得到《汇编》。歌谣的研究只使我们感到它在民俗学中的地位比较在文学中的地位为重要,逼得我们自愧民俗学方面的知识的缺乏而激起努力寻求的志愿,文学一义简直顾不到,更哪里说得到《选粹》。于是我们把原来的计划放弃了,从事于较有条理的搜集,这便是分了地方出专集。"②

从1930年代许多高等学校开设的课程情况可以看出,民间文学研究已经初具学科规模,以"平民文学"、"民众文学"等名义,包括相应的"神话研究"、"童话（民间故事）研究"、"歌谣研究"、"戏剧研究（包含民间戏曲等民间文学内容的研究）"与"宗教研究（包含民间文学内容）"等课程,纷纷登堂入室,这种景象是历史上从来没有出现过的。不惟是在北平,也不惟是在南京,在中原地区,以致东南西南和西北地区,到处都有这样的景象。民间文学作为学科设置,进入高等学校,在事实上改变了传统学术格局,

---

① 刘锡诚：《20世纪中国民间文学学术史》,河南大学出版社2006年版,第85、86页。
② 顾颉刚：《福州歌谣甲集·序》,载《民俗》第49~50期,1929年3月6日出版。

同时也奠定了现代学术思想"面向民间"这一宝贵的学术传统。当然,形成这种现象还有乡村教育运动的影响,许多高校学者直接参与了乡村教育运动。总之,可以设想,如果没有五四歌谣学运动应时而生,没有那时思想理论的训练与准备,这种景象很难如此横空出世。或曰,五四歌谣学以科学与民主的新思想点燃了时代发展中"到民间去"的思想文化热情,并以此引发了民俗学运动等更新的社会科学浪潮。

一 北平的余音

自从大批学者南移,北平地区的民间文学研究确实风光不再,失去了当年歌谣学运动如火如荼的景象。此所谓"余音",是指五四歌谣学运动的继续;即使在五四歌谣学运动中,对于民间文学的民俗学研究方式也日益形成规模,诸如对于民间歌谣所做语言学的研究、社会学的研究以及各种形式的风俗调查,民俗学的色彩越来越重,渐渐淹没了其文艺学的意义。其中,有两个事件最值得注意,一是中央研究院的"民间文艺组",一是绥远采风。

(一)"民间文艺组"的意义

《歌谣》周刊停刊之后,并不是歌谣学运动因为大批学者的离开而完全作鸟兽散。应该说,当时发表民间歌谣搜集整理与理论研究的报刊相当多,诸如前面提到的《晨报副镌》、《语丝》、《努力》等报刊。应该说,民俗学运动代替歌谣学运动,其实是学术转型或学术转向,是视野逐渐开阔的表现。或曰,学术体制并不能完全决定学术机制;当一种潮流形成之后,常常出现此消彼长的态势。

此时,即1925年,经历异国他乡千辛万苦的刘半农从法国回来,重执北京大学国学门教鞭。这位歌谣学运动的重要先驱,曾踌躇满志,1926年,他出版诗集《扬鞭集》和《瓦釜集》;他视野更开阔,把民间文学纳入历史文化范畴的同时,积极采用现代学术手段把民间文学与民间艺术纳入科学研究。如其发挥自己在法国留学时的语言学专长,成立语音实验室,还制订了一个宏大的计划,即著作《四声新谱》、《中国大字典》和《中国方言地图》。他是一个热烈的爱国主义者,在法国读书时,曾经抄录法国国家图书馆藏大量伯希和所获中国敦煌文献,编著《敦煌掇琐》。他对西方人在中国的土地上随意发掘文物、掠取文化宝藏的行径极为愤慨,1927年春,他与朋友们创建中国学术团体协会,组织西北科学考察团,以多种形式保护民族文化遗产,捍卫民族文化尊严。或曰,他对绥远等地的民间文学考察亦应该属于他保护民族文化遗产的内容之一。他面对社会现实中种种尴尬与无奈,常常据理力争,身心疲惫之至。尤其是他面对现实中民间文学研究的遭遇,未必是心灰意冷,却再也没有当年的热情。但是,他并没有停止求索民间文学价值与意义的脚步,而是做出更多惊人的壮举,即对俗曲等历史文献的整理与绥远采风。其中,也包括他起草的关于"民间文艺组"的计划书。

中央研究院是民国时期国家设立的学术研究机构,其动议起自1927年,由蔡元培负责筹建;1928年4月正式成立,其主要职责在于"实行科学研究,并指导、联络、奖励全国研究事业,以谋科学之进步,人类之光明"。其中计划设立有国文学、教育学、考古学、历史语言和社会科学等十多个研究所。蔡元培成为首任院长,他继续支持民间文学研究;其中的历史语言研究所于1927年夏设于广州的中山大学,由傅斯年受蔡元培委托负责筹建,同时,他还负责筹建中山大学语言历史学研究所与民俗学会。傅斯年是五四时期学生运动领袖,留学欧洲,学的也是语言学,比刘半农晚一年归国;他在法国与刘半农陪同蔡元培观看被盗敦煌文献,敬佩其才学与人品,了解其歌谣学运动中的作为,就邀请刘半农在北京成立中央研究院历史语言研究所的"民间文艺组",专门进行民间文学的搜集整理与理论研究等工作。

中央研究院历史语言研究所对北平的"民间文艺组"给予人力、财力的有力支持,设立有研究员、民间音乐采集员和书记(秘书)等专职人员,每月有数百元的不菲经费。

刘半农写给傅斯年的信原件保存在台湾省台北市中央研究院历史语言研究所傅斯年图书馆;前些年其中央研究院历史语言研究所编印《新学术之路——中央研究院历史语言研究所七十周年纪念文集》(1998)中有王汎森文章做展示,得以大陆更多人看到①。从中可以看到刘半农致傅斯年的信提到"关于民间文艺组的事,现在已经实行工作,打算:(一)先将车王府的俗曲抄录一份,并通盘校阅一遍,每曲作一提要,各曲的唱调,有现存的,有已失的,有将失的,打算先行调查清楚了,再分别作记载工夫。(二)北大所征到的歌谣,亦开始抄录。(三)民间音乐方面,由郑君(郑祖荫)及舍弟(刘天华)自定了两个题目,每周规定时间找人吹奏(吹奏费另给),随即记录并加以研究。第一题,北平婚丧俗乐及江浙婚丧俗乐之记载及比较。第二题,北平的叫卖声。此两种工作,总共须一年光景方可做完,将来可另出一种单行本也。(四)杂志打算每月出两册,每册32面。现正开始筹备,大约赶得快些,阳历新年可出第一期;但亦不宜过于草草,如一时所收材料不多,便从阳历三月出起"②;其计划书列出"本组职员"若干,具体内容称:

---

① 此件刘锡诚先生在其《20世纪中国民间文学学术史》(河南大学出版社2006年版)中有引文;笔者得益于此,同时,也感谢河南大学历史文化学院朋友提供此《新学术之路——中央研究院历史语言研究所七十周年纪念文集》。此感谢已故原台湾空中大学沈谦先生提供相关材料。

② 《刘半农致傅斯年信》,1928年10月12日;引自《新学术之路》。

1. 规定民间文艺之范围为歌谣,传说,故事,俗曲,俗乐,谚语,歇后语,切口语,叫卖声等。凡一般民众用语言、文字、音乐等表示其思想情绪之作品,无论有无意识,有无作用,均属之。

2. 拟于一二年内,以搜集材料,并整理已得之材料为主要工作。俟材料稍丰,再作比较及综合的研究。

3. 所搜集材料,暂以属于中国者为范围。外国材料之可供参考者,或可增进研究上之兴趣者,间亦选择一二。外人所著关于民间文艺之书籍及论文,亦择要翻译。

4. 北平孔德学校所藏车王府曲本,现已商得该校同意,着手借抄。(因李家瑞李荐侬二人均别有工作,故另雇临时书记抄写,计字给值。)

5. 右项曲本均随抄随校,并每校一种,随手作一提要,由刘复李家瑞二人任其事,将来拟仿清黄文旸《曲海总目提要》之例,汇为《车王府俗曲提要》一书。

6. 关于此项曲本音乐上之研究,由郑祖荫刘天华二人任之。

7. 常惠十年来所搜集之现行俗曲七百余种,现已商请让归本组,由李荐侬担任分类及编目,并仍由常惠担任继续搜集。其属于北平者,常惠拟另行提出,作系统的研究。

8. 右项曲本亦由刘复李家瑞二人担任作提要,将来拟汇为《现行俗曲提要》一书;其音乐上之研究,仍由郑祖荫刘天华二人任之。

9. 前北京大学歌谣研究会征集所得之歌谣一万余首,现由李荐侬担任抄一副本;用卡片抄录,每片一首,俾便于分类。将来本组征集所得,亦可随时按类加入。希望在数年之内,本组能造成一极可观之《全国歌谣总藏》。

10. 十年来全国各处所出关于民间文艺之书籍,并散见报章杂志之论文及零碎材料等,由常惠李荐侬二人担任调查,可购买者购买,无从购买者抄录,总期一无遗漏。

11. 宋元以来小说及曲本中所刻俗字,由刘复李家瑞二人担任搜集比较,期于短期内,作成宋元以来俗字谱一书。

12. 拟将所得材料中有价值者,分别选录,编为《民歌选》、《俗曲选》、《民间故事选》、《谚语选》等书,由刘复担任;其《俗乐选》一种,则由郑祖荫刘天华二人担任。

13. 郑祖荫刘天华二人于前述工作外,兼研究北平之叫卖声,及平苏婚丧乐之比较。

14. 为便利征集材料起见,拟于三月后出《民间文艺半月刊》一种,编辑及发行事务,由刘复常惠二人担任之。

15. 凡本组所搜集之材料,暨整理或研究所得之结果,当斟酌情形,登入半月刊,或另印单行本,或先登半月刊,次印单行本。

16. 民歌俗曲等之音调,概用工尺及五线谱对照谱出;必要时,兼制为蓄音片。(收制音片工作由刘复担任,仪器向北平大学语音乐律实验室借用。)

为人才及经济所限,本组工作计划,暂定如上。俟二三年后能将上述各种工作做得有相当成绩时,再作第二步计划。

这项计划书是一个宏伟规划,从其后来完成情况来看,大部分内容得以成为现实。而且,刘半农对民间文学、民俗现象与民间艺术的兴趣越来越广阔,从当年的歌谣,到社会风俗生活历史文献的整理,他还搜集许多北平地方戏曲史料;他对民间年画也表现出极大的兴趣,如其给人的书信中所述:"手书敬悉,尊事已商之傅先生,请迳函上海办理,大约可望做到给假三月,不扣薪水。惟希吾兄假满即归,弗多延滞耳。弟近中有意搜集各地年画,即过年时民间所贴财神门神及故事戏情等,以木版中国纸印(纸质粗细可以不问)彩色者为最佳,单色者次之,木版洋纸印者又次之,石印者为下,可以不取。吾兄南归,乞于便中代为留意,因为时适在阴历新年也。弟着眼点在民间木刻艺术,故只在精而不在多,能得甚好者三五十张即可矣。但好坏应合布局,色彩,古拙等而论,非印细致之谓,吾兄当能办之。价想不贵,每张或只铜元数枚,当一并奉交。又方国瑜兄于客年前曾允为弟调查一种云南土人之象会意文字,至今无消息,吾兄如与见面乞一问,或就近代为通信一问亦可。方君在北大研究所国学门所提论文,已经通过,作为毕业,亦希告之。此上。即请大安。"①其视野愈广阔,其思想自然愈深刻,其理解民间文学所表现的思想理论更系统更全面。诸如后来李家瑞出版《北平风俗类证》②等著述中提到这些情况。李家瑞在回忆中说:"一,我们平常看北平掌故的书,总觉得记建筑、古迹、名胜的部分太多了,而记人民生活习俗的部分太缺乏,要是将古今书籍里零碎记着北平风俗的材料,辑聚成一书,也可以补偿这种缺陷。二,记载民俗细故的书,在以前是不大有人注意的,所以康熙年间人还可以看见的《岁华记游览志》之类的书。在现在已不容易得到了,但这种书以后是很重要的,为保存它们起见,编一种记载风俗的文字的总集,也是应当做的。三,记述民情风俗的书,士大夫做的往往不如平民做的详细确切,例如《京都竹枝词》、《都门纪略》、《京都风俗志》、《朝市丛载》、《燕市积弊》、《一岁货声》等书,无一不是略通文理的人做的,但他们所记的风俗,往往比名人学士们详实,这一类的书,也可以收集起来,绍介于世。我们

---

① 刘复致李家瑞信(1933年1月15日),见《天地人》创刊号,1936年3月。
② 李家瑞:《北平风俗类证》,商务印书馆1937年版。

编这部书,那这种工作就可以包括在内了。"①事实上,这是刘半农对民间文学及其与社会风俗生活更丰富思想文化内容所表现的从容。在法国受到的语言学训练,给了他许多得天独厚的学术优势,使他对民间文学的研究思路,与其当年歌谣学运动时期所表现的热情大于理性的立场与方法相比,有了非常明显的变化。

最令人感动的是刘半农所做绥远民歌调查,其结集为《北方民歌集》。多少年后,有媒体提到这件事情,称"刘半农是个兴趣广泛的人,写小说,喜欢摄影,出过影集;喜欢写字,常临一些冷门的帖;喜欢编书,也编过时髦的副刊;喜欢谈文法,谈音乐。他弟弟是著名的音乐家刘天华,既能作曲,又能拉一手很漂亮的二胡,刘半农也懂一点音乐","我们现在经常可以听到的歌曲《叫我如何不想他》,就是刘半农作的词。刘半农打算编一本《四声新谱》,把中国重要方言中的声调,用曲线划出来,同时还要参照法国《语言地图》的方式,编一本中国的《方言地图》。因此他到处考察,1934 年 6 月 19 日,他从北平西直门车站出发,来到绥远一带考察方言民俗,6 月 20 日到达包头,调查了包头、绥西、安北、五原、临河、固阳、萨县、托县等地方音及声调,并用录音机收录民歌 7 首","在包头,刘半农还在工作之余游览了转龙藏、南海子等地,6 月 24 日,到达归绥,调查了归绥、武川、丰镇、集宁、陶林、兴和、清水河、凉城等县方言及声调。在一个地方,他听见几个老百姓围坐低唱,声音独特,立刻记下谱子,收录歌谣多首。还在黄河边上为纤夫照相,并记录下他们的纤夫号子。6 月 29 日,他和随行者去百灵庙游览,经蜈蚣坝、武川、召河到达百灵庙。而就是在晚上,由于没有蚊帐,刘半农被蚊子咬得彻夜未眠,留下了致命的祸根! 7 月 2 日,他们回到归绥,在归绥期间,刘半农受北大旅绥毕业学生及当地党政长官的招待,到归绥中学做了一次演讲,听者有上千人"②。《北方民歌集》是中国现代民间文学史上一座丰碑,其"全册共 326 页 652 面",其内容分为"民歌、情歌和儿歌三类",其中"民歌 234 首,情歌 1559 首,儿歌 85 首",其范围有"归绥、包头、河套、河北、凉城、东胜、后套、大同、萨县、丰镇、清水河、任丘、托县、临河、阳高、察哈尔、和林、武川、固阳、兴和、灵丘、雁北、安北、应县、朔县、集宁、天县、河曲、塞北、定县、行唐、山西等,即今内蒙古自治区、山西省和河北省的一部分"③。其内容翔实,方式规范。直到今天,我们仍然应该把它作为田野作业中科学记录和整理的范本。

刘半农去世后,有一位作家在文章中写道:"半农去世,我是应该哀悼的,因为他也是我的老朋友","半农的活泼,有时颇近于草率,勇敢也有失之无谋的地方。但是,

---

① 李家瑞:《北平风俗类证·序》,商务印书馆 1937 年版。
② 李爱平:《刘半农曾来绥远考察方言》,《内蒙古晨报》2008 年 7 月 9 日。
③ 参见刘锡诚《20 世纪中国民间文学学术史》,河南大学出版社 2006 年版,第 288 页。笔者得到中国民间文艺家协会研究部刘晓路帮助,查阅过此《北方民歌集》原件,拟做整理重新出版。特致谢意。

要商量袭击敌人的时候,他还是好伙伴,进行之际,心口并不相应,或者暗暗的给你一刀,他是决不会的。倘若失了算,那是因为没有算好的缘故","现在他死去了,我对于他的感情,和他生时也并无变化。我爱十年前的半农,而憎恶他的近几年。这憎恶是朋友的憎恶,因为我希望他常是十年前的半农,他的为战士,即使'浅'罢,却于中国更为有益。我愿以愤火照出他的战绩,免使一群陷沙鬼将他先前的光荣和死尸一同拖入烂泥的深渊"①。这个人就是刘半农当年的朋友鲁迅。

二 东南的风浪:从广州到杭州

(一)中山大学民俗学会

广州是中国革命的重要策源地,当年,这里曾经举办"中国农民运动讲习所";这里也是北伐的重要出发地,引发影响全中国思想文化反帝反封建大潮。当北平的反动势力越来越嚣张、猖獗的时刻,广州以它特殊的姿态接纳了顾颉刚他们与新生的民间文学学科。傅斯年支持刘半农在北平设立中央研究院历史语言研究所"民间文艺组",也支持刚刚来到中山大学的顾颉刚他们的民俗学。而且,傅斯年是这里民俗学会的实际筹备者。1927年的冬天,北方已经是漫天狂风挟裹着冰雪,而广州依然阳光普照,有如春天,此时中山大学民俗学会在傅斯年的支持下得以成立,其章程中显示"本会定名为国立中山大学语言历史学研究所民俗学会","本会以调查,搜集,及研究本国之各地方、各种族的民俗为宗旨","一切关于民间的风俗、习惯、信仰、思想、行为、艺术等均在调查、搜集、研究之列","凡赞同本会宗旨并愿协助本会进行者皆得为会员。本会设主席一人,处理一切会务,有审定定期刊物,及丛书编印之权","本会搜集所得之物品,及一切材料,在风俗物品陈列室陈列之","举行开会及派员调查等事项,由主席商同研究所主任定之","对于国内外同性质之团体之联络,由主席召集会议决定之","本简章如有未尽事宜,得于本会会议时提出修改之"②等内容。显然,所谓"民间文学"的内容已经退居次要地位,仅仅以"一切关于民间的风俗、习惯、信仰、思想、行为、艺术"做颇为含糊的概括,甚至没有明确列出"民间文学"的名目。或曰,这可能是傅斯年已经考虑在北平设立"民间文学组"的原因。但是,在他们的会刊出版时,却以民间文学与民间艺术为名,题为《民间文艺》。其《为〈民间文艺〉敬告读者》作为他们的

---

① 鲁迅:《忆刘半农君》,(上海)《青年界》,1934年10月第6卷第3期。
② 《国立中山大学语言历史学研究所民俗学会简章》,《国立中山大学语言历史学研究所年报》,1929年1月16日。

学术宣言,表明了他们的理论思想,也表达了他们所坚持的研究方法。其称:

> 一般学者渐渐注意到"民间文艺",这是最近几年来中国学术界一种很好的现象。其实,在东西各国,对于民间文艺的研究都已有许多的专书;而且对于中国的民间文艺,如欧美人士之采集神话传说,日本学者之研究中国的谣谚谜语,其都有鸿篇巨制的成绩发表。这实在使我们汗颜而且要加倍努力的!因为我们对于自己伯叔兄弟诸姑姊妹的生活、思想、文艺,反没有外人知道的详悉啊。
>
> 从历史上演成的一种势力,使社会分出贵族和平民的两个阶级,不但他们的生活迥异,而且文化悬殊。无疑义的,中国两千年来只有贵族的文化:二十四史,是他们的家乘族谱;一切文学,是他们的玩好娱乐之具;纲常伦理、政教律令,是他们的护身符和宰割平民的武器。而平民的文化,却很少有人去垂青。但是平民文化也并不因此而湮灭,他们用口耳相传来代替汉简漆书,他们把自己的思想、艺术、礼俗、道德及一切,都尽量的储藏在他们的文化之府——"民间文艺"的宝库里,永远的保存而且继续的发展着。
>
> 民间文艺,是平民文化的结晶品:我们要了解我们中国的民众心理、生活、语言、思想、习惯等等,不能不研究民间文艺;我们要欣赏活泼泼赤裸裸有生命的文学,不能不研究民间文艺;我们要改良社会,纠正民众的谬误的观念,指导民众以行为的标准,不能不研究民间文艺。因此,我们有三个目的:
>
> 第一是学术的:我们知道民间文艺的内涵丰富,有许许多多的重要材料,可以供给社会学、人类学、历史学、语言学、民俗学、宗教学、教育学、心理学各种学者的专门研究。
>
> 第二是文艺的:民间埋没过不少具有天才的无名文学家,他们有许多艳歌妙语、闲情逸事,不住的在流传着。我们倘能于采辑之后,加以整理,选出一部《民众文学丛编》来,以供大家欣赏,未尝不是文学坛坫上一面新鲜的旗帜呢。
>
> 第三是教育的:我们所搜辑的材料,既一面贡献给各项专门家去研究,一面精选编印纯文艺的作品;而一面又须审查它的内容,定一个去留的标准。我们感到"割股救亲"的愚孝,"奔丧守寡"的苦节,这些曲本唱书的教训,是20世纪所不应有的;恐吓欺骗的母歌,刁骂丑讥的民谣,也在应当取缔之列。我们为社会和家庭教育计,对于民间文艺,不能不加以审查,定出标准,使它日益改善。
>
> 这里,我们所谓"民间",不限于汉族;凡属于中国领域内的一切民族,如苗、瑶、畲、蛋、罗罗……等等皆是。我们所谓"文艺",不限于韵文的歌谣、谜语、谚语、曲本、唱书……等等,凡神话、童话、传说、故事、寓言、笑话……等等皆是。有时,我们还要把国外的民间文艺介绍一点,让大家作比较的研究。在我们的眼眶中,歌谣、谚语的价值,不亚于宋词、唐诗;故事、传说的重要,不下于正史、通鉴;寓言、

笑话，不让于庄生东方的滑稽；小曲、唱书，不劣于昆腔、乐府的美妙。因为这是民族精神所寄托，这是平民文化的表现。我们为此而征集、发表、整理、研究中国全民族的各种文艺；这也就是本刊所负的唯一使命。

今天《民间文艺》第一次与读者相见了，我们要搯诚而恳切的要求读者给我们相当的助力，给我们充分的材料和重要的论文。这是我们所馨香祷祝、引领而望的！

最后我们要高呼我们的口号：
打破传统的腐化的贵族文艺的旧观念！
用研究学术的精神来探讨民间文艺！
用批评文艺的眼光来欣赏民间文艺！
用改良社会的手段来革新民间文艺！
热心民间文艺的同志团结起来！
提倡新颖而活泼的民间文艺！①

自然，其标明所谓"学术的"、"文艺的"和"教育的"学术目的，与当年的《歌谣》周刊事实上是一脉相承。其称所谓"民间"，"不限于汉族"，"凡属于中国领域内的一切民族，如苗、瑶、畲、蛋、罗罗"都包含在内；其称所谓"文艺"，"不限于韵文的歌谣、谜语、谚语、曲本、唱书"，"凡神话、童话、传说、故事、寓言、笑话"皆属于此列。无论其视野，还是其方法，都发生了相应变化。这是中国现代民间文学史上一篇难得的具有学术纲领性意义的重要文献。更重要的是《民间文艺》名实相符，确实是民间文学理论研究的集中表现，当然也包括许多作为民间文学背景的社会风俗生活内容。而且即使是在后来"改名《民俗》"，也仍然有大量民间文学内容。与此同时，《国立中山大学语言历史学研究所周刊》的"发刊词"称"语言学和历史学在中国发端甚早，中国所有的学问比较成绩最丰富的也应推这两样，但为历史上各种势力所缚，经历了二千余年还不曾打好一个坚实的基础。我们生当现在，既没有功利的成见，知道一切学问，不都是致用的；又打破了崇拜偶像的陋习，不愿把自己的理性屈服於前人的权威之下，所以我们正可承受了现代研究学问的最适当的方法，来开辟这些方面的新世界"，"要实地搜罗材料，到民众中寻方言，到古文化的遗址去发掘，到各种的人间社会去采风问俗"②。应该说，虽为同仁，而二者之间存在差异。

后来，他们在《民俗学会一年来的经过》中做民俗学会工作总结时说道："本会的由来，始于十六年八月语言历史学研究所之成立，其时傅斯年教授兼任本所主任，适

---

① 《为〈民间文艺〉敬告读者》，《民间文艺》第1期，1927年11月1日。
② 《国立中山大学语言历史学研究所周刊》第1期，1927年11月。

旧日国立北京大学之歌谣研究会,及风俗调查会的会员联翩至粤,如顾颉刚先生,董作宾先生,陈锡襄先生,容肇祖先生,钟敬文先生等,皆旧日热心于风俗调查,而卓有成绩者;此外则教育系教授而同情于民俗调查者,有庄泽宣先生及崔载阳先生。当时本研究民俗的精神及志愿,虽未成立为学会,而《民间文艺》周刊创刊号,乃于是年十一月一日出现。当日主持这刊的编辑事务,为董作宾,钟敬文两先生。不及一月,董作宾先生以母病乡旋,遂由钟敬文先生独任编辑之责。到十七年三月,《民间文艺》已出满十二期,以《民间文艺》名称狭小,因扩充范围,改名为《民俗》,当时同情于《民俗》的编辑的,有法科主任何思敬先生,亦愿负责帮忙。以后,因民俗的调查及研究的关系,不能不需要训练一些人材,于是年四月民俗学传习班开始设立。语言历史学研究所亦以民俗事务日渐发展,即开始设立'民俗学会'由顾颉刚先生主持之。"①《〈民俗〉发刊辞》(顾颉刚作)指出:"本刊原名《民间文艺》,因放宽范围,收及宗教风俗材料,嫌原名不称,故易名《民俗》而重为发刊辞。"其充满激情高呼:"皇帝打倒了,士大夫们随着跌翻了,小民的地位却提高了;到了现在,他们自己的面目和心情都可以透露出来了!我们要站在民众的立场上来认识民众!我们自己就是民众,应该各各体验自己的生活!我们要把几千年埋没的民众艺术,民众信仰,民众习惯,一层一层地发掘出来!我们要打破以圣贤为中心的历史,建设全民众的历史!"②其热情洋溢的宣言并没有获得更多人的理解与认同,如钟敬文就对此表示过不同意见,其称"这个发刊辞,是顾颉刚先生的手笔,顾先生是一位史学家,他看什么东西,有时都带着历史的意味。他那惊人的《孟姜女故事的研究》,据他在《古史辨》序的供词,便是为他研究古史工作的一部分。所以这个发刊辞,就是他用他历史学家的眼光写成的","在许多文字里,颇有些话,不很与民俗学的正统的观念相符的"③云云。从《民间文艺》到《民俗周刊》、"民俗丛书"各篇看,民俗学的文章占据了大多数,但是,民间文学的研究依旧不菲,有平分秋色的比例。这种以"站在民众的立场上来认识民众"为研究方式,以"把几千年埋没的民众艺术,民众信仰,民众习惯,一层一层地发掘出来",和"打破以圣贤为中心的历史,建设全民众的历史"为基本任务,形成其民间文学思想理论,伴之以各种形式与各

---

① 《国立中山大学语言历史学研究所年报》第60期,1929年1月16日出版。
② 《民俗周刊》"创刊号",1928年3月21日。
③ 钟敬文:《编辑余谈》,广州:《民俗》第23、24期合刊,1928年9月5日。

种内容的民俗、民间文学调查,很快形成歌谣学运动之后的又一个学术热潮①。

然而,总是好景不长。傅斯年支持民俗学研究毕竟是有限的,尤其是顾颉刚他们的民间文学研究与民俗研究涉及到所谓"猥亵"的内容,加上一些别有用心的人添油加醋,更加激起傅斯年对顾颉刚与其学术研究的不满。事情从当时的青年学者钟敬文编发《吴歌乙集》"事件"引起,有人以为是不健康的"猥亵"内容,与大学研究高深学问的身份极不符合。这些指责在事实上已经远远超出了学术研究的界限,成为人身攻击的借口与手段。1928 年 8 月 4 日,顾颉刚致胡适的信中说:"我真想走,但走不了。现在讲定再留半年。到年底我必走了,一来我的京寓和朴社没办法,二来我在此地被同事嫉妒甚深(凡不在民俗学会的文科同事都讨厌我,其故只因'民俗丛书'多出了几种),若不知难而退,厦门的风味又要来了。我对于办事虽有勇气,却无兴趣。三则我想研究的问题积了四、五年,再也忍不住了,既在中央研究院有专门研究的机会,落得整理我旧业。到了广州,在小鸡群里做凤凰,甚怕有堕落的危险。有此三因,故薪金虽多,亦不留恋了;学生虽依依,也顾不得了。"1928 年 8 月 20 日,顾颉刚致胡适的信中说"民俗学是刚提倡,这一方面前无凭借,所以我主张有材料就可印","即使民俗学会中不应印出秽亵歌谣,其责亦在我而不在敬文。今使敬文蔽我之罪,这算什么呢!岂不是项庄舞剑,意在沛公!又岂不是太子犯法,黥其师傅!"②但是,无论如何,中山大学民俗学与民间文学研究毕竟带来东南地区一片绿色,其成就不仅仅在于它进行了更加气势磅礴的民间文学与民俗事项等内容的搜集整理热潮,最重要的是它磨练了学者们的意志,同时也培养了一批年轻的学术力量,诸如钟敬文、杨成志他们,在此后都迅速成长,成为民间文学理论研究的中坚。尤其是在福州、杭州、潮汕等地区建立了中山大学民俗学会的分会等具有实践基地色彩的分机构,其民俗丛书的出版使更多的学者得到开阔视野的机会,对后来的民间文学研究方式都有重要影响。这些刊物以"专号"等形式展开的调查研究,与民俗丛书的出版发行,在事实上保存了

---

① 江绍原是中国现代民俗学的重要创始人之一,与顾颉刚他们有着深厚情谊。后来有人说:"1927 年,顾颉刚在中山大学筹办民俗学会的时候,不断刊登广告广招贤才,大凡与民间文化沾上点边的中大教授都被礼聘为民俗学会校内会员。江绍原此时正在中大英语系任代主任,而且开了一门破天荒的民俗学课程——《迷信研究》,本该是最佳人选。江绍原与顾颉刚常常见面,但由于江绍原与鲁迅过从甚密,而鲁迅与顾颉刚交恶,因此,江绍原自始至终被排斥在民俗学会的大门之外。后来江绍原到了杭州,曾数次试图与周作人、赵景深、顾均正等人另立民俗学会,终因种种原因而流产"云云(见《圈子的形成:反抗旧秩序建立新秩序》,北大未名站,2010 年 03 月 19 日 10:59:33)。此不知其根据何在。或指张清水曾在给容肇祖的信中说"近与江绍原先生函商,《现代英吉利谣俗》一书,江先生似不大想交民俗学会出版,为的是已答应了上海某书局的原故"(《民俗周刊》第 85 期,1929 年 11 月 6 日)。但是,"已答应了上海某书局"是已经承诺的事情,应该与所谓"江绍原自始至终被排斥在民俗学会的大门之外"没有什么联系。

② 顾颉刚致胡适信,皆见于顾潮《我的父亲顾颉刚》,人民文学出版社 2010 年 3 月版。

那个时期社会风俗生活中许多有价值的文献资料,为后人所进行的学术研究奠定重要的基础。相比而言,我们应该深入进行第一手资料的采集的同时,其实更应该重视现代历史上那些珍贵的文献,诸如刘半农他们所做的《北方民歌集》如果能够重新整理,这将十分有益于中国民间文学理论研究的快速发展。或曰,我们应该尽快建立起中国民间文学文献学,从基础研究做起,使这一学科得到更扎实的发展。

后来,《民俗周刊》复刊时,对这一时期的民俗学运动做回顾,总结称"原我国民俗学运动,发轫于民七之北大,而成长于民十六至民十九,及民二十二之广州中大"①云云,有其道理,但是把所谓"民二十二之广州中大"即1933年时期的广州中山大学看作"成长"实绩,未免言重。郑师许在《我国民俗学发达史》中说:"自国立中山大学语言历史研究所开始印成《民间文艺周刊》,注意于民歌,民谣,故事的搜集,渐而进于民俗的调查,及部分的所知,以互相讨论;又另印行民俗学会丛书,以为参考。又设风俗物品陈列室,为广大的宣传,不能派人专门去调查,而仅能唤起各地方各学人肩负其乡土及居寓地方的调查,搜集,以及研究的责任。"②其"不能派人专门去调查",便是其与北京大学歌谣学运动不能相比之处。

中山大学民俗学会为核心的民俗学运动,以《民俗周刊》等理论阵地为学术发展重要平台,营造了民间文学理论研究的又一种气象。诸如《民俗周刊》设立的"传说专号"(1929年2月,第47期)、"故事专号"(1929年3月,第51期)、"梁山伯祝英台专号"(1930年2月,第93、94、95期)、"《山海经》神话研究专号"(1933年3月,第116期)和"王昭君传说专号"(1933年5月,第121期),从研究内容上看,都是民间文学的研究。这些具有民间文学主题研究意义的"专号",是对民间文学理论研究某些问题的集中讨论,与当年《歌谣》周刊所列"婚俗专号"、"方言专号"的意义是相同的;有趣的是,当年歌谣学运动中,《歌谣》周刊极力寻找民俗学的出路,而在此民俗学运动中,《民俗周刊》却在认真寻求不以民俗学研究和不同于历史学研究的民间文学的"文学研究"。其未必是一种矫枉过正,有意进行不同研究方法的平衡性发展,或曰,正因为如此民俗学理论研究的汹涌,才给民间文学思想理论的发展提供了广阔的空间。这里出现"钟敬文现象"、"刘万章现象"和"罗香林现象",应该是中山大学民俗学会尤其重要的人才培养的实绩证明。

或曰钟敬文走上中国民间文学研究道路,从中山大学民俗学会起步,虽然此前他已经有一些成就。他参与《民俗周刊》与《中山大学民俗丛书》,负责具体事务,锻炼了他的民间文学理论研究能力与相应的组织策划能力。这一时期,他除了民间文学与民俗的搜集整理之外,进行了神话传说与民间故事的广泛研究,诸如对《楚辞》和《山

---

① 《民俗周刊》第1卷2期《中国民俗学运动简讯》,见上海书店影印本,1983年12月版第293页。
② 郑师许:《我国民俗学发达史》,《民俗周刊》第2卷第1、2合刊,1935年4月16日。

海经》的神话钩沉、辨析与民俗学的理论透视,他所进行的民间文学理论研究看起来是民俗学的,其实从内容上看几乎都是民间文学的文学研究方式。这也是他后来提出"民间文艺学"的学术准备。其中钟敬文所发表的关于"呆女婿故事"的研究文章和他关于中外民间故事类型比较的文章,都标志着中国现代民间文学思想理论的重要成就,而如果没有民俗学思想理论的支持,其理论价值很可能会成为另一种结局。此时,钟敬文为林兰主编的《民间传说故事》做了"呆女婿故事"①的专论,既是民俗学深入发展的证明,也是民间文学理论研究深入发展的重要标志。

钟敬文在民俗学运动之前就进行民间歌谣的搜集整理与理论研究,曾编纂《歌谣论集》;中山大学的学术生活给了他光荣,也留给他耻辱,令他气愤。他充满愤慨地记述了这个以民俗学为名的"民间文学事件",用十分朴素的语言解释自己和朋友们"所以要来创立民俗学会的动机"和"本刊所以出版的一点旨趣",其称:"我们这个老大的中国,虽然负荷着一块'数千年文化灿烂之邦'的金字招牌,其实,它店里所陈列着的货色的价值,是很要使我们怀疑的。随便举个例,就譬如文学吧,二三千年来文人学士接踵产生,文学作物,真可说汗天下之牛,而充天下之栋,这还不能说是'懿欤休哉'吗?然而,一考其实,连'文学'两字的定义尚弄不清楚,你说'文以载道',我说'文以匡时',你说'必沉思翰藻,始谓之文',我说'著之竹帛谓之文,论其法式,谓之文学',众说纷纭,莫得要领。又如文学批评,除了刘勰的《文心雕龙》和钟嵘的《诗品》两部略具雏形的著作外,简直更找不到一册系统的书,虽然评头品足,鸡零狗碎的诗话文评是写得那么多。我们自己本国过去学术成绩是这样低薄浅陋,再看看外人的这种园地,却那样开拓得扩大,兴盛有条理,苟不是甘于长此做落伍者的人,其能再安然不思有以自奋吗?在学术的丛林中,选择了一种急待下手的,并且是自己颇感到兴味而略能致力的,不恤人言地,不顾辛苦地,努力去做一个忠实的园工,这就是我们几个浅学的人所以要来创立民俗学会的动机,也就是本刊所以出版的一点旨趣!"②他以此回顾民俗学会包括自己的心血所取得的成绩,说"为了以上的原因,本刊终于刊行了,到现在虽只及半年,却出满了24小册,共20余万字,同时,本会所印行的丛书,亦出至20余种,字数在数十万以上。我们很明白自己工作的浅陋,不敢夸说这样一来,已稳当地奠定了中国民俗学的基础,但我们可以自信而信人,这个小小的努力,最少是在我们敝国这门新茁芽的学问上,稍尽了一点宣传启发的任务。一种学术的创设成立,自然需要有极伟大的心力的合作,与相当岁月的培栽,但我们这个小小的发端,无论如何,是应有的,是颇可珍贵的"云云;他总结了所谓的缺点,即"我们最感到惭愧的,是每期没有

---

① 林兰:《呆女婿的故事》,中有"钟敬文述",北新书局,1926年10月版。林兰《呆女婿故事新编》中,有钟敬文《呆女婿故事探讨》,北新书局1928年5月版。

② 钟敬文:《〈民俗周刊〉编辑余谈》,《民俗周刊》第23、24期合刊,1928年9月5日。

比较精深有力的论著发表","各人对于这个学问的意见,颇有未能尽同之处","每期材料的分配,似乎不能很均匀,这就是说,各期中,最占多数的,大概是民间文学方面的材料或论文,关于初民生活习惯及信仰宗教等材料来得太少,这也是一个小小的缺点",并解释道:"我们这几个人中,差不多没有一个是专门研攻民俗学的,如顾先生是专治史学的,这可不用说了。何思敬先生,他是学社会学的,崔载阳先生,他是治心理学的,他们的注意民俗学,乃是因它和它们有些关系的缘故。其他如庄泽宜、陈锡襄、黄仲琴诸先生,都是因个人兴趣或与其所学略有关系而热心于民俗学的。我自己呢,说来更是惭愧,我只对于民间文学略注意过一二,其余都不是我所在行的。为此缘故,大家文字里所表露的见解,有时不能齐一,这是很可原谅的",他强调"民间文学,比较其它材料来得有趣,并且在中国已有多年运动的历史,所以关于它的投稿要比较多点",其原因在于"我自己是一个对它较有兴味的人,写起文章来,就不免关于它的多,又因为几位会外的朋友,兴趣及研究的对象也多半是倾注于此面的,因之,就难免有这项色彩独浓厚点的表象了";在此,他难以平息自己因为民歌的出版所遭遇的人身攻击与侮辱之悲愤,说:"自本刊产生以来,局外的人对它大概抱着两种不同的态度。一种是赞成的,一种是鄙视的。赞成方面的,以为我们这种努力,是一个可贵的贡献,于中国的学术坛上。他们不但用语言、文字赞美和鼓励我们,有的还十分诚意的予我们以实力上的援助,如周作人、赵景深、徐调孚、顾均正、黄诏年、清水、谢云声诸先生,都是我们所份外感激的!鄙视方面的,似可分为两种。那受支配于因袭社会的伦理和陋见的近视论者,这在我们是犯不着去计较的。稍可惊异的,是有些素号为头脑清晰的学者们,也不能予我们以同情,甚至深恶而痛恨之,几比它于洪水猛兽!我们的工作,诚然是幼稚可议,但自信总是为学术为真理而努力,至少心是纯洁可谅的!我们不恤承受社会一般盲人的咀骂,头脑混浊者的仇视,但我们却要求大度的学者们平心静气的理解,鉴别,甚而至严厉的指摘亦得,只要他是确能为真理的!为了保护学术的庄严,我们实在没有受鄙视的惧怕。公平的判断,终当有个出现的时辰,即使不是在现在!"①由此可见此时的钟敬文以诗人的情怀所表现的赤子之心。或曰,诸多耻辱,使人奋进,钟敬文因此而令人同情与尊敬;此"民间文学事件"始作俑者戴季陶、傅斯年他们如此粗暴、蛮横,却只能令人鄙视。

其次是刘万章现象。

刘万章所编《广州民间故事》②、《广州儿歌》(甲集)③、《广州谜语》④等地方性民间

---

① 钟敬文:《编辑余谈》,广州:《民俗》第23、24期合刊,1928年9月5日。
② 刘万章:《广州民间故事》,中山大学民俗学会1929年10月版。
③ 刘万章:《广州儿歌》,中山大学民俗学会1928年6月版。
④ 刘万章:《广州谜语》,中山大学民俗学会1928年9月版。

文学的调查,同时,他还发表许多记录整理的民间文学,如《羊石传说》(《民间文艺》第4期)、《一女配四男的故事》(《民俗周刊》第 10 期)、《洛阳桥故事》(《民俗周刊》第 27、28 期)、《熊人公》(《民俗周刊》第 47 期)与《广州儿歌乙集》(《民俗周刊》第 48 期)等。这些民间文学内容的记录在学术史上有着重要的标志性意义,如钟敬文在为其《广州谜语》做序中称:"纯粹为学术的研究而辑集的材料,万章此本,是破天荒的第一部。"① 赵景深对其《广州民间故事》评论道:"读了《广州民间故事》第一篇《牛奶娘》和第二篇《疤妹和靓妹》,使我非常高兴","这两篇故事的任何一篇都是三篇故事的结合体,公式应该是这样的:牛奶娘=灰娘+蛇郎+天鹅处女。","使我最感兴味的是蛇郎除吸引天鹅处女故事以外,还能吸引灰娘。这简直是一个发现!"②

刘万章搜集整理民间歌谣,在学术发展中有自己独特的价值。如顾颉刚在为他所做序中说:"为什么在这首歌里竟称起'他'来?这歌原是董作宾先生用全力研究过的'看见她'呵!董先生研究此歌,从北京大学歌谣研究会中所藏一万余首歌谣中抄出类似的四十五首,研究出他的流传的系统,假定这首歌发源于陕西中部,传到山西,直隶,河南,山东,遍及黄河流域;又从陕西传到四川而至湖北,湖南,又从江苏而至安徽,江西,差不多也传遍了长江流域。惟独珠江流域,他没有觅到一首。他在统计表中说:北大所有广东歌谣六百四十首,照北方的比例,应当找出此歌三首;现在一首也没有,足见是没有的了。哪知万章先生辑录这书,马上把这个假设推翻了——《看见她》的歌,广东是有的!"③

最值得人关注的是他在《记述民间故事的几件事》中对民间文学搜集整理的科学记录的论述,他提出:"我们记述民间故事的,对于故事流传的空间,一定要明白地写出来,这不但那个故事的特质可以表现出来,并且可以研究各地故事的异同","我最不赞成不说明流传的所在";"各地故事不同的特质,和各地的谚语、歌谣、方言以及社会民俗有莫大的关系,我们记述故事的时候,要尽情地照俗叙去,老不要自卖聪明,附会己意变成白话诗,或抹杀不理!这是我们最要留心的",他以呆女婿故事为例说,"各地的方言,尽可以表现出各地的呆女婿,我们试用统一的方言,那么,中国正有一个呆女婿,一个死的呆女婿";"民间故事的叙述,总要能够把故事平直地、完满地叙述得逼真,不要尚浮耀,像做小说般,描写一堆风景、心灵的话",等等。④ 应该说刘万章是有所指的,这就是北新书局出版大量民间故事文本,其中许多作品都如此被"文人化",

---

① 刘万章:《广州谜语》"钟敬文序",中山大学民俗学会 1928 年 9 月版。
② 赵景深:《〈广州民间故事〉序》,中山大学民俗学会 1929 年 10 月。
③ 顾颉刚:《〈广州儿歌〉序》,中山大学民俗学会 1928 年 6 月版。
④ 刘万章:《记述民间故事的几件事》,《民俗周刊》第 51 期,1929 年 3 月 13 日;《〈广州民间故事〉附录》,中山大学民俗学会 1929 年 10 月版。

出现许多"像做小说般,描写一堆风景、心灵的话"之类现象。与《歌谣》周刊中强调"注音"、"注释"等方式一样,这是对科学研究中忠实于民间文学原来面目的记录原则的论述,至今仍然值得注意。

再者是罗香林现象。

在我国现代学术史上,广东文献与西北文献的整理有着非常复杂的学术价值与意义。其中,广东客家人的民间文学更为特殊,这不仅仅因为洪秀全这些农民起义领袖人物就是客家人的身份,主要是客家人特殊的历史文化性情与独特的命运。"中山大学历史语言研究所民俗学会民俗丛书"收录了《粤东之风》这部以客家民歌为主要内容的民歌集。其所收录民歌有五百首之多,堪称客家民歌汇聚大全。

罗香林是著名的客家历史文化研究专家,他参与《民俗周刊》,以青年学生的身份成为中山大学民俗学会阵营中一员,是因为他的《粤东之风》。罗香林1926年考入清华大学历史学专业,而他在中学时代即1924年就开始收集其家乡的客家歌谣;至1925年12月,已收录客家重要集聚区广东梅县、兴宁、五华、平远和蕉岭歌谣数百篇。他还以通信方式向各地征集客家歌谣。1926年秋,刚刚进入清华学习的罗香林着手编辑《广东客家歌谣集》,并以客家歌谣研究会的名义撰写《征集客家歌谣启事》作更广泛征集与整理。他的编纂活动与客家山歌的研究,得到顾颉刚他们的帮助,1928年大致编纂完成。其本身就是客家人,感于"兴宁处粤之东隅,去闽赣殊近,其素习兼具粤赣闽之长,明耻尚义,隆礼守法",故取名《粤东之风》。1930年前后,他搜集到鸦片战争中广东民众抗英的民间文献,编纂出《鸦片战争粤东义民抗英史料叙录》和《鸦片战争粤人说部与诗史》,为近现代历史文化研究做出重要贡献。《粤东之风》这部著述的出版较晚,但是,其搜集整理与其中的"讨论",大多形成于民俗学运动时期,其所体现的民间文学思想理论,应该与中山大学民俗学会的学者们有联系。诸如其所论"真的好歌谣,其生命决不仅寄托在文艺里头",他说,"歌谣是普遍的、活动的,平民所借以表现其苦乐的唱声,所以从艺术上看,固有它天然的美节;从声韵上看,更足以明示语言的递演;而其功用则能使人兴趣振作,和教育亦甚有关系","倘把它在民俗、语言和教育各方面的精神完全抽去,无论它不复能发生艺术的价值,即使能之,也不过差可和文人无病呻吟的作品相比挦罢了"[1];其看重客家民歌中的民俗生活表现个性,希望从中探索那些"历来史家没有注意到的习俗","循着它所表现的风尚,去探索客族人民习俗的构成和转变,不难推知古中原民族的习俗"[2]云云。这些见地出自一个学术青年,可见其深思熟虑,也可见其学术锐气。其中《粤东之风》中的《什么是粤东之风》,即发表于朱湘主编的清华文学社《文艺汇刊》1927年第二卷第三、四期;他在《南行记》

---

[1] 罗香林:《粤东之风》,北新书局1936年版,第7页。
[2] 罗香林:《粤东之风》,北新书局1936年版,第35页。

等著述中也曾提到他与顾颉刚他们此时的来往。

钟敬文、刘万章、罗香林他们之所以成为"学术现象",主要在于他们以不同的形式从中山大学民俗学会这个特殊的群体中起步、成长,在中国现代民间文学史上各具特色。

由于多种原因,当年的研究成果保存残缺不全,零零碎碎散见于各地图书馆,今天能够见到保存较为完整的中山大学民俗学会《民俗》等文献资料,得益于今中山大学民俗学专业的老师们辛苦搜集各册,以"《典藏中山大学民俗学丛书》"①的名义使许多文献重见天日。查阅各期,我们能够感受到这一时期学者们进行民间文学与民俗学等内容不同形式的研究之艰辛。总体上讲,这一时期的民间文学研究,以民俗学为利器,在事实上已经走出文学的视野,诸如顾颉刚,基本上是在进行一种新史学意义上的理论研究。应该说,它在学术水平上超过了歌谣学运动时期的民间文学研究。日本学者直江广治曾经把这一时期的中国民俗学称为成熟发展期,应该是有一定道理的。当然,一切学术研究事业的开拓总会有不同程度的粗糙等不尽如人意之处。如后来,容肇祖对此作总结时所论述:

综计已往的成绩,除忠实搜集材料外,江绍原先生的《发须爪》及《血与天癸》,皆就书籍的记载及自己所知道的,及听到的材料而为分析的说明。江先生是研究宗教学及迷信的人,故于说明这种迷信的关系,甚为清楚。民俗学本来是一种解释的学问,故此江先生的贡献,开我国民俗学研究的先路。顾颉刚先生的《孟姜女故事研究集》,由书籍记录与传说故事的变异不同,而发现历史的演变,无论古典的正统的历史,与民间的、地方的故事,都是一样的。他用历史的眼光去照着历史的真实,由时代的迁流,而失其本来的面目,他用传说的故事的研究结果,与他的古史的研究结果,互相证明。结果,他不特于古史的研究上开一个新方法,而且于民俗研究上亦开一新路径。本来民俗学是个历史的科学,由民俗学研究的结果,可以供给文化史一部(分)的新材料。民俗的材料,可以说是古史中一部分的实绩的遗留,或者至少可以由此推证得历史中一部分少人注意的资料。由顾先生的历史与民俗的研究,于是近来研究民俗学者引起一种历史的眼光,知把民俗的研究与历史的研究打成一片,而在我国,可以使尊重历史的记录,而鄙弃民间的口传的人们予以一种大大的影响。我的《占卜的源流》和钱南扬先生的《祝英台故事集》等,便是其应声。本来古籍中不少民俗的材料的遗留,如江绍原先生的《发须爪》中,说及发须爪被认为有药物的功效时,亦说道:"虽也参考了好

---

① 叶春生主编《典藏中山大学民俗学丛书》,黑龙江人民出版社2004年版。

几种方药书,然大致以明人李时珍的《本草纲目》为本。"认定一种古书而研究其中的民俗材料者,有钟敬文先生的《〈楚辞〉中的神话与传说》。由此开端,将来《山海经》《水经注》等各书,致力研究其中的民俗者,当必继起有人,亦如英国人研究莎士比亚著作中的民俗,可以预料。郑振铎先生近作《汤祷篇》(《东方杂志》30卷1号),用民俗学的眼光去看古史,发现古史中的神话和传说,不是野蛮人里的"假语村言",是真实可靠的材料,更把现代中许多"蛮性的遗留"的痕迹,来证明古史的真实。他自号为"古史新辨"。这种扩大民俗学的利用,与顾颉刚先生把民俗学和历史学打成一片的研究,当然有同样的效果。他们二人的方法表面似是相反,而实际是相成的。考古学的方法,在民俗学上亦有时用得着的,田章的故事,我曾作《西陲木简中所记的田章》(《岭南学报》2卷3期)及《田章故事再考》(《民俗学论集》中),以找回古代有之而久经沉埋的故事。但是近来出现的古器物中,如唐宋的明器,我们更可依据以考古代沉埋的民俗。赵景深先生的《民间故事丛话》,(以)文艺的眼光,考校我国民间故事的型式,更拿西洋的故事相比较,其性质是偏于文艺方面为多。然而现在一般作民俗的研究者,大率纵的或历史性的比较为多,而横的地理性的比较为少。顾颉刚的孟姜女研究,虽亦曾注意到各地方的传说,然而各地方的材料未易为普遍的搜集,故不免横的研究,因而更感觉困难。前中山大学《民俗》周刊,所以出种种专号的目的,本为向各地方征求材料,但结果仍只限于几个地方的投稿者。因此民俗研究,一涉及比较之点,我们每觉纵的较横的为多,而引证则称述古代为盛,盖翻书之功易为,而采访或调查的不易呵!故此我在前面说道:"不完满的研究待后人的修正补充,正如忠实的材料的记录待研究者的引用,为一样的可以帮助学问的成立。"从现在研究的作品看,补偏救弊,正恨材料的质量,我们所得有限呢![①]

这篇评论、总结性的文章提到中山大学民俗学会及其同时代学人的民间文学研究得失问题。其用意深刻,在于尽力把握学术发展的轮廓,诸如其对顾颉刚关于孟姜女故事研究的成就、钟敬文关于《楚辞》与《山海经》神话的研究、钱南扬关于梁山伯祝英台故事的研究、郑振铎关于商代神话传说的研究、赵景深关于民间故事的研究,以及他自己与江绍原对巫术现象与民间文学的研究,其述说看起来皆为妥当。尤其是他对于顾颉刚民间传说故事研究所具有的历史学意义的总结,称之"用传说的故事的研究结果,与他的古史的研究结果,互相证明",其"不特于古史的研究上开一个新方法,而且于民俗研究上亦开一新路径",可谓一语中的。但是,他没有分清楚民间文学

[①] 容肇祖:《我最近于"民俗学"要说的话》,《民俗》第111期,1933年3月21日。

研究中,人文的研究与社会科学的研究其实是有许多不同的。当然,这也说明在民俗学运动中民间文学研究在主体构成等方面不断拓展开来。

民俗学的民间文学研究,应该与文学的民间文学研究有所区别,但是,在当时这是一个普遍存在的现象,就是人们把民俗学研究实际上作为一种文学研究方法看待。如许地山曾经翻译了《孟加拉民间故事》,他在"译叙"中说:"民俗学者对于民间故事认为重要的研究材料。凡未有文字而不甚通行的民族,他们的理智的奋勉大体有四种从嘴里说出来的。这四种便是故事,歌谣,格言(谚语)和谜语。这些都是人类对于推理,记忆,想象等最早的奋勉,所以不能把它们忽略掉。故事是从往代传说下来的。"他将民间文学分为几大类别,详细提出"要把故事分起类来,大体可分为神话,传说,野乘三种",其中"神话(Myths)是解释的故事","传说(Legends)是叙述的故事",以及"野乘(Marchen)包括童话(Nursery-tales),神仙故事(Fairy-tales)及民间故事或野语(Folk-tales)三种"。这种分类方式基本上是合理的。他对此作解释说,"从古代遗留下来的故事,学者分它们为真说与游戏说二大类,神话和传说属于前一类,野语是属于后一类的","在下级的民族中,就不这样看,他们以神话和传说为神圣,为一族生活的历史源流,有时禁止说故事的人随意叙说。所以在他们当中,凡认真说的故事都是神圣的故事,甚至有时做在冠礼时长老为成年人述说,外人或常人是不容听见的。至于他们在打猎或耕作以后,在村中对妇孺说的故事只为娱乐,不必视为神圣,所以对神圣的故事而言,我们可以名它做庸俗的故事。"在这里,他看起来是把民间文学作为社会人类学的研究内容,其称"研究民间故事的分布和类别,在社会人类学中是一门很重要的学问",而事实上还是文学研究的形制,如其所说:"庸俗的故事,即是野语,在文化的各时期都可以产生出来。它虽然是为娱乐而说,可是那率直的内容很有历史的价值存在。我们从它可以看出一个时代的风尚,思想和习惯。它是一段一段的人间社会史。研究民间故事的分布和类别,在社会人类学中是一门很重要的学问。因为那些故事的内容与体例不但是受过环境的陶冶,并且带着很浓厚的民族色彩。"许地山的视野很开阔,他在比较中指出:"在各民族中,有些专会说解释的故事,有些专会说训诫或道德的故事,有些专会说神异的故事,彼此一经接触,便很容易互相传说,互相采用,用各族的环境和情形来修改那些外来的故事,使之成为己有。民族间的接触不必尽采用彼此的风俗习惯,可是彼此的野乘很容易受同化。"[①]不惟如此,一直到后来抗日战争中,对于民间文学的搜集整理,还有许多人坚持文学发展以民间文学为最真实的理解。如著名的《西南采风录》,出自西南联大青年学生刘兆吉,他在民间歌谣的调查中最深刻的感受就是民歌的生动,其称:"采集民歌的蓄意已经很久了,我记

---

① 许地山:《孟加拉民间故事·译叙》,商务印书馆 1929 年 1 月版。

得在中学读书的时候,就特别喜欢浅显的诗歌,尤其是民间歌谣。不过当时的意思是很单纯,只是为的浅显有韵,易于了解记忆,并且念起来也顺口悦耳,如:'哭一声,叫一声,儿的声音娘惯听,为何娘不应!'听一次便能会意背诵了。不但如此,这样的诗歌,描写得很逼真动人,民间所流行的歌谣都具着这种特点,因为他们不是咬文嚼字的文人,惯作无病呻吟或'为赋新词强说愁'的勾当,故意从字汇中检些生涩的字来组成难懂的诗文。民间歌谣的作者,不必识字,只要有丰富的情感,受了外界的刺激,他的情感冲动于心,无论是喜怒哀乐都要发泄出来,这种真情的流露,有时即成为极美的民歌,惯于雕琢字句的文人也许难能。所谓'情动于中,而形于言;言之不足,故嗟叹之,嗟叹之不足,故咏歌之',所以无论村妇野老,当他们喜怒哀乐的情感奔放出来的时候,亦可成就好的诗歌,如古时两位粗野的英雄——汉高、项羽。在情感激动的时候,也可以唱出极悲壮哀婉的《大风歌》及《垓下歌》来;所以我以前便相信好的诗歌,不必尽在唐诗宋诗及历代的诗集里去找。垄头田畔村妇野老的口中,一样的有绝妙的诗歌,由这个初步的信念,采集民歌的兴头,便因之萌芽了。"①或曰,此类论述所涉及的内容确实有一些已经超出民间文学的文学研究,其研究方法具有明显的人类学意识,但是,万变不离其宗,其论述的主旨到底还是一种强调了民间文学社会生活内容与社会文化价值的文学研究。

民间文学研究的人文性特征与民俗学及其人类学意义的社会科学特征是有巨大差别的。一个注重的是情感,是情绪,一个注重的是生活事实,所以,公说公有理婆说婆有理,二者总是不能说服对方。在民间文学研究中,钟敬文他们较早提出了类型问题。包括之前的歌谣分类,这都是建立民间文学理论体系的必要准备。这在中山大学民俗学研究中有所体现,然而,却有学者把这种现象列入形式主义。如当年清水发表《海龙王的女儿》等民间故事做比较研究,樊縯在一篇文章中就提出意见,批评"一切都拿去与欧美的成绩去比附",说:"北大歌谣研究会时代,研究歌谣是为了统一国语,研究传说是为了订正伪史,而今呢,研究歌谣成了汇集歌谣,研究传说成了比较传说。一切都拿去与欧美的成绩去比附。尤其是研究'型式'的先生们,把传说都塞到那里边去,而不会发现'型式',例如中国的诗,对的故事,显然自成一种 type,且是我所谓的 petit-interlligents 所特有的,然而'型式'先生并不留意;又《徐文长故事》与《呆女婿故事》,又是代表智与愚两极端的型式,然而也并不为他们所津津乐道。盖这些多有不合乎《印欧民间故事型式表》也。所以现在的民俗学研究之一般,是已无目的,而仅考究形式的玩意了。我们现在应该转换方向,汇罗仍属不可少的工作,但是在解释方面,应该放弃流行的附会者的 Dillettante's 态度。不必老步陈规,努力另辟新径。

---

① 刘兆吉:《西南采风录》,商务印书馆 1946 年 12 月版。

接着我便批评其《海王女》,这并未有怎么可观,只是一种试作罢了。"①那么,民间文学的民俗学研究"应该转换方向",应该走一条什么样的道路呢?他所依据的是"站在史学、社会学的观点上",希望看到的便是"反映到那里边的封建的社会意识,特别浓重",其举出容肇祖"民间的故事,每每从理想上满足人们的欲望的要求"论点,称"透视过去,我们将理会到隐藏在那内容背后的实际生活的痛苦了。对于财产制度,遗产制度而发生的欲望,便表示着在那下面挣扎者的悲哀",而"从另一方面去看,如故事内容所说的满足,则一些民间故事,适成其为俘虏被压迫者的心意的工具了";这就是"你如对这种社会感到不满,你却不能推翻它的,因为那是有神或佛在主宰着。神或佛是正直的,只要你们安分守己,总会有那么一天,你们将得到神或佛的赏予——金银与美女",他举例《蟾蜍的故事》、《嫁蛇》等民间故事,说"贫苦的青年们要想脱离你们的地位,那你们须先得做'卫社稷'的工作";贫苦的少女们也不必烦恼,你们只要长的美,便会'一朝选在君王侧'去过富贵的生活。总之,无论怎样着,你们且忍耐,静候,自然会成仙,或接受怜悯的";在他看来,民间故事的意义其实在于"封建社会的共同心理,主要的是因循,惯例,爱好传统,敬神等思想",他所关注的内容也就是以《呆女婿故事》、《梁山伯祝英台》之类民间文学中的社会生活知识,"甚或于农村社会里,有许多生活上所必须的用具,是要习记的。它们的名称,属性及用途,它们的作为随机应变的用途,以及随机应变的才泄。同时,在那种社会里,礼节是特别地推尚。最有礼貌的,便算是最优秀的。尤其是在宗法制度之下,无论那是怎样的繁缛,礼节成为间接的一种过社会生活的手段,而不能不讲求",所以他说"这一种从内容上去解释的企图,似乎比从型式上去比附的研究更为有意义些"②。或曰,民间文学是社会风俗生活的重要表现形式,从中可以看到不同的内容,文学的研究与非文学的研究都是合情合理的,没有必要泾渭分明。

由于传统的学术体制等原因,在学术研究与学科建设中,常常出现一个或一群特殊的学术发起者带动一个学科迅速形成繁荣或败落局面的现象。成也萧何,败也萧何,正是傅斯年对于中山大学《民间文艺》、《民俗周刊》等民间文学研究事业的前后不同态度,出现顾颉刚愤而出走的结局。傅斯年刚刚从欧洲留学归来时,不乏血气方刚,他对刘半农和顾颉刚的支持与帮助,曾经是中国民间文学理论研究的佳音、福音,而其难为顾颉刚他们所进行的民间文学研究,则成为其并非光荣的一章。这使得中山大学的民间文学研究迅速呈现身单力薄的景象。钟敬文离开之后,顾颉刚接着编辑《民俗周刊》的第25、26期,容肇祖接着编辑之后的《民俗周刊》,直到第123期。其中,容肇祖离开中山大学,编至第95期,由刘万章编至第110期;1933年,容肇祖又回

---

① 江绍原:《现代英吉利谣俗与谣俗学》附录七,上海中华书局1932年初版,第311页。
② 江绍原:《现代英吉利谣俗与谣俗学》附录七,上海中华书局1932年初版,第311页。

来,接着再编。此时的中山大学继续民俗学研究,《民俗周刊》也曾断断续续出版,其学术研究的思路与格局及其影响,已经远远不能同日而语;回顾中山大学民俗学、民间文学研究,自《民间文艺》,由董作宾、钟敬文编辑;其1927年创刊,至1928年1月,共出12期;《民俗周刊》,1928年3月创刊,先后由钟敬文、容肇祖、刘万章任编辑,至1933年3月复刊后,由容肇祖编辑,共计123期①,包括中山大学民俗丛书出版,其成就确实不菲。1933年之后,《民俗周刊》停刊,中山大学民俗学会解散,这里的民间文学理论研究随之消遁。至此,五羊城的那群神仙也没有能够挽留住顾颉刚和钟敬文他们,中国民间文学研究的中心与民俗学研究核心力量渐渐远走他乡,离开了广州这片当年的热土。中国现代民间文学思想理论以民俗学研究的又一种姿态,开始出现在浙江杭州等地。或曰,广州时期的中国现代民间文学思想理论建设主要表现为民俗学的研究方式,即使用民俗学的理论方法研究民间文学,也出现当年赵景深所说的现象,即"不必只从民俗学上去研究","愿用民俗学去和儿童学比较",而"不愿用民俗学去研究民俗学"②。这并不是各随其便的学术兴趣问题,而是较早时期提醒我们注意不要用民俗学的方法代替民间文学理论研究。而这一问题在今天正变得越来越复杂;民间文学的文学性日益被淡化,或被异化。不论民俗学的理论方法对民间文学研究有多少更特殊的意义,它都代替不了民间文学的文学研究。在今天"民俗学(含中国民间文学)"的学科设置方式中,把民间文学仅仅当做一种民俗事项,无疑割舍了其作为民众情感表达所呈现的极其丰富的价值意义。以史为鉴,我们看到前人所取得的成就和他们所走过的弯路,能够使我们更加聪明智慧。民间文学史中的学术史,不能够仅仅总结成就,有意或无意地回避学术缺陷等事实。

(二)杭州中国民俗学会

与广州相比,杭州的山水少了许多的刚烈,而具有更多的清秀。1928年,25岁的钟敬文离开广州,意味着杭州作为中国民间文学理论研究的一个重镇的形成与确立。虽然此时的钟敬文受五四歌谣学运动影响,只是在《歌谣》周刊发表《读〈粤东笔记〉》、《南洋的歌谣》、《海丰人表现于歌谣中之婚姻观》等文章,还不似胡适、鲁迅、周作人、刘半农、郑振铎、顾颉刚、赵景深、董作宾他们那样已经造诣深厚,能够在社会上一呼百应的人物;他对民间文学理论研究事业及其对朋友的热心、执著与诚恳,赢得了更多人的尊重与支持。刘大白,五四诗坛上重要的新诗发起人,其原名金庆棪,字伯桢。辛亥革命之后改姓为刘,名靖裔,字清斋,号曰"大白"。他以表现民间疾苦的《卖布谣》而

---

① 《民俗周刊》1936年复刊后,改为《民俗》(季刊),至1943年,又出版2卷8期;其先后由杨成志、钟敬文编辑,已经与中山大学没有什么联系。

② "赵景深信",《晨报副刊》1922年3月28日。

闻名,曾经出版《旧梦》、《邮吻》等诗集。刘大白时任浙江大学秘书长,他热心帮助钟敬文来到杭州在浙江商业学校、浙江大学等处工作,使其有暇继续从事民间文学理论研究。

或曰,《吴歌乙集》事件对于钟敬文来说,塞翁失马,其焉知非福!如其离开广州时所称"公平的判断,终当有个出现的时辰"①,钟敬文与朋友们在杭州成立中国民俗学会等活动,成为中国现代民间文学事业发展的重要机遇。1930年,西子湖畔一个花红柳绿的时刻,江绍原和钟敬文、娄子匡他们发起组织了中国民俗学会,这成为中国现代民间文学史上一个事件。适逢乡村教育运动正如火如荼地展开,他们团结朋友,利用地方《民国日报》和《开展月刊》、《艺风月刊》、《浙江民众教育月刊》等刊物,开办《民俗周刊》、《民俗学集镌》、《民间月刊》等专栏、专号,创办《孟姜女月刊》等民间文学与民俗学的理论阵地,与全国各地的民俗学、民间文学研究力量连接成一体,时时赢得喝彩。这时期的民间文学研究,无论是出版或发表的成果数量,还是质量,都是五四歌谣学运动时期所无法相比的;即使是后来的时期,与之也未必能够媲美。当然,这不仅仅是杭州中国民俗学会所取得的成就,而且也包括更广大的地区,诸如西南、西北、华北和中原地区。或曰,乡村教育运动倡导的理论与实践相结合的民间文学理论研究方式,为钟敬文他们提供了更为广阔的学术发展空间。

从五四歌谣学运动到现代民俗学运动,民间文学研究至此走过了一段极其不平坦的道路。杭州中国民俗学会的同仁们,对这一段历史给予总结,他们在《开展月刊》编辑《民俗学集镌》的学术专号,发表《国立中山大学民俗学会出版丛书提要》、《广东中山大学〈民俗周刊〉要目》②,回顾历史;又如娄子匡对当时五四歌谣学运动以来中国民间文学理论研究取得成绩所做总结:"民俗学的园地本像一方广漠无垠的戈壁,更加这园子的通路,又四通八达,在中国,它确和文学的广场毗连得最近,交往也最密,因此又形成了民俗学三大部门中的第三部故事歌谣和语言(依英班妮分类法)最丰盛了。这眼前不远的近像,我们看了就会联念到周作人、顾颉刚诸氏提倡的功绩:周氏的搜罗和探究故事,谁都知道他是发风气的最先;顾氏的整理吴歌和研究孟姜女故事,在民俗学的园外,又另辟了史学的蹊径。继续着的是赵景深、林兰等的采探的成绩,到如今也很有收获,可是他多半是出发于文学和儿童教育的。钟敬文氏的对于民谈的探讨和分型的工作,也曾下过相当的气力。作者七年来征集的月光光歌谣和巧女呆娘的故事,如今也已有大量的收获,初度的整理和再度的研讨,预计在不远的将

---

① 钟敬文:《编辑余谈》,(广州)《民俗周刊》第23、24期合刊,1928年9月5日。
② 《民俗学集镌》第1辑,《开展月刊》第10、11期合刊,1931年7月25日。

来,可以对学界公告。"①他们仍然坚持民俗学研究的民间文学方向。此时,《民俗学集镌》第一辑发表了钟敬文《中国民谭型式·小引》,当为其民间故事理论的纲领性文章。浙江《民国日报》副刊《民俗周刊》发表征集《民间故事周刊》的《启事》,其称:"本刊自出版以来,倏将四月,无时或释,对于同好应征及投送文稿,纷纷惠赐,雅意铭怀,惟以篇幅狭小,实虽多揭鸿著,歉愧迄今;故拟再在本埠添出《民间故事周刊》一种。庶几积稿可清,美意可酬,当已启事于先,兹有更以《民学》内包括博大,国内少人注意,为广普之鼓吹计,又拟假南京民报,宁波民国日报,添出《民俗》刊物两种。凡我同好,祈忆及之!"②娄子匡是一个有雄心壮志的学者,此时,他提出搜集整理全国各地关于月亮的民间歌谣,希望编出《中国月歌全集》;其意在于"集得全国的月歌,作民俗学的探讨"和"贡献给全国各地的需求者浏览","我集得的月歌,差不多中国各省都有,只有比较偏僻的几省——蒙古、新疆、青海","三五省,搜集不到,离我较近的几省,怕每一县都有一曲,因此就大着胆,边在搜集,边在编纂,付印出版公世了"。③

此时的钟敬文特别关注民间文学与社会教育、民众教育的联系,如其《民间文学和民众教育》提出民间文学教育思想(《民众教育》季刊2卷1号,1933年);他在《前奏曲》中提出"民族束缚的解放、民众教育的提高等迫切问题",论述"需要这一学问研究的结果,以为实际解决的资助"(《艺风》第2卷第12期,1934年10月),他在《民众教育月刊》"民间艺术专号序言"中论述"第一是关于学术的,第二是关于教育的"(《民众教育月刊》5卷4、5期,1937年)等,都与乡村教育运动有着密切的联系。

钟敬文离开了广州,但他的身影仍然在广州的风中飘动。他在杭州写作、发表的文章,包括他与人讨论民间文学的书信(如他与容肇祖通信中提到"据说郑振铎先生已翻译了一部关于民俗学的巨著,将印以奉献国人。最近《小说月报》启事,又自有今年起,将兼讨论及民俗学与文学有关系的问题,那真略可以使人告慰了"④),被中山大学民俗学会的《民俗周刊》所刊载。如其《关于〈民俗〉》,载之于《民俗周刊》,其称"民俗学的研究,已有着鲜薄的一点成绩的贡献","真的研究攻伐的工作,自然还没有很正式的开始,可是这不必引为诟病,或过于心急","我们只能、愿就自己暂时能力所能够做的,去尽一点应该而乐意的职责"。他说,"广泛收集我们所需要的材料,在可能范围中,施与细心的整理及部分的尝试研究,这是我们最近的工作的目标","在我们意料之中,本刊开始发行后,除了许多贤明的头脑清晰的先生们,将由衷地眉飞色舞着同

---

① 娄子匡:《中国民俗学的昨夜和今晨——应德儒爱剥哈特博士、日儒小山荣三氏而作》,《民间月刊》第2卷第5号,1933年2月1日。
② 《启事》,《民俗周刊》第17期,1930年12月。
③ 娄子匡:《月光光歌谣专辑·序言》,杭州:《民间月刊》第2卷第4号,1933年1月。
④ 钟敬文:《与容肇祖的通信》,《民俗周刊》第52期,1929年3月20日。

情我们的工作外,必然地有一部分的人要冷酷地或恶心地恣肆着他们的嘲讽与鄙蔑,最少呢,是不免蕴着满肚子莫名其妙的心情而怀疑起来。过去的经验告诉我们是这样,在推理上也是个必然的结论。我们怎样去应付这个未来而必定到临的不幸的对手呢?漫骂吗?这徒然深增了误解而已,又何必!我们愿意诚恳地在这里先做点表白,倘使这表白在事实上能招来我们所不敢十分预期的效果,那真将不知怎样来述说我们的高兴好呢!"他举出一些人诘问、怀疑民俗学、民间文学研究的论调,诸如"这种触目都是凡庸贱俗的材料,也值得你们受了高等教育和在从事着高等教育工作的学人们的费心研究吗?要研究中国的国故,那材料可不是多着,周鼎汉壶,唐诗宋词,何一不可作专门的研攻,而必以这些粗野之至的东西当对象呢?是研究不来那些而只好以此为足?抑天生贱骨头,只配弄弄这些凡品呢"云云,他应答曰:"对于这样的说着,而显出一种嘲笑的脸色的朋友,我们以为他还是未明近代的所谓科学吧!只要是一种在时间空间上曾经存在过,或者正在存在着的事物,无论它所具的价值,怎地高贵或凡贱,都可作学者研究的对象",他说:"在这研究的范围内,只要是真实的材料就是一点一滴,都是很尊贵而有用的。"他接着举例说:"植物学者的对象,是树木花草,矿物学者的对象,是岩石金属,动物学者的对象,是鸟兽虫鱼,他们只问能否求到事物的真相,从不计及所研究的现象,在商品上价格的高下。非然者,将以研究人类及事物某部分的科学为尊荣,而贱视其它一切的研究了。这种不合理的观念,和吾国传统思想上以官吏为贵人,士子为高品等,有什么不同的分别?朋友,已经开明的20世纪时代,是不容许我们做这样非理地妄生轩轾的谬想的了!"①此显示钟敬文是一个纯粹的学人,他未必像一些人那样老于世故,能够左右逢源。或曰,过于聪明而世故的人总免不了自私与狭隘,想如今多少聪明绝顶的东西们,不读人家的书和文章,却侃侃而谈,洋洋得意于做什么目空一切的批评家,真是比凡人不知高明多少倍。当然,除了无知而无畏,世间也不乏无耻而无畏!或曰,是钟敬文使杭州成为中国民间文学的学术重镇。

此时,钟敬文为代表的一代学者,他们的学术思想普遍表现出明显的人类学色彩。如其所述"我年青时在踏上民俗学园地不久,所接触到的这门学科的理论,就是英国的人类学派,如安德留·朗的神话学,哈特兰德的民间故事学等。不仅一般的接触而已,所受影响也是比较深的。从20年代到30年代中期,我陆续写作了好些关于民间文学及民俗事象的随笔、论文。在那里,往往或明或暗地呈现着人类学派理论的影响。例如,1932年发表的论文《中国的天鹅处女型故事》中的第10节,对于变形、禁忌、动物或神仙的帮助、仙境的淹留、季子的胜利、仙女的人间居留等故事要素的指出

---

① 钟敬文:《关于〈民俗〉》,《民俗周刊》第85期,1929年11月6日。

和论证等,就是例子。此外,从那稍后所作的《中国神话之文化史的价值》、《中国民谣机能试论》等文章里,也多少可以看出那种理论影响的存在。"①

从广州到杭州,再从杭州到东京,再从东京回到杭州,钟敬文从一个20岁出头的青年诗人、青年学者,逐渐成长为一个有重要影响的学者,他与杭州这个美丽的文化古都结下不解之缘。这也是杭州中国民俗学会的重要成就。

1930年代的中国民间文学思想理论主要表现为社会学与人类学的倾向,钟敬文也不例外。社会学的倾向主要受乡村教育运动改造社会的影响,钟敬文特别重视民众教育与民间文学的密切联系;人类学的倾向主要是西方文明冲击中国社会,与鲁迅、胡适、胡愈之他们对西方人类学理论的介绍有关。特别是钟敬文在日本的学习,使其学术思想发生重要变化。如一位学者所说:"到30年代中期,钟敬文开始逐渐发觉人类学派的局限性——它只解释了人类文化发展过程中比较局部、停滞的现象,而忽视了其他甚至更重要的方面,但由于受影响的程度深,摆脱的痕迹并不明显。后来在东京时期,他阅读了大量有关原始文化社会史的著作(有考古学、民族学、文化史等),'这就使我的学术兴趣和知识积累,逐渐偏向了远古文化领域。从那时起,我对于活着的民间文学与古老的原始文学(扩大一点说,对现代民俗文化中远古的原始文化)的界限的认识,始终不免有些模糊。'由于远古文化的学术兴趣和对二者疆界的模糊认识,钟敬文在对于民间文学的认识上,往往把它当成是'民族的精神遗产',是'文化史的一个构成部分',具有'历史文献价值'。"又如其所称:"早在本世纪20年代末到30年代后期,钟敬文的民间文艺学研究就已经达到了相当成熟的程度,他在这一时期写作了大量民间文艺学论文,形成了他民间文艺学活动历程上的第一个重要时期,他的一些至今常被学界称道和征引的论文,例如《中国民间故事型式》(1929~1931)、《中国的地方传说》、《中国的水灾传说》(1931)、《蛇郎故事试探》、《中国的天鹅处女型故事》(1932)、《老獭稚型传说的发生地》(1934)、《盘瓠神话的考察》(1936)等都写在这一时期,有学者甚至据此不无偏颇地认为钟敬文的'最重要的著作产生于战前(即抗日战争之前——引者注)时代'。在这一系列的文章中,已经体现出了钟敬文学术研究上的强烈实证精神。例如《中国民间故事型式》和《中国的地方传说》,虽然是受到国际上对于民间故事情节的类型或母题等进行归纳的学术潮流的影响,但其中对于中国若干民间故事、民间传说类型的总结,却完全是立足于本土本民族的资料基础,是从大量的文献记录、当时的口头传承上概括出来的,因此反映了中国民间故事的特色,他所概括并命名的一些故事、传说类型,例如'云中落绣鞋型'、'狗耕田型'、'百鸟衣型'、'老虎母亲(或外婆)型'等,都因为是建立在中国自身民间故事客观事实的基础

---

① 钟敬文:《从事民俗学研究的反思与体会》,《北京师范大学学报》1998年第6期。

上,所以至今仍被国际国内有关学者所接纳和引用。至于《中国的天鹅处女型故事》、《老獭稚型传说的发生地》、《盘瓠神话的考察》等文章,虽然对故事的分析借用了人类学派或传播学派等的理论,但全文立论的根基完全是中国记录与流传的众多相关文本,结论是从对于故事的实在分析得到的。丰富的中国资料,细密的逻辑分析,平实的风格,使这些论文不仅在当时及以后为钟敬文赢得了广泛的国际学术声誉,至今读来也依然令人感到其中严谨踏实的科学魅力"①。

杭州的民俗学与民间文学理论研究因为钟敬文他们的出现而表现出不凡的学术品格。其声势不减北平与广州,如人所称:"钟敬文、娄子匡二先生在杭州组织中国民俗学会,其成绩之高,较之北大歌谣研究会暨中大民俗学会,可谓不相上下。这点事情,凡稍微留心斯学运动的人,是谁也不能加以否认。它过去的工作:除出版60余期的《民俗周刊》及内容丰富,为'过去'与'现在'的中国出版界所未曾有过这样宏篇巨帙的民俗研究论集的《民俗学集镌》第一、二辑,并其他一些民俗丛书。"②其"可谓不相上下",只是外表,还当包括其学理辨析等意义上的学术思想发展。

杭州中国民俗学会的民间文学出版成绩超过了以往北京大学歌谣研究会和中山大学民俗学会,如其丛书形式出版许多民间文学集与民间文学理论著作。其蔚为壮观,如刘大白著《故事的坛子》,钟敬文著《中国民谭型式表》与《老虎外婆故事集》③,娄子匡著《新年风俗志》与《巧女和呆娘的故事》、《西藏恋歌》、《月光光歌谣集》④,钱南扬著《民俗旧闻集》,张之金等编《湖州歌谣》,秋子女士编《人熊婆》,谢麟生编《金牛洞》,江风编《浙江风景线》,翁国梁著《水仙花考》,张子海编《急口令》,叶德均编《李调元故事》和《淮安谚语集》,以及林培庐《民俗学论文集》和《民俗汇刊》、《潮州七贤故事集》、《民间说世》,陶茂康《文虎汇刊》,萧然《月容的诗歌》、张某编《游戏的革命》,萱宝女士《田螺女》、娄子伦《祝英台》、施方《斗牛》等⑤。诚如娄子匡所说,杭州民俗学会是"南国没落后的各地学会对民俗学生命线的维护"⑥;此时,各地民俗学、民间文学理论研究的阵地日益壮大,如广东汕头、福建福州与漳州、四川重庆、安徽徽州、河南开封、山东济南等地,都出现了因为乡村教育运动与民俗学运动为重要背景的民俗与民间文学搜集整理与理论研究的学术高潮,以及各地或附属于报刊或独立举办的《民俗周

---

① 杨梨慧:《钟敬文民间文艺学思想研究》,《文学评论》1999年第5期。
② 袁洪铭:《民俗学界情报》之五《杭州〈民间月刊〉征求读者》,《民俗周刊》(《民国日报》副刊)第123期,1933年6月13日。
③ 钟敬文:《老虎外婆故事集》即《民间月刊》第2卷第2号《老虎外婆专辑》。
④ 娄子匡:《月光光歌谣集》即《民间月刊》第2卷第4号《浙江月光光歌谣专辑》。
⑤ 参见刘锡诚《20世纪中国民间文学学术史》,河南大学出版社2006年版,第353页。
⑥ 娄子匡:《中国民俗学运动的昨夜和今晨——应德儒爱堡哈特博士、日儒小山荣三氏而作》,《民间月刊》第2卷第5号,1933年。

刊》《民俗旬刊》之类的专刊。这种局面一直持续到 1930 年代中后期,一方面是杭州中国民俗学会在进行如火如荼的民间文学研究,一方面是北平《歌谣》周刊稍后的复刊,一方面是中山大学民俗学会《民俗周刊》的坚持,一方面是各地不同形式的民间文学搜集整理与理论研究。几乎所有的民俗学研究都以民间文学为重要研究对象,其实还是民间文学的研究。此如魏建功总结《歌谣》周刊的历史所说:"十五年中间注意民俗学的人渐渐多了,这是一个可喜的现象,歌谣一部分的采辑整理研究或者因此抽减了力量。胡适之先生在 2 卷 1 期《复刊词》里说他以为歌谣的收集与保存,最大的目的是要替中国文学扩大范围,增添范本;这原是我们的最初的目的之一。我们回顾到最初宣言的两个目的,不由得不重整旗鼓担负起搜录'中国近世歌谣总档'的责任了。我们检阅全体材料需要一个有组织的收藏法,吸收未得材料需要一个有系统的出版物。前《歌谣》、今《歌谣》的发刊的意义就是关于这珍藏和吸收工作的辅佐。我们的工作应该集中精神到这最基本的一步。"①其"注意民俗学的人渐渐多了",而"中国近世歌谣总档"作为最基本的任务,他们对此依然非常清醒。

对此,娄子匡做过总结,他说:"民俗学的园地本像一方广漠无垠的戈壁,更加这园子的通路,又四通八达,在中国,它确和文学的广场毗连得最近,交往也最密,因此又形成了民俗学三大部门中的第三部故事歌谣和语言(依英班妮分类法)最丰盛了。这眼前不远的近像,我们看了就会联念到周作人、顾颉刚诸氏提倡的功绩:周氏的搜罗和探究故事,谁都知道他是发风气的最先;顾氏的整理吴歌和研究孟姜女故事,在民俗学的园外,又另辟了史学的蹊径。继续着的是赵景深、林兰等的采探的成绩,到如今也很有收获,可是他多半是出发于文学和儿童教育的。钟敬文氏的对于民谈的探讨和分型的工作,也曾下过相当的气力。作者七年来征集的月光光歌谣和巧女呆娘的故事,如今也已有大量的收获,初度的整理和再度的研讨,预计在不远的将来,可以对学界公告。"②其实,这一时期的民俗学和民间文学研究还远远不止于此。娄子匡只看到他熟悉的朋友们所做的成就,在他们之外,有许许多多的学者做出重要成就。当然,这只是见仁见智。或曰,年轻人的视野总是有限,常常意气用事。诸如当世的鲁迅兄弟、胡适、茅盾、郑振铎他们,他们的民间文学思想理论成就甚至更为突出也更为重要,如何是几句话就能够概括得了的。

与此前相比,民间文学的学理性意义在这一时期体现出现实社会实践性与思想理论的批判性,他们对民俗学与民间文学研究诸多学术问题表现出深入思索。特别是他们对民俗学与民间文学理论对待民间歌谣的不同立场与方法等问题的探讨,有

---

① 魏建功:《歌谣采辑十五年的回顾》,《歌谣》周刊第 3 卷第 1 期,1937 年 4 月 3 日。
② 娄子匡:《中国民俗学的昨夜和今晨——应德儒爱剥哈特博士、日儒小山荣三氏而作》,(杭州)《民间月刊》第 2 卷第 5 号,1933 年 2 月 1 日。

着更为突出的学理概念与界限之类的思辨意义。而这些内容,都是以往学术研究中常常忽略或缺少的。事实上,这些问题在今天我们仍然是胡子眉毛一把抓,总是稀里糊涂的得过且过,并没有很好解决。此如乐嗣炳所述:"《歌谣》周刊刊行的动机,是由于少数文学家一时高兴,不单并非接受西洋科学民俗学理论的影响,并且是偏重在文艺方面找材料","直到顾颉刚先生等在周刊上发表了孟姜女研究和妙峰山研究、东岳庙研究等等之后,周刊的民俗学的色彩逐渐浓厚,不过周刊根本既不是由于民俗学而产生,虽然有胡适之先生劝顾颉刚先生读民俗学西书的一段佳话,而实际上始终没有人提过正确的民俗学理论。《歌谣》周刊改变作《国学门周刊》,那是扩大作民族学的刊物了,范围宽宏,更没有人提到民俗学的理论了",到了中山大学民俗学会时期,"开始明显地用'民俗',接着钟敬文先生翻译 The Hand book of Folk-lore 附录 C,杨成志先生翻译附录 B,陆续出版,才算是科学的民俗学真的萌芽于中国了",他又说,"然而同时广大(即中山大学)还出有一种《民间文艺》,承继《歌谣》周刊,肯定歌谣、故事是属于文艺的,否定歌谣、故事跟民俗学的关系,(不然既有《民俗周刊》何必再有这种刊物)暴露了对于民俗学认识的不彻底。就说娄子匡先生等努力在宁波、杭州、南京刊行三种叫做《民俗》的刊物,而投稿的依然偏重在含有文艺性的歌谣、故事或传说,这种现象不能不说是历史的遗毒!"所以,他以此指出"过去的中国民俗学界就为了基本理论有些儿误解,错过了许多采集良好资料的机会,浪费了许多心血作无意的研究",称"由于'文艺的'这个词儿先入之见,把'非文艺的'资料置之不理,这固然是最大的缺点"①。或曰,其念念不忘所谓"西洋科学民俗学理论",有着明显的削足适履,与今天大力提倡什么与国际接轨的见解如出一辙。这里姑且不论其以民俗学与民间文学研究为对立的说法是否适当,其指出此民俗学并非是严格意义上的民俗学,其实是文艺学的民间文学理论研究,却属于一种事实。或曰,这位乐嗣炳指出"引起民俗学者对于歌谣的注意,并非歌谣本质上音乐的价值或文艺的价值,而是人们使用这些歌谣之际所有的风尚或习惯。民俗学者所要的是歌谣的风俗,民俗学者所谓歌谣是指风俗中的歌谣。目前已经公表的歌谣,偶然的几首附带着风俗的记录,未附带风俗说明的很多歌谣,也许它们有其他方面的意味,就纯粹民俗学立场来说,是跟民俗学没有什么直接的关系"②云云,才是问题的症结。他提出什么"为研究民俗学而采集民俗学的资料,别再牵丝攀藤,在'文艺'招牌下耍'民俗学的'把戏,在'民俗'招牌底下闹'文艺的'玩意儿,两相耽误","各部门研究要平均发展,既然跟民俗学以外的学问分了家,别

---

① 乐嗣炳:《民俗学是什么以及今后研究的方向》,《开展月刊》第 10、11 期合刊,1931 年 7 月 25 日。

② 乐嗣炳:《民俗学是什么以及今后研究的方向》,《开展月刊》第 10、11 期合刊,1931 年 7 月 25 日。

有过于偏重歌谣、故事或神怪等等,当然不能把非文艺的民俗学资料置之不理"①,这其实是讲述了民间文学理论研究与民俗学的社会生活研究的学理区别与学科差异问题。至1935年,远在东京的钟敬文经过认真思索,提出了"民间文艺学",把民间文学的研究作为一个独立的学科进行文艺学的研究。这种创见是基于学理上多重思索得出的结论。② 或曰,此与1920年代胡愈之《论民间文学》(1921)、徐蔚南《民间文学》(1927)、王显恩《中国民间文艺》(1932)、杨荫深《中国民间文艺概说》(1930)等民间文学理论著述的联系,应该认真研究。

  钟敬文回忆自己在杭州的经历,称"在杭州的几年,不但我个人生活、思想有很大变化,在学艺上也是一个比较重要的时期。那个以西子湖著名的城市,是我终生不能忘记的,也是不该忘记的"③,其提及"这些时期,我又写作了几篇关于民间文学的研究性文章,像《中国的天鹅处女型故事》、《中国的地方传说》、《种族起源神话》、《蛇郎故事试探》、《中国的植物起源神话、传说》以及《中国民间故事型式》等","我前后为《民众教育》季刊和月刊编辑的《民间文学专号》、《民间艺术专号》及《民间风俗文化专号》,在民间文艺理论及资料方面,也给我国学界提供了一些值得参考的东西"④表现出许多感慨。

  自然,一个人能够为国家和民族的文化事业做出积极贡献,其喜悦之情溢于言表,而其中的多少艰辛,或许只有他自己知道。也正是他与同伴们的努力,1930年代的中国民间文学理论研究的重心从北平转移至广州之后,又转向了杭州。

  此种情形亦如他所说:

> 我在杭州前后数年间的职业都是当老师,有时还兼任些研究或编辑任务。所任教的学校,先后有甲种商业学校、浙江大学(文学院)、浙江民众教育实验学校及国立西湖艺术学院。我一般教授国文或文学理论。但在民教实校,教的却主要是民间文学。我在该校民众教育行政科讲授《民间文学纲要》,后来又在师范科讲授《民间故事研究》。这是国内当时仅有的民间文学教学讲堂。
>
> 这时期,我从参与《民俗周刊》(当地《民国日报》的附刊)的编辑活动(1929年),开始了在这里的民间文艺学和民俗学的工作。1930年,又与娄子匡等建立了中国民俗学会,出版刊物《民间》、《孟姜女》等,以及丛书数种。又编印了《民俗

---

  ① 乐嗣炳:《民俗学是什么以及今后研究的方向》,《开展月刊》第10、11期合刊,1931年7月25日。
  ② 钟敬文:《民间文艺学的建设》,《艺风月刊》第4卷第1期,1936年1月。
  ③ 钟敬文:《民间文艺学及其历史》"自序"第3页,山东教育出版社1998年版。
  ④ 钟敬文:《民间文艺学及其历史》"自序"第6、7页,山东教育出版社1998年版。

学集镌》,它是以理论为主的专集。这时,中大民俗学工作一时陷于停顿状态,而民俗学的种子已传播各地,引起一些热心青年对它的向往。因此,好些地方成立了分会,从事搜集和刊印活动。我们的工作,也引起外国一些同行的注意,当时,日本、德国的民俗学者都同我们进行了学术交流。杭州中国民俗学会,一时成了中国这方面新的学术中心①。

诚然,钟敬文是杭州中国民俗学会时期涌现出的民间文学理论家。他的学术思想,因为其坚持不懈而深入细致的田野作业与多种学术思想的理论研究,以及社会现实生活中的乡村教育运动实践,三者形成紧密结合而独树一帜,成为这一时期中国现代民间文学思想理论的重要代表。或曰,这是中国现代民间文学思想理论的一座高峰。

三 文化复兴:中西部民间文学研究

有学者称,现代民俗学运动在抗日战争爆发后已经不存在,这是只看到北平、广州、杭州三足鼎立的局面消失了,而没有看到在大西南、大西北等广大地区,民俗学运动仍然保持着不减弱的势头。而且,这一时期的民间文学研究因为民俗学运动融入全民族独立自由解放的伟大事业,其文化品格更加不平凡!

在杭州中国民俗学会所进行的民间文学的民俗学研究之同时,关于民俗与民间文学等内容的研究在中西部地区得到迅速发展。或曰,民俗、民间文学、民间艺术是民众传统文化生活的主体,尤其是在日本人侵略中国,强占中国东北之后,民族危亡成为社会文化极其响亮的口号与广泛共识。在这一背景下的民间文学研究,因为团结抗敌、救亡图存而具有更重要的意义;民间歌谣与民间戏曲等民间文学形式成为鼓舞、激发民众抗日意志与决心最有力的文化利器。在这种意义上讲,民间文学与民族记忆和民众心声的内容相联系,从而具有民族文化复兴的特殊含义。而且,中西部地区的民间文学研究并不是在现代学术体系建立开始阶段才形成,而是在晚清时期就已经形成。以中原地区与西北地区为例,诸如殷墟甲骨文的发掘、甘肃等地区的敦煌文献与居延汉简等文物的发掘,西北的文献整理从林则徐流放新疆开始,直至1940年代,就没有停止。中国现代思想文化建设充满悲壮的色彩,外敌入侵,给中华民族带来巨大的灾难,形成身心伤害,在文化尊严的伤害上,并不仅仅是这些帝国主义、殖民

---

① 钟敬文:《民间文艺学及其历史》"自序"第4、5页,山东教育出版社1998年版。

主义分子恶意中伤,而且包含着许多文化侵略与文化掠夺,尤其是伯希和、斯坦因这些西方人对西北地区文献和文物的考察,可以看出,在学术研究中,民族主义意识必然掺杂其中的事实。

(一) 大河上下

在抗日战争中,有一首响亮的歌唱出"保卫黄河,保卫全中国"。黄河与它的历史文化一起成为中华民族文化尊严的代称。

此以黄河流域为例,我们可以看到这片古老的土地与我们中华民族历史的特殊联系。在论及黄河流域这个概念时,我们总是十分自然地想起司马迁的一句话"昔三代之居皆在河洛之间"。"三代"其实就是上古,或称远古,是泛指。"居",我意即墟,即古代神仙之墟。黄河流域在地理分布意义上讲,它包括黄河所流经的青海(源头)、四川、甘肃、宁夏、内蒙古、陕西、山西、河南、山东(入海口),统称为黄河流域。这一地域的民间文化所显现出的类型性特性,首先是和自然地理因素密切联系在一起的。

民国时期对于黄河流域的民间文化的社会考察,是我国文化史、学术史上的重要事件,因为保卫黄河等同于保卫中国,研究黄河也就等同于研究中国。其发生背景有二,一是乡村教育运动在这一特殊地域的影响,二是抗日战争中文化工作者搜集整理民间口头创作,宣传民族团结,拯救民族危亡。二者虽然在目的、方法上有所不同,但其意义都是非常重要的,即他们将这一地域鲜活的历史进行了有效挖掘与保存。这对于我们今天的文化史、社会史、民俗史研究具有十分重要的意义。因为章节安排,这里不再详细记述延安民间文艺运动以及晋察冀边区的民间文学搜集整理等内容,另述。

黄河流域的民间文化作为特殊的历史文化遗产,在我国文化发展史上具有十分重要的价值。如司马迁言,"昔三代之居皆在河洛之间"(《史记·封禅书》);河、洛,就是黄河的中游地区,迄今为止,我们仍无法怀疑或否认这里对中华民族形成的核心意义。那么,在这片土地上所发生的重大历史事件,及其对整个黄河流域不同历史时期的居民所形成的影响,以记忆的形式在民间文化中的存在,对于我们理解中华民族性格命运的作用,考察这些内容就显得格外重要了。保卫黄河等同于保卫中国,研究黄河也就等同于研究中国。在20世纪的二三十年代,以民间文化为主要内容的社会考察,这一方法的出现应了两种传统,一是我国古代的"行万里路",一是西方学者主要是人类学家的重视"不识字的野蛮人"的生存状况。其直接的发生背景,则是随着近代化的发展,西学东渐,包括社会学理论在内的西方社会思潮东进,出现新的学术方式,这里首先是乡村教育运动,其次是抗日救亡运动,都不同程度地体现出"面向民众"、"面向社会"的文化自觉意识。特别是其文本的形成,对于文化史、民俗史、民间文艺学、社会学等不同学科的意义都是相当珍贵的。

黄河流域是一个较为宽泛的概念，它包括上游、中游、下游多个地段。但是，从更为集中的一个方面说，其中的四川省受黄河的影响并不十分明显，所以我们较多地把黄河流域特定为与长江流域相对的北方广大地区。事实上，在我国传统文化的分野中，南方与北方在"文化性格"等方面也是有很大差异的。

近代以来，西北地区成为一个敏感的话题。西北是包括了黄河流域上游地区的，历史上形成了一个有特殊意义的西北考察。

西北考察与民俗学运动有十分密切的联系。汉代以来，记述西北地区历史文献主要有《三秦记》《西京杂志》《西河记》《沙州志》《凉州记》《三辅黄图》《沙州都督府图经》《沙州地境》《西州图经》《沙州地志》《瓜州伊西残志》《敦煌录》《敦煌名族志》《寿昌县地境》《西凉录》《后凉录》等；明代出现所谓"十大名志"，如康海《武功县志》、吕木冉《高陵县志》、乔世宁《耀州志》、赵时春《平凉府志》、胡缵宗《秦州志》、张光孝《华州志》、王九思《鄠县志》、刘璞《重修鄠县志》、孙丕杨《富平县志》、韩邦靖《朝邑县志》等；清代出现祁韵士《藩部要略》、张穆《蒙古游牧记》、徐松《西域水道记》、何秋涛《朔方备乘》、《圣武亲征录》，李文田、范寿金《西游录》、丁谦《长春真人西游记》和《耀卿纪行》等等，这些著述汇聚成"边疆文化"的主体。但是，相比中原地区与东南地区而言，其文献记述还是较少，尤其缺少第一手文献。而且，自晚清以来，西方列强加紧对我国西北地区的图谋；因此，对于西北地区的社会历史调查，就更显得不同寻常而迫在眉睫。自晚清以来，许多学者以不同形式考察西北地区，其中包括地方风俗与民间文学内容，留下大量宝贵的文献；1931年，神州国光社曾出版《西北丛编》，收录许多文献资料；后人编辑整理多种《西北行纪丛萃》，收罗甚为详细。诸如《甘青藏边区考察记》、《西北漫游记》、《蒙新甘宁考察记》等，包括各种报刊发表相关论文，其侧重民间文学与民俗搜集整理与理论研究的不同方面，是西北文化考察中表现民间文学的典型①。如高良佐《西北随轺记》，起自于1935年国民政府派员举行民族扫墓，"追崇先圣前烈，发扬民族精神"，有邵元冲嘱咐弟子高良佐"据实记录"，"周游西北，考其政俗文教"，"探先民发祥之地，促开发复兴之道，为国家民族尽最大之努力"，其中许多地方涉及到神话传说故事。如其第一章《民族扫墓》，记述黄帝神话传说与"中央以黄帝为我民族之元祖，发明制作，肇启文明，拓土开疆，生息我祖，聿怀明德，允宜最致崇敬，故民族扫墓，以桥陵为主"②，其第二章《陇东之行》，记"泾川瑶池"与西王母神话传说故事，记"崆峒见玄鹤"与黄帝访问广成子传说故事；第四章《青海之行》中记述"祭海"以及地方少数民族

---

① 参见《边事论文索引》，《边政公论》1941年第1卷1期。
② 高良佐：《西北随轺记》，《建国月刊》社，1936年版；甘肃人民出版社2003年版，第7页。

宗教风俗，诸如"土人相传为晋时吐谷浑后裔"、"服装习俗异于各族"①等内容。这些行纪体考察文献，在不同程度上具有民俗志、民间文学史志意义。

青海是黄河的上游地段，这一地区的民间文化包含着多民族的成分。20世纪三十年代的前半期，周振鹤等学者对这一地域的民间文化的考察卓有成效，出版了《最近之青海》（1934）、《青海风土记》（1928，1933）、《青海》（1934）等著作，包括此前的《玉树调查记》（1920）与此后的《青海志略》（1943）等不同形式的著述②，与我国古代典籍中的"吐蕃"记述相应，构成青海这一特殊地域的民俗画卷。《青海风土记》作者杨希尧，他曾提出所谓"西北五省说"："所谓西北，即指陕、甘、青、宁、新五省而言也"③。1937年，他曾在《新亚细亚月刊》发表《青海漫游记》，包含有民间文学与民俗生活的内容。

《青海风土记》④记述尤为细腻，它从"服饰"、"饮食"、"居住"、"迁徙"、"信仰"、"集会"、"婚姻"、"生育"、"丧葬"等方面，详细记载了青海地区各民族的生存状况，是我们了解民国时期青海地区社会、经济、文化发展的重要史料。如《青海风土记》对"自由恋爱"的记述，不无偏见地述说道："青海人民把男女私交看得不甚紧要，所以男女自由恋爱毫无忌惮，也不知羞耻、贞节为何事。一夜缠头，不过洋布一丈；他们父母又认为一种生产事业，挣得布来，逢人便说。男子又十分豁达，娶妻不问完璧与否。老婆有了孕，正正堂堂生了下来，她的丈夫也不去算算月日是否相对。"其记"青海人亿，又把男女居室的一事当作不可缺少的一件事，所以，没有娶妻、没有嫁人的，都有情人。山阿水干，无处不可幽会。男子与女子终日游戏，没人干涉。头目人等，夜夜引他人妇女来侍寝"等，其活脱脱是我国上古时代一幅桑间濮上的写真。在"任意婚"的记述中，作者较为合理地解释道："父母爱他的女儿，不忍叫她出门，家中没有男子，留她立门当户。女子担任家务，异常劳苦，父母为着财产，不愿叫她出门；若是招了婿，又恐怕仍免不了祸水，于是想出一种特异的婚姻方法，等女子到了十五六岁，便把女子的发辫改作妇人的发辫，认为业已成婚。于是生男养女，一如平常妇女，也不问由哪里来的。所以生下子女，不知哪个是他的父亲，连他的母亲也说不清是哪一个，这叫做'任意婚'。"⑤这既不同于群婚制，也不同于阿注婚，但确实带有远古婚姻形成的遗存痕迹。

《青海风土记》尤为详细地记述了唱歌与青海人的密切关系。在"小儿之游手好闲"中提到"青海民族，父兄对子女没什么教训，小儿也没有什么学习，所教习的，人只

---

① 高良佐:《西北随轺记》,《建国月刊》社,1936年版;甘肃人民出版社2003年版,第88页。
② 参见陶勇《青海书目题要》,《边政公论》1944年第3卷7、8、9、12期。
③ 杨希尧:《西北经济概况及开发刍议》,《边事月刊》1932年第1期。
④ 杨希尧:《青海风土记》,甘肃西宁区公署印局1928年印行,1933年新亚细亚月刊出版社再版。
⑤ 杨希尧:《青海风土记》,甘肃西宁区公署印局,1928年版第36页。

有一件,就是唱歌";在"婚礼"述及"青海民族的嫁娶婚"时,又提到"原来青海女子,自从会说话就学唱歌,到出嫁时候,也没有不会唱的"①。他们的嫁娶婚配在礼制上同中原地区汉民族一样,有纳采、亲迎等程序,所不同者就是在"迎娶"时,"新娘骑着马,放声高歌;她的声音又婉转,又清脆,令人听着不厌",其"所唱的歌词"都是"夸两姓之好,伸谢傧相,写风景,抒心愿,决不涉及淫邪","至于歌的体裁,和中国古诗兴比赋三体大致相同,而尤以比体为多",同时,新娘的歌唱效果成为社会文化认同,评价她"性情的好歹、智力的强弱"的基本尺度。在男家的筵席上,同样是无拘无束的歌唱,"一味以唱歌取乐",此时,"女子唱时,手持男子高帽,一面歌,一面舞,由半人的坐位起,以次历各人面前,逢着意中人,将帽置之怀中。那男子便起身答唱,仍将高帽搁在能唱的女子怀中,那女子又复起身答唱",如此"循环往复,没有中止的时候","初则喜曲,继则变为酒曲,终则淫词邪调冲口而出"②。应该说,其中的"淫词邪调"就是最具地方特色的民间文学。

《青海风土记》由此总结为"青海人性情强悍,喜饮酒,好杀人"云云,称"他们是游牧民族,所以把牛羊身上的东西(看得)非常宝贵,连牛羊粪都要宝贵,决没有一点嫌恶的意思"③。所有这一切,都是第一手资料,迄今仍是我们研究民族史的珍贵资料。

在黄河上游地区的民间文化考察,尤为悲壮的一幕是刘半农的西北之行。前面章节已经论述,刘半农是我国现代民间文学研究事业的重要开拓者,参与和领导了五四歌谣学运动。1934年6月,他离开北平,来到绥远、宁夏、山西等地,走进偏僻的乡野,进行民间歌谣、民间歌曲的实地考察。与其他人不同的是,刘半农特别注重对方言的科学记录,不仅用笔进行实录,而且使用了录音机进行原声录制。在黄河岸边的纤夫的歌唱中,他尤为激动,特地随人群溯流而上,记录下异常珍贵的黄河船歌。他将自己整理的民歌编定为《北方民歌集》,保存了黄河上游地区爬山歌等民间歌曲。令人遗憾的是,刘半农在田野作业中身染疾病,因此而献出了宝贵的生命。这是歌谣学运动的重要成就,也是民俗学运动的重要成就。

甘肃地区的民间文化世界中,花儿这种民歌艺术是尤其令人烁目的奇葩。当年歌谣学运动中曾经有过关于"花儿"的调查,此张亚雄《花儿集》的出版,标志着黄河流域上游地区继《青海风土记》之后又一重要收获。张亚雄在《花儿集》开篇介绍道:"在七七的烽火未举以前,编者尝以断断续续十年的功夫,作搜集三陇甘青宁民间歌谣的工作。在这十年辰光当中,只着手搜集民间歌谣山歌当中名字叫作花儿的一部分,好像研究昆虫学只研究蜜蜂那样的缩小范围。我于三千首花儿当中选得六百余首,做

---

① 杨希尧:《青海风土记》,甘肃西宁区公署印局,1928年版第52页。
② 杨希尧:《青海风土记》,甘肃西宁区公署印局,1928年版第55、56页。
③ 杨希尧:《青海风土记》,甘肃西宁区公署印局,1928年版第116页。

了一点注解与叙述的事情。"①此前虽有学者在报刊上介绍过花儿,但应该说,只有这一次是最为全面、深入、系统的考察。

与张亚雄对花儿的搜集整理所进行的个人考察形式不同,"中国民间音乐研究会"于1939年3月5日在延安鲁迅艺术学院成立,继而又成立了晋察冀分会与陇东分会,他们组织人员赴各地进行民歌、道情、鄜鄂戏等民间艺术的考察,受到边区文委的嘉奖。如当时的媒体所报道:"中国民间音乐研究会自成立以来,仅采集陕甘宁边区各县民间歌曲即已达七百余首。此外,如蒙古、绥远、山西、河北及江南各省之民歌,亦均有数十以至一二百首不等,总计共有二千余首,现正分别整理,准备付印。边区文委认为,该会提倡民间艺术,并实际从事搜集研究,卓有成绩,特拨发奖金二千元,以示奖励。兹经该理事会决定,分别奖励三年采集成绩最优秀者张鲁、安波、马可、鹤童、刘炽,及战斗剧社彦平、朋明等十余同志。"②当时,由马可等人负责,对这些民歌材料进行整理,编辑刻印了《陕甘宁边区民歌》的第一、二集③。从另外一种意义上讲,中国民间音乐研究会的考察是中国新音乐运动的一部分,更是大众文艺运动的一部分,更多地注重了民歌这种重要的民间文化形式,但却相对忽略了更广泛的其他民间文化的内容。后来晋冀鲁豫边区文联出版了多种民间故事与民间歌谣集,在宣传教育方面起到了积极作用,但总是显得不够全面,考察的范围受到一定的限制。当然,这已经是空前的收获了。特别是鲁迅艺术学院音乐系、文学系等处师生所组织大规模的民歌搜集整理,编选出《陕北民歌选》,④既有传统民歌,又有新的革命民歌,诸如其中的《移民歌》被公木、刘炽改编成《东方红》,响彻到今日,响遍全球。这是中国民间文学史上的奇迹。迄今为止,我们对于这一问题的关注还相当不够,许多历史事实还有待于更进一步地挖掘和甄别。

山西是介之推的故乡,也是关羽的故乡,而寒食节与关帝信仰是中国民间文学历史发展中两个尤其重要的典型。对于山西的民间文学调查,不仅有晋察冀和晋冀鲁豫等解放区的民间文学调查,也有日本人的调查。或曰,我们的民间文学被异国他乡的学者所关注,未必就是我们的幸福;当我们大批特批自己的文化中心主义如何成为狭隘的民族主义情绪时,有许多事情使我们很尴尬。日本人对山西民间文学等社会风俗生活内容的调查,时间在1942年的5月、6月,名为"山西学术调查影集团",此如一个日本人对当年考察活动的记述,其称"作为人类史前史学部的一员,到了晋南及

---

① 《花儿集·西北民歌花儿叙录·引言》,(重庆)青年书店1940年版。
② 《解放日报》1943年1月21日。
③ 建国后这些材料又由人整理为《陕甘宁老根据地民歌选》,上海音乐出版社1953年版。
④ 晋察冀新华书店1945年1月出版。

五台山地区,得到了采集各种民间传说的机会"①云云。日本人在这里搜集整理到包括民间文学在内的一批社会调查资料,并不是纯粹的学术活动,其实并非没有对中国社会做调查就是为了更详细了解中国人,是出于战争的考虑。并不是说日本人不能够在这里进行调查,而是在时间和地点上与社会背景相联系,在事实上形成对中国社会深入调查是服务于侵略中国的需要。那些具有极其强烈的国际主义眼光的学者,动辄指责民间文学中的民族情绪,是看不到学术研究背后的诸多内容的。或曰,这与敦煌的发现一样,并不是中国民间文学史上光荣的一页。

黄河中下游地区的河南,民间文化考察活动在这一时期取得的成就,呈现出另一种景象。

河南民间文学研究有着较早的历史,早在五四时期,以白启明、刘经庵为代表,形成一个民间歌谣搜集整理的学术群体。郭绍虞、罗根泽、杜衡、江绍原、高亨和邵瑞彭等一批学者在此任教,进行民间文学研究②。1930年代的《河南大学周刊》、《河南大学学报》等学术刊物曾经发表许多与民间文学相关的论文。在他们的影响下,出现越来越多的歌谣学爱好者,诸如1920年代中州大学青年学生白寿彝搜集的《开封歌谣》、原籍河南沈丘的北京大学青年学生熊海平搜集的《沈丘、项城歌谣》,包括当时的青年诗人徐玉诺,搜集整理家乡河南鲁山的《打铁歌》等民间歌谣,并以此改编为新诗。他们在《歌谣》周刊、《河南民国日报》、《河南教育月刊》等报刊发表相关文章,形成一个时期以青年人为主体的搜集整理民间歌谣的热潮。乡村教育运动在河南取得突出成绩,一是河南设立村治学院,与梁漱溟在邹平的乡村教育中心保持密切联系;一是广泛设立乡村教育实验区,仅开封周围就有开封杏花营教育实验区、杞县教育实验区等,在事实上形成了民间文学科学考察的田野作业,其各有特色。特别是一批热心乡村教育的学者积极参与各种社会调查,尤其注重协作调查,其代表性成果主要有蔡衡溪的《淮阳风土记》、③郑合成等人的《淮阳太昊陵庙会概况》④和张履谦的《相国寺民众娱乐调查》⑤,以及李佛西的《黄河集》⑥、张邃青的《伏牛山中这蛮族》⑦等。特别提

---

① (日本)直江广治:《中国民俗文化》,王建朗等译,上海古籍出版社1991年2月版,第135页。
② 1980年代初,我在河南大学读书时,曾经访问于安澜先生,他介绍说,河南留学欧美预备学校时期(1912—1915)曾经聘请德文、英文老师,他们在教学时,为了让中国学生很好接受德文,就发动学生搜集家乡的歌谣和故事,翻译成德文。应该说,这在事实上形成较早的民间文学搜集整理。
③ 《河南教育月刊》1932年第2卷第8期。
④ 河南省立教育实验区出版部1934年7月版。
⑤ 开封教育实验区出版部1936年8月版。
⑥ 《河南教育月刊》1930年第1卷第5期、第8期、第10期。
⑦ 《河南大学文学院学术丛刊》1940年第1卷第1期。

出的是张长弓的鼓子曲调查系列《鼓子曲存》《鼓子曲谱》《鼓子曲言》《鼓子曲词》等①，这在整个中国现代民间文学史上都是少见的，它第一次详细、完整地记录了鼓子曲这种北方典型的民间曲艺。

蔡衡溪是河南大学教育系学生，还在大学读书时就写出了这篇调查报告，同时，他还出版了《到农村去》等著作。他在《淮阳风土记》的前言中说，其"十五年(1926年)夏天"即开始动手写作；他将民间文化在总体上分成"语言"和"风俗"两大部分，语言类其实就是民间文学，风俗类包括岁时节日、人生礼仪、禁忌和各种民间信仰等内容。他详细记述了自己家乡仍存在的各种传说、歌谣，批评了"昔人多把这种语言目为下等社会的产品，没有采取的价值"的错误言行，强调要"下番功夫，把乡间流行的谚语多多搜集一些，加以精细的研究"②。他在阐释一些民间文学现象时，强调重视"野蛮时代"的社会历史特点，诸如《日的传说》、《麦子减收的传说》等民间传说，对于理解"由信仰而把这种灵迹一世一世的传说下去"具有十分重要的意义。应该说，《淮阳风土记》代表着这一时期民俗学运动中田野作业科学考察的水平。

古人云，"庙者，貌也"(《说文解字》)；这是民间传说故事的重要见证。庙宇在民众信仰中具有非常重要的位置，是民间文学的重要集结地。开封教育实验区组织人员对河南淮阳太昊伏羲陵庙会进行认真考察，由郑合成等人编写出了《淮阳太昊陵庙会概况》。这本书前面有齐真如、胡汝麟、赵质宸三人的"序"，他们都强调"杞县实验区派员偕同河南省立淮阳师范学校员生"所做的庙会调查，对于"中国固有的社会状况"要"先调查明白，然后因地制宜、因病下药"，"给研究中国农村问题者一个真切的参考"，对于"抄东抄西，削足适履，弄得中国一塌糊涂"的现象提出批评(胡汝麟"序")。当然，他们的出发点是关于"太昊陵庙会调查与乡村教育的关系"(赵质宸"序")问题的讨论，而在实际上为我们提供了20世纪三十年代上半期中国农村社会历史的一个缩影。这部著述的重要价值在于它客观记述了伏羲女娲神话传说故事的流传状况，包括由此神话传说相联系而生成的一系列民间信仰生活。

郑合成，字统九，其《淮阳太昊陵庙会概况》全书分"淮阳沿革"、"太昊陵庙情况一般"、"赶会的群众及其交通"、"商业"、"游艺"、"庙会管理及税收"、"太昊陵庙会的前途"、"太昊陵庙会杂话"和"附录"(即《太昊陵庙会调查日记》)等部分，这是社会学的考察，也是社会史的考察，其焦点就是庙、神、人三者之间的联系，以民间信仰为中心所生发的一系列社会现象。其中的数据尤为珍贵，如"赶会的群众及其交通"中的"人数统计"，他们采取"每日乘船人数估计"、"北关大路行客人数"及"居留人数"和"其他路

---

① 张长弓先生《鼓子曲谱》《鼓子曲言》《鼓子曲存》《鼓子曲词》由河南大学听香室分别印于1942、1944、1946、1948年；见拙作《中国现代民间文学史上的河南学者略论》《河南大学学报》1997年第3期。
② 《河南教育月刊》1932年第2卷第8期。

上人数"等四种统计数目,计"每日约在 10 万人之上"。另如"商业"中的"商业统计",列"各街商业统计表"、"各种摊铺总表"、"各种商业分类表"等项,其中区域、种类、所售商品、家数、收入,各项细目一目了然。在"民间读物"中,我们看到更丰富的民间文学内容。诸如《二十五更》、《浪子回头》、《庄稼歌》等传统说唱类,而且可以看到《张勋打南京挂帅平贼》、《黄兴孙逸仙败逃外国》等"荒谬已极"的故事;作者说:"由此我们也就可以知道民间所认识的历次革命是怎样一回事了","这些东西,才是真正的乡村读物,是民众获得知识的真正源泉","由这些作品可以知道乡间民众知识真相,由这种知识,我们可以推定中国社会性质的一部分"①。应该说,这是民国时期黄河流域民间文化考察中很少见到的内容,而正是这些内容才是当世中国民间文学思想文化中最真实的成分。

张履谦的《相国寺民众娱乐调查》是 1936 年开封教育实验区出版部出版的"相国寺特种调查"之一。这项调查的指导者支持者是河南大学教授、著名教育家李廉方。他于 1930 年在开封创办实验教育区,提倡"关于民众教育研究,先就本地社会从事各种调查,再决定可能教育的任务"(序),是当时影响全国的"李廉方教学法"的倡导者。张履谦是留学苏联回国的学者,他在本书"自己的序"中介绍了调查缘起、调查方法,称其"仍是采用个案调查和实地访问与观察",而"在未调查之前和调查以后的间接访问,与直接观察的时间,是比民众读物调查要花的多"。全书分"相国寺戏剧概况调查"、"说书"、"大鼓书"、"道情"、"相声"、"竹板快书"、"西洋镜"、"卖解者"、"幻术"、"日光电影"、"玩鸟"、"民众娱乐与教育"、"调查归来"几个部分。其中对"梆子戏"的调查,不但追溯源流细脉,而且专列《艺员生活概况调查表》内分"姓名"、"性别"、"年龄"、"籍贯"、"住址"、"所任角色"、"包银"、"开始学戏时间"、"登台时间及经过情形"、"所唱戏曲"、"现在戏院"和"备考"(即是否科班出身)。在《剧目调查》中,作者设计的《梆子戏剧目调查表》,内设"剧目名称"、"剧情大意"、"取材"、"三戏园(永安剧场、永乐剧场、同乐剧场)三月排演次数"与"备考"等。这些内容概括起来是珍贵的豫剧(梆子戏)史,也是民间戏曲的传播史。包括"艺员访问记",对出身卑贱、社会地位低下的民间艺人所做实地采访,对他们的实际生活状况进行详细介绍,弥足珍贵。此内容以下章节将详述。

李佛西是一位中学教师,《河南教育月刊》的编者在介绍他"课余之暇,致力征集国内歌谣,博采各地谚语"搜集整理民间歌谣的活动时说:"佛西同志现任河南嵩阳中学教职,对于理化素有研究,然课余之暇,致力征集国内歌谣,博采各地谚语。今已搜得数百余首,集成巨册。兹不惠赠本刊,用特披露,以供研究社会学者及文学专家之

---

① 河南省立教育实验区出版部 1934 年 7 月版。

参考。"①李佛西本人也在"开首的几句话"中介绍自己征集、整理过程,希望"以贡献海内想改革民间风俗的同志"云云。从其内容可以看到,他非常重视底层民众的生活,诸如《黄河沿岸》、《抬肉票》、《十二月花调》、《前清宣统》、《衙门》等,都真实记录了社会最底层的苦难。其中的时政歌谣所具有的社会史价值,同样值得我们重视。这些歌谣是以连载形式发表的。

张邃青《伏牛山中这蛮族》②是抗日战争中,河南大学流亡伏牛山地区,张邃青等学者深入山中继续从事教学科研,其考察伏牛山地区历史文化遗迹,结合历史文献,对"蛮族"历史文化的考订。此时,河南大学一批文史专家,像朱芳圃从事神话研究,丁乃通在这里已经开始考订民间文学的历史演变与类型问题;任访秋是胡适和周作人的研究生,他研究现代文学,出版第一部《中国现代文学史》,开篇就是"五四歌谣学运动与现代文学";张长弓不但进行民间曲艺的搜集整理与研究,而且进行唐传奇与民间文学关系的研究;王广庆也有研究河洛方言与民俗的文章,等等。这是现代学术体系建构中一个重要的现象,体现出一代学人不忘发展民族文化的责任感与使命感。

许多学者更多在注意到此时的西南联大像闻一多、朱自清他们的民间文学研究,而对全国各地诸如此类流亡学校在艰难时日中坚持进行民间文学研究关注不够③。或曰,固然因为北平等地是重要的文化与学术中心,但这并不是唯一的;中国现代学术体系包括民间文学思想理论的构建,是时代的召唤,是众多学者共同完成的。而且,在当时的高校出现一个重要现象,即只认真才实学,未必只讲什么名头。如刘半农是中学肄业,被蔡元培发现,然后到北京大学任教;遗憾的是他到底还是因为学历问题受到人的压抑,他赌气拿来一个法国国家博士,给那些无聊者以耳光。钟敬文是师范学校毕业,依靠学术成就能够在浙江大学任教;同样的例子还有很多。

山东是黄河下游地区,在某种意义上讲,对这一地域的民间文化的考察,可以看作是对整个黄河流域民间文化的总结。当然,这里有黄河入海口,这里更有泰山,有蓬莱,这里是孔孟的故乡,与黄河上游地区、中游地区,包括中下游的部分地区,它有着自己的文化风尚与文化特色。这片土地是儒学的重要发生地,是东岳庙文化现象的重要发源地,也是八仙神话传说的重要发源地;诸如泰山庙、碧霞元君庙、泰山石敢当,都是从这里走向四面八方,成为民间文学和民间信仰的重要源头。包括顾颉刚他们所考证出来的山东是孟姜女故事发源地,等等。因而,这里的民间文学具有更特殊的价值意义。

这一地域在民国时期对民间文化的考察,其成果集中起来有两大部分,一部分是

---

① 《编者的话》,《河南教育月刊》1930 年第 1 卷第 5 期。
② 《河南大学文学院学术丛刊》1940 年第 1 卷第 1 期。
③ 见拙作《河南现代民间文学史》,《民间文学论文选》,河南省民间文艺家协会,1986 年印行。

俞异君等人所进行的对山东全境庙会的考察,归结为《山东庙会调查集》,①其实是乡村教育运动的一部分;一类主要是地方文学青年搜集整理民间歌谣、民间传说等民间文学,或作为文学创作的素材。刘锡诚曾经记述王统照的民间文学整理活动,其称"王统照1935年出游欧洲。1936年回国后,由上海回山东诸城老家住了半个月。他的在当地当小学校长的侄子王至坚呈给他一部民间故事的稿子,请他过目,后他将其带回上海,挑选其中的28篇编为一册,交由陈伯吹主持的儿童书局出版"②云云。王统照在"序言"中非常详细地介绍其故事整理过程,说:"这几十篇民间故事从多年以来便流行于山东的胶东几县,——在诸城、安邱、高密各县所传说的大同小异。本来民间故事自有类型,甚至远隔数千里的地方的社会状况,地理的环境,民间的理想与乞求,爱慕与憎恶,赞美与怨恨等,都很清楚地表现于故事中间。"故事最初提供与整理者是他做教师的侄子,其原意在于"教高级生搜集地方上的故事、俗语、歌谣、谜语,详记出来,既可以保存,又便于作他们写国语",此激起他对往日生活的回味"把难以言说的心情沉落在啼鸟飞絮的庭院里",如其称"这些故事在30年前我就听过不少,家里的老仆妇,常到我家说书的盲妇人,为了哄孩子不闹,他们讲述给我听。但谁的年光能够倒流回去!年龄稍大,得用心的事多,又离开故乡那样久了,这些故事的影子在我的记忆里愈来愈淡,渐至消失得无从记起。那天仿佛把我又索回童年!繁星闪光的夏夜,凄风冷雨的秋夕,在母亲的大屋里,在姆妈的身旁,听说那些能言能动的怪物,听说那些简单有味的人情、述事,当时何曾有什么教训与警戒的观念,与什么什么的批评,只是一团纯真的喜悦与忧念关心于故事中的人与物而已。现在30几个年头过去了,想不到把忘尽的故事在他们的笔下温回了旧梦"③;在他看来,这些故事的价值有很多,其"不止是可作乡土的教材,也可作民间文艺的探讨。虽然不过在几个县份中流行着,但如果每一个地方都有一样的搜集,我想对于好好研究中国民俗学、民间文艺与童话的都大有帮助"。此体现出一个作家对民间文学的感受与理解的独特方式,其实也是一种民间文学思想理论的表达。

相比而言,前者的成就对于社会风俗生活的记录价值最为突出,更全面地体现了民间文化的社会生活实际。当然,后者的价值更特殊,其研究民间文学包括其中蕴含的民众思想情感,有着非常重要的民间文学史志价值。

《山东庙会调查集》是在乡村教育运动中出现的。如俞异君在"序"中所言,"社会调查是一种新兴的事业,是应用精密准确的科学方法,来调查中国各地方的实际情形,以便由之发现中国民族特质,探索中国社会衰微的根本病源",其所采用的调查方

---

① 俞异君:《山东庙会调查集》,山东省立民众教育馆1933年8月版。
② 刘锡诚:《20世纪中国民间文学学术史》,河南大学出版社2006年版,第409页。
③ 王统照:《山东民间故事》,(上海)儿童书局1937年版。

法则是"委托或征求地方上热心人士,对于所调查之事项予以真实而系统的叙述",其原因在于"现在的人力财力都不允许我们做大规模的社会调查"①。尽管如此,在山东全省108个县中间,他们还是收到"散布于鲁省的四方"的"26县叙述庙会的文章"计46篇,基本上"可以以此代表其余"。这里,编者俞异君特别强调要重视在庙会的背后,"就庙会所供的主神、娱乐、买卖的状况及耗费的情形,来加以考察",以此来"看出庙会之所以延续至今的根本的决定的原因";他尤其清醒地提到,"受自然界的影响最大最深的要算中国的农村","中国的农村虽是中国整个社会的基础,中国的农民虽占到全国人口80%的多数,然而中国政府的主持者是不会像其他国家那样爱顾到农村的",进而提出包括"取消农村一切苛捐杂税,使农村经济得有复苏之望"②的多项建议,使这一民间文化考察活动具有更高的意义。

在山东境内,黄河流入大海,有两个入海口,两者相距不远,西望利津、齐东、济阳、聊城、历城、济南、长清、平阴、寿张、鄄城一线,是黄河流域的主要区域。也就是说,并不能把山东所有的庙会考察都纳入此黄河流域民间文化考察范围之列,只有这一范围内才是。其中的聊城海华寺庙会、肥城固留寺庙会、东阿少岱山庙会等处庙会的考察,才属于此。《肥城县固留寺庙会》(作者张仁甫)分别介绍了"(固留寺)寺的来历及其特点"、"庙会的来历及财产"、"买卖的状况"、"会款的收入及盈余"、"庙会的情形"、"会场的人数和布置"、"赶会之公例及防守"与"结论"等内容,颇为详细。特别是"买卖的状况"与"会款的收入及盈余"两节,对"木料"、"牲畜"等交易物的数量统计、各项开支的介绍,既全面,又准确;对其中的庙会组织结构的描述,都成为后世研究社会生活史的重要资料。其中"(固留寺)寺的来历及其特点"、"庙会的来历及财产"两章,用传说故事解释风俗,是典型的风物文化中的风俗传说。《东阿县少岱山庙会》(作者咸福亭)篇幅不算太长,开篇即述"从济南沿黄河南上,经二百四五十里"云云,颇有游记色彩。其中对于庙宇名称的介绍较为详细,并将庙会的范围即会众来源,诸如"聊城、阳谷、东平、庄平、堂邑、平阴、济宁"以及"集会最盛时期尝有五六万之众"等内容,所做描述与分析,都给人以清晰印象。《聊城海华寺庙会》(作者孙梅田)的介绍最为简约,太笼统,全篇不足400字。如其介绍"南乡阿城镇的海会寺",称"分中东西三院,以骑门楼做栅门,上做戏楼,东南接黄河,西有待疏之运河,形式颇佳","内有住僧四五十名,晨钟暮鼓照常奉经,功课倒也不差,行为未曾出现"云云。应该说,这也是一种地方宗教文化特色,堪称整个民国时期黄河流域民间文化考察中最短的一篇文章。总之,《山东庙会调查集》由于其记录者人员众多,而且文笔参差不齐,保存民间文学详略不一,这部著述的民间文学价值只在于不同庙会中民间传说故事的被记述,诸如沿海龙

---

① 俞异君:《山东庙会调查集》"序",山东省立民众教育馆1933年8月版。
② 俞异君:《山东庙会调查集》"序",山东省立民众教育馆1933年8月版。

王传说、秦始皇赶山鞭传说等,与《太平寰宇记》中所记基本上没有什么变化,此显示出地方民间文学特色。除了庙会的记录,这里是乡村教育运动的又一个中心,其中的民间文学研究围绕"新礼俗建设",表现出新的学术风度。山东是孔孟的故乡;梁漱溟他们对西方人的价值观念与社会文化观念深恶痛绝,他强调"西方功利思想进来,士不惟不以言利为耻,反以言利为尚"①,鼓励新思想,却追求独立自主,不依附他人,更不附会西方人或迷信西方人,其更多在强调民族自信心重建。其乡村教育理论以"村治"为主体,影响到民间文学思想理论。如朱佐廷②说,"民众读物是构成民间文学的要素";徐旭光强调,要反对民间传说故事中的"暗示诲淫诲盗,崇尚鬼怪神迷",这些内容"令人读了,不是萎靡不振,就是邪念丛生","更有封面丑恶,印刷粗陋,装订简坏,纸张糙恶,插图丑劣,均足以引人入浅薄,自私偏狭,消极的陷阱处去"③云云。这些论断都与孔子"不语怪力乱神"有相通之处,堪称民俗学运动中的"新儒"。

(二)复兴的文化主题

与黄河流域和西北地区的民间文学与民俗考察同时发生的大西南,在现代民俗学运动中表现出又一种特色。这首先表现在1942年的冬天,关于中国民俗学会复会,这是民俗学运动的继续。

上海、南京、武汉相继沦陷,中国的政治、文化中心随着国民政府的"西狩",转移向重庆。于是,现代民俗学运动中那些学者们,也跟随着来到这里。因为是在战时,一切都具有特殊性,而无论战争有多么激烈、残酷,文化建设的步伐从来没有停止。文化下乡、文化入伍、文化抗战,文化承担着越来越沉重的使命和责任。这时刻的文化被赋予复兴民族和国家的重任,对民间文学与民间风俗的内容情有独钟,因为越来越多的人认识到,这是民族的传统,是文化的根植所在,而文化是民族的灵魂,欲使一个民族觉醒、振作起来,就要用文化鼓呼,让人们明白,要让每一个人都行动起来,不怕一切困难。民间文学是民族最古老的记忆,是认识民族历史文化的宝库,更是鼓舞人民斗志的思想宝库,其通俗易懂、清新刚健,是抗战时期民族文化复兴的重要基础。越来越多的文化人在重庆集结,他们中的许多有识之士提出民族文化传统与旧形式利用(包括民间文学),中国民俗学会复会的意义就因此而更加不平常了。

杭州中国民俗学会以钟敬文为重要代表的民间文学研究阵容,在抗日战争中形

---

① 梁漱溟:《乡村建设理论》,1937年邹平乡村教育实验区出版,第60页。
② 朱廷佐:《中国民众读物之检讨》,山东民众教育馆编印《山东民众教育月刊》1935年9月第6卷第7期。
③ 徐旭光:《现在读物的检讨》,此转引自邱治新《怎样编辑民众读物》,山东民众教育馆编印《山东民众教育月刊》,1935年6卷7期。

成另外一种景象。钟敬文走向抗日前线,做文化宣传工作;娄子匡是杭州中国民俗学会的马前卒,为民间文学思想理论建设立下汗马功劳,战争爆发后,他以浙江省国民党的办事处主任身份来到重庆。这时,他在《中央日报》主持《风物志》的副刊专栏,继续进行民俗学与民间文学研究。此时,顾颉刚也来到重庆,许多民间文学研究者,几乎不约而同来到了重庆。诸如罗香林、黄芝冈、白寿彝、徐芳等,加上回到本地的于飞、樊缜兄弟,这些当年颇为活跃的学者都聚集在这里。

重庆和成都是大西南的文化重镇,在1930年代初期的乡村教育运动中,有搜集整理民间文学及其理论研究的良好业绩。如卢作孚从事乡村教育与建设事业甚早,曾经于1924年在成都创办通俗教育馆,1925年成立民生实业有限公司,从1927年开始进行北碚乡村教育建设。他以江、巴、璧、合四县特组峡防团务局局长身份,在重庆北碚为中心的嘉陵江三峡地区开始进行乡村建设运动,他与其他人的乡村教育不一样,在于其"目的不只是乡村教育方面,如何去改善或推进这乡村的教育事业;也不只是在救济方面,如何去救济这乡村里的穷困或灾变",而是"赶快将这一个乡村现代化起来",很快使北碚从贫穷不堪的乡村变为繁华富裕的都市;其成就非凡,一直持续到1940年代末。1936年春,晏阳初响应国民政府"建设抗战大后方",与四川省政府商定成立"四川省建设设计委员会",由省主席刘湘任主任委员,他本人任副主任委员,聘请四川大学校长任鸿隽、华西协和大学校长张凌高、重庆大学校长胡庶华和中华平民教育促进会总会主要干事陈筑山、霍俪白、傅葆琛、陈志潜、陈行可、常德仁等人为委员。抗日战争爆发后,晏阳初"中华平民教育促进会"先后迁长沙、成都、重庆、北碚,等于衣锦还乡。晏阳初出生于四川巴中县的一个四代书香家庭,他在重庆歇马场创办了四川省乡村建设育才院,后改为乡村建设学院。1930年代,重庆在四川乡村建设学院的基础上设立四川省立教育学院;在抗日战争时期,他们曾在巴县等地继续进行乡村建设的研究实验工作。与此同时,成都华西协和大学文学院设立了专门的乡村教育系,后改为乡村建设系,该系曾编辑出版《华西乡建》刊物及《乡农报》等,刊载一些关于民间文学搜集整理与理论研究的文章。其中,值得重视的是1939年7月,晏阳初他们在重庆讨论通过了《乡村建设学院缘起及旨趣》,其主张学术自由,办学民主,把四川乡建学院办出特色;抵制了国民党派去训导主任要在该院建立国民党、三青团组织的意图。与定县时期一样,其设立研究部,研究部主任由瞿菊农担任。他们在工作中制定"社会调查室工作简报",涉及有民间文学的搜集整理内容。此时的成都,有中国边疆学会,有齐鲁大学国学研究所主办的《责善半月刊》(顾颉刚主编),有华西协和大学文学院中国文学研究、燕京大学国学研究所、金陵大学文化研究所主办的《中国文化研究汇刊》,有西康省主办、常常发表西康和西藏两省藏族的民俗、民间故事和民歌的《康导月刊》,有作家李劼人他们主办、曾经发表《格萨王传》的《风土什志》,有四川国立礼乐馆创办的《采风月刊》,等等,显现出民间文学在这里被关注的学术胜景。

李文衡、李承祥兄弟,即1920年代中山大学民俗学运动时期民间文学搜集整理与理论研究中的于飞和樊縯,他们是重庆本地人,曾经创办中国民俗学会四川分会,樊縯即李承祥,曾经在河南村治学院任教,与人讨论民间文学与民俗学问题①;此时回到了家乡。他们促成了关于中国民俗学会"复会"的"座谈会"。如《风物志集刊》中《记在渝同仁两次座谈》②所记,一次是"去年初冬,渝分会的负责同工于飞、樊縯,和由东南来渝的同工娄子匡见面了,初觏的愉快,立刻引出了首次的座谈。是一个冬天的傍晚,林森路的大厦里,先后来到出席的同工有陈锡襄、罗香林、黄芝冈、娄子匡,他们很想和川籍的同工们多年通讯而未聚首的渴望里见见面,于飞、樊縯,也早为川籍同工同样的期望,约集了徐匀、王乃昌、徐鸣亚、陈季云、萧懋功、刘璧生六位同工们。本来还有同工顾颉刚、白寿彝、方豪、范任、贡沛诚想来参加,但是为了路远、事冗,不能赶来。座谈会未开始,大家就自由放谭,情绪是形容不出的兴奋和挚密",一次是"顾颉刚同工由北碚赶了来,娄子匡、黄芝冈、罗香林、于飞、樊縯、徐鸣亚、王乃昌、陈季云、萧懋功、刘璧生诸同工仍来参加,新的参加的同工有贡沛诚、王烈望、汪祖华、郭笃士、康心远,还有徐芳同工姗姗地到迟";其借第二次座谈会顾颉刚发言,总结了"民俗学在中国,只有二十年的历史,当初在北大搜集歌谣、出版周刊,以后由歌而谚而故事唱本,范围扩大些"、"各地成立民俗分会的,有闽、浙"、"浙江的分会,由娄子匡同工主持,他在东南把民俗学风气激荡起来了。当时影响到各地,四川也因之而成立了分会"、"抗战发生,大家分散,民俗的研究工作不能继续,直到近时娄子匡同工来渝,赓续发动这一运动,联系同工,刊出《风物志》周刊,因而引起四川同工樊縯、于飞的联合,而举行两次有意义的座谈",以及"现时研究民俗,曾有人以为不合时宜。但是,如今建国建礼,当局对礼制之重视,风俗和礼乐的关系是不言而喻的"、"目今时代的推进影响风气的变动,风俗资料因此而湮没的,所以大家要赶紧搜集风俗资料,来整理研究,保存学术于万世"等情况,包括"同工们听取了都很兴奋,一致的感觉需要筹立中国民俗学会,当场推举七位同工——顾颉刚、罗香林、黄芝冈、娄子匡、贡沛诚、樊縯、徐鸣亚为筹备员"。两次座谈会"自由放谭"的内容是"要紧紧地联系,需要成立学术研究的集团","要鼓舞研究的情绪和成就,要刊出《风物志》,要刊出丛镌,发挥学术,交换意见",以及"罗香林同工提出举办民俗学讲座","要多出几个《风物志》"并提出"歌谣、谚语、唱本"或"民生问题的衣、食、住、行的习俗制度"为主题云云,他们达成共识,就是"快把民俗学运动推广开去"③。

---

① 江绍原:《现代英吉利谣俗与谣俗学》有樊縯《论民俗学书》,述及"前与清水书,非仅评其《海王女》,且谤及一般民学研究之概况"等,上海中华书局1932年版,第311页。
② 《记在渝同仁两次座谈》,(重庆)《风物志集刊》第1期,1944年1月31日。
③ 《记在渝同仁两次座谈》,(重庆)《风物志集刊》第1期,1944年1月31日。

此《风物志集刊》发表顾颉刚撰写的《序辞》，与当年《民俗周刊》时期高呼"打倒封建贵族"的语气大不一样，其述说了他们的学术追求在于"欢迎新风俗，研究旧风俗"，其阐明"《风物志》是民俗学、民族学、文化史、社会史的理论和资料的集刊。是一本学术性的集刊，但是它的学术性能，决不和现实之间有距离，而要和现实问题密切联系着"、"《风物志》是在建国步骤中，建礼的任务里，想从搜集风俗资料，研究它的成长、展布和存在价值，因势利导的来移风易俗，创化出现时代适应于中国的新风气"，他"高呼"的不再是血气方刚的战斗号令，而是较为平和的叙说："我们一面要欢迎全国'道一风同'的新风俗的实施，一面要赶紧搜罗那已经实施了千百年而现在奄奄欲绝的旧风俗而加以整理和研究"，其归结为"学术研究趋势于现实应用，建国建礼，先定要搜罗史料，留下给后代鉴观"，甚至颇为温和地说"发问的朋友们，你们以为怎样？"①

时间塑造历史，改变人的性情与追求。没有改变的是顾颉刚他们对于民间文学所保持的学术热情。如顾颉刚继续主编《文史杂志》，继续他的《古史辨》，继续进行地方民间传说故事的搜集整理。

不论中国民俗学会复会进展如何，或结果如何，这都不重要。《风物志集刊》表达了抗战时期中国民俗学同仁们对民间文学的热情与向往。尽管这份集刊有点孤苦伶仃的身影，却显示了它的顽强。与此同时，在重庆兴起了一个神话学研究的学术热潮，诸如郭沫若、顾颉刚、徐旭生、卫聚贤、丁山、程憬、杨宽、黄芝冈、苏雪林、常任侠、吕思勉、郑德坤、陈志良等，他们坚持学术研究，以民族文化的复兴为重要使命，将神话研究与文化研究相结合，越来越重视民间文学的多种形态存在与民间文学研究多重视角、多重方法的运用。他们之间也有争论，但从来都是以理服人，是学理与学科上的相互探讨。诸如常任侠对"稽考中国古史，苗瑶之民，亦华夏原住民族之一"与"伏羲与盘瓠为双声。伏戏、庖牺、盘古、盘瓠，声训可通，殆属一词，无间汉苗，俱自承为盘古之后。两者神话，盖亦同出于一源也"的述说；②诸如徐旭生对"华夏、东夷、苗蛮三大集团"与洪水神话的述说③，包括苏雪林的泛巴比伦学说，等等。他们的研究，包括他们的争论，都显示出战争状态下一代学人"为天地立心、为生民立命"，秉承学术薪火的神圣使命感。

他们或身处重庆，诸如《风物志集刊》同仁能够朝夕相处，一起砥砺学问；或遥相呼应，以重庆为纽带，把四面八方的朋友凝结成学术的红腰带，凝聚力量，共同探讨中华民族文化复兴的任务与前途，诸如远在昆明的西南联大的朱自清、闻一多他们，甚至包括北平、上海、香港、广州等地的朋友们，在报端显示出他们的往来。无疑，此时重

---

① 顾颉刚：《序辞》，(重庆)《风物志集刊》第1期，1944年1月31日。
② 常任侠：《沙坪坝出土之石棺画像研究》，(重庆)《时事新报·学灯》第41、42期，1939年。
③ 徐旭生：《中国古史的传说时代》，(重庆)《图书季刊》第5卷第2、3期合刊，1944年6月9日。

在重庆,关于民族形式的讨论涉及有民间文学形式问题。此前,即1930年代,《前锋》杂志曾经以《民族主义运动宣言》形成文化争论①。向林冰未必是旧话重提,却与民族主义运动有一定联系,他提出"民间文艺形式是民族形式的中心源泉","中国老百姓所喜闻乐见的中国作风与中国气派,乃是问题的核心所在";他把文学形态分为"五四以来的新兴文艺形式"和"大众所习见常闻的民间文艺形式",其指出"畸形发展的都市的产物,所以对于畸形发展的大学教授,银行经理、舞女、政客,以及其他'小布尔'的表现是不错的,然而拿来传达人民大众的说话、心理,就出了毛病",而"现存的民间形式,自然还不是民族形式,但它是民族形式的源泉",所以提出"旧瓶装新酒"②。许多人批评向林冰的理论偏颇、极端,其实并没有完全理解他的原意,包括葛一虹他们十分武断地把民间文学等同于封建文学,其实更多是望文生义;他们并不了解民间文学的真正价值意义。向林冰所在的通俗读物编刊社提出"旧瓶装新酒"是有抗战时期"文章下乡"、"文章入伍"特殊背景的,通俗读物编刊社的前身是燕京大学"三户书社",以发行取材于民间文学的通俗读物为主,颇有影响,后来被国民政府宣布为"赤化"而取缔。顾颉刚为通俗读物编刊社负责人,后来在抗战时与全国文艺工作者抗敌协会合作,举办通俗文艺讲习会,由向林冰、王泽民、何容、萧伯青、老舍和老向等人向社会宣传介绍文化知识,提倡中国文化本位,他们演讲的内容被整理为《通俗文艺五讲》。1939年前后的《抗战文艺》多次刊登顾颉刚和向林冰等人关于"旧瓶装新酒"的文章,而同时,胡风他们利用《七月》举办各种形式的座谈会,极力批评向林冰他们的主张,并一再述说什么民间文学是十分低级的文艺形式云云,走向另一个极端,遭到老舍、茅盾等人的批评。向林冰关于民族形式的主张在毛泽东《中国共产党在民族战争中的地位》等著述中得到肯定性的回应,这是另外一回事。这个问题其实是没有结论的,问题仍然在于非此即彼的二元对立思维方式。民间文学与新文学本来是两个概念,两种形式,他们一定要比个高低,所以就像当年民间文学的民俗学研究与文学研究的争论一样。但是,无论如何,这都显示出民间文学在"通俗读物"层面上为文艺抗战所引起的关注,从不同方面表现出抗战时期对民间文学的理解认识,这同样是中国现代民间文学思想理论的重要内容。或者说,事实上这是一个关于民族文化复兴的问题。在现代民间文学史上,其讨论的形式,应该比内容更重要。

一切讨论都是非常有必要的,但是,不应该为讨论而讨论,应该有一个明确的目标。在这场关于民间文学作为民族形式的讨论中,可以看到许多观念直到现在仍然有不同表现。诸如关于民间文学与作家文学二元对立的思维方式,许多学者一定要

---

① 《先锋》第1卷第1期,1930年10月10日。
② 向林冰:《论"民族形式"的中心源泉》,《大公报》,1940年3月24日。

比个高低,分出雅俗;那么,固然在民间社会没有胡适、鲁迅、郭沫若这样了不起的思想家,但是,又有谁能够一个人创作出像《格萨尔》、《玛纳斯》、《江格尔》这样长达数万、数十万、数百万行的史诗呢?更有甚者,是以胡风为代表的一些学者,过于强调作家的主观战斗性与民间文学的所谓封建糟粕之间的对立,在事实上形成对民间文学的蔑视。用所谓落后、愚昧概括民众与民间文学,这本身就不懂得民间文学作为思想文化的重要价值,是一种无视历史与现实的极端化表现。

除此之外,中国现代民俗学运动还包括所谓沦陷区的一些学术活动。沦陷区是一个特指被日本人占领的地区。此时的学者大多迁走了,如人所说,学校是民族文化的种子,是民族的希望,所以要特别保护,如北京大学、清华大学、南开大学组成西南联合大学,走进大西南,就是为躲避日本人的炮火。但也有一些学者因为各种各样的原因留在日本人统治的地区,虽然有不少人能够保持民族气节,但也不乏有人甘做亡国奴,替日本人管理中国社会与中国文化,周作人就是这样的文化汉奸,他不听大家的劝告,成为伪政权的教育督办。或曰,无论他有什么样的苦衷,毕竟做了汉奸。同为民俗学家,江绍原、杨堃他们就不一样;一切都在于选择。以北平为例,燕京大学等学校后来因为是美国人办的大学,在太平洋战争爆发时停办,北京大学、北京师范大学、辅仁大学、中国大学等学校完全受制于日本人。此时的燕京大学曾经设立由周作人"属于中日合作的华北总合调查研究所",专门成立"习俗委员会"。日本人桥川时雄他们成立了专门研究中国风俗的"民风社",后改为"东方民俗研究会",名曰"以促进中华民国及东亚诸民族的语言、风俗、习惯、信仰等科学研究为目的"。他们研究中国民俗,编印出版了《北京地名考》和《白云观的道教》等出版物;鬼知道他们是否"促进"的真正意图!也正是这个汉奸学者周作人在民风社成立大会上要求中国民俗学者与日本人合作,遗憾的是几乎无人响应。这一时期,北京还成立了"辅仁大学东方人类学博物馆"、"北京大学中国农村经济研究所"、"满铁华北经济调查所",包括上海的"满铁上海事务所",他们分别在华北、华中地区调查中国社会风俗生活;他们与日本人合作,出版了《山东省惠民县农村调查报告》(1939年)《中国民俗志》(1940—1942年)《华北现存诸部落的发生》(1941年)《民俗学研究》(1942年创刊)《中国农村习俗调查报告书》(1943年)《中国近代民俗学研究概况》(1943年)《山西大同县南的婚俗》(1944年)《华北的村落社会》(1944年)等著述或辑刊。此时的东北,以所谓的"满洲国",成立"满洲民俗同好会",编印《满洲民族调查》和《满洲民俗图录》《满洲民俗考》《满洲娘娘考》《满洲农村民谣集》《满洲的街村信仰》,等等。此时的台湾也是由日本人出版《民俗台湾》(1941年)。这些成果因为都是日本人主持或影响下的民俗学或民间文学的研究,不同程度上带有殖民主义的色彩或痕迹。这表明,就民间文化的调查研究而言,在大敌当前的特别时期,很难说有超越时代和国界的纯粹的学术活动。日本人关注中国民间文学与社会风俗生活的真正意图,难道就是简单的"促进中华民国及东亚诸民族的语言、风俗、习惯、信仰等科学研究"吗？这里摆脱不了两个方面的疑问：一是入境问俗，一是知彼知己。日本人对中国民间文学与民俗的研究，不可能那样纯粹。一切都在事实上沾染上了侵略者的印记之后，什么样的表白都是没有意义的。总之，在沦陷区，民间文学与民俗学的研究因时代而形成光荣与耻辱并存。

在中国现代民间文学史上，学者们走进民间社会，或用人民大众喜闻乐见的民间文学形式鼓舞民众，或借以研究民族复兴的前途，都成为中华民族追求独立自由解放事业的一部分。

四 《中华全国风俗志》的民间文学史意义

在中国现代民间文学史上，上海是一个特殊的地区。这是海派文化的重要集结地，代表着中国面向世界的窗口，也是中国联系世界的重要纽带。这里的外国人租借地形成一种新的景象，带来了西方现代文明的风尚，影响到中国社会接受外来文明的"风气之先"。而且，这里的各种报纸和刊物，以及众多的出版物，构成中国现代文化的森林，使上海成为中国现代文化的重要中心。这里汇聚着一批中国现代文学艺术的巨匠，也汇聚着一批年轻的思想家，他们关心国家和民族的前途和命运，深深思索着民族历史文化与世界现代文明的联系，及其冲突、融合。其中，形成这个时代所具有的民间文学思想理论。诸如胡愈之对民间文学的理论思索，诸如茅盾对中国神话研究的探索，包括一批西方传教士和汉学家对中国社会风俗生活的观察、理解和研究。同时，笔者特别强调的是，在上海出现民俗学对民间文学的研究热潮。其中不乏从古代方志等历史文献研究中国社会风俗生活的著述，代表着时代特色和地域特色。这就是胡朴安的《中华全国风俗志》。

胡朴安(1878～1947)，安徽泾县人。其早年结识宋教仁、柳亚子、李叔同和陈独秀等人，接受新思想，加入同盟会和国学保存会、南社、文创会等文化团体，担任富有《国粹学报》和《太平洋报》编辑，成为《民国新闻》、《民权报》等报刊的撰稿人。后来，他在上海发起组织南社之分支"鸥社"，奔走各地，宣传新的文化思想，在中国公学等学校任教。其受到宋教仁文化救世思想的影响，创作小说《沌泽国》，描写清王朝之腐败，编写了《俗语典》(上海广益书局，1922年)和《中华全国风俗志》(上海广益书局，1923年)等著述，意在集中探讨中国文化的性质和规律，并且希望形成自己的学术体系。其胞弟胡怀琛受其影响，也对中国民间文学产生兴趣，撰写出《中国民歌研究》、《中国小说研究》、《中国文学过去与未来》、《中国戏曲史》和《中国神话》等著述。

《俗语典》收录俗语7 327条，包括俗语、谚语、歇后语等民间风俗用语。其考证民间俗语的来源、解说其流变，表现出民俗学的思想文化特色。胡朴安是这部著述的主编,为《中华全国风俗志》的写作做了必要的学术准备。

《中华全国风俗志》的写作采用了历史文化地理的写作方式,并广泛搜集民间文学和社会风俗生活材料,保存了许多当世流行的民间文学等内容。其主要内容是各个地区社会风俗生活的具体分布,及其所显示的地域文化性格。其中,他把民间文学视作社会风俗生活的一部分,在其相关论述中,形成其独具特色的民间文学思想理论。

首先,对社会风俗生活的考察,"采风记"民俗考察成为《中华全国风俗志》的主体。诸如《济南采风记》《郑县采风记》《陕西风俗琐记》《南京采风记》《上海风俗琐记》《合肥风俗记》《寿春风俗录》《海宁风俗记》《闽省岁时风俗记》《黄陂风俗志》《粤西采风琐记》《准噶尔风俗记》《乌鲁木齐风俗记》《黑龙江风俗琐记》《内蒙古风俗志》等,形成别具特色的风俗志体。这些风俗志或者以历史文献的考据为主,或者记录当世社会风俗生活。社会风俗生活既有历史的继承性,又有时代特色和地域特色,成为民间文学的重要生成背景,胡朴安非常重视这些内容的记述。如其《中华全国风俗志·江苏》引《岁时琐志》记曰:"十一日,妓女有老郎会之举","六月十一日之会尤盛,灯红酒绿,丝竹嗷嘈。是时秦淮河一带,两岸则窗开水阁,鬓影衣香,河中则画舫灯船,往来梭织。五陵年少,意气自豪,一日夜之间,所耗不止中人产焉。"其记述地方风俗,涉及宗教信仰和民间信仰的内容,诸如《中华全国风俗志下·黄陂愚俗谈》载:"邑中道士多,和尚少,道士则娶妻生子,与居人等;道士则蓄发与僧等;所谓道士者,必有职,其职逢斋坛上表玉皇时,亦用全衔称臣某,仍每年度升。"风俗即传说,一个地区的社会风俗生活总是以婚姻礼仪等形式最为集中的表现出来,而仪式的文化含义需要介绍,其特别注意到对仪式的记录和解释,《中华全国风俗志》引《黄陂风俗志》记曰:"婿偕媒同至女宅,女宅闭门,请知宾立于户左右迎婿。婿下舆,鼓乐齐作,佑以炮仗,烟雾迷慢(漫),迟之又久,女宅启门纳婿。婿逢门必行跪叩礼,所谓门下子婿是也。至厅婿行谒岳礼,铺以红毡,毡下必实以三角磁瓦等类以戏之。岳虽不欲,诸姑伯叔不从焉。拜已升座,进三元汤,取八股时连中三元之意,其三元:鱼圆、肉圆、汤圆焉,必重油汤圆,心必重糖,使难于下咽而以笑焉。食已,新娘上舆。"其注释方式多以民间风俗、民间传说和历史文化之间的互证为主,如《中华全国风俗志·湖南》引《长治新年纪俗诗》曰:"妇女围龙可受胎,痴心求子亦奇哉。真龙不及纸龙好,能作麒麟送子来。"其注:"妇人多年不生育者,每于龙灯到家时,加送封仪,以龙身围绕妇人一次,又将龙身缩短,上骑一小孩,在堂前行绕一周,谓之麒麟送子。"又如《中华全国风俗志·直隶·天津小儿跳墙之风俗》记述:"大凡缺少子嗣之人家,忽然生下一个男孩,自然爱如珍宝。但是一方面却时时惶恐,或是多病,或是夭殇。因此为父母者往往带领小孩到庙中焚香祷告,求和尚给小儿起一名,俗称'寄僧名'。其意盖为自此以后,此孩便算出家。寄僧名之孩,往往作僧人之妆束,直至十二岁跳墙还俗之时,才能更换。"这些社会风俗生活内容与民间传说构成一体,成为中国现代民间文学的时代特色。

其次是把民间传说、民间歌谣、民间谚语等民间文学现象视作社会风俗生活的重要形式,在风俗志中明确为民间文学列出专章,做集中书写。如《南阳农人之谚语》、《杭州之传说》、《津市之农谚》、《广东之戏剧》、《象县之俗谚》、《沈阳农家之歌谣》等,记录保存了丰富多彩的民间文学内容。当然,与当世北京大学歌谣学运动的学者不同,与中山大学民俗学运动的学者也不同,胡朴安的民间文学记录不是来自田野作业,而是更多来自转述,是从其他学者的记录转述而来。

再其次,其记述少数民族社会风俗生活与民间文学,这是现代民间文学民族志的重要内容。如《中华全国风俗志·苗族·峒溪诸苗奇俗纤志一》所记:"鼻夷僚族,鼻如垂钩,隅目好杀,深明水脉,采瑶臂鳄牙为笛,吹作龙声。与之酒,鼻饮辄尽。"历史上,明确记述少数民族民间文学和民间艺术的文献并不少,诸如明王圻《续文献通考》所记述:"苗人休春,刻木为马,祭以牛酒。老人之马箕踞,未婚男女,吹芦笙以和歌词,谓之跳月。"清赵翼《檐曝杂记·边郡风俗》所记述:"粤西士民及滇、黔苗、倮风俗,大概皆淳朴","每春月趁墟唱歌,男女各坐一边,其歌皆男女相悦之词。其不合者,亦有歌拒之,如'你爱我,我不爱你'之类。若两相悦,则歌毕辄携手就酒棚,并坐而饮,彼此各赠物以定情,订期相会,甚有酒后即潜入山洞中相昵者。"清陈鼎《黔游记》记述:"跳月为婚者,立标于野,大会男女。男吹芦笙于前,女振金铎于后,盘旋跳舞,各有行列。讴歌互答,有洽于心即奔之。越月送归母家,然后遣媒妁、请聘价等。"但像胡朴安如此明确记述少数民族社会风俗生活与民间文学内容,作为历史文化一部分进行系统书写的,应该是不多见的。如《中华全国风俗志·云南·哈瓦之祭谷地奇俗》所记:"伊最欢迎者,系有连腮胡之",其又记云南思茅哈瓦人的猎头习俗,每至正二月即伏于林间,使用弓弩射杀往来行人,将死者尸身用泥糊后火烧,众人分食,并将死者头颅割下抛于田中,待生蛆后,将其取回家,供奉于桌上,奉若神明,祈祷其保佑稻谷丰收。这是民族志的书写,也是社会风俗生活和民间传说的记录。而且,胡朴安有意识地记录保存了边疆地区的少数民族社会风俗生活,如其《中华全国风俗志·新疆·准噶尔风俗记》所记述"马奶酒",称:"其酒缝皮为袋,中盛牲乳,束其口,久而酿成,味微酢,谓之挏酒。每岁四月,马潼新得,时置筵酬神。"其记录少数民族社会风俗生活内容的篇章有许多,诸如其记录新疆地区的《迪化人之生活状况》、《哈萨克人之生活》、《哈萨克人之衣饰》、《哈萨克人之冠礼》、《哈萨克人之婚礼》、《哈萨克人之丧礼》、《哈萨克人之宾礼》、《哈萨克人之奉教》、《巴音布拉克人之信佛》、《帕米尔人之生活》、《准噶尔风俗记》、《乌鲁木齐风俗记》等;其记录西藏地区的《西藏呼毕勒罕之承继法》、《西藏喇嘛僧之等级》、《西藏喇嘛僧之服装》、《西藏喇嘛寺内之状况》、《西藏尊贵喇嘛之敛礼》、《西藏喇嘛教育之程式》、《藏民教育之状况》、《藏民之刑法藏民之历法》、《藏民之租税》、《藏民之咒语》、《藏民之佛珠》、《藏民之性质》、《藏民男女生活之奇异》、《藏民男子之服装》、

《藏民女子之服装》、《藏民之职业》、《藏民日常之食物》、《噶伦宴客之仪式》、《藏民宴客之仪式》、《藏民之住屋》、《藏民之育子风俗》、《藏民之医术》、《藏民之占卜》、《藏民之交际礼》、《藏民之岁时令节》；其记录内蒙古地区的《内蒙古风俗志》、《内蒙古东部与西部风俗略记》、《蒙古族婚嫁及杂俗》；其记述鄂伦春族的《鄂伦春族之生活状况》、《鄂伦春族之风俗习惯》；其记述青海少数民族社会风俗生活的《青海蕃族之状况》；其记述云南少数民族的《哈瓦土人之风俗》、《哈瓦之祭谷地奇俗》、《石屏之请七姑娘》、《腾越之火把节》、《腾越之中元节》、《腾越之腊八节》、《龙氏土司之婚礼及家仪》；其记述苗族社会风俗生活的《峒溪诸苗奇俗纤志一》、《峒溪诸苗奇俗纤志二》、《苗人之跳月结婚》、《苗人之婚丧风俗》等等，都是珍贵的民族民间文学史料。

　　胡朴安的民间文学思想理论是从社会风俗生活的考察出发，具体阐明自己的论点。如《中华全国风俗志》之《社会丛谈》所论，其概括北京人社会风俗生活中的民间文艺道："北京人民，食必葱蒜（凡北式菜馆，席中必有小菜，蒜为必列之品），衣必红绿（北京庙会，旗装妇女，面部则胭脂如血。衣服则文绣斑烂，举目皆是），戏必皮黄（梆子腔自民国成立后，几成绝响，近年昆曲始稍兴，然终不敌西皮二黄之势力，上自学士大夫，下至贩夫走卒，无不会略哼几句者）。盖北方人民，感觉迟钝，无葱蒜则舌之味觉不愉快，无红绿则眼之视觉不愉快，无皮黄则耳之听觉不愉快。其感觉迟钝之原因，若以科学解说之，则北方空气干燥，种种电力，传达较迟，是为一大原因。且因感觉迟钝，而益求兴奋之剂以愉快，愈激愈疲，愈疲愈弱，五官本能，因以益钝，是又一原因。以感觉迟钝故，遂至脑筋简单，学说不易输入，文化因以不进步，实人群进化之障碍。望有志者革除此种陋习，使官能恢复其固有之灵明。北京星相扶乩之风甚盛，不特旧人物笃信，新人物亦复津津乐谈。一般官僚，无一不以八字及五官求人评判吉凶。以故亚康节、赛柳庄、同心处等等。皆以相命而席丰履厚，且有膺高官厚禄者。一般大佬，佞佛最深，茹素诵经者比比皆是。伏处下僚、脑筋敏捷者。遂起而研究佛学，以作终南捷径，颇多遂意者。故时人有言曰：北京做官有三诀，曰善嫖、善赌、善诵经。盖不诬也。"其称："北京年来，虽文化未进步，而奢侈则日起有功。元二年间，街市尚有铁轮车，今则无矣。昔者汽车、马车尚如晨星，今则月入三五百元之人物，无一不有汽车。甚有汽油由车夫供给，以分润酬应场中车夫所得之饭钱者，薪水虽数月领不到手，而老爷之架子，依然不得不搭。胸前之徽章，名片上之官衔，多多益善，虽逛公园、上饭馆时，亦不肯抛却。向日请客，大都同丰堂、会贤堂，皆中式菜馆；今则必六国饭店、德昌饭店、长安饭店，皆西式大餐矣。向日政客衣服尚多韦布，今则一律花缎矣。统计北京各级社会，殆无一人不入胡同上盘子，无一人不往公园喝茶，无一人不听戏，无一人不听落子，无一人不打球，无一人不上小饭馆，无一人不看电影，无一人不叉麻雀。此数端兼之者固多，而占其二三者，百分中当在九十以外。"其指出时尚因素对北京社会风俗生活的影响，道："北京旧式茶馆，仅取水钱铜元二枚，今则龙井茶铜元六枚为普通矣。旧式饽饽铺,京钱四吊(合南钱四百文)一口蒲包,今则稻香村、谷香村饼干,非洋三四角,不能得一洋铁桶矣。昔日抽烟用木杆白铜锅,抽关东大叶,今则换用纸烟,且非三炮台、政府牌不御矣。昔日喝酒,公推柳泉居之黄酒,今则非三星白兰地、啤酒不用矣。然而人民虽阔绰,政府则外债内债,累积如山。国奢则示之以俭,尚望有志者以节俭为天下先,培养国民经济力,为国家减少政费之担负可也。人无正事,必且无聊。北京之无职业而待谋事者,固甚多而又无聊,其有职业者,亦多不尽力于所事,且专好为无聊之忙碌,如庆吊也,饮宴也,送行也,接风也,问候也,闲谈也,追悼会也,欢迎会也,凡此皆无聊之表现也。群众运动,至今日仅成一种机械式捣乱作用。故有拥人者,有倒人者,有散传单者,有开某某会者。有请某项某项愿者,皆其好例也。"其论述社会风俗生活,以交通和建筑等发生变化为例,称:"清末东交民巷,唯马车可以任意奔驰,其他车辆禁止行走,盖外人优待亲贵也。宣统间议定岁贴修路费五千元,人力车始准通行。都中马路,近始改良,比之沪埠,犹有逊焉。唯东交民巷则路途平坦,两旁垂杨,房宇整洁,行其间颇有上海静安寺路风景。此处管理权几全在公使馆掌握,警厅不敢过问。虽然,犹幸有此外交团卵翼区域,为达官政客之逋逃薮也。"其又称:"六国饭店在中御河桥边,建筑壮丽,陈设华美,较之沪上汇中,始过之而无不及。从前为外交团俱乐部,光、宣之交,满清贵族群学时髦,相率奔走于六国饭店,为外人点缀风景。实际上,则昔之间接以金店为纳贿机关者,一变而直接以六国饭店为交易所矣。民国以来,政客达官宴集寓宿,均以六国饭店为大本营。实则六国饭店在京颇有政治上之集合势力,非仅图哺啜已也。无论何项调停疏通事件,比至六国饭店,则无不迎刃而解,何其遭际之幸也!比年以来,都中稍有资望者,大都于天津设有出张所,盖狡兔三窟,安不忘危之意也。故一般大佬,都门尽有临时赁屋者。而天津则必有地皮及自建房屋。今日人多谓北洋系,吾以毋宁称之曰天津系。所谓北洋系人物,天津皆有不动产,且其发迹均于天津。在昔有清,都门赌博狎邪之禁尚严,官吏多不能逞欲,于是联袂赴津,既托庇于外人卵翼之下,亦可无所顾忌于僚属。故天津殆为政界嫖赌俱乐部,此亦北洋系团结之原因也。"

胡朴安特别论述到北京社会风俗生活中的民间戏曲等内容,其称:"北京向无夜戏。光、宣之际,各班因演义务戏,始准开演。此后亦不复禁。自文明茶园创立,始有妇女赴园观剧之事。当时仅以楼上下为分别,随后包厢亦可混合杂处。及第一舞台成立后,正厅亦可男女合座矣。北京伶业极为发达,戏园建筑虽简陋,然营业甚佳。上自官绅,下逮走卒,皆以戏园为消遣所。然近年来戏价飞增,几驾上海而上之。谭叫天演剧,昔仅售铜子二十余枚,今则须售一元余矣。梅兰芳于二次到申以前,在天乐园出台,外尚有龚云甫、王蕙芳、王又宸诸名伶,仅售铜子三十六枚,今则亦需大洋八毛矣。此亦北京人民奢侈程度之进步也。戏园有仅售男座者,则外面必高悬"不卖堂客"牌(按:北京人民呼妇女为堂客),其字句极不通,然沿用至今,未尝稍改。若改为不卖女座,似较妥当矣。"

其论及北京社会风俗生活中的饮食习俗,称:"北京客店,多备饭不备菜。初至京者均以客店房饭在内,既有饭自必有菜。故常为所欺。唯广东帮所设佛照楼、长发栈、泰安栈三家,则房金饭菜,一概在内,即不吃饭,亦照算也。近日新开之旅馆,如中西旅馆、金台旅馆等家,则与沪上诸大客栈之规例仿佛。若长安饭店、北京饭店等,则为第一等之旅馆,如上海之东亚旅馆、大东旅馆矣。"

其论及世风,感慨道:"旅居北京,有一极可怪事,即北京各城墙上不准华人行走,而任外人随意在城垣上散步瞻眺。问之则曰:此长官所盼咐,优待外人之命令也。在彼兵士为执行长官之言,禁止华人登城,固不足责,然不知一般威赫之长官,何必设此条律,优遇外人?为邦交起见,固无不可,然何必苛待华人。不令其登本国之京城?即在吾国,如上海租界中西人之公园,不准吾华人入内。吾遇彼若此,而彼待我若彼,诚可叹也!"其注意到一种世风的颓废在社会生活中的种种表现,指出:"北京各学校之学生,均萎靡不振,无尚武精神,对于运动体育一门,毫不注意,而以眷妓观剧为练习身体之品。近虽稍渐知注重体育,然一般腐败学校,其学生之狎妓捧角,仍视为常事。"其最后描述北京社会风俗生活的变化,并将其与上海做对比,表现出更多的感慨,称:"北京之市场与上海之所谓市场,其性质大有不同。北京市场内店肆林立,杂以货摊,商业竞争极烈,商人不得高居奇货,挟索巨值。然购物时亦须留意,货商索价甚高,虚头极大,甚至有索值三四倍于原价者。故购物者必须还价,否则未有不受欺者。其不二价之店肆,只前门外大栅栏内数家著名资本雄厚之店,若瑞蚨祥、同仁堂、谦祥益等家,然其价值总略昂于小铺。市场内之货物,价又贱于市场外之店铺,且种类繁多,可任意选购,故人多乐往购之。非若上海新世界、大世界内所设之商铺,高居奇货,勒索巨值,除无知儿童强欲玩物,及为情人逼购赠品,为顾全体面起见,不得不购外,鲜有人过问者。若市场内之货价,与外间店铺之货价相等,人犹且多从便向路旁店铺购买,而不愿出一二角之门资,向市场内店铺购买,况其价较寻常商店高出倍蓰耶?欲其营业之发达。不亦惑乎?北京之市场所以发达者,其原因有二:一由于货物之价较外间店铺为廉,二无须入门资。其与上海市场相比较,岂可同日而语耶?"

第四章　乡村教育运动

乡村教育的历史文化渊源可以追溯到我国古代的私塾教育,其改变了文化知识的专制(垄断)体制,使贵族之外的平民阶层能够享受到文化知识的系统教育权力。而真正使得广大平民子弟在没有学费等经济负担情况下,能够接受科学文化知识教育,并形成大的规模和运动,则无疑是1920年代开始出现的乡村教育运动。1900年前后,清朝曾经出现新的教育运动,废除科举的呼声越来越高,改良和增强实业进入新的教育体系。派出青少年学生到发达国家留学现象,西方传教士入华宣传基督教等思想文化,中外文化交流日益频繁,诸如"平等"、"博爱"等西方文化思想与中国传统文化中的仁义礼智信等内容形成有机联系,形成具有"义举"意义的科学文化知识普及并应用于乡村社会,其深刻影响到乡村教育运动的广泛开展。在这样的思想文化背景下,出现晏阳初、梁漱溟、陶行知等一批著名的乡村教育先行者;他们在进行科学文化知识的大普及中,表现出对"乡村民众"中所流传的民间文学等内容有极大的热情。与此同时,李大钊《青年与农村》①对乡村教育运动的实际影响值得我们注意。他写道:"我们中国是一个农国,大多数的劳工阶级就是那些农民。他们若是不解放,就是我们国民全体不解放;他们的苦痛,就是我们国民全体的苦痛;他们的愚暗,就是我们国民全体的愚暗;他们生活的利病,就是我们政治全体的利病。"这是一篇具有先见之明的文章,其强调的内容,在乡村教育运动中被贯彻,被证明。

对于中国现代社会发展中的乡村教育运动的形成原因,众说纷纭,或曰受到俄罗斯十二月党人民粹主义"到民间去"口号的影响,或曰受到日本新村运动"摆脱农村的贫穷"等主张的影响,或曰受美国杜威实用主义教育理论的影响。也有一些学者说,这是受到现代文明熏陶的中国知识分子,受"平等"、"博爱"的救世主观念影响,与中国古代"学以致用"文化知识理念相结合,意在拯救中国底层社会摆脱愚昧与贫穷而做出的献身。这些分析都有合理的成分。问题在于任何一种活动能够形成运动,这种现象的背后都不是那么简单;而其作为以"乡村民众"为教育对象,新的思想文化与深

---

① 《青年与农村》,《晨报》1919年2月16日。

入社会实际的社会实践相结合,而形成对"乡村民众"中民间文学搜集整理和再利用,则确确实实是中国现代民间文学历史上的一个事件。其方法、方式与价值意义值得我们重视和深思。

一 以"乡村民众"为对象的民间文学调查

乡村教育运动是一场深入广泛的社会文化运动,它所表现的民间文学史价值,主要在于通过对"乡村民众"中流传的民间文学进行搜集整理,一方面用于人文社会科学的研究,一方面用于利用这些民间文学进行乡村教育的平民识字教学和文化宣传。因此,在中国现代民间文学史上,乡村教育运动就表现出两种显著而重要的价值意义,其一在于他们所搜集整理的民间文学,具有民俗志或民间文学史志的意义,另外一方面意义就在于他们所体现的文化思想与教育思想成为中国现代民间文学思想理论的一部分。而且,对于"乡村民众"中民间文学所进行的以平民教育为主要内容的民间文学思想文化理论研究,也不仅仅局限于那些在乡村社会做具体工作的人群,甚至包括一些高等院校和科学研究机构的学者,都在进行如此有目的的民间文学搜集整理与理论研究活动,并以此构成中国现代民间文学史的特色。

中国现代学术史上的乡村教育运动不是无端发生的,既有西方现代学术思想包括基督教文化的重要影响,又有中国古代文化传统中"兼济天下"、"为民请命"、"救民于水火之中"等思想理论的影响。晏阳初、梁漱溟、陶行知、卢作孚他们几乎都有在西方国家留学的生活经历,或曰,正是他们亲眼目睹了西方发达国家的发展事实,才触动他们改造中国的文化设想,从中国乡村社会入手进行科学文化知识大普及、大应用。

如晏阳初,他是定县乡村教育运动的重要领导者,是中国平民教育运动的实际发动者。1907年他进入四川省成都华美高等学堂读书,结识了英国人传教士史梯瓦特,他们一起创办"辅仁学社";后来,晏阳初到美国耶鲁大学、普林斯顿大学留学;1920年,晏阳初回国;1922年,其开始推动以普及识字为基本活动的平民教育运动,通过基督教会宣传其"人格平等"、"社会机会平等"等思想文化主张,"以宗教家的精神努力平教运动"。他说,"要想成功,你必须有十字架一心,这心必须同情怜悯受苦难的人民"。他参加中华基督教青年会,担任上海基督教青年会平民教育科科长,先后在长沙、烟台、武汉、嘉兴等地具体开展平民识字运动等形式的平民教育工作。1922年3月,晏阳初在长沙推行他的《全城平民教育运动计划》,筹资组建了200所平民学校,先后招生2500余人。有学者考证,青年毛泽东曾经作为义务教员参与过这场运动,影响到他后来的社会主义改造思想理论。1923年,晏阳初和陶行知等人在北京发起成立"中华平民教育促进会",晏阳初被推举为总干事。其教育宗旨与《大学》中所说"在明德,在新民"的主张相一致,即"除文盲,作新民"。1924年,晏阳初带领中华平民教育促进会同仁来到"直隶省保定道"的"清苑"、"涿县"、"定县、获鹿"和"宛平"进行平民教育调查。这一时期,他初步形成以平民教育为主要内容的文化思想体系,成为他和平民教育运动中许多人所表现出的民间文学思想理论。他认识到"中国真正最大之富源不是煤,也不是铁,而是三万万以上不知不觉的农民。要把农民的智慧发展起来,培养起来,使他们有力量自动的起来改造,改造才能成功,自动的起来建设,建设才会生根;自动的起来运动复兴民族,民族才有真正复兴之一日",提出"农民不是缺乏智慧,只是历代传统不给他们读书的机会",乡村民众即农民的问题在于"愚、贫、弱、私",应该进行"学校式、社会式、家庭式"的改造,"以文艺教育攻愚,以生计教育治穷,以卫生教育扶弱,以公民教育克私",所以"要办一个民间实验室,深入到民间去发现种种问题,研究问题,慢慢解决问题",以"到乡间来求知道","努力在农村作学徒"的姿态走进乡村。其意在"深入民间,根据一般人的生活需要,继续不断地创造新民教育的内容;根据一般人的生活习惯,继续不断地制定新民教育的方法,并根据社会的演变,民族的进展,继续不断地创制新民教育的方案",这种方法"不但在以前的中国没有这种做法","就是在欧美也是前所未有"①。这是"改造中国"、"改造社会"和"改造农民"的教育理想与教育实践,其理念在于理论与实践相统一的"教育思想",如晏阳初在《平民教育》中所论:"中国不必亡,亡不亡全在教育界。教育界可以支配中国,支配前途,改造社会。"②的确,晏阳初是中国乡村教育运动的一面旗帜,他所倡导的"在农村建设的工作上,文化与礼俗的建设,农村经济的建设、农村卫生的建设、农村自治自卫的建设必须联贯起来"③,在全国各地得到响应,此"文化与礼俗的建设",以民间文学与民间风俗为主体,形成中国现代民间文学史上富有实践意义的民间文学思想理论。

　　言传不如身教。1926年晏阳初他们来到定县翟城村,进行其构想的"办一个民间实验室"的计划;如此一来就是十年,成为历史上对一个地点采取实地观察方法连续进行时间最长的民间文化考察活动。1929年,中华平民教育促进会总会直接迁往这里。在这里,他们一方面进行深入细致的社会调查,包括《定县秧歌选》、《定县概况调查》等社会风俗生活内容;一方面进行具有社会政治改革意义的社会建设,诸如开办幼儿园,成立平民学校同学会,建立起村民自治组织,甚至改组县乡议会,改造县乡政府。他们谱写了《平民教育运动歌》,歌唱"力恶不出己,一心为平民。奋斗与牺牲,务

---

① 晏阳初文化思想主要见之于《平民教育概论》(商务印书馆,1928年)、《农村运动的使命》(中华平民教育促进会,1935年)、《十年来的中国》(商务印书馆,1937年)等著述。
② 晏阳初:《平民教育》,《新教育》第7卷第23期,1923年10月。
③ 晏阳初:《定县的实验》,中华平民教育促进会,1935年。

把文盲除尽,男男女女老老少少一齐见光明。唤醒旧邦人,大家一起作新民。意诚心正身修家齐国治天下平"。其具体提出所谓平民教育目的即"公民教育之意义",在于"养成人民的公共心与合作精神,在根本上训练其团结力,以提高其道德生活与团结生活",其"一方面要在一切社会的基础上,培养民众的团结力,公共心,使他们无论在任何团体,皆能努力为一个忠实而效率的分子;一方面要在人类普遍共有的良心上,发达国民的判断力,正义心,使他们皆有自决自信,公是公非的主张",并提出包括社会风俗建设的"政治建设"、"教育建设"、"经济建设"、"自卫建设"、"卫生建设"和"礼俗建设",以"复兴国家民族"①。后来,晏阳初亲自创办了湖南衡山实验县、四川新都实验县等实验区;他们在河南、山东、江苏等地举办多种乡村教育实验区。乡村教育运动培养了中国知识分子的民本观念与风俗思想,包括民间文学思想理论,这是中国现代民间文学史上具有实践意义的学术实践。

如梁漱溟在山东邹平的乡村教育运动,出现《山东庙会调查集》等社会风俗生活考察;其《乡村建设理论》(《中国民族之前途》)②面对"崩溃中的中国社会——极严重的文化失调"、"中国政治无办法——国家权力建立不起"等社会现实,提出:"西洋近代社会为个人本位的社会,阶级对立的社会,那么,中国社会可以说为伦理本位、职业分立","若问将在世界最近未来所复兴的中国文化,具体言之是什么?扼要言之,那便是从社会主义向共产主义迈进时,宗教衰微而代之以自觉自律的道德,国家法律消亡而代之以社会礼让习俗","近代法律之本在权利,中国礼俗之本则情与义也";"所谓建设,不是建设旁的,是建设一个新的社会组织构造——即建设新的礼俗。为什么?因为我们过去的社会组织构造,是形著于社会礼俗,不形著于国家的法律,中国的一切一切,都是用一种有社会演习成的礼俗,靠此习俗作为大家所走之路(就是秩序)"。③如卢作孚在四川重庆的乡村教育运动,其在乡村建设理论与实践上都做出突出贡献,撰写出《两市村之建设》、《乡村建设》、《四川人的大梦其醒》、《四川嘉陵江三峡的乡村运动》等,其中有不少内容涉及社会风俗生活与民间文学的内容。陶行知在江苏创办晓庄学校,提出以乡村学校为中心,让中国社会充满生机,"唤醒老农民,培养新农民","创设一百万个学校,建设一百万个乡村"④等。乡村教育运动在思想理论与社会实践上都做出重要成就,受到当时国民政府的重视与高度评价,使之迅速推向全国。可以设想,如果没有日本人发动侵华战争,乡村教育运动将给中华民族带来无尽的生机。

---

① 晏阳初:《农村运动的使命》,中华平民教育促进会,1935年1月版。
② 梁漱溟:《乡村建设理论》,山东邹平乡村书店1937年版。后收入《梁漱溟全集》,山东人民出版社1990年版。
③ 梁漱溟:《乡村建设理论》,山东邹平乡村书店1937年版。
④ 《陶行知全集》第二卷,四川教育出版社1991年版,第448页。

中西文化交流的事实,极大影响了中国乡村社会平民教育运动的形成与发展。这有别于国民党政府新生活运动,也有别于中国共产党的社会主义,是第三方面的关于中国社会建设的思想文化运动。对于人文社会科学而言,乡村教育运动聚集了一大批学者,激发了他们对中国社会现实生活中如何使民众摆脱"愚、贫、弱、私"的文化热情与政治热情,在事实上形成对民间文学为核心内容的社会风俗生活的重视,从而引发他们的学术热情。如一位学者所说:"定县平民教育实验,聚集了一大批爱国知识分子,他们之中有许多人是学有成就的博士(如汤茂如是留美教育行政博士)、教授(如谢扶雅是广州岭南大学教授)、作家(如孙伏园是《农民报》主编,鲁迅的学生)、戏剧家(如熊佛西是国立戏剧学校校长)、农艺师(如冯锐是美国康奈尔大学农学博士、罗马万国农村研究院研究员)和社会学专家(如李景汉是留美社会学博士)等,晏阳初本人就是留美博士。他们舍弃了仕途经济前程,献身于平民教育事业,甘心过清贫、简朴的乡间生活。"①或者说,乡村教育运动使得知识分子树立了服务乡村社会、了解乡村社会的信念;乡村民众所保存的民间文学等文化现象,成为他们认识社会与民众的重要窗口。包括中央研究院历史语言研究所进行的民间文学调查,未必不是与此有重要联系。

对于民间文学而言,定县乡村教育实验区做出大量搜集整理与改编等工作,除《定县秧歌选》外,他们用农民听得懂的语言和喜欢的方式,编写了《岳飞》、《唱歌》、《公民道德根本义》、《公民道德纲目》、《平民词典》、《公民课本》、《公民图说》、《公民讲演图说》、《历史》、《地理》等600多种平民读物;他们搜集整理出60多万字包括鼓词、歌谣、谚语、故事、笑话等民间文学作品,记录大量民间木版年画与民间音乐等民间艺术种类;他们还指导地方民众组织各种形式的歌咏比赛,成立以民间戏曲为主要内容的农村剧社,举办各种民间文艺活动。如人所述:"文艺教育,是从文字与艺术教育上着手,使人民认识基本文字,得到求知识的工具,促进文化生活,并能对自然环境及社会生活有相当的欣赏与了解。为此,他们先后研究制定了通用字表(3 420字)、基本字表(1 320字)、词表(包括平民用词、新民用词);推行简笔;采集选编出版了秧歌、鼓词、歌谣、歇后语、谚语、谜语等民间文艺读物;编辑出版了三种千字课本(市民、农民、士兵)、三种自修课本、两种文艺课本以及各类平民读物五种,并编辑了农民周报。艺术方面,搜集了民间绘画,编辑了画范、图案,绘制了插图、挂图、幻灯片等,搜集整理了民间歌曲、乐谱,自制各类乐器。推广无线电广播,修筑了农村露天剧场,培训了农民剧团,并公演话剧。"②这就是其"文艺教育"实践。这些活动都成为中国现代民间文学史上的佳话,具有十分重要的价值意义。

---

① 吴洪成:《晏阳初的定县乡村平民教育实验述评》,《临沂师范学院学报》2005年第2期。
② 宋恩荣:《晏阳初全集》"序",湖南教育出版社1990年版。

《定县秧歌选》是乡村教育运动中搜集整理民间文学的重要成就代表。这部定县地方民间文学"志",其署名为"李景汉、张世文合编",是李景汉、张世文两人以"中华平民教育运动促进会定县实验区调查部"名义,于"民国二十年"(1931年)经过认真搜集整理形式出版。其"菊农瞿世英"的"序"中说,"这四十八曲秧歌是极有价值的农民文学"。他之所以把这些民间文学现象称为"农民文学",如其在序中所说它们"背景是农业的","取材与人物乃至于描写直接或间接有其农业环境与生活的影响",其"所表现的常是农民生活下的信仰与态度"云云。其成书在于"李景汉、张世文两位先生和许多位同人在定县调查全县概况,有一项要调查的是农民娱乐","他们发现定县农民无论男女老幼,最嗜好的是秧歌","他们不但要在新年、节日,暨各庙会时去听唱秧歌,并且在田间劳作时,行路时,休息时,也大唱秧歌",所以,"景汉先生诸位觉得秧歌的歌词是极好的农民文学,秧歌的扮唱是极好的农民戏剧","因此立意尽量搜集"。他指出,因为"秧歌也和其他许多农民文学一样是口传的,它们的保存不一定是文字,而是农民的声口",李景汉他们"访得一位不识文字而善唱秧歌的刘落便先生,还有好几位能唱的",于是就有了"将秧歌的词句记录下来,前后记得成片段的有四十八曲"的《定县秧歌选》。其内容如此序所述,共分为"六大类",有"爱情"、"孝节"、"夫妻伦理"、"婆媳关系"、"谐谑"和其他。其内容"或描写男女爱情,或表现家庭的伦理观念,或表现农村家庭生活,或表现农民的理想生活,或述说历史故事与民间传说,乃至于农村生活下,农民家庭中会有的趣情";"总之,其中包含着极丰富的农民心理与农民经验"。其意义在于"本身不但有文学的价值,更是了解农民的极好的材料"。李景汉、张世文两人的序言也提到他们编选这部《定县秧歌选》的背景在于他们"除文盲做新民"这一"宗旨"所具体实施的。其称,"对于中国的愚贫弱私四大病源",他们"实施文艺、生计、卫生、公民四大教育",其目的在于"以培养知识力,增进生产力,发育强健力,训练团结力",其工作环节包括"调查、研究、试验、推广",其中设立"平民文学部"和"各种学术研究委员会","各部工作彼此联锁起来,向整个的目标共同进行"。因为定县的农民特别喜欢秧歌这种民间艺术,"不发声音则已,一发声音就是大唱秧歌",他们看了之后"没有想到也上了瘾";他们看到"定县的秧歌能把定县农民的生活真相活跃的表现出来","它的表演简单而极尽实际,唱得十分清晰而又动人","关于研究秧歌的故事又极有趣味","故事的结构写得很好","辞句也非常流畅"。但是,之前定县政府却认为这些秧歌"伤风败俗",而"禁止演唱","我们随赶快尽量搜集,以期保存,而免失传",他们注意到定县秧歌都是"口传",没有"现成的文稿",而且"能唱的人大半是不识字的人",所以邀请民间艺人进行实录,事实上在进行抢救。在实录中,他们发现像"多年演唱的老手刘落便,虽然目不识丁,而竟能每日歌唱或口述七小时,延长至一个半月之久","此种惊人之记忆力,实属罕见"。他们发现"秧歌不但是农民最喜好的娱乐,也与他们的实际生活大有关系","他们的思想、观念、行为,都受了秧歌的影响",因而,"我们要在定县这个地方实施移风易俗的计划,最好是凭借这种已有的娱乐为入手的初步"。同时,他们也指出,虽然秧歌中有一些"坏的影响",但不能"因噎废食",所以"不主张根本打倒秧歌","并且也不容易打倒",而是"修正改良","保存它的优点","再进一步编写新的秧歌,输入新的理想",以此而不至于"使缺少生气的农村失去这习以为常的娱乐","也可以借此实施适当的社会教育"云云。他们还特别注明此"四十八曲不下五十万言",意在整理出资料,以供"平民文学家研究";"这些材料是许多人的辛苦所搜集的",其"调查的人"还有"高吟涛、宋宝文、宋阳周、史秉章等先生"。其"绪论"详细介绍了"秧歌的沿革","按定县的传说,秧歌是宋朝的苏东坡创编的","苏东坡知定州时,看见他们在水田内劳作甚为辛苦,就为他们编了歌曲,教他们在插秧的时候唱,使他们忘记了疲倦。不久就传遍了定县,男女老幼都会唱了";接着,其论述"秧歌的现状",介绍其表演与"大戏"相似,最盛演出在于年节,演唱秧歌期间,请来亲戚观看等习俗。同时,他们结合地方演电影中男女接触镜头在社会风俗生活中的反响,提出所谓秧歌中的"淫"即男女之情并无伤风俗,对"官府禁止他们演唱,他们毫不介意"表示理解和肯定。最后,他们详细论述了"秧歌的分类",做出"秧歌的选录",分门别类,保存了1930年代所流行的大量珍贵的定县秧歌。《定县秧歌选》就是在这种背景下具体完成的。

《定县秧歌选》的背景除了定县地方政府的"禁止演出"的"提议",还有许多相关的具体文化事件与学术事件作为发生背景,如有学者所提到"1930年代,美国留学归来的戏剧教授熊佛西把现代话剧引进河北定县农村时,试图纠正一些农民看戏的陋习。一位去观摩定县农民戏剧实验的人看到了这样令人啼笑皆非的一幕:由学生组成的纠察队维持着秩序,他们对农民的呵斥声比农民的谈话声还大"[①]。其学术背景就是五四歌谣学运动持续发展,包括1920年代末中央研究院历史语言研究所(简称"史语所")一批学者所提出的"此类材料,随征集,随整理,择要刊布"。1929年,"史语所"提到设立"民间文艺组"的专门机构,称"研究范围包括歌谣、传说、故事、俗曲、俗乐、谚语、谜语、歇后语、切口语、叫卖声等,凡民众以语言、文字、音乐等表示其思想、情绪之作品,一律加以搜集研究"[②]。此时,乡村教育运动对各地社会风俗生活的观察、记录与各种研究,除了各"实验区"自己印发出版,还见之于各省教育月刊、行政月刊等专门性社会文化报刊。诸如《定县秧歌选》与《定县社会调查》之类调查、实录,在事实上保存了许多民间文学在当时当地的流行状况,形成具有独特价值意义的风俗志。全

---

① 熊佛西:《〈过渡〉演出特刊》,定县平民教育促进会出版,1936年版,第73页。另见孙惠柱《从间离效果到连接效果》,《戏剧艺术》2010年第六期。

② 此转引自王汎森《刘半农与史语所的民间文艺组》,《新学术之路》,台湾中央研究院历史语言研究所1998年版;此详细文字见于刘锡诚《20世纪中国民间文学学术史》,河南大学出版社2006年版第281页。

国各个平民教育实验区所做调查情况不尽相同,但这种"风俗"意识是广泛存在的。

二 《相国寺民众娱乐调查》的民间文学史价值

民间文学不仅仅在乡村社会得到广泛流行与保存,而且在城镇同样流行,以民间戏曲等艺术生活为重要存在方式,显示出与乡村社会不一样的内容与风格。

在中国现代民间文学史上,张履谦的《相国寺民众娱乐调查》是一部值得特别重视的民间文学田野调查得来的成果,它所搜集整理的大鼓书、道情、坠子书等民间文学内容及其所表达的学术思想,代表着一个时期的民间文学重要成就。

所谓"相国寺民众娱乐调查"活动,是乡村教育运动的一部分。1930年代的河南乡村教育运动很见成效,除了河南高等学校一批社会学家、教育学家等学者积极参与之外,还有河南乡村教育学院和地方蚕桑科甲种专科学校的投入,他们响应梁漱溟、晏阳初、陶行知他们改造乡村的文化主张,深入乡村社会,做科学文化知识的普及应用,可谓如火如荼。突出的成就表现在以民间文学为主体内容的社会风俗生活调查活动与戏曲改良移风易俗活动,1932年至1935年间达到活动高潮。如青年学者蔡衡溪出版《到农村去》等著述,在《河南教育月刊》发表《淮阳风土调查记》,郑合成他们出版《淮阳太昊陵庙会》等著述;同时期,还有樊粹庭他们热心搜集整理民间戏曲,将河南坠子改造成为现代戏剧形式的豫剧,在社会上引起很大反响。1936年,"开封教育实验区出版部"出版"相国寺特种调查之二"《民众娱乐调查》。开封相国寺特种调查是一项社会考察活动,与乡村教育运动有直接关系,整个工作由时任开封实验教育委员会主任委员、著名教育学家李廉方先生主持。李廉方曾经见证辛亥革命武昌起义,将起义过程整理成为历史著述,在学术界有很高威望;他热心教育事业,积极进行乡村教育运动,出现著名的"李廉方教学法"。李廉方认为,"关于民众教育研究,先就本地社会,从事各种调查,再决定可能教育的任务"①,他具体委托张履谦进行调查活动。他们对相国寺的调查,原计划分遗物、娱乐、伎艺等三大部分,完成了"相国寺特种调查之一"《民众读物调查》和"相国寺特种调查之二"《民众娱乐调查》,最后"伎艺"的调查由于种种原因没有结果。如其在次数的"序"中所说,"今之民众教育不少设施,其成效究竟如何,殊难断定。已施者如是,待施者更可怀疑。推其主因,不外两点:一新设者不揣舆原有学校建置有何连属关系,但期新颁教育,有大量数字可以统计,以致奉行政令,惟具形式。二不揣地方俗尚,因势利导,引进于适合现代之精神;惟以欧化涂

---

① 《相国寺民众娱乐调查》"李廉方序",开封教育实验区出版部1936年版。

撤，铺张扬厉，每每凿枘相牾。夫民众教育，惟集中于学校方式以谋普及；或文盲未扫除而为进一步之文化施设，已成严重问题。参以前因，劳倍而功不及半，固意中事也。本区实验工作，所以异于他处者，即在此点。终以牵于事实，不克具举，兹所调查，可见一端，若仅以此作裨史方志之贡献，则非编者之意也"。调查者张履谦是重庆人，青年学者，中共地下党员，从苏联莫斯科中山大学毕业后在开封从事文化工作，与李廉方和开封地方许多学者来往甚密。如其所言，这一次的调查方法仍是采用的"个案调查"和"实地访问与观察"，其调查主旨在于此"不揣地方俗尚，因势利导，引进于适合现代之精神"，用今天的话说，就是弄清以民间文学为核心内容的开封社会风俗生活的家底，以相国寺民众娱乐为窗口，认识民间文学生活的社会历史文化价值，然后进行合理改造、改良、改善。民间戏曲艺术是民间文学重要表现形式，是民间文学史不可或缺的一部分，尤其是在农耕时代，它是影响和表达民众思想与情感最重要的社会风俗生活。开封作为我国北方的戏曲文化中心，汇聚来自四面八方的民间文学与民间艺术，所以，这部著述其无意间为中国民间文学史保存了一份宝贵的财富。

《相国寺民众娱乐调查》是中国现代社会历史转型时期民间文学新旧内容的大汇编，以一滴水映现社会风俗生活中民间文学现象存在与特征、价值意义等具体内容，是中国现代民间文学史的重要文献。其民间文学史意义具有重要的普遍性，如其在考察后所概括总结："相国寺中的各种娱乐不仅流行于相国寺内，而且是流行于中国各个相国寺内的"，"从调查中所得的材料，特别是河南的坠子戏和唱道情中所记的有一些事实，很多是我们在书本中找不到的民间文化的珍品"，"我们这一本民众娱乐调查所搜集的材料，不是参考学者们离开社会，离开民众生活的，不能兑现的理论而编著的，实是从民众们所表现的实生活中找出来的"。或曰，生活之树长青，田野考察永远是民间文学思想理论不可替代的重要契机与重要源泉。

张履谦在"民众娱乐"这项特殊的社会风俗生活实地考察中，深切感受和认识到民众教育的责任与意义，同时也形成自己建立在社会现实生活实际之上的民间文学思想理论。他在《相国寺民众娱乐调查》中时常表达自己的感受，其声称"我们这一次调查相国寺民众的娱乐时，使我又回到了童年的时代，冲破了这社会的藩篱"，其常常感慨"我们现今的民众教育们却以为民众的娱乐都是俚俗韵，而不是文雅的，因此便认定民众的娱乐是野蛮极了，持着不屑理解的态度，竟忽视了民众娱乐在民众教育上的意义"，其及时提出具有实践意义的问题，诸如"民众娱乐有多少种类？民众娱乐存在的社会意义怎样？民众娱乐的教育意义怎样？民众何以需要这俚俗的娱乐而不需要文雅的娱乐？"其强调"现今的民众，无论其受过学校教育的民众也好，或未受过学校教育的民众也好，他们对于娱乐都视为人生不可缺少的面包，都感觉到他们的生活的余力是要在娱乐中才能消耗的"。他明确指出："我们这一次从事相国寺的民众娱乐调查，完全是从教育民众的解放民众的观点与乎认定民众娱乐在民众教育上和教育的近代思潮内所指示的重要性而工作的。我们相信民众在现今学校所受的教育，还不如在娱乐场所中接受的娱乐教育来得重要"。

在《相国寺民众娱乐调查》最后一章"调查归来"中，他所表达的感受更具体，也更深刻。如其所述"我们这一次在相国寺调查民众的各种娱乐，所尝的苦头真是够饱了。每次怀着笑容进去，都是带着苦脸出来。这社会，这人间，真个是太不名誉，太黑暗了"，而"一个人不能理解他的生命现象，那已经是够可耻的了，而在这社会中生活了一辈子的人，不知道他所栖息的社会是摇篮，是坟茔，要等待千百年后的子孙们用锋利锄头来掘他们的墓冢，研究他们的骸骨，创立考古学，那又是可耻孰甚"，其称："想到我们现在研究史前史或各国社会史的锄头工作，在书本中去构成某式社会的愚骏与苦役，真觉得我们每一时代的社会生活者太忽视了他们现实的社会生活了。如果我们每一时代的祖先，能够面对着社会生活，把他们的社会生活，用社会调查这个摄影机摄制出来，用社会统计将社会调查摄影出来的片子制成数字的图表，那我们是用不着耗费人生极可宝贵的青春时间去做那专攻什么史的无味工作的，是能够将我们有用的精力用在现实的社会生活上，把握着现实的社会生活，将现实的社会生活制成留声机一般地社会影片给予我们未来的子孙，作为社会的遗业的；子孙们从这社会遗业中，便可以知道我们在现时代所过的社会生活，不至于如我们现在的未攻中国社会史者样将毕身的精力浪费在黑字白纸中的或论伐中的呵！"所以，如他所说，"就为了这，我们调查相国寺的原有计划，并不因苦头多或一般人的不了解与蔑视而停止了工作"。他详细列出自己的感受与体会，或称为中国现代民间文学史上一篇具有强烈批判色彩的战斗檄文。其论述道：

第一，相国寺内的民众娱乐是我们那些有身份的人，有学问的人所鄙视，所不屑一睹的，他们认为民众的娱乐是低级的，卑下的，只合于民众的脾胃。因此，他们不但不去那些娱乐场所，而且还以为到了那些娱乐场所是自贬其身价哩。

民众的娱乐是低级的与卑下的，然而却忘记了民众的生活是被那残酷的社会制度所决定，所铸成的；大家不从那低级的与卑下的社会制度本身上去鄙视，谋改善，只是与那些低级的，卑下的民众娱乐绝缘，实在是离开了社会生活，实在是忘记了广大社会中的民众的存在呵！

第二，好多的人，听说我们要去调查各种业娱乐者，而且还要去调查唱梆戏的女名角，唱大鼓的小姐、唱河南坠子的姑娘，他们是很希望与我们一块儿去看看，玩玩。他们的目的，不外是遂其吊膀与打茶围的性歪泄的"陛欲"而已。

这样的人，在这性的麻木和性的不自由的社会中，真个是可怜虫，他们的性理念，真是糊涂极了，他们简直忘记了人类社会所建筑的各种的性市场：视妇女为性商品，把妇女拿来零卖和整卖的悲惨事实，是人类史中最耻辱的一页，不知道妇女是"人"。在此，我想到某女性读了孔子说的"惟女子与小人为难养也"以后所写："可怜孔母也伤悲"的末一句诗了，对于这些性观念糊涂的人和不知道我们调查从事娱乐的女艺员的生活的目的的人，暂以某女性那句挖苦孔子的诗来赠予他们。

第三，我们进出于相国寺的各种游艺场中，不但是未得到人们的同情或帮助，而且还受人们的揶揄与嘲笑。很多衣冠楚楚的大员们，偶逛相国寺见着我们在听坠子戏，调查坠子姑娘的生活情形时，他们立足看看后便嗤之以鼻，或者骂我们"太浪漫"了。

这有什么法呢？在相国寺中的业民众娱乐的人，他们都是出身贫贱的，都是些九流三教的人物，生活在十八层地狱以下讨生的"娼"或"优"，哪能够同大员们比肩而立，取得社会的优越权呢？

尽管那些业民众娱乐的人是"娼"或"优"，没有社会地位，但我们不能忽视了他们的生活，忘记了拯救他们脱离苦海的社会工作。是以对那些辱骂我们浪漫的人，我们只有向他说：你到博物馆内去作人体模型吧。

第四，每次调查相国寺中的民众娱乐者的各方面情形时，总得经过多少周折，遭受多少白眼和多少怀疑才能得到少许的材料。

在这一点，我们认为是他们受官府的剥削与压迫太甚了，有身份的人，有学问的人，视他们为人间的怪物，玩弄他们的人太蹂躏他们，太虐待他们，而以为他们是人间兽呵。所以我们在每次调查时感受的苦痛，不是我们调查时被他们怀疑，被人们不了解，获得的材料很少，而是感到那些业民众娱乐的人在恶劣的经济条件之下，为了生活饿虎的追逐，跌落在陷阱内忍气吞声，或为十足的商品，任人玩弄、贩卖的可悲情境呵。

第五，从事娱乐的人和到民众娱乐场所的人，他们都是同样地被社会压迫得大气也不能出一口的可怜人。他们在社会中的地位是极其卑下的，在社会中所受的冤屈是没有那挂上"民众律师"招牌者来为他们昭雪的。

在现社会中，他们是如一只驯服的羔羊样，任人剪毛割肉的过活，他们不知道日头从何处升起，月儿向何处下落，更不知他们窄狭的生活圈以外的庞大社会生活，并且对于现实的社会不能思想，对于现实生活不能有所觉悟；只依着"命运论"走回老家，了却人之一生呵。

第六，在相国寺中的业民众娱乐者，他们的组织是非常严密——而且是比之上层社会人士的"勾心斗角"的同盟要完美多了。至于他们彼此间的休戚相关的社会行为，可以说是在我们的学人集团，政治家的党内，财阀的企业组织中所找不到的。

这是我们在调查中所发现"笑吧，为了要止住哭"。的一点一点安慰。事实上，如果他们的社会组织不严密，彼此间不休戚相关，他们是早被生活活埋葬了，早已不能从事什么娱乐工作了。

第七，每个娱乐者都是被社会压榨得不能活动的人，他们为了生活，有的从乡村中，有的从贫苦的家庭内逃到下层的社会中去拜师学艺或者自师自学的卖艺，赤手空拳的同生活饿虎战斗，不顾忌一切底毁誉与嘲笑、辱骂，尝尽了人生的苦、辣、辛、酸的滋味，受尽了人间的种种恶魔的欺凌，还努力的向前干去，终于将生活饿虎征服，能够"安家立业"，能够"穷则独善其身"的维持个人生活，"达则兼善天下"的为伙伴与师弟们打出一条生之血道，这种苦闷的能量，真是我们所不及的呵！

"我们的泪，不要为自己的痛苦流尽了；我们的快乐的能量，不要为自己的幸福享够了。"这法国少年哲学家居友的说话，是为这些与生活苦斗的民众娱乐者所证明了。

第八，我从各种民众娱乐的调查中更加明白了我们的社会是：一边的人狂歌欢笑，一边的人悲愁号泣，一边的人将快乐建筑在另一边人的痛苦上面；所谓"春日灿烂之花，是为权门势家而开的，秋日玲珑之日，是为瑶台珠阁而照的"和"庖有肥肉，厩有肥马，民有饥色，野有饿殍"的说话的社会意义是什么，我也更加理解了。

同时我们认为建设中国社会，改造中国社会的路不从民众现实生活的理解上去找出彼的史的和社会的要因，对准着社会予以彻底的改善而希求，在文人学者或什么家们的书本与完善的计划和方案中找出路，那是会碰壁的，会走不通的。

张履谦强调要尊重民间艺术独特的价值与规律，其称"由此，认识了这些民众娱乐在教育民众和改进社会的工作方面有很大的力量。但是我们以为在社会与民众的生活未改善之前，想改善娱乐或者去编革命鼓词等，那是不中的"，他举例"（某人）办了一个训练班来训练那些唱道情的、说书的、卖艺的和说大鼓书的，而且还编了革命的鼓词。对于民众教育不能不允为十分注重。可是，那些受了训的人并不比未受训前好，而且那时所编的鼓词如：《国旗》、《黄花岗》、《炸五大臣》、《劝放足》、《鸦片恨》、《秋碑亭》、《小凤仙》、《张勋别爱姬》、《小登殿》、《皇帝梦》，大家并不常唱"。他分析这种现象的原因在于"业各种娱乐的人因为社会生活习惯一时改变不过来，对于官府的强迫持反对态度"、"观众的社会生活并不需革命的娱乐来鼓舞，所以业娱乐者，为了收入，不能不唱观众所好的"、"一些编鼓词或戏词的，他们对于各种腔调是门外汉，对于民众的生活压根儿就不知道，所以编出来的东西，唱者不能唱，听者不愿听"；其实，问题的核心内容就是在利用旧形式和宣传新的思想的同时，如何尊重民间文学与民间艺术的发展规律。他指出,"如果我们能够到相国寺的各民众娱乐场所去逛逛,你稍稍一考察,从那人山人海的观众内和各卖艺人的表演中,你除感到娱乐教育民众的力量伟大,与乎民众安于在这不生不死的社会中过痛苦生活外,你一定会感到创造民众正当娱乐的必要这一问题","我们是深深地感到民众的正当娱乐的创造为迫切需要。因为民众是社会的柱石;如果民众没有正当的娱乐来恢复他们的生之疲乏,增加他们的生之勇气,消纳他们生命的余力,他们在社会中是会呈出病态的样子来的",所以,他提出"为了中国的前途,为了人类文化的进展,为了教育民众能收事半功倍之效,我们是希求大家一致的动员来建设正当的民众娱乐",即具有现代文明意义有益于千百万人民大众的风俗建设,这种见解即使在今天仍然是值得我们重视的非常重要的思想理论。

应该说,一切真知出于实践。对于民间文学思想理论而言,历史文化的研究和不同形式的理论研究都是非常重要的,而密切关注民间文学与社会风俗生活的最新变化动态,并给予合时且合理的解释与总结,应该有更高的学科价值。而且,民间文学研究的立场与目的,同样重要,同样深刻影响着民间文学思想理论的精神境界与品格。

三 关于乡村教育运动中的民间文学理论问题[①]

乡村教育运动是一个以应用为主要形式的社会文化运动,其中包含着对许多民间文学问题的学理探讨。

民间文学的概念阐释与类别的划分是学科发展的重要前提;这首先是关于什么是"民间文学"与"民众文学"的探讨。孟宪承在《民众文学浅说》中从三个方面对民众文学进行了分析界定:"1.描写民众生活的文学不一定就是民众文学"。他举出了杜甫的《舍弟占归草堂检校聊示此诗》、白居易的《卖花》,认为这两首诗写出了民间疾苦、民众生活,但一般的老百姓并不能欣赏,因而不是民众文学;"2.白话文学不一定就是民众文学。"他举胡适《虞美人(赠朱经农)》和康白情《疑问》,称这两首诗虽是白话诗,但都是诗人的诗,反映的是诗人"内心的震动,心弦的振动,是不能用耳官听,而只能用内心听的"。这种诗"站在民众教育的立场上",却不能为那些没有知识、或知识较少的人所欣赏,所以不是民众文学。"3.白话的,描写民众生活的'通俗文学',还不是严格的'民众文学'(Folklore)。"他举辛弃疾词《清平乐》和刘半农的白话诗《车辙》对比,

---

① 此部分内容为河南大学梅东伟所提供,特此感谢。

说,"上面的两首诗是通俗文学,而且描写的是民众生活,广义上说,可以称之为民众文学了;然而还不是严格的,狭义的民众文学,真正的民众文学:它的作者不是一人,它的流传仅靠口说";他进一步论述道,民众文学的内容就是"神话,谜语,歌谣"等,并举例为:山歌、竹枝词、鼓词、弹词、佛曲(俗称宣卷)、道情等①。芮麟在《民众文学与民众教育》中不是从内容、传播等方面,而是从民众的角度,由民众的范围确定民众文学的范围。他首先界定了"民众"的范围,称"既然有民众存在,当然有非民众存在",民众指的是"一般的人",除了少数的特殊阶级——大官僚、大军阀、大资本家等等之外。民众不应只限于农村,还应该包括城市的工人。由此,他认为,民众文学是大多数人能够鉴赏和创作的文学,"是全国最大多数人的人生表现、人生创造的情感流露的作品。再简单地说,民众文学就是一般民众苦闷的象征。"并且即便是贵族创作的表现民众生活和情感的作品也算是民众文学,而普通民众创作的作品但表现的是向往贵族生活的作品也算不得是民众文学。他认为,民众文学"应该以自己创作出来的为原则","有许多人以为民众文学就是平民文学,也有许多人以为民众文学就是民间文学,更有许多人以为凡是浅近的著作,都是民众文学,这些观念,老实说都是谬误的。"②还有学者说"民众读物是民间文学的要素,领域很大,以题材言,可分:散文,韵文,剧本等等。以内容分,可分:故事,小曲,滩簧,童话,传说,寓言,笑话,游记,尺牍,杂字,儿歌等"③,甚至话剧和歌剧统统纳入到了民间文学的外延之中。江苏省立民众教育学院研究实验部出版的《教育与民众》所刊登的征求民众文学材料的"启事"称,"征求民众文学材料:儿歌、童谣、俗谚、农谚、山歌、谜语、故事等等"④。

傅葆琛的《歌谣分类方法及社教事业如何划分的问题》⑤把歌谣分为古代的和近代的,然后依形式又分为短歌和长歌。但是,他把鼓词、大鼓书、花鼓(凤阳)、小曲(小调、时调)、滩簧、昆曲、京戏、梆子等一些明明属于民间说唱艺术或民间戏剧的体裁列入到了近代长歌目下。天游的《民众读物与民众教育》⑥把民间文艺分为故事、谚语及谜语、歌曲、戏曲四类,然后把小说、神话、传说、寓言、笑话归于故事目下,把歌谣和小调同置于歌曲之下,戏曲又涵盖了戏剧(如京戏昆曲等)、弹词、鼓词儿、大鼓书、滩簧、

---

① 孟宪承:《民众文学浅说》,江苏省立教育学院出版《教育与民众》,1929年第1卷6期。
② 芮麟:《民众文学与民众教育》,江苏省立教育学院《教育与民众》,1929年第2卷2期。
③ 朱廷佐:《中国民众读物之检讨》,山东民众教育馆《山东民众教育月刊》,1935年9月第6卷第7期。
④ 江苏省立教育学院研究实验部主编《教育与民众》1929年第2卷1、2、3、5期等均有此启事。
⑤ 傅葆琛:《歌谣分类方法及社教事业如何划分的问题》,江苏省立教育学院《教育与民众》,1929年第3卷4期。
⑥ 天游:《民众教育与民众读物》,江苏省立教育学院出版《教育与民众》,1929年第1卷创刊号。

花鼓戏、道情和莲花落。《江苏省立教育学院研究实验部事业概况》①把歌谣、小调、戏曲归入歌曲一目,把小说、神话、传说、寓言、笑话归入故事类。江苏省《教育与民众》中《征求江苏各县歌谣简则》②的征求范围则划定为:"1.生活歌,2.叙事歌,3.仪式歌,4.滑稽歌,5.儿歌,6.情歌,7.其它。"朱佐廷在《中国民众读物之检讨》③中说,"民众读物是构成民间文学的要素,领域很大,以体裁言,可分:散文,韵文,剧本等等,以内容言,可分:鼓词,小曲,滩簧,童话,传说,寓言,游记,尺牍,杂字,儿歌等"。他认为,散文体方面包括:神话、史话、童话、物话、寓言、笑话、传说、图画故事、杂字;韵文类包括:宝卷、唱本、山歌、滩簧、鼓词、弹词、儿歌、民歌、杂歌、谜语;剧本类包括:话剧和歌剧。他概括说,"民众读物是构成民间文学的要素"。施章著《民众杂剧概论》④论述民众杂剧即民间戏曲和民间小调,认为民间文学是民众集体的创作,是"一个共有的作品,是一个民众集合地无意识。不是个人占有的私物,也不是表现个性的作品。你可以讲,你可以唱,不入你心意的地方,你又可以自由修改;不合我的心意的地方我又可以加以纠正";他还论述到民间文学与作家文学的关系,民间文学的认识作用等等。他们的见解众说纷纭,见仁见智,但都能把民众整体视作民间文学发生主体,则是一致的。这正显明现代民间文学思想理论基础性建设的特色。

其次是关于民间文学的搜集整理问题。

江苏省立教育学院实验部主办的《教育与民众》多次发布《征求江苏各县歌谣简则》⑤,其中的"应注意之事件"规定:"1.抄写时须依照本地口吻,绝对不能加入主观之修饰,以保存其本来面目。2.方言僻语,需用注音符号代替,并详加说明。3.与所录歌谣有特别关系之事实,须一并注出,以供参考。4.抄写时笔划务求清楚,如用洋纸请勿两面书写。5.抄写时最好根据分类之次序。6.采集地须加注明。"《上海民众》创刊号登载的征文启事中,提出征集大众文艺、各地民歌,但对如何搜集整理及其中应注意之事项并未说明⑥;浙江民众教育馆的《浙江民众教育》在1934年第8期登载的"启事"指出本刊征集歌谣、农谚等各类文艺资料。

---

① 江苏省立教育学院研究实验部《江苏省立教育学院实验部事业概况》,江苏省立教育学院出版《教育与民众》,1929年第2卷9、10期合刊。
② 江苏省立教育学院研究实验部《征求江苏各县歌谣简则》,江苏省立教育学院《教育与民众》,1932年第3卷7、8期。
③ 朱廷佐:《中国民众读物之检讨》,山东民众教育馆《山东民众教育月刊》,1935年9月第6卷第7期。
④ 云南民众教育馆《云南昆华民众教育》1933年卷1期。
⑤ 江苏省立民众教育学院实验部《征求江苏各县歌谣简则》,江苏省立民众教育学院出版《教育与民众》,1932年3月第3卷7期。
⑥ 上海民众教育馆《上海民众》创刊号,1936年第1卷。

政府行为形成民间文学搜集整理中随意删改的破坏行为,以河南省教育厅的"训令"中强调"建设正当娱乐,禁绝不良游艺,增进民众高尚的情操,为改良社会风化之臂助"之"将各县流行之戏曲歌谣,搜集齐全,交由本厅戏曲编审委员会,逐件审查,详加修正"为典型。其称:

"当兹训政时期,亟应建设正当娱乐,禁绝不良游艺,增进民众高尚的情操,为改良社会风化之臂助。拟将各县流行之戏曲歌谣,搜集齐全,交由本厅戏曲编审委员会,逐件审查,详加修正,编成河南民众戏曲,分发各县,以资提倡。并制定上项调查表,令仰该局即便遵照,将该县内流行之戏曲歌谣,无论简陋复杂,优美恶劣搜集齐全,缮写成册,有脚本者检成脚本并填具调查表,于四月三十日前橐送到厅,一凭编审!为要,此令!"①

1930年至1935年之间,乡村教育运动的高潮中,各地民众教育刊物上都开辟的有"民众文艺"或"民间文艺"或歌谣的专号,或者经常发表一些民间文艺的作品。如上海民众教育馆的《上海民众》、湖北省民众教育馆的《湖北民众教育》;广东省立民众教育人员训练所的《民众教育月刊》,浙江民众教育月刊第5卷4、5期合刊出版的民间艺术、民间文学专号,山东民众教育馆出版的民众戏剧研究专号等等。其他如河北定县中华平民教育促进会的李景汉、张世文编写的,引起学者们广泛注意的《定县秧歌选》,江苏教育研究院实验部编辑出版的《江苏歌谣集》②,山东民众教育馆编辑出版的《山东歌谣集》,天津民众教育馆编辑出版的民众丛书中,有《民众歌谣集》;《河南教育月刊》发表蔡衡溪的《淮阳风土调查记》③、李佛西的《黄河集》④;《浙江民众教育》1934年第8期登载《民间歌谣二十四首》与《本地歌谣与农谚》,广东省《民众教育月刊》发表民间歌谣最多,如其1934第1期发表《浙江德清谚语一束》、《广宁歌谣》、《云南歌谣》、《琼山歌谣》、《琼崖歌谣》、《阳江歌谣》,其第3期发表《潮州小曲五首》、《琼东民歌》、《关于气象的几首歌谣》、《琼州妇女歌谣》、《詹县歌谣四首》、《新会歌谣》;《山西民众教育月刊》发表阳曲儿歌等民间歌谣⑤等等,皆弥足珍贵。其中,《江苏歌谣集》在两则征

---

① 《重要公文·通令二百二十九号·三月十三日》,河南省教育厅编《河南教育月刊》,1930年第7期。
② 《江苏歌谣集》,江苏省立民众教育学院实验部1933年出版。
③ 蔡衡溪:《淮阳风土调查记》,河南省教育厅《河南教育月刊》,1932年2卷8期。
④ 《河南教育月刊》,1930年第2、5、6、7、8期连载了该歌谣集。
⑤ 山西民众教育馆出版的《山西民众教育月刊》1937年有多期对阳曲儿歌进行了搜集整理和发表。

订广告①中称：

> 本歌谣集经四年之搜集及整理始告完竣，总计歌谣三千首，按地方及其性质编订成五大原册。全书内容丰富，印刷精美，不但开歌谣出版之新纪元，亦因为国内民间文艺空间未有之巨者，成全国大中小学校及民众教育家民俗学家文艺家必备之参考书。

> 本歌谣集经四年之搜集及整理始告完竣，总计歌谣三千余首，按最新分类法编制。内容丰富，印刷精美，实开歌谣出版界之新纪元。此集不但可供文艺之鉴赏，抑且为研究民俗绝好之参考资料。篇首有专家雷宾南、钟敬文、方天游诸先生序，印刷无多，欲购从速。

与此同时，歌谣学研究在乡村教育运动中出现热潮，如方天游的《中国歌谣的研究》②、林宗礼的《江苏歌谣中所表现的婚姻风俗》③、张寒晖的《歌谣概论》④、裘庆媛的《从民间歌谣中去窥探民众生活的疾苦》⑤、沈斌才著《我对岭东歌谣的认识》⑥，等等。

同样，歌谣分类问题在这一时期体现出来。如《山东歌谣集》把歌谣分为："（甲）成人方面——时代反应歌，农民经验歌；（乙）妇女方面——抒情歌，生活歌，娱乐歌；（丙）儿童方面——抒情歌，吟咏自然歌，游戏歌，滑稽歌。"⑦《天津民众丛书》的歌谣分类为："家庭类：嫁女问题，继母虐子，婚后心理，女子嫁后之地位，姑嫂情谊，妇女种种，家庭琐谈；社会类：交际方面，嗜好方面，政治方面，俗谚方面（谚语）；气候类：天时方面，农时方面；儿歌类；游戏类。"⑧这些分类都是基于生活实际，更多来源于他们的感受，未必是学理的认真比较。

他们注意到民间歌谣等民间文学形式的教育价值，做出民间歌谣思想文化价值等方面的研究。如茅宗桀说，"实施民教的基本原则，必须要详细的明了民众的实际

---

① 其分别登载在1933年4卷3期和8期《教育与民众》杂志上。
② 方天游：《中国歌谣的研究》、《中国歌谣研究（续）》，江苏南京民众教育馆编印《民众教育季刊》，1937年1卷1号、1卷2号。
③ 林宗礼：《江苏歌谣中所表现的婚姻风俗》、《江苏歌谣中所表现的婚姻风俗（续）》江苏民众教育学院《教育与民众》，1933年4卷1期、2期。
④ 张寒晖：《歌谣概观》，陕西省立第一民众教育馆编印《民教学报》，1936年10月。
⑤ 裘庆媛：《从民间歌谣中去窥探民众生活的疾苦》，浙江民众教育馆编印《浙江民众教育》，1935年3卷2、3期合刊。
⑥ 沈斌才：《我对岭东歌谣的认识》，上海民众教育馆编印《上海民众》，1937年1卷1期。
⑦ 山东民众教育馆编印《山东歌谣集》，该歌谣集分为多集。1933年4卷6期的《山东民众教育月刊》有广告，并列出了其分类标准。
⑧ 天津市立民众教育馆编印股刊行《民众丛书·民众歌谣集》，1933年7月。

生活,即所谓根据特殊的需要,施以特殊的教育,才是最高的教育价值,民歌是纯任自然的不加修饰的命中实际生活的写真,也是民众特殊需要的真情流露,那末他对民众教育的实施上,又有不少的帮助了"①。方天游说:"民众的生活寓于民众读物的暗示和指导之中,它们的各种常识在谚语或编的歌诀中,民众知识的继承也是通俗的歌谣、谚语来的。"②与五四歌谣学运动相比,其视野明显转向了民众生活的实际,而不再是仅仅做学理探索。

他们从歌谣研究渐渐涉及风俗生活,把社会风俗生活建设与所谓"破除迷信"相结合,体现出丰富多彩的民间文学思想理论,如天津民众教育馆编印《民众丛书》之一《天津市风俗调查报告》,吕谦庐著《民间的思想与信仰——瓜棚闲话之二》、《民间的预兆和占卜——瓜棚闲话之三》,③杨向之著《中国一般迷信之研究》④,汤桂林著《乡民迷信的调查与研究》,⑤陈侠著《怎样破除迷信》,⑥邱治新著《从举行节约运动说到改良婚丧礼俗》,⑦蒋锡恩著《从民众教育立场上谈改良地方习俗》,⑧等等。这是中国现代民间文学发展的重要契机。

民间戏剧与民间戏曲等民间艺术形式是综合性的艺术,其具有故事传说被讲述的功能与人物形象被表演的功能等一系列民间艺术特征,是更为典型的社会风俗生活现象。如当时有学者所述:"整个的民众教育,是不但要使民众有知识,有生活的帮助,同时也要民众有人生的旨趣","民众文学是给民众以人生的兴趣的,民众如果没有相当的兴趣,则虽有极丰富的生活,而其生活仍旧是没有意义的","民众教育既要给民众以人生的旨趣,才算完成最后的目的,而只有民众文学,才能给予民众以人生的旨趣,完成民众教育的最后目的。则我们在实施民众教育的时候,哪能不同时提倡民众文学呢?"⑨晓庄剧社在他们的文化宣言中声称:"戏剧又是一种生活,在舞台上过艺术生活,是做戏;在舞台下过艺术生活,是看戏;戏剧就是戏院里的艺术生活","我们要把我们的生活,和民众生活打成一片;再把这生活和艺术打成一片,积极地是生活受彻骨的艺术化,艺术受彻骨的生活化"⑩。但是,一切教育形式与教育内容都是有选

---

① 茅宗桀:《民歌与民众教育》,山东民众教育馆编印《山东民众教育月刊》,1933年3卷2期。
② 天游:《民众教育与民众读物》,江苏省立教育学院出版《教育与民众》,1929年第1卷创刊号。
③ 浙江民众教育馆编印《浙江民众教育》复刊,1947年1卷1期、1948年卷3期。
④ 山西民众教育馆编印《山西民众教育》,1937年第4卷1期。
⑤ 山东民众教育馆编印《山东民众教育月刊》,1936年7卷5期。
⑥ 山东民众教育馆编印《山东民众教育月刊》,1936年7卷5期。
⑦ 山东民众教育馆编印《山东民众教育月刊》,1935年6卷2期。
⑧ 浙江民众教育馆编印《浙江民众教育》1935年第3卷9期。
⑨ 施章:《民众杂剧概论》,云南民众教育馆《云南昆华民众教育》1933年卷1期。
⑩ 转引自阎哲吾著《农民剧之研究》,山东民众教育馆编印《山东民众教育月刊》,1933年4卷8期。

择的,民间戏曲的主体是地位低下的民间艺人,仅仅依靠他们进行乡村教育,实现脱贫、脱愚,其可能性自然受到怀疑。如有学者提出:"'戏子优伶'之流于可办民众教育吗?我国的民众不但没有教育,并且不知道教育。我们办教育,不但要努力的办,并且想办法办,从民众生活中固有的消遣娱乐出发,利用唱戏说书的方式实施教育,这是很好的办法。不过戏子优伶的知识都很低浅,不知道所谓教育目的。而且只能和留声机一样,千篇一律的开出来,不能有所变化,若是民众教育的责任,给他们担负,不但方法不经济,收效太少而且易流辟邪,危险很大。"①所以,加强说书艺人的管理与改造,成为许多乡村教育人士的共识,江西省民众教育馆成立说书材料编审会和说书改良委员会。他们通过对说书人及其说书材料的调查整理,他们认为,"说书之关系社会人心,既重且大,殆不可忽也。政府推行民众教育之责者,正可因势利导,能担负唤醒民众之责任","然而今日之一般说书者,大都知识幼稚,观念错误,生活腐旧,未受相当教育。平日演述,有一本师承,不知别出心裁,所用说本,非关旧时说部,不合时代精神,即系怪诞淫邪,不可为训"。② 此类活动很多,在《相国寺民众娱乐调查》中也有此类现象的记述。山东民众教育馆组织山东书词联合会对济南流传的书目调查统计,记录整理出《秦琼卖马》、《双锁山》、《夜打登州》等传统书目,并编写出《王三娘哭诉灾民苦》、《改良窦娥冤底一二三段》、《毒品害》、《黄花岗》、《五三惨案》用作新说书的底本③。无论这种方式是否可行,他们的热忱都是真诚的。这是中国现代民间文学思想理论的又一种体现形式。

乡村教育运动非常重视民间戏剧在民众教育中的重要性,除了《定县秧歌选》和《相国寺民众娱乐调查》外,《山东民众教育月刊》曾出版了"民众戏剧研究专号",其他如,李朴园的《从民众教育说到民众戏剧》④、《戏剧在民众教育上的地位》⑤,周彦的《北平的街头戏剧》⑥,浙江民众教育馆的《本馆举办改良傀儡戏实施计划》⑦,举之《说

---

① 许牟衡:《民众教育建设论(续)》江苏省立教育学院研究实验部《教育与民众》,第2卷4期。
② 文经华:《江西省说书人讲习班之实施》,江西民众教育馆编印《江西民众教育》,1937年1卷1期。
③ 阎哲吾:《走向"民众读物戏曲化"之路》,山东民众教育馆出版《山东民众教育月刊》,1936年第7卷第9期。
④ 李朴园:《从民众教育说到民众戏剧》,江苏省立民众教育学院《教育与民众》,1932年第3卷7期。
⑤ 李朴园:《戏剧在民众教育上的作用》,浙江民众教育馆编印《浙江民众教育月刊》复刊,1947年1卷1期。
⑥ 周彦:《北平的街头戏剧》,山东民众教育馆编印《山东民众教育月刊》,1933年4卷8期。
⑦ 浙江民众教育馆《本馆举办改良傀儡戏实施计划》,浙江民众教育馆编印《浙江民众教育》复刊,1947年1卷1期。

书的研究及改良》①,赵启凤的《如何改良说书》②等等,都涉及民间戏剧、民间戏曲等民间艺术的价值,以及民众与戏剧之间的传播与接受过程中文化思想体现等内容。这是中国现代民间文学史上非常重要而特殊的内容。

乡村教育运动的文化思想传播形式尤其重视读书识字,他们把所谓的书本教育即"民众读物"视作摆脱"愚蠢""愚昧"的最有效途径。如他们所论述:"民众读物,是民众的精神粮食,举凡民众之思想,信仰,情感,有形无形均受其支配,而定其趋向;同时复为民众取知实在库,因此,民众读物之最大动力,不特影响民众之信仰,情感与知识,实具转移社会风俗,辅助人群进化的功能。"③其称"民众读物与民众生活关系的密切,无论何人,想都不能否认吧。中国不识字的约达百分之七八十,圣贤经传,他们是不能理会的。所以他们的生活,都是涵养、浸润在民众读物的暗示与指导之中。因此,他们有历史。他们心中的中国历史,因此不是二十四史或《资治通鉴》的历史;同时也不见得是《三字经》或《史编节要》的童蒙书上的历史。他们的历史都是神话化的人物,或小说戏剧上的人物。文王、姜太公固然是半神化的,就是孔明也能呼风唤雨,关云长能死后显灵,宋江、李逵或武松仿佛是历史的模范人物,许多民众的历史知识,不是这样的吗?这是《封神榜》、《三国演义》、《水浒传》一类小说与戏剧的影响",④或曰"整个的社会整个的国家,是被大多数的民众维系着,整个的多数的民众思想,意识,信仰,人生观念等等,是又被稗官野史,鼓词唱曲旧小说等民众读物支配着,一个民族的盛衰,一个国家的强弱,是与民众读物发生着绝大的关系,于此可见,民众读物力量之伟大了。"⑤他们以为,那些传统的唱本之类读物,其"远背时代潮流,暗示诲淫诲盗,崇尚鬼怪神迷,虽或有暴露社会罪恶,表扬侠义精神之处,终属弥恶难饰,令人读了,不是萎靡不振,就是邪念丛生。更有封面丑恶,印刷粗陋,装订简坏,纸张糙恶,插图丑劣,均足以引人入浅薄,自私偏狭,消极的陷阱处去"⑥云云。如果我们把唱本之类读物视作民间文学的重要文本,那么,在摒弃与获取的意义上,这些学者的理解显示出不无偏激的倾向;而这些,正是时代思想文化潮流反传统的重要表现,自然也是中国现代民间文学思想理论的一部分。

---

① 举之:《说书的研究及改良》,云南省立民众教育馆《云南昆华民众教育》,1933年1卷3期。
② 赵启凤:《如何改良说书》,江苏民众教育馆《教育与民众》,1934年第4卷9、10期合刊。
③ 钟生荣:《泛论民众读物及其编辑之法》,江西民众教育馆编印《江西民众教育》,1937年1卷1期。
④ 天游:《民众教育与民众读物》,江苏省立教育学院出版《教育与民众》,1929年第1卷创刊号。
⑤ 苗紫芹:《民众读物改革之途径》,陕西省立第一民众教育馆编印《民教学报》,1936年10月第2期。
⑥ 徐旭光:《现在读物的检讨》,转引自邱治新著《怎样编辑民众读物》,山东民众教育馆编印《山东民众教育月刊》,1935年6卷7期。

那么,究竟应该如何进行利用"民众读物"进行社会风俗生活的"新礼俗建设"呢?对此,有学者提出加强"人类知识技能及生活方法"的教育:"如何由种族的经验中选定教材?所谓种族的经验就是人类知识技能及生活方法等,近代生活异常复杂,科学发达,技能精进,而在短时期的学校生活总能学到的甚是有限,摒弃不联属的亦不应学习,所以选择教材即是选择人类的经验,选择的标准当然是所欲训练的人才之需要。"①也有人提出借鉴外国成功经验,认为:"致于教学的筵席上,我们预备多多的饷宴他们些民族的史实和民间文学。一方面的光荣,有以晓古通今,而知奋起;一方面使他们吸引些人生的兴趣,分享些文化的结果,使能寻着光明的人生道路,寻觅'人世'的生涯。"②相比而言,切实可行的是有学者提出"到民众生活环境里去采访",对民间文学因势利导具体的改造方法,他说:

  从小书摊小报摊上搜罗——从各城市的小书摊小报摊上去搜集流行的小词书,鼓词儿,连环图画,歌曲,戏剧等,加以审查整理,分别去取,保留合用的材料,来做编辑读物的资料,实行"旧酒囊装新酒"的办法。

  到民众生活环境里去采访——民众的生活环境里,随时随地有真实性的材料,可以拿来编辑读物。民间的传说,农夫樵子的野调山歌,江湖卖艺的唱曲小调等,都是现成的民众读物的材料。只要留心去采集,可以"取之不尽,用之不竭"。

  民众读物文章体裁最好仿用流行的通俗读物的文体。据陈光尧的《中国民众文艺论》的研究,民间文艺,可分为有韵的和无韵的两体:有韵的如歌谣,谚语,谜语,唱词,民曲,戏曲,拗口令等。无韵的如童话,小说,史话,方言,歇后语等。而各体之中又分别若干类,(如唱词有鼓儿词,大鼓书,滩簧,小热昏,莲花落,道情,广东调)。计凡四十余种。这些不同体裁,编辑读物时,可据材料的性质,而分别仿用其体。如中央日报所登黄花岗,广东所编的沙基惨案,三民主义戏词之用戏剧体,河南教育厅缩编三民主义鼓词之用大鼓词。陶行知先生编《锄头舞歌》用南京北园乡的山歌调子,《说晓庄》用凤阳花鼓的调子。③

乡村教育运动体现了一批学者的热情,也体现了他们的思想文化品格。他们始终充满忧患意识,如一位学者所说,"我国乡村之生活状况,真如夕阳流水,一刻不如

---

① 李蒸:《民众教育概论》,江苏省立教育学院研究实验部《教育与民众》,第3卷2期。
② 孟宪承:《关于丹麦民众学校的书三种》,江苏省立教育学院研究实验部《教育与民众》,第1卷6期。
③ 邱治新:《怎样编辑民众读物》,山东民众教育馆编印《山东民众教育月刊》,1935年6卷7期。

一刻,一天不如一天的衰落下去,变演至今,虽未到完全崩溃时期,而贫困已达极点。兼农民知识浅陋,眼界狭隘,性情愚直,能力薄弱,而对农业技术之不良,竟无法改良","然就一般乡村人民而论,大都无娱乐机会及娱乐机关,其故,乃由于乡村人民生活困难,朝夕从事耕作,尚不能得以温饱,纵有闲隙,亦必经营副业,籍资补助,安有余暇以事娱乐?"①这里,"娱乐"并不是传统的民间文学与民间艺术,而是乡村教育运动中学者们不乏想当然的现代文明为内容的文化艺术。这种"娱乐"是否就是广大乡村社会民众所真正需要的呢?

以此,我们可以想象民间文学在社会风俗生活中独特的价值,以及它在民众文化生活中自由自在的存在意义,并不是每一个人都能够完整把握与深入理解的。许多时候,我们常常热心作为,要努力使之焕然一新,其未必就为民众所需要。

---

① 龙发甲:《乡村教育概论》,(上海)商务印书馆,1937年1月版,第4、9页。

第五章 《古史辨》学派与现代神话学

《古史辨》学派是中国神话学的重要理论成就的代表,其思想基础在于新史学意义上的疑古,并不仅仅是历史主义的复活。围绕《古史辨》关于神话问题的讨论,促进了中国现代民间文学思想理论体系的完善和丰富,中国现代神话学得到迅速发展。

一 《古史辨》神话学派

《古史辨》讫自1926年至1941年,共计七册(9本)[1],第1—3册和第5册由顾颉刚编辑,第4、6册由罗根泽编辑,第七册由吕思勉、童书业合编。《古史辨》共收入1920、1930年代中国历史文化学界研究中国历史文化、考辨神话传说等文化史料的文章300余篇,计320多万字。神话传说是《古史辨》研究的重要内容,但是,绝不是其全部内容。

顾颉刚是一个杰出的民俗学家、民间文学研究专家,也是一个有独特建树的神话学家,《古史辨》中关于神话的论述成为他神话学思想的重要代表,但他的神话学思想并不仅仅体现在这里。或曰,其1928年来到中山大学时编《妙峰山》、《孟姜女故事研究集》(三册)、《苏粤的婚丧》等著述,作为民俗学会丛书出版,与此时对古代历史中神话传说所做辨析研究方式,其实是有联系的。《古史辨》展现出顾颉刚、杨宽、童书业等一群神话学家的神话学思想理论。

《古史辨》第一册由1923年开始关于历史文化讨论及其之后辩论、辨正、解析中国历史文化的文章,以胡适、钱玄同、顾颉刚他们讨论辨伪历史文化的信函汇编而成。1926年北平朴社印行出版[2],其中顾颉刚著《与钱玄同先生论古史书》等文,集中阐述了"层累地造成的中国古史"的观点,对于神话传说中的"盘古开天"、"三皇五帝"等内

---

[1] 参见《古史辨》(全7册),上海古籍出版社1982年版。
[2] 1930年、1931年、1933年、1935年《古史辨》第二三四五册由北平朴社出版;1938年、1941年上海开明书店分别出版第六册、第七册。

容,及其所构成的古史系统提出颠覆性意见。其目的亦如顾颉刚所述,在于"打倒伪史,而建设真史"①。至此,将神话传说与历史事实相剥离,引发一系列关于神话传说的讨论,成为中国神话学发展的重要机遇。

历史文化科学的基本使命就在于求真,而神话传说故事总是以扑朔迷离的外表,令人眼花缭乱。怀疑神话传说作为历史文化与社会历史发展事实之间的联系,早在我国明清时期就有学者指出,而在晚清时期尤为突出。五四新文化运动推崇"科学",要把历史文化中具有不科学成分的内容解疑辨析,自然形成历史怀疑的文化热潮,出现《古史辨》这样以"学术异端"形式出现的文化新说。如钱玄同所说:"推倒汉人迂谬不通的经说,是宋儒;推倒秦汉以来传记中靠不住的事实,是崔述;推倒刘歆以来伪造的《古文经》,是康有为。但是宋儒推倒汉儒,自己取而代之,却仍是'以暴易暴','犹吾大夫崔子'。崔述推倒传记杂说,却又信《尚书》、《左传》之事实为实录。康有为推倒《古文经》,却有尊信《今文经》,——甚而至于尊信纬书。这都未免知二五而不知一十了!"②顾颉刚表达出同样的意见,称"中国号称有四千年(有的说五千年)的历史,大家从《纲鉴》上得来的知识,一闭目就有一个完备的三皇五帝的统系,三皇五帝又各有各的事实,这里边真不知藏垢纳污到怎样",他说:"若能仔细的同他考一考,教他们涣然消释这个观念,从四千年的历史跌到二千年的历史,这真是一大改造呢!"③胡适所答较为审慎,曰:"现在先把古史压缩二三千年,从《诗三百篇》做起。将来等到金石学、考古学发达上了科学轨道以后,然后用地底下掘出的史料,慢慢地拉长东周以前的古史。至于东周以下的史料,亦需严密评判,'宁疑古而失之,不可信古而失之。'"④此类言论受到学界许多人不满,诸如钱穆他们就曾指斥其"标新立异"、"妄肆疑辨"、"厚诬古人,武断已甚"云云。但钱穆又不得不承认,昔有"清儒以尊经崇圣,而发疑古辨伪之思",而今"去其崇圣尊经之见,而专为古史之探讨"者,"若胡适之、顾颉刚、钱玄同诸家,虽建立未遑,而破弃陈说,驳击旧传,确有见地"⑤。他强调的是除了破除历史迷信,还要"立信",1933年他为《古史辨》(第四册)作序,提出"怀疑非破信,乃立信"⑥。

《古史辨》神话学派形成,应该以顾颉刚《与钱玄同先生论古史书》⑦为开端点,问题的焦点集中在其神话传说"层累构成的历史观"。他说:"我们现在既没有经书即信史的成见。所以我们要辨明古史,看史籍的整理还轻,而看传说的经历却重。"他举周

---

① 顾颉刚:《古史辨》"自序",《古史辨》第2册,北平朴社1926年版。
② 钱玄同:《玄同先生与适之先生书》,《古史辨》第1册,北平朴社1926年版。
③ 顾颉刚:《告拟作〈伪书考〉文书》,《古史辨》第1册,北平朴社1926年版。
④ 胡适:《自述古史观》(1921年1月28日),《古史辨》第1册第22—23页。
⑤ 钱穆:《国学概论》,商务印书馆1928年版。
⑥ 钱穆:《古史辨》"序",《古史辨》第四册,北平朴社1936年版。
⑦ 顾颉刚:《与钱玄同先生论古史书》,《努力》增刊《读书杂志》第9期,1923年5月6日。

代人心目中大禹是最古老的历史人物、孔子时才出现尧舜,战国时才出现黄帝与神农,到秦代出现三皇,直到汉代,文献中才有盘古等神话传说被历史化的典型为例,详细论述了"传说的经历"所体现的历史文化变异,总结出"时代愈后,传说中的古史期愈长","时代愈后,传说中的中心人物愈放大","历史本来内容未必可知,但是可以看到某一件事在传说中最早的状况"这类现象与规律。他对于《诗经》中《生民》、《长发》、《閟宫》中有关禹的记述做考证,认为以《生民》为证,在西周之前没有"禹"的概念,《长发》与《閟宫》中有禹作为神灵形象出现,而且大禹与夏王朝也没有什么直接联系,此时仍然没有黄帝等神话人物在历史中出现。其依据《说文解字》中"禹"字为"虫"的阐释内容,推测禹有可能是九鼎上的动物,而且是因为九鼎的代代相传,具体形成将夏商周连为一系的现象,所以禹是他们认为最古的人,与夏离得最近,结果被推为夏的始祖。他还考证出《尧典》《皋陶谟》记述尧舜神话传说故事,但这两部典籍都是在《论语》之后出现,应该是战国学者所编造的伪史。正因为战国到汉代社会的伪史创造,尧舜之前才出现黄帝、神农、庖曦氏、三皇、盘古等传说中的古代帝王①。其论点基本上贯彻于此后的《古史辨》各册。当时,即顾颉刚提出此说的1923年,得到钱玄同等人的赞同与响应,也立即遭到许多学者质疑或反对,如刘掞藜,是"信古派"的代表,"南高(南京高等师范)史地学派"的成员,是柳诒徵的弟子,其发表《读顾颉刚君〈与钱玄同先生论古史书〉的疑问》②、《讨论古史再质顾先生》系列论文③,指出《生民》中未出现禹,并不代表当时就没有禹的观念,所谓禹为九鼎动物之说"荒谬至极",其怀疑夏代不会有九鼎,双方展开争鸣。顾颉刚在应答中承认了九鼎为未知,提出打破自古地域一统,民族一元的成见,他又提出假定禹是南方民族的神话人物,以及怀疑后稷本是周民族所奉的耕稼之神,被拉作他们的始祖,而未必是创始耕稼的古王等论点;之后,1930年代中后期,顾颉刚与杨向奎、童书业合著的《三皇考》和《夏史三论》,对此类问题做了更深入探讨。或曰,乐山乐水,正是在讨论中形成以辨析历史文化为重要内容的神话学思想理论的重要发展。

当年,年仅24岁的杨宽在《中国上古史导论》中提出神话的分化研究说,是《古史辨》神话学派的新生,是中国现代民间文学史上一个学术奇迹。其青少年时代极其勤奋刻苦,读书于苏州省立第一师范时,受教章太炎、王国维、钱穆、钱基博、胡适、顾颉刚、吕思勉等人甚多。他的《中国上古史导论》完全用古文写成,从文中可知"一九三八年初定稿",发表在《古史辨》第七册,洋洋洒洒,长达三百四十页。杨宽之论著其实是胡适等人宣扬的新史学理论重要实践,以神话传说的历史文化研究代替了关于中国

---

① 顾颉刚:《与钱玄同先生论古史书》,《努力》增刊《读书杂志》第9期,1923年5月6日。
② 《读书杂志》第11期,1923年7月1日。
③ 《读书杂志》第13—16期,1923年9月—12月。

上古历史普通意义上的历史研究;其虽有少年老成色彩,其实也是厚积薄发,建立在他对中国上古历史的深入思考之上。此前,即1933年,杨宽曾经发表《盘古传说试探》①,对盘古神话的出现与流传与历史文化等问题做认真甄别、辨析。其神话研究一直受到顾颉刚等人关注,如顾颉刚在为杨宽《说夏》所做编辑"附记"中说:"杨宽先生正用研究神话之态度以观察古史传说,立说创辟,久所企仰。其怀疑唐虞之代名与吾人意见差同,而否认夏代之存在又不期同于陈梦家先生所论。陈先生主夏史全从商史分出,因而不认有夏之一代,取径虽与杨先生有异,而结论则全同。按商之于夏,时代若是其近,顾甲骨文发得若干万片,始终未见有关于夏代之记载,则二先生之疑诚不为无理。惟《周书·召诰》等篇屡称'有夏',或古代确有夏之一族,与周人同居西土,故周人自称为夏乎?吾人虽无确据以证夏代之必有,似亦未易断言其必无也。杨先生此文最大之贡献,在指出'夏国'之传说与'下国'之传说有关系,或禹启等人物与夏之代名合流之由来,即缘'下后'而传讹者乎?以材料之缺乏,未敢臆断,姑识于此以质当世之博雅君子,并望参加讨论古史之诸家对杨先生此文予以深切之注意也。"②杨宽自我表白道:"余之治古史学,本无家派之成见存于心,仅依据一般史学方法之步骤以从事而已,初唯取先秦古籍有关古史之材料,类而辑之,而比察其异同,久之乃知夏以上之古史传说类多不可信,又久之而后晓知传说之来源出于神话,顾前人罕有畅论之者。"③此处,杨宽指出"自顾颉刚断言禹之传说为神话,国人之治古史者,乃多主自启始入历史时代"云云,其评说"自科学史观传入我国,群以社会形式解释古史传说,于是有社会史之论战,诸说纷纭",称"有以五帝为野合的杂交时代或血族群婚的母系社会者(郭沫若说)","有以黄帝为图腾社会,唐虞为原始共产主义的生产方法时代,夏为亚细亚的生产方法时代者(李季说)","有以尧舜禹为女性中心的氏族社会时代,启为由女系本位转入男系本位的时代者(吕振羽说)","其笃信传说之处,盖与信古者无以异","彼辈既笃信传说,其终极自亦必与信古者同途,故李季著《中国社会史论战批判》,乃一反诸家用史前社会解释古史传说之方法,竟以为唐虞之世已入有史时代,已有文字,已有铁器,已以男性为本位,已有私有财产,及夏代而有专制政府,帝王世系,农业发达,一如《尚书》、《史记》之所载矣",其论曰:"吾人今日论有史时代之历史,自当断自殷墟物证。殷以前之古史传说,自在神话之范围","古史传说之纷纭缴绕,据吾人之考辨,知其无不出于神话。古史传说中之圣帝贤王,一经吾人分析,知其原形无非为上天下土之神物。神物之原形既显,则古代之神话可明,神话明则古史传说之纷纭缴绕,乃得有头绪可理焉"。其列出中国古代神话谱系,如"本为上帝者:帝俊、帝喾、帝

---

① 杨宽:《盘古传说试探》,《光华大学半月刊》1933年第2卷第2期。
② 《古史辨》第七册上编,上海开明书店1941年版。
③ 杨宽:《中国上古史导论》,《古史辨》,上海开明书店1941年版。

舜、太皞、颛顼、帝尧、黄帝、泰皇","本为社神者：禹、句龙、契、少皞、后羿","本为日神火神者：炎帝（赤帝）、朱明、昭明、祝融、丹朱、䲢兜、阏伯","本为河伯水神者：玄冥（冥）、冯夷、鲧、共工、实沈、台骀","本为鸟兽草木之神者：句芒、益、象、夔、龙、朱、虎、熊、罴"，以及"东西方原始神话"；其归结为"古史传说中除'皇''帝'为上帝神话所演化外，古帝之臣属，又无非上帝之属神，吾人由其演变分化之迹象探求之，知其无非山川水火鸟兽之神"，"五帝之传说既由上帝神话演变分化而成，而三皇之传说亦由上帝之神话哲理化演成者"，"据古史传说之史料及史学常识以比较推断，其渐次演变分化牵合之迹，实有规律可寻。循环论证，无有不可得其会通者"。他反对简单的图腾论，其称："在古神话里，神和鸟兽都是人格化的，所以那些神和鸟兽就很容易的变成故事传说里的人物。可是也有些鸟兽没有完全变成人，它的形状一半是鸟兽，一半是人的"，"夏以前的古史传说的前身是神话，这一点我绝对坚持的。最明显的，便是有那许多鸟兽的神话掺入在中间。有许多古史传说中的人物，其前身不过是神话里的鸟兽罢了"。与顾颉刚神话思想相比，其表现出更宽阔的学术胸怀，如其所论"黄帝及其世系之传说，今既得战国铜器铭文为之佐证，则此等传世大体战国时已有之"，"黄帝传说似战国以前已有之，但为天神而非人王，及战国而盛传于齐，始由天神而演为人王也"①。

对于杨宽的神话思想，童书业概括为"分化说是累层说的因、累层说则是分化说的果"，其总结为两点，曰："杨先生的古史学，一言以蔽之，是一种民族神话史观。他以为夏以前的古史传说全出各民族的神话，是自然演变成的，不是有什么人在那里有意作伪"，"所谓神话分化说者，就是主张古史上的人物和故事，会得在大众的传述中由一化二化三以至于无数。例如：一个上帝会得分化成黄帝、颛顼、帝喾、尧舜等好几个人；一个水神会得分化成鲧、共工、玄冥、冯夷等好几个人；一个火神也会得分化成丹朱、䲢兜、朱明、祝融等好几个人；一件上帝'遏绝苗民'的故事会得分化成黄帝伐蚩尤和尧舜，禹窜征三苗的好几件故事；一件社神治水的故事也会得分化成女娲、颛顼、鲧禹等治水害的好几件故事"②。这与顾颉刚有许多地方形成《古史辨》神话学派内的不同。对此，后人王孝廉做评论，称"杨宽的新释古学派的研究方法应该是受到王国维的影响"③，也有道理。

在现代学术史上，对于中国神话体系的构建，其实并不仅仅是一个学术问题，甚至包含着文化重构与文化尊严的内容。所谓文化重构，源自于中国近代社会的中

---

① 杨宽：《中国上古史导论》，《古史辨》，上海开明书店1941年版。
② 童书业：《古史辨》第七册上编《自序二》，第2、3页。
③ 王孝廉：《中国的神话世界》"附录"《神话研究的开拓者》（下册），台北时报文化出版企业有限公司1987年6月版，第835页。

中心观被打破,以"三皇五帝"为主要内容的中国神话传说体系也随之被质疑,中国文化本位论或本体论被代之而起的是所谓"全盘西化"论之类的文化失败观,即事事皆不如人,许多人认为中国文化的价值远远落后于他人,而且种种社会现实中的落后都与中国传统文化的破败有关;尤其是英国人威登纳为代表的文化殖民主义者,他们所论中国人没有创造神话能力的言论,极大刺激了中国文化自尊心。在这种意义上,《古史辨》辨析中国古代神话为主体的历史记忆,到底是在毁灭中国神话系统,还是在修复或者重建中国神话系统呢?显然,他们注意到中国神话系统被历史化的实际,其辨析并非就是完全的解构,而在事实上却成为一种文化损伤,所以顾颉刚他们受到时代诟病,如鲁迅就曾指责顾颉刚只会破坏不会建设,在《故事新编》中借助神话传说讽刺他"大禹是条虫"。或曰,《古史辨》学派这一特殊的学术群体过于年轻,自然气盛,而气盛就难免意气用事。或曰也不尽然,他们怀疑古史,其实也在努力纠正所谓的"虚妄",是想通过对"层累构成的历史"解剖,揭示历史文化真相,还给神话传说以本来面目。在对他们的理解层面上,更多的人注意到他们"辨析"的内容,而没有重视他们钩沉中国古代历史中的神话传说作为民间文学思想理论的价值意义。同时,学术需要讨论,集思广益,见仁见智,犹如当年民间文学存在于民俗学和文学不同研究领域,被不同理解,他们或因为重视历史文献而被誉之为严谨、公正,或因为曾经进行妙峰山庙会考察、孟姜女故事考察、吴歌调查研究等学术活动,而被誉之为开拓、创新。《古史辨》学术群体中,各自不同,即使是每一个人,也有前后不同。或曰,他们对历史文化的研究,在学术观点上有多少不同并不重要,重要的是他们依据文献,努力辨析中国神话传说故事与社会历史发展事实之间的联系,这种学术研究方式对于民间文学思想理论体系构建有着非常重要的意义。

20世纪10至20年代,在五四新文化运动的影响下,知识界对传统的批判,尤其是对被汉代以来的史家和儒家们伪造的或理想化了的古史的怀疑情绪日增,在这种思潮中诞生了一个以顾颉刚为代表、以"疑古"和"辨伪"为思想武器的"古史辨"派,他们力求把与历史融为一体的古代神话与历史史实剥离开来。由于"古史辨"派辨伪讨论中的"古史"即神话,所以清理或"破坏"古史的过程,也就是清理或"还原"神话的过程,于是,神话学界又把"古史辨"派延伸为"古史辨派神话学"。"古史辨"派的活跃期,前后大约持续了30多年,可以认为,在杨宽的《中国上古史导论》发表和吕思勉与童书业编的《古史辨》第七册出版,"古史"辨伪浪潮渐告消歇。"古史辨"派在中国史学建设与发展和中国神话学建设与发展中的作用与影响是十分深远的[①]。

对于《古史辨》,顾颉刚曾经多次做过认真反思。他在为程憬著述所写的序言中

---

① 刘锡诚:《20世纪中国民间文学学术史》,河南大学出版社2006年版,第234页。

说,"我们从小读书,读的都是儒家的经典,只看见古代有很多的圣帝明王、贤人隐士,却看不见人民群众,更看不见人民群众所创造的神话传说。因此,一般人都不觉得中国古代有过一段神话时期。1913年,章炳麟先生说:'中国素无国教矣。……盖自伏羲、炎、黄,事多隐怪,而偏为后世称颂者无过田、渔、衣裳诸业。国民常性,所察在政事、日用,所务在工、商、耕稼,志尽于有生,语绝于无验,人思自尊而不欲守死事神以为真宰,此华夏之民所以为达;视彼佞谀上帝、拜谒法皇、举全国而宗事一尊且著之典常者,其智愚相去远矣。'(《驳建立孔教议》,《太炎文录》卷二)他以为中国没有宗教是中国的国民性;中国的国民性同别国的国民性不一样,所以别国有宗教而我们古代没有,因为我国的国民性只注意日常生活的技术,凡是没法实践的神怪空谈都是不相信的。这种思想不但章炳麟先生有,凡是熟读儒家经典的人都可以有,正和以前因为考古工作者只注意铜器和碑刻,使得一般人连资本主义国家的学者在内都认为中国古代一向用的是铜器,中国没有经过一个石器时代,和别国的历史不一样,有极相类似的见解",然而,如其所言,"然而这种想法毕竟是要破产的"。他说,"如果谁再说中国没有经过石器时代,就可判定他是一个没有常识的人。神话固然不像石器一般,可以在土里把原物发掘出来,然而外国的神话既经传入中国,读古书的人只要稍微转移一点角度,就必然会在比较资料里得到启发,再从古代记载里搜索出若干在二三千年前普遍流行的神话","第一个做这工作的人是夏曾佑先生,他在清末先读了《旧约》的《创世纪》等等,知道希伯来诸族有洪水神话,又看到我国西南少数民族中也有洪水神话,于是联想起儒家经典里的洪水记载,仿佛是一件事情","他说明了对于远古情状的观察,古人和今人的意图是绝对相反的。他的《中国古代史》大约出版于1907年,这些话从现在看来固然很平常,但在当时的思想界上则无异于霹雳一声的革命爆发,使人们陡然认识了我国的古代史是具有宗教性的,其中有不少神话的成分,而中国的神话和别国的神话也有其共同性,所以春秋以前的传统历史只能当作'传疑时代'看,不能因为它载在儒家的经典里而无条件地接受"。他回顾并总结了五四以来中国神话学的发展,对程憬的《中国古代神话研究》给予很高的评价,说:"1919年五四运动以后,思想解放,有些人读古书时就想搜集我国古代的神话资料,要从儒家的粉饰和曲解里解放出来,恢复它的本来面目。程憬先生在这个时代的要求下专心致志,工作了二十年,写成这本《中国古代神话研究》。他把他的研究的结论分成四部分:第一部分是天地开辟和神统,说明了世界的出现和帝(上帝和人帝)的统治;第二部分是神祇,说明了天神、地祇、物(精怪)、鬼和他们所居住的天上和地下的情况;第三部分是英雄传说,说明了在我国古代神话里占主要地位的人物射神后羿、农神后稷、工艺神倕、音乐歌舞神夔和启等许多生动活泼的故事,和希腊神话非常相像;第四部分是海内和海外纪,从巫歌和《山海经》里说明了古人对于广大世界的实际知识及其幻想。又附录三篇,讨论《山海经》这书的性质和在《山海经》里面的许多神话人物的地位及其关系。他所运用的资料,以《山海经》、《楚辞·天问》、《淮南子》为主,而编及于各种古籍,并总结了解放以前这方面的研究成果。由于程憬先生费了极大的气力做这组织贯穿和批判解释的工作,因而使得中国古代的许多神话获着了一个整体的系统,我们读了这本书之后就可以大致掌握中国古代神话的整个面貌。我们可以说,夏曾佑先生开始发现了这个问题,而程憬先生则是初步解决了这个问题。我所以说初步,并不是有意压低程憬先生的成就,而是因为一个人的学力和时间终究有限,决不可能把某一种学问里的每个问题都研究妥帖,尤其在一部创造性的而又系统化的著作里留待他人研究之处必然更多,待到将来,工作越来越深入,直接资料和比较资料愈找愈丰富,方法和观点也愈后愈精密正确,在既有的基础上建设起一种具有高度科学性的中国古代神话研究是完全可能的。到那时,人们看了这部书一定会感觉他写得很平凡,像我们现在看夏曾佑先生在50年前所说的一样;但我们须知任何工作的开创阶段是最困难的,这部书必然和夏先生的《中国古代史》永远为人民所记忆。"①至此,我们也可以理解顾颉刚对于在1970年代末关于神话与仙话问题的讨论,其实是沿着《古史辨》的思路在前行。或曰,在中国神话传说研究中,历史文化的文献研究不是唯一的,却是不能够缺少的。至今,我们更多注重在各民族口头上所保存的神话传说的价值,也应该重视历史文献中的具体记述,像《古史辨》那样的钩沉、甄别方式,仍然非常重要。

二 中国现代神话学

中国现代神话学的发展与《古史辨》有着重要联系,但并不是从《古史辨》开始才形成现代神话学思想理论,而是早在晚清时期,就已经形成了具有现代色彩的神话学思想理论。

神话研究在我国有着悠久的历史,尤其在战国时代的诸子百家一些著作中已有所体现,秦汉时期的一些史学、经学著作的研究成就,表现出我国古代神话学的文化品格,典型地体现出对经学、史学、文学等人文学科的依附。这种依附性沿袭了千百年,形成我国古代神话学的重要传统。

20世纪初,我国社会格局发生重大变化,具有现代科学意义的神话学在域外学术理论的影响下逐渐形成,从而逐步打破传统的神话研究依附于经学、史学、文学等人文学科的局面。特别是经过五四时期科学与民主思想的熏陶和洗练,现代神话学日益成为启迪民智的新文化事业的一部分;经过三四十年代学术的深入发展,终于完成

---

① 顾颉刚:《中国古代神话传说》"序",《博览群书》1993年第11期。

了现代科学意义的理论体系的构造。在新时期,尤其是 1980 年代中后期,我国神话研究形成空前热潮;进入世纪之末,我国神话研究相对冷静下来,以新的姿态,迈向新世纪。

首先,我国神话研究在现代神话学的建设中,自觉地与启迪民智这一光荣使命相结合,形成了可贵的科学传统,至今仍不断地被发扬光大,使现代神话学在民族的解放与发展中不断获得腾飞的契机。这一阶段,现代神话学的先驱蒋观云(1866—1929)和他的《神话——历史养成之人物》有着重要的学术意义。笔者仍然要强调,我国古代是有神话概念的。蒋观云明确使用现代学术中"神话"这一学术概念,他这篇文章发表于 1903 年第 36 号《新民丛报·谈丛》,他提出:"一国之神话与一国之历史,皆于人心上有莫大之影响","神话、历史者,能造成一国之人才。然神话、历史之所由成,即其一国人天才所发显之处。"他说:"欲改进其一国之人心者,必自先改进其能教导一国人心之书始。"可见他的神话观是建立在强国的政治理想之上的。他在自己做编辑的《新民丛报》上,还发表过《中国人种考》(如"昆仑山"、"中国人种之诸说"等节)等与神话相关的文章,其立意与强国理想仍然密切联系在一起。与蒋观云同称为"近世诗界三杰"的夏曾佑,倡导诗界革命,在《中国历史教科书》中,首次提出春秋以前的古史为"传疑时代",用社会进化论的理论研究神话。夏曾佑也将神话纳入启迪民智的政治理想的文化实践之中,他在第一章中探究"神话之原因",论述道:"综观伏羲、女娲、神农,三世之记载,则有一理可明。大凡人类初生,由野番以成部落,养生之事,次第而备,而其造文字,必在生事略备之后。其初,族之古事,但凭口舌之传,其后乃绘以为画,再后则画变为字"。"然既为其族至古之书,则其族之性情、风俗、法律、政治,莫不出乎其间。而此等书,当为其俗之所尊信,胥文明野蛮之种族,莫不然也。"鲁迅是将神话研究与启迪民智联系在一起的又一位典型。他早期的神话理论代表作是 1908 年 12 月发表在《河南》月刊第 8 号上的《破恶声论》。他说:"破迷信者,于今为烈,不特时腾沸于士人之口,且哀然成巨帙矣。顾胥不先语人以正信;正信不立,又乌从比较而知其迷妄也。"他对"农人耕稼"的"报赛"、"洁牲酬神"作了文化学、社会学分析,认为:"太古之民,神思如是,为后人者,当若何惊异瑰大之","倘究西国人文,治此则其首事,盖不知神话,即莫由解其艺文。"他比较了中外神话文化的异同,最后说:"且今者更将创天下古今未闻之事,定宗教以强中国之人信奉矣,心寺于人,信不籲已,然此破迷信之志士,则正敕定正信教宗之健仆哉。"除了这篇文章,他还在《中国小说史略》、《中国小说的历史变迁》的一些章节及一些书信中,提出有关神话的见解。如他对《山海经》的独到理解,对"神格"的理解,有许多真知灼见,但也难免一些偏颇。如其所述"华土之民,先居黄河流域,颇乏天惠,其生也勤,故重实际而黜玄想,不更能集古传以成大文。二者孔子出,以修身齐家治国平天下等实用为教,不欲言鬼神,太古荒唐之说,俱为儒者所不道,故其后不特无所光大,而又有散亡"①,包括胡适,都在以想当然的方式讲述什么中华民族在黄河流域自然条件极差,而没有那种奇特的想象力,使得中国古代神话平淡或萧条。笔者考据史料,黄河流域在唐宋之前仍然有大片森林,水土保持非常湿润,只是宋元之后,因为战争和自然灾害,尤其是游民的过度开发,才使之遭到野蛮破坏,哪里是这样!相比顾颉刚他们而言,鲁迅他们文献知识有限,所以在神话学贡献上远不及顾颉刚辈。鲁迅和胡适他们都是文化巨人,但在神话研究方面,成就远远逊色于顾颉刚他们。我们也未必强求他们面面俱到,对什么都高人一等。当然,这也是普遍现象,在现代神话学建设伊始,许多误识是难免的。总体讲来,学者们把神话研究自觉纳入启迪民智的追求的政治理想时,通常表现为理性把握不足,而更多了些情感因素。

其次,域外学术思想和方法的引入,使得神话研究具有现代科学意义,从根本上改变了神话研究对传统人文学科的附庸,具有了独立的学术品格。如果我们把蒋观云等人自觉地将神话研究纳入启迪民智的学术行为看作本世纪神话学思想传统的源头,那么,域外学术思想和方法的引入可看作是本世纪神话学方法论传统的源头。

域外学术思想和方法的引入,打破了六经皆史的学术思维方式,给人耳目一新的感觉。它主要表现为社会学、人类学、民俗学等学科的翻译介绍,包括法国年鉴学派等理论的借鉴与实践。我们不能说学者们对这些学科的引入就是建立现代神话学的自觉行为,但他们确实是在这些学科理论的引入实践中,促成了中国现代神话学理论体系的筑构。这里,有几位具有突出意义的学者。如人们并不陌生的周作人(1885—1976),1913年在鲁迅编辑的教育部编纂处月刊上发表《童话略论》,倡言"童话Marchen本质与神话Mythos世说Saga实为一体",应"证诸民俗学"。而民俗学此时还没有广泛译介。他在神话学方面最突出的成就是翻译介绍了古希腊神话,如《红星佚史》(1907)等。在理论上,他的《神话与传说》(1923)、《神话的辨护》(1924)、《神话的趣味》(1924)、《习俗与神话》(1934)、《希腊神话》(1934)和《关于雷公》(1934)等,都产生了一定影响。还有单士厘(1856—1943),作为大使夫人,曾出使意大利、俄罗斯等国,其《归潜记》(1910)中的一些篇章如《章华庭四室》、《宙斯》,介绍了古希腊罗马神话,遗憾的是,她对神话和神话学的介绍一直为人所忽略。黄石(生年未详)的《神话研究》于1923年在《晓风周报》第1期连载,后由开明书店出单行本。他著述甚为丰富,诸如《月的神话与传说》(1930)、《中国关于植物的神话传说》(1932)和《迎紫姑之史之考察》、《苗人的跳月》(1931)以及《感孕说的由来》(1930)等。他的神话理论也是建立在民俗学的翻译之上的,但更多地是对神话学的运用,对当时的神话研究产生了重要

---

① 鲁迅:《中国小说史略》,《鲁迅全集》第8卷第16页,人民文学出版社1957年12月版。

影响。苏雪林(1899?)是一位执拗的泛巴比伦主义代表,她主张世界各民族神话同源,即都源自古巴比伦。她的代表作是《九歌与河神祭典关系》,将中国古典神话与印度神话等作比较。她的研究方法与她20年代在法国里昂中法学院的学习生活不无联系。其他如谢六逸对西欧神话学的详细介绍、郑振铎对弗雷泽《金枝》等西方民俗学的介绍、林惠祥对文化人类学的介绍、江绍原对宗教学和民俗学的介绍、钟敬文对西方社会学的介绍、朱光潜对心理学的介绍、芮逸夫对人类学的介绍、岑家梧对图腾理论的介绍等,域外学术思想和方法不断融化在中国现代学者的神话研究中。这种翻译和介绍的集大成者,当推茅盾(1896—1981)。他的神话学著作主要有《中国神话研究》①(1925年)、《中国神话研究ABC》(1929)、《神话杂论》(1929)、《北欧神话ABC》(1930)等。最为突出的应该是《中国神话研究ABC》,其以玄珠为笔名,全书分上下册,共八章,"企图在中国神话领域内作一次大胆的探险",集中探讨了"保存与修改"、"演化与解释"、"宇宙观"、"巨人族及幽冥世界"、"自然界的神话及其他"等问题。值得我们所重视的是他对西方神话学理论的系统而深入的译介,并将其贯穿在他的神话研究学术实践中。从当时的神话理论发展状况来看,茅盾的贡献异常重要,但并不是无人比肩。诸如谢六逸、黄石、黄芝冈他们,在神话学中西融合研究上,都具有很突出的成就。

集中在20世纪二三十年代的西方神话学诸种理论的译介与研究,有为我国现代神话学的建立奠基之功,应该说,许多翻译者都是窥一斑而欲知全豹,带有实用主义色彩,表现出相当的不成熟。它的意义只有在1940年代的西南地区民间文化研究热潮中才得以体现。整个神话学理论包括许多民间文学理论的翻译,此如一位学者所论,主要表现为一种人类学的倾向。这种倾向自然有其历史的局限性等原因,诸如"直线进化论",带来简单化、模式化,也有其突出的历史功绩,如其所言:"在中国民间文艺学的初创期和幼年期,文学人类学派的学者们采取翻译、转述等方式,译介了英国和日本人类学派神话学者的大量著作,成为学科建设的重要参照物,给中国学人带来了进化论的世界观,万物有灵观、心理共同说、图腾崇拜、遗留物(又称遗形说)等理论,以今证古、类型研究、比较研究的方法。泰勒、安德留·兰和弗雷泽的神话研究与成就,代表着人类学派兴起、发展与极盛三个重要阶段,他们的丰富理论和深远影响,远非万物有灵论、遗留物说、心理共同说、巫术与图腾制等几个核心观点所能概括,而我国二三十年代对人类学派的介绍也远非全部。然而,他们的代表作《原始文化》、《神话与习俗》、《神话、仪式与宗教》、《近代神话学》、《金枝》、《旧约中的神话》、《图腾制与族外婚》等等,直到今天仍然具有经典的价值",而且,"文学人类学派学者所撰著的若

---

① 《中国神话的研究》(署名沈雁冰),《小说月报》第16卷第1号,1925年1月。这应该是他第一篇神话学研究文章,其使用西方神话学理论研究中国神话,具有尝试性意义。

干有关神话与故事的研究著作,为中国神话学与故事学的建立奠定了基础。他们以世界的眼光,采用归纳法、分类法和比较的方法,把发展的因素引进神话研究之中。强调搜集活态的口头资料,以以今证古的方法,从现代野蛮人的生活、思想和信仰去考察原始人的神话、传说,是人类学派学者们的治学原则,也是人类学派神话学的学科特点。遗憾的是,中国的文学人类学家们较多地停留在书斋研究上,而搜集活态的口头资料这一人类学的学科原则,则做得甚少,因此使学派的活力受到了局限,并没有为中国民间文艺学的进一步发展积累多少可用的田野资料,显示出中国文学人类学派的天然的弱点,直到20世纪30~40年代社会—民族学派在西南地区崛起之后,才初步建立起田野调查的原则,活态资料的空白也才得到了一些弥补"①。

第三,在中国史学研究的发展中,一批历史学家出于对神话的关注和探索,一方面作了对有益的神话内容的定位和梳理、清理,另一方面,使神话研究在微观上取得了突出成就。如胡适、钱玄同、顾颉刚、杨宽、童书业等疑古的"古史辨学派",以及徐旭生、郑德坤、冯承钧、卫聚贤、陈梦家、吕思勉、孙作云等历史学家,包括郭沫若、范文澜等学者的片断论述,他们的神话研究为中国现代神话学的发展奠定了坚实的根基。

历史学家总是在神话中发现历史,多从文化发展角度研究神话。如孙作云在《夸父盘瓠犬戎考》中论述道:"对古史研究的方法,就是从社会制度的研究,来判断古史的真伪,用考古学上的实物来证明制度的有无,用文字学音韵学的方法来考证一个名词的得名之故,用民间的俗说、迷信以补文献的不足。我所用的方法不是限于一隅的,是综合的。我的态度,是'疑'了之后再'释','释'了之后再'信'。我不是徒然地疑古,也不是盲目地信古,我的方法是二者结合。再用具体的话来说,就是我以为古史的事实,大致可信,古书并非尽伪。我们要在神话之中求'人话',疑史之中找'信史'。"②他论述《山海经》,称"诸图之中有畏图,皆绘食人之凶恶,如《西山经》瀚次之山,'有兽焉,其状如禺而长臂善投,其名曰嚣。'郭注:'亦在畏兽画中。'《北山经》谯明之山,有'兽焉……名曰孟槐,可以御凶。'郭注:'辟凶邪也,亦在畏兽画中也'"③,将之与战国猎壶上的羽人图(鸟人图)和《山海经》羽人神话做对比说:"我们可以武断地说《山海经》这一段记载就是这些图像的说明,至少原始的山海图画这段画,就是像猎壶上所铸的那个样子。我想原始的山海图和猎壶上的图像当系出于一本:即出于一个共同的宗教和艺术传统。并且,我们再就时代上说,猎壶的时代是战国中期,山海图(写成为今本样式)的时代也绝不会晚于战国,可能与猎壶同时。然则,二者有如此多

---

① 刘锡诚:《20世纪中国民间文学学术史》,河南大学出版社2006年版,第323、324页。
② 孙作云:《夸父盘瓠犬戎考》,《中原思想》1942年1卷1期。
③ 孙作云:《饕餮考——中国铜器花纹中图腾遗痕之研究》,《中和月刊》1944年第5卷第3期。

的雷同点,自属当然之事了。"①在孙作云看来,神话是特殊的历史,他在《飞廉考》中赞扬西方神话研究语言学派的理论贡献说:"他们的方法是从吠陀神话与希腊神话之中,推知许多神名的溯义,再经比较考察后,寻绎一个最古的形式以为通乎印度、日尔曼民族全体的最初的神名;再以此神名为基础,来解释神话的意义","据他的解释,说一切神话皆由于'语言的疾病'。什么叫语言的疾病呢?原来语言的特质有'性','多名使用','同义语使用',及'诗的隐喻'诸点。随着时代的变迁与人性的健忘,这些意义逐渐发生混乱和误解","人们便将错就错地视之为神话或神事。神话的发生便由于此,神话学史上有名的'语言疾病说',便是此说","马克斯·缪勒所提出的神话学的研究方法,无疑地是研究神话学最有效的方法之一。研究神话首先要研究神名的得义,若能把神名的初义解释清楚,无疑地就等于把这个神话了解了大半,而比较语言学是很能做到这一点的"②。他强调图腾在历史文化发展中的意义,在《中国古代图腾研究》中说:"中国古代曾经广泛地盛行过图腾主义。假使允许我们做一个鸟瞰式的考察的话,我们大致可以说东方民族(沿海各地)多以鸟为图腾,以日月为副图腾;中原民族(河南一带)多以龟蛇等爬行动物为图腾;西北民族(陕甘高原地带)多以野兽为图腾。不过因为各民族的来源不一,各民族的基于生产技术而发展的文化不同,又因为山川的阻隔、以及民族间的战争与迁徙等问题,遂呈现了中国古代图腾社会的错综复杂多种多样的文化相。一般地说起来,中国古代在三代之前,在黄河流域曾经广泛地实行过图腾主义。"③

古史辨学派之前就有夏曾佑等学者提出春秋之前为"传疑时代"(《中国古代历史教科书》,1905),作为哲学家的胡适对历史上的文化现象进行论述,提出应该从"神的演变"这一观念入手,做一部"神话演变史",在理论和方法上对古史辨神话学派产生了重要影响。所以,我们把他也归入古史辨学派。顾颉刚(1893—1980)作为一位历史学家,用民俗学的方法研究历史,他和杨宽等人创立了著名的"古史辨学派"。他的重要的神话学理论在于提出了"累层地造成的中国古史观,"以扎实细致的考证和辨析形成了对一个时代的影响。如顾颉刚在1923年发表在《读书杂志》上的《与钱玄同先生论古史书》、《讨论古史答刘胡二先生》等文章,以及他后来所发表的《洪水之传说及治水等之传说》(1930)、《〈书经中的神话〉序》(1937)、《中国一般古人想象中的天和神》(1939)等,提出"凡是一件史事,应当看它最先是怎样的,以后逐步逐步的变迁是怎样的","把传说中的古史的经历详细一说"。他的神话史观影响了史学的发展,但是偏颇

---

① 孙作云:《说羽人——羽人图羽人神话及其飞仙思想之图腾主义的考察》,《国立沈阳博物院筹备委员会汇刊》1947年第1期。
② 孙作云:《飞廉考——中国古代凤氏族研究》,《华北编译馆馆刊》1943年2卷第3、4期。
③ 孙作云:《中国古代图腾研究》,《中和月刊》1941年第2卷4、5期。

也是明显的,不久即受到鲁迅、徐旭生等人的批判。与他们相应的是一批历史学家和文献学家从文化史角度对神话的研究,其作为纯粹的神话文献考证,其实是一项尤其重要的基础性工作。令人遗憾的是,忽视文献的特殊价值,这种倾向愈演愈烈。

除了以上所提的一批学者外,还有梁启超(1873—1927)。梁启超把神话作为一种单独的研究对象看待,他较早引入西方神话学,如他在《太古及三代载记》(1922)、《中国历史研究法》(补编,1926)等著述中,运用社会进化论等思想方法来研究神话在文化史上的位置问题。他也是"古代传疑"论者。他在《中国历史研究法》(补编)第四章《文化传史及其做法》中说:"文化是人类思想的结晶,思想的发表,最初靠语言,次靠神话,又次才靠文字。"指出中国人对于神话的"二种态度",即一种"把神话与历史合在一起",一种"因为神话扰乱历史真相,便加以排斥"。他们接受了西方神话学等新的理论,又不完全舍弃传统的经学的考据,使神话研究显现出厚实的学养。诸如冯承钧(1887—1946)的《中国古代神话之研究》(1929年连载于天津《国闻周报》)、郑德坤的《山海经及其神话》(1923年载于《史学年报》)、卫聚贤的《古史研究》(1934年商务印书馆出版)、陈梦家(1911—1966)的《商代的神话与巫术》(《燕京学报》1936年第20期)、孙作云(1912—1978)的《中国古代的灵石崇拜》(《民族杂志》1937年5卷1期)、吕思勉(1884—1957)的《三皇五帝考》(《古史辨》第7册,上海开明书店1941年版)和郑师许的《中国古史上的神话与传说的发展》(《风物志》,中国民俗学会1944年版)等,凭借深厚的史学修养,提出了许多独到的见解。陈梦家《商代的神话与巫术》是一篇长篇神话研究论文,上编主要论述商代神话传说,下编论及与神话传说相关的巫术。他强调说,神话的发生"大别为二",一是"自然的",一是"人为的"。他"偏重从神话传说中提取古史,建立一个可信的世系;其次是对于商民族的来源,从神话中探求其地带;又次对于若干伟大历史人物的创制造物,审查其真伪及由此而生的神话;又次对于始妣略有所论述。"①这是重建神话系统的典型。特别是徐旭生(1888—1976),他早年留学法国巴黎大学攻读哲学,后又从事考古,他的《中国古史的传说时代》(中国文化服务社1943年版),可看作古史辨学派之后中国神话史研究的重要总结。他针对传说时代和狭义的历史时代作出可喜的甄别的同时,总结了古史辨学派的功绩和偏颇,尤其是他的《洪水解》,对我国洪水神话从形成到发展变化及其与社会历史的联系,都提出了独到的见解,至今仍不失为洪水神话研究的重要文献。历史学家研究神话,在学术态度上更为审慎。但令人遗憾的是,建国后这种传统人为地中断了。除了朱芳圃、丁山②、顾颉刚、孙作云等学者有零星篇章外,基本上没有更多的力作。倒是考古学界日

---

① 陈梦家:《商代的神话与巫术》,《燕京学报》第20期,1936年12月。
② 丁山:《古代神话与民族》,商务印书馆2005年版;其考证民族迁徙与神话传说的联系及其在文献中的表现,文章完成于"1948年之前",是后人王煦华整理。

益显示出对神话与历史研究的热情,其中最有影响的就是著名的学者李学勤等人所主持的关于夏商周断代工程,还有对炎黄文化的多重理解与探索,使我国神话研究进入一个新阶段。

第四,大西南地区在1940年代形成了神话研究的新潮,学者们的努力使我国神话学的理论大厦矗立起来。这是我国神话研究史上一个异常重要的历史阶段。在这个新潮中,涌现出芮逸夫、凌纯声、吴泽霖、楚图南、常任侠、闻一多、马长寿、陈国钧、马学良、岑家梧等一批卓越的民族学家、社会学家、历史学家、人类学家、神话学家、美术史学家和文学研究专家,他们的思想和方法,都深刻地影响到后世。今天的许多学者仍坚持着他们的研究方法而不断有重要成果面世。早在五四歌谣学运动中,就有一批学者强调走进民间。在1920—1930年代的中山大学民俗学研究、杭州大学民俗学研究中,钟敬文、娄子匡、杨成志等年轻的民俗学家和顾颉刚等前期民俗学家都自觉深入民间,亲身体会感受民间文化,进行深入的探索。梁漱溟发起乡村教育运动时,也有许多学者积极投身于民间文化建设和考察。但由于方法的限制,他们没有形成更大的规模。1937年抗日战争爆发后,一些大都市的学者迁到西南边疆,他们所采用的田野作业和多学科的探索,尤其是对少数民族地区的调查,使他们大开眼界,一些具有非凡学术价值的神话研究成果就在这种条件下问世,使我国神话研究表现出成熟的品格。如,芮逸夫的《苗族的洪水故事与伏羲女娲的传说》(《人类学集刊》第1卷第1期,1938),以及他和凌纯声合作的《湘西苗族调查报告》、吴泽霖(1898—1990)的《苗族中祖先来历的传说》(贵阳《革命日报·社会旬刊》第4、5期,1938年5月)、楚图南的《中国西南民族神话的研究》(1938—1939年连载于《西南边疆》)、常任侠的《重庆沙坪坝出土之石棺画像研究》(《时事新报·学灯》第41、42期,1939)、马长寿(1907—1971)的《苗族之起源神话》(《民族学研究集刊》1940年第2期)、陈国钧的《生苗的人祖神话》(《社会研究》第20期,1941)、岑家梧(1912—1966)的《盘瓠传说与瑶畲的图腾制度》(《责善》半月刊,1941年第6期)、马学良的《云南土民的神话》(《西南边疆》第12期,1941)和闻一多(1899—1946)的《伏羲考》(即《人首蛇身像谈到龙与图腾》等,1942)等,都自觉或不自觉地进行着神话研究领域的文化人类学、口述史学、民俗学、考古学、民族学、社会学等学科的尝试。尤其是闻一多和凌纯声两位学者,他们分别作为文学家和民族学家的典型,共同将视野投向少数民族神话,一个在伏羲与葫芦的命题上得到突破,一个在苗族、彝族等民族的文化生活的研究上取得突破,对后世学者具有重要的典范意义,并由此共同开辟了一个新时代。

当然,这只是一个大概的轮廓,还有许多内容需要我们认真总结。对中国现代神话学的研究,以马昌仪所做《中国神话学文论选萃》①搜索最多。其勾勒出中国现代神话学从晚清到今天一百多年间发展风雨历程,展示出文学、文献学、历史学、人类学、民族学、社会学、教育学、宗教学,包括哲学、语言学等众多学科领域中,神话学五光十色的思想理论。这是空前的神话学历史图景。回味历史,令人生发许多感慨。或曰,今天我们真正能够在民间文学领域与世界可以对话的恐怕就只有神话学思想理论了,而且,我们极大得益于中国现代民间文学史上这些学者的辛勤耕耘。

在中国现代民间文学史上,神话学研究的成就尤其突出,出现了一大批卓有建树的神话学家。他们在不同的方面,以不同的视角与方法进行神话这一特殊民间文学现象的研究,奠定了中国现代神话学的重要传统,成为20世纪人文社会科学的一个亮点。

我们可以看到这样一种普遍性现象,即这些神话学思想理论家,他们都极其勤奋,都有着崇高的文化理想,都有十分广阔的文化知识。所以,他们才能够如此得心应手,屡屡有所发现和创见。

诸如当年谢六逸,他不但是著名的神话学家,而且是著名的编辑家,是我国早期新闻学的重要奠基人,还是一个作家。他曾经应上海中华书局约请,创办《儿童文学》月刊,主编《文学旬刊》、《文讯月刊》、《抗战文艺半月刊》和(上海)《时报》副刊《小春秋》、(上海)《立报》副刊《言林》等,为中国文学研究和现代民间文学研究做出多方建树。1920年代初,他曾出版有《西洋小说发达史》,其中涉及神话与小说的关系等理论问题。在《古史辨》神话学派风头正盛时,他及时引入西方现代神话学理论,让世人看到除了中国古典文化之外的神话学世界。他参考了日本学者的《神话学概论》、《比较神话学》等著述,撰写出《神话学ABC》②。在这里,他论及神话在社会历史文化发展中特殊的认识价值,称"对于原始民族的神话、传说与习俗的了解,是后代人的一种义务。现代有许多哲学家与科学家,他们不断的发现宇宙的秘密,获了很大的成功,是不必说的;可是能有今日的成功,实间接的有赖于先民对于自然现象与人间生活的惊异与怀疑。那些说明自然现象的先民的传说或神话,是宇宙之谜的一管钥匙;也是各种知识的泉源。在这种意义上,我们应该负担研究各民族的神话或传说之义务",而"我国的神话本来是片断的,很少有人去研究",所以"没有'神话学'(Mythology)的这种人文科学出现";他指出,"在近代欧洲,神话学者与民俗学者辈出,从文化人类学;从言语学;从社会学去探讨先民的遗物,在学术界上有了莫大的贡献;东方的日本也有一般学者注意这一类的研究,颇有成绩"。"我国则一切均在草创,关于神话学的著作尚不多见",其写作目的即在于"在应人手研究神话的人的需要,将神话一般的知识;

---

① 马昌仪:《中国神话学文论选粹》,中国广播电视出版社1994年版。
② 谢六逸:《神话学ABC》,(上海)世界书局1928年版。

近代神话学的大略;以及研究神话的方法,简明的叙述在这一册里"①。最值得注意的是,他把神话传说作为一种社会文化现象,而不仅仅是民间文学的文学形式;他把神话学看作是一门独立的科学,既有文艺的研究,又有历史文化的研究,也有人类学意义的思想文化等内容的研究。他系统介绍了西方现代神话学理论的内容与特点,论及神话传说的搜集整理与类型划分等问题,运用了中国的、希腊的、日本的神话进行比较研究,显现出渊博的知识与敏锐的观察力。如黄石,又名黄华节,早年研究宗教史,在宗教文化背景下探讨神话的价值意义。他曾主编《华侨日报》,出版译著有《家族制度史》②等,并翻译过《十日谈》(或曰中国第一个译本);乡村教育运动中,他还曾到定县去调查礼俗和社会组织。他的《神话研究》是关于中外神话学理论的重要著述,表现出神话研究的独立意识。如他在《神话研究》③中特别强调"神话起源于原人的求知心,想以此来解释自然的现象、社会的制度和人生的故事","神话是人类最初的科学和哲学",而不要仅仅把神话看做文学的种类;他同样反对把神话看做历史,其论述道:"历史是客观事实的记载,以人为本,其思想言行,不能越出理性的范围,与由主观的想象虚构而成的神奇荒诞的神话,迥然不同,这是很明显的。可是我们这样说法,并不是蔑视神话之历史的价值,反之,神话确能或明或晦地反映出原始时代人类的心理状态和生活情形,是很可贵的'史料'。"④他指出:"神话最普通的形式是:某事之所以发生或存在,因为某某曾经做过某种事情。原人往往把这些加以记述,当时相传的历史事实,辨别不清,并且相信是不待证而自明的真理。这些解释的记述,有时只为赏心悦耳的缘故而传说,于是便成为元始时候的想象最初产生出来的民间文学了。"⑤以此,他总结出神话"故事的形式"、"信以为真"、"民众心理"和"万物有灵"等四项特征的存在。在神话的界说、分类、解释和价值等神话学理论知识和埃及神话、巴比伦神话、希腊神话、北欧神话等神话传说的介绍中,他提出自己"愿研究文化史的学者不可用全副精力于古书的探讨和地层的挖掘,对于活存的史料,至少得分一部分精力去比较研究"⑥云云。之后他出版《妇女风俗史话》⑦,其视野更为独到,也更为广阔。后来,有学者为他编选《黄石民俗学论集》⑧,这些论文多为1927年前后,其在《东方杂

---

① 谢六逸:《神话学ABC·序》,(上海)世界书局1928年。
② 黄石译:《家族制度史》(古索尔著),(上海)开明书店1931年版。
③ 黄石:《神话研究》(上、下),(上海)开明书店,1927年版。
④ 黄石:《神话研究》,开明书店1927年版,第8页。
⑤ 黄石:《神话研究》,开明书店1927年版,第9页。
⑥ 黄石:《苗人的跳月》,(南京)《开展月刊·民俗学专号》(《民俗学集镌》第一辑),1930年7月。
⑦ 黄石:《妇女风俗史话》,(上海)商务印书馆,1933年版。
⑧ 高洪兴编:《黄石民俗学论集》,上海文艺出版社1999年版。

志》等刊物发表许多关于民间文学研究的论文,诸如《关于植物的神话传说》①、《月的神话与传说》②、《七夕考》③等,如编者所总结"黄石对于民俗学的研究",称其"主要集中在可以统称为女性民俗的有关性风俗、婚姻习俗和女性服饰方面,其它则为年节习俗、神话传说等等","他自称对于民俗事像有一种追源癖,善于运用文献数据进行历史考证工作,论述某一民俗事像在历史上不同阶段的表现和嬗变","他尤为重视和善于运用比较的方法,大量使用世界各地有关民俗数据进行比较研究"④。这十分有益于中国现代神话学的建立与发展。如叶德均,其走上民间文学研究道路,以《淮安歌谣集》即搜集整理其家乡淮安的歌谣为标志,1929年"中山大学民俗丛书"出版。此时,其年仅十八岁。此后,他相继发表《民间文艺的分类》(《文学周报》第6卷,开明书店1928年版)、《中国民俗学研究的过去及现在》(《草野》第5卷第3号,1931年4月25日)和《猴娃娘型故事略论》(《民俗》周刊第1卷第2期,1937年1月)等民间文学研究文章。其受到赵景深的影响,后来在小说、戏曲与民间文学联系等方面做出突出成就。遗憾的是他英年早逝,在1950年代初期正当大有作为时辞世。更不用说徐旭生,其《中国古史的传说时代》,其实就是"中国神话传说时代";他不惟是一个历史学家,是从历史文化角度研究中国古代神话,而且,他还是一个文学翻译家,也是一个在反对黑暗政治的学生运动中慷慨激昂、宁死不屈的急先锋。这是中国历史发展中以"自强不息,厚德载物"文化传统造就的一代学者极其特殊的追求。还有许多人,他们研究民间文学,研究神话,总是有深厚的文化基础与不凡的追求。

神话研究在中国现代民间文学史上具有特殊的意义,最典型地体现于重建古史系统。这是中国文化传统中"欲灭其国先毁其史"的经验体现,是为了加强民族精神与民族凝聚力在社会发展中的特殊作用。以促进民族认同为实际作用的神话研究,在抗日战争中形成一个特殊的话语表达方式;这些历史学家之所以孜孜以求于重建中国神话系统,并不仅仅是在纯粹的学理探讨。无论这是否符合历史文化研究的原始含义,而建立于特殊历史时期的现代学术体系必然包容了许多学术思想以外的内容与价值。这未必是学术救国,却明显有报答民族的有意识或无意识的思维表现。这与晚清社会夏曾佑、梁启超、章太炎他们论述神话、运用神话的道理没有什么差别,都不可避免的具有民族主义思想内容。或曰,这就是中国现代学术的时代风格与时代精神。

神话作为特殊的历史,与原始先民的思维和信仰息息相关;其流传演变,始终保

---

① 《青年界》第2卷第2期,1932年9月。
② 《北新》第4卷第16期,1930年8月。
③ 《妇女杂志》第16卷第7期,1930年7月。
④ 高洪兴编:《黄石民俗学论集》,上海文艺出版社1999年版第420页。

持着原始先民的思维与信仰这一基本内容作为自己的存在标志。我国现代神话学思想理论体系不仅仅是民间文学思想理论的一部分,它还属于中国文化、中国文学、中国历史等学科的一部分,它是民族最深刻的记忆,是民族文化的百科全书。神话确实具有文学的成分,是民间文学的重要形式,但它还有更加广阔的思想文化内容,需要我们深入研究。

我们的现代学术史告诉我们,学科发展总是与民族命运相联系在一起。举数对于神话研究有重要的学者,他们都有一颗为民族发展进步而献身的红心,常常从民族精神等方面研究神话传说的民间文学现象,这就注定了其学术品格的高尚。

第六章 红色歌谣

　　无论是对于中国现代民间文学史,还是在当前非物质文化遗产的抢救与保护及其研究中,我们都不应该忽略红色歌谣的特殊价值。其独特的历史文化内容,值得我们深入研究和更近一步的挖掘整理。

　　红色歌谣是指在中国共产党领导下的革命根据地流传的革命歌谣。自1950年代,我国江西、福建、广东、湖南、湖北、河南、陕西、山西、四川等地,以继承和发扬革命传统,挖掘革命斗争史料,宣传革命斗争光荣历史为背景,进行了大规模的搜集整理与出版工作。如江西作家协会主编的《红色歌谣》,影响最大。自1980年代以来,随着民族民间文艺十大集成工作的开展,民间文学三大集成"故事、歌谣、谚语"挖掘出上亿字数的成果,红色歌谣的搜集整理工作得到进一步重视;尤其是近年来,在对非物质文化遗产进行抢救与保护的国际性、全球化背景下,特别是我们今天纪念中国共产党成立九十周年,回顾中国革命艰难曲折历程,研究和总结文化发展规律的时期,这项工作具有更特殊的价值意义。

　　在民族记忆上讲,红色歌谣体现了中国共产党领导下的人民大众对革命事业的支持和帮助,代表了亿万民众反抗压迫和剥削、向往革命的热情与愿望。同时,红色歌谣是革命事业的重要部分,其借用传统民间文学形式,多种多样,深入民心,对宣传革命思想,鼓舞革命斗志,凝聚革命力量等方面,起到了十分特殊的作用。无论是在中国文化史上,还是在中国民间文学史上,这都是极其特殊的一页,是中华民族珍贵的文化遗产。

　　红色歌谣的搜集整理是中国现代学术体系的一部分,是对近代社会以来中国社会思想文化启蒙运动的继承与发展。历史上有作为的统治者非常重视民间歌谣对社会政治得失的反映,设置乐府这样的机构,专门搜集整理和保存民间歌谣;一些优秀的作家,如李白、刘禹锡他们热心于民间歌谣的搜集整理与模拟,出现竹枝词等新鲜活泼的文学现象。历代农民起义利用民间百姓通晓易懂的歌谣,号召天下百姓反抗黑暗统治,成为我国文化斗争的重要传统。如明末李自成农民起义军中流传的《九问九劝》和清代捻军起义军中的《花灯调》、《十二月》等民间歌谣,都是我国文化史上珍贵的民族文化遗产。近代中国社会,许多有识之士认识到启迪民众的重要性与运用民间文学形式的便利,如黄遵宪他们就非常重视对民间歌曲包括客家山歌的搜集整理与运用。在鸦片战争时期我国民众的反抗斗争中,出现了运用民歌鼓舞民众与侵略中国的帝国主义列强殊死搏斗的现象。五四时期,知识界高呼民主与科学,强调尊重民间的文化立场,进行更为广大范围搜集整理民间歌谣的文化运动,出现了著名的五四歌谣学运动。一批青年学者为主体的知识分子亲身走进民众,搜集整理那些历史上为人所鄙视的"引车卖浆之流"口头上流传的歌谣,一方面为新文学提供题材,带来生机,一方面作为深入研究中国社会的重要资料。红色根据地的文艺战士们,发扬光大这些文化传统,将民间歌谣的搜集整理与改编即再创作,纳入革命斗争的实际,这与抗日战争中出现大量反对日本帝国主义的民间歌谣、民间歌曲的道理是一致的。

一 十送郎当红军——中央苏区红色歌谣

红色歌谣流传的主要区域是中央苏区,即江西瑞金红色政权的中心所在地。同时,所有的革命根据地都有红色歌谣的流传,如闽粤赣革命根据地、湘鄂赣革命根据地、鄂豫皖革命根据地、川陕革命根据地、陕甘革命根据地等,凡是有工农红军进行革命斗争的地方,都有红色歌谣响亮的声音。而且,在这些地区,红色歌谣与地方民歌曲调有机融化为一体,如闽粤赣地区的客家山歌、江西的兴国山歌、湖南的龙船调、河南的采茶调、陕北的信天游,其演唱者自然是千百万民众。红色歌谣激起千百万民众反抗压迫、反抗黑暗的斗志与热情,成为革命斗争的热流。

红色歌谣从来不是孤立存在的,是中国革命事业的重要组成部分;在其构成上,一部分是民间百姓拥护中国共产党与中国革命作口头形式的自觉创作,而更广泛的内容是一批文化工作者的积极参与,对传统歌谣的借用与再创作,融入宣传革命斗争的思想与道理,将口头文学形式用文字形式保存,并进行广泛传播,使之融化为新的民间歌谣,为民众所接受。如中央苏区的瞿秋白他们创办了各种宣传队、农民夜校、高尔基戏剧学校和蓝衫剧团等文化团体与各种报纸、刊物,一方面搜集整理民间歌谣,进行适度改编,宣传革命道理,一方面积极培养和挖掘民间歌手,组织各种形式的民间歌谣、民间歌曲演唱活动。红色歌谣的搜集整理与改编运用于革命文化丰富多彩的宣传和教育,如火如荼,在中外民间文学史上都是极其少见的现象。这在事实上形成以中央苏区和各个革命根据地民间歌谣搜集整理为主要内容的又一次轰轰烈烈歌谣运动。

这是继五四歌谣学运动之后,中国民间文学史上又一次有重大影响的民间文学运动。

首先是红色歌谣具有明确的目的性与实践性,即红色歌谣是中央根据地即苏区文化建设的一部分。与五四歌谣学强调"文艺的"和"学术的",即歌谣运用于新文学和现代学术研究的目的不同,红色歌谣更强调发动群众、教育群众的启蒙意义与教育意义,更注重其改旧编新的革命斗争的实践运用,其强调搜集整理,也同样重视理论研究。五四歌谣学运动注重尊重"引车卖浆之流"文化财富的理论建设,红色歌谣运动则更注重具有革命化色彩的苏区文化建设,其实就是建立新的人民政权以革命文化为核心的话语体系。如毛泽东曾经指出,苏区文化的方针应当在于"以共产主义的精神来教育广大的劳苦民众",他把红色歌谣运动看成为"农村俱乐部运动"(毛泽东《中华苏维埃共和国中央执行委员会与人民委员会对第二次全国苏维埃大会的报告》,1934年1月)。中国共产党古田会议的决议中,明确提出并强调运用民间歌谣等民间文学形式编写各种教材。《红四军第九次党的代表大会决议》中称,要"设口头宣传股及文字宣传股,研究并指挥口头及文字的宣传技术","各政治部负责征集并编制表现各种群众情绪的革命歌谣,军政治部编制委员会负责督促及调查之责"。瞿秋白和李伯钊、张鼎丞、邓子恢、任弼时他们也都加入搜集整理与改编创作的行列;阮山担任中央苏区教育部领导职务,创作许多山歌,被称为"山歌部长"。他们积极编写民歌,或运用传统民间歌曲填写新词。中央苏区出版了大量红色歌谣,并纳入苏维埃教育事业,成为民众识字等教育体系的核心内容。中央苏区教育部以训令的形式规定使用《平民课本》、《群众课本》、《革命歌谣》和《工农看图识字》等教材,不准使用所谓基督教之类宣传封建迷信宗教文化,不准使用国民党反动教育宣传材料,不准使用宣扬剥削阶级思想的四书五经之类传统教材。中央苏区教材体系并不完全排斥传统文化形式,如,许多教材使用三字经歌、竹枝词等形式,而是更强调了革命斗争实际运用于文化教育的实践之中。总之,中央苏区文化教育体系中大量使用传统民歌、客家山歌、采茶戏和各种民间小调,用民众的文化艺术形式教育民众,使民众自然、迅速地接受革命文化思想,这是中国文化史、教育史上的创举。

传统歌谣流传甚广,是千百万民众文化认同与自觉选择的结果。知识阶层自觉地搜集整理民间歌谣,其意在了解民意,传达民意,或以此刚健清新拯救文学,激活文化发展的生机,如孔子所强调"礼失求诸野"。中央苏区重视对传统歌谣的搜集整理并不是无原则的,所强调的是向人民大众学习,强调利用民众的艺术教育民众;其征集、搜集整理民间歌谣有着自己严格的审查、选择标准。如中国工农红军总政治部机关报《红星报》,邓小平、陆定一主编),在《发刊词》(1931年12月11日)中提到报纸是"全体红军的俱乐部","它会讲故事,会唱歌,会讲笑话";后来,《红星报》专门发表了《〈红星报〉征求宣传白军士兵的革命歌谣小调启事》(1934年6月20日),提出"征求白军中流行的歌谣小调","利用白军士兵中流行的歌谱编成有内容有煽动性,并通俗的歌调",进行宣传鼓动。又如福建省永定县成立文化建设委员会,他们提出"各区乡所做歌谣,绝对禁止(随意)出版,必须由区文化委员会负责汇集,寄到县文委审查",

"歌谣材料,如有新的政治转变及新的通告、布告等,都可以造成浅白的歌谣,以易于传达,但须经县文委会审查出版,名仍旧为《永定歌谣》","封建的、淫乱的山歌绝对禁止歌唱"(《红报》,1930 年 7 月 15 日,第三十九期)。闽西苏维埃文化部也曾多次表达同样的意见,强调"选择有革命意义的真情的山歌"。《红军日报》是中国工农红军第三军团总政治部创办的机关报,其副刊《血光》是一个文艺专版,发表许多传统民歌民谣,而且发表一些新民谣,如运用四川调改编的《共产党十大政纲》、运用莲花落改编的《反国民党军阀混战》、运用孟姜女哭长城调改编的《工农兵》,等。《红军日报》提出,自己的副刊服务于"短裤赤脚黑脸粗皮的无产阶级",建设"新的音典"(1930 年 7 月 29 日)。共产主义青年团中央苏区机关报《青年实话》专门开辟"儿童"、"少年先锋队"等专栏,发表传统民歌民谣和改编民歌,如《山歌三首》(升才,1933 年 6 月 25 日)、《民歌:砍柴女郎》(1934 年 2 月 8 日),等。《红色中华》是中华苏维埃共和国临时中央政府的机关报,创刊于 1931 年 12 月 11 日,后来坚持到延安解放区。这是中国现代文化史上有着独特价值意义的报纸。瑞金时期,《红色中华》由瞿秋白等人主持编辑,开办了"红色区域建设"等栏目和《赤焰》副刊,曾经发表扩大红军、号召白军投诚、反抗国民党反动派围剿等通俗易懂的诗歌、故事和歌谣;《红色中华》曾经发表《两支山歌煽动全屋》(1934 年 8 月第 224 期)的通讯,介绍列宁师范学校组织宣传队,通过唱山歌发动群众,产生很好的效果。《青年实话》征集民间歌谣的《征集山歌小调启事》刊登在 1931 年 8 月 1 日的《红色中华》声称:"现在《青年实话》编辑委员会又计划出版革命山歌小调集,搜集各地流行的山歌小调,印成美丽的单行本,请各地方及红军中的同志有自作的或老的山歌小调,寄报《青年实话》委员会,一律欢迎,希望同志们帮助我们完成这项工作。"《青年实话》还出版了包括《革命歌谣选集》在内的丛书,以编辑部的名义写道,"在这小小的本子里面,我们搜集了群众爱唱的歌谣六十五首。我们也知道这些歌谣,在格调上来说,是极其单纯的;甚而,它是农民作者用自己的语句作出来的歌,它道尽农民心坎里面要说的话,它为大众所理解,为大众所传诵,它是广大民众所欣赏的艺术",把它称为"伟大的艺术",同时,对"有一些同志,保持着文学上贵族主义的偏见,表示轻视大家爱唱的歌谣"之类现象提出批评(《革命歌谣选集编选后记》,1934 年 1 月,瑞金)。《青年实话》不但发表各种民歌民谣,而且向社会介绍民歌民谣中存在的民间信仰问题,用新文化解释传统文化的局限性与合理性。如陆定一曾经发表《过年、风水、姓氏、地方》(《青年实话》1932 年 2 月 25 日)《古龙岗的迷信反革命事件》(《青年实话》1932 年 5 月 2 日)等,十分有益于教育民众、宣传革命。中央苏区儿童局机关报《时刻准备着》,其《创刊号》发表胡耀邦的《时刻准备着》,提出把刊物"发展起来,散布到每个乡村";其专门开设了"民歌民谣"、"故事"、"童话"、"谜语"等栏目,胡耀邦等人还积极模仿传统歌谣,创作儿歌,其他如表现春耕、劝导儿童读书等内容,生动活泼。

中央苏区专门编制并出版了大量歌谣集,许多红色歌谣迅速风行中央苏区,并传播到其他红色根据地,形成更广泛的影响。如《青年实话》以丛书的形式先后编辑并出版了《革命歌谣集》(1934年1月)、《革命歌集》(1933年3月)、《苏区新调》(1933年11月)、《革命歌谣选集》(1934年1月)、《革命山歌小调集》(1934年10月)等歌谣集;苏维埃中央教育人民委员会等单位编印了《歌集》(1932年12月)、《儿童唱歌集》(1933年6月)、《四川新调》(1933年10月)等歌谣集。在这些歌谣集中,主要分为传统民歌和时政民歌两大类,其中时政民歌既有改编利用传统民歌,又有大量新民歌,即红色歌谣。尤其是这些利用传统民歌改编的时政民歌,最具有时代特色和地方特色。改旧编新,以当时流行的情歌最显著,成为中央苏区红色歌谣最突出的特点。如许多歌谣集收录了《十送郎(哥哥)当红军》、《十二月革命歌》、《十八九正年青(轻)》、《叹五更》、《革命时调》、《春耕歌》等,包括各种地方小调,这些山歌小调几乎都是对传统民歌的巧妙借用。"十送"的格调在许多地方都有流传,是民间情歌的重要形式;在这里主要表现青年男女因为红军和革命而形成的坚贞情爱的诉说与表达。如于都民歌《送郎去当兵》,其歌唱"一送伢郎去当兵(唷哎),革命道路(格)要认清(呀),资本道路郎莫走(唷哎),资本家是我敌人(呀),(哥也妹呀)资本(格)家是我敌人(呀)","十送郎"的歌唱中,每一次相送都饱含深情;这是封建专制政治残酷压迫下天下穷苦人最真挚的歌唱。新中国建立后,人们在《十送红军》感人的歌声中又看到了当年《十送郎当红军》、《十劝郎当红军》等催人泪下的红色歌谣,如何不引起人强烈共鸣!

传统被置换为"革命",这是中国工农红军与中央根据地革命生活的需要。十二月花调是我国各地广泛流传的民间歌曲形式,常常成为民间庙会上的重要咏唱形式,主要表达妇女阶层的苦痛与郁闷,在红色歌谣中被借用来宣传妇女翻身、鼓舞穷人闹革命。同时,它与《诗经》中的"七月豳风"颇为相似,将每一个月的时令特色都用歌谣的形式表现出来,有机融合进"耕田"、"革命"等具体的生活内容。如《苏维埃农民耕田歌》所唱,"正月耕田是新年"、"二月耕田是花朝"、"三月耕田是清明"、"四月耕田正立夏"、"五月耕田端阳节"、"六月耕田是割禾"、"七月耕田正立秋"、"八月耕田中秋节"、"九月耕田是重阳"、"十月耕田正立冬"、"十一月耕田雪花飞"、"十二月耕田又一年",刚好把一年之中四时八节农耕生活的基本内容完整述说出来。当然,值得注意的是,六月、七月、十一月、十二月中的传统节日,诸如六月初一、六月初六、七月七日七夕、七月十五中元节、十一月十五下元节、十二月初八即腊八节等所谓具有浓郁封建迷信色彩的节日,在这里被消解,替换为日常性的生产与生活内容。或者说,这正是红色歌谣的时代特色。

红色歌谣是中央苏区和各个根据地革命斗争的历史记录,如当年在民间广泛传唱的各种"哎呀来"客家山歌;歌唱朱德、毛泽东、彭德怀,歌唱"爹在娘在不如朱毛在,千好万好不如红军好";表达誓死革命决心的"不怕死来不贪生,不怕敌人踩后跟;踩掉脚跟有脚趾,为了革命还要行"、"有胆革命有胆当,不怕颈上架刀枪;杀去头颅还有颈,挖去心肝还有肠";歌唱革命斗争胜利的"新打草鞋溜溜光,打下南昌打九江,枪支缴到几百万,子弹缴得用船装"、"打枪爱打七九枪,七九步枪声音响,同志打枪向哪人?爱向白匪大队长",等,皆情真意切;更不用说《苏区干部好作风》,唱诵"苏区干部好作风,自带干粮来办公,日着草鞋分田地,夜走山路访贫农",激起人无限怀念。民间歌曲、歌谣和小调的创作、传播依靠民间百姓口耳相传,就像中国共产党领导的革命事业离不开千百万人民群众一样,浩若烟海的红色歌谣被劳苦大众所传唱,产生了许许多多的爱红、扩红、颂红的民间歌谣。当时的中央苏区还涌现出一批杰出的民歌手,如著名的兴国山歌群中的长岗乡苏维埃主席谢昌宝、兴国县苏维埃委员曾子贞和中央苏区著名歌手李坚贞等。

中央苏区红色歌谣的内容是新的红色政权影响下苏区人民思想情感精神面貌的集中体现,具有鲜明的地方性特征与时代性特征。

这首先是对贫穷与苦难的深情诉说。其歌唱形式采用传统的调式,如"十二个月歌"、"十唱(诉说)"等,融入具体的社会风俗生活内容,使人感到格外亲切自然,更加有益于打动人,引起人情感上广泛共鸣。

如《长工苦情歌》[①],其诉说长工一年四季十二个月生活辛苦,依然贫穷不堪。其中,每一个月都有长工自己生产劳作的具体行为与具体感受,而这种行为就是风俗生活的具体内容。在歌唱中,长工表达了自己生活穷苦,寓意于要革命,要打倒"东道",要求翻身得解放;这是苏区这一地方社会风俗生活的直接表现。其唱道:

哎呀来!正月就长工就真可怜哎,
挑担葫笼就写长年,
上村就写来下村就传哎,
财主东道做一(哟)年。
哎呀来!二月就长工就真可怜哎,
东道带伢就去睄田,
上塅就睄得下塅田哎,
门口大丘做(哟)秧田。
哎呀来!三月就长工就真可怜哎,
牵只牛仔就去犁田,
牛绳就绊在牛背上哎,

---

① 参见钟俊昆《中央苏区文艺研究》,中国社会科学出版社2009年版,第36—37页。

脚跟受寒要下（哟）田。
哎呀来！四月就长工就真可怜哎，
东道莳田伢在前，
台上放着十二碗，
臭风擦菜伢面前。
哎呀来！五月就长工就真可怜哎，
东道耘田伢在前，
耘得禾苗赳赳死，
东道怨伢伢怨天。
哎呀来！六月就长工就真可怜哎，
东道割禾伢在前，
失脚倒了一担谷，
东道就要扣工钱。
哎呀来！七月就长工就真可怜哎，
东道打耙割草镰，
又怕黄蜂叮嘴角，
又怕毒蛇窜到前。
哎呀来！八月就长工就真可怜哎，
芋仔栽了连打连，
雨水又密草又多，
拔得手肿脚又软。
哎呀来！九月就长工就真可怜哎，
酒引坛上来拜年，
求到神明来保佑，
等伢长大更康健。
哎呀来！十月就长工就真可怜哎，
东道打油伢在前，
遇到年成有油头，
东道怪伢冇打敛。
哎呀来！十一月就长工就真可怜哎，
东道催伢去犁田，
逢到天气落大雪，
眼泪滚到犁头边。
哎呀来！十二月就长工就真可怜哎，

东道算账冇在前,
左扣右扣一笔账,
冇个闲钱来过年。

如《十诉妇女哭困歌》①,与传统歌谣的哭诉调式相同,但是,在内容上融入大量新的生活。概括起来讲,就是劝说妇女们起来闹革命,砸烂旧的精神枷锁,获得自由平等。其歌唱道:

一诉妇女姐妹们,
姐妹听伢诉分明。
常年在家做奴隶,
有福冇享受苦辛,
枉费出世姐妹们。
二诉妇女实在难,
屋中讲话爱细声,
行路唔敢抬头看,
做到半夜还骂懒,
投到外家也当闲。
三诉妇女好凄惨,
天晴落雨都冇闲,
天晴上山捡柴草,
落雨推磨并补衫,
做人媳妇心唔甜。
四诉妇女唔甘休,
再苦再难也爱受,
家官一使就爱去,
好比阎王把谱勾,
又怕丈夫两拳头。
五诉妇女冇点权,
好比牛马来使唤,
家中钱粮冇过手,

---

① 参见钟俊昆《中央苏区文艺研究》,中国社会科学出版社2009年版,第38页。

年节有酒唔敢端，
想起妇女心都酸。
六诉妇女有自由，
爷娘把你当猪牛，
如果有人出高价，
八字马上就带走，
唔管狐狸和猪狗。
七诉妇女心唔平，
丈夫嫖赌唔敢声，
洗衫荡衣都挨打，
兄弟叔伯冇人情，
只有上吊一条绳。
八诉妇女苦难当，
丈夫死去守空房，
年纪多来还教得，
年纪轻轻哭断肠，
现在世道暗冇光。
九诉妇女把头抬，
受苦不是命运该，
大家起来闹革命，
打倒地主反动派，
雨过天晴日头来。
十诉妇女爱细想，
共产真是救命王，
各族姐妹要团结，
参加革命出房间，
自由平等笑洋洋。

  中央苏区红色歌谣中，客家文化是一个特殊的现象，其中爱情的歌唱与歌颂红军的主题相融合，形成新的社会风俗生活，成为红色歌谣的思想文化特色。如表现客家妇女风俗生活的《绣花枕》[①]，表现"十绣亲哥去长征"的内容。其歌唱：

---

① 参见钟俊昆《中央苏区文艺研究》，中国社会科学出版社2009年版，第67页

> 桂树花开香喷喷，
> 香过满院香过村，
> 千香万香我不想，
> 单爱情哥当红军。
> 三步两跨出了村，
> 急急忙忙赶路程，
> 先到杭州买丝线，
> 后到南京买花针。
> 两样东西全买齐，
> 顺便带回红缎呢，
> 急急忙忙转回家，
> 拿起缎子绣花心。
> 一绣红军工农兵，
> 二绣亲哥当红军，
> 三绣一对鸳鸯枕，
> 四绣妹子连哥心，
> 五绣荷花莲蓬开，
> 六绣穷人翻了身，
> 七绣牛郎和织女，
> 八绣中秋月光明，
> 九绣重阳选日期，
> 十绣亲哥去长征。
> 枕头绣好送哥哥，
> 不见妹妹见妹心。

在其他革命根据地，与中央苏区一样，到处流传着嘹亮的红色歌谣；许多红色歌谣通过报纸、书籍和各种文化交流途径，从中央苏区流传到其他革命根据地。不同的地区，因为革命而相连，如星火燎原，而且相互影响。湖南的《浏阳河转过了几道弯》，歌唱毛泽东，"出了个毛主席领导人民闹革命"，成为千百万穷苦百姓最真诚的心声。

二　八月桂花遍地开——鄂豫皖革命根据地红色歌谣

农历八月是秋收的季节。秋收起义是中国共产党领导的以穷苦农民为主要力量的暴动,激起农民翻身求解放的革命斗争热情;这也成为中国现代民间文学最深刻的记忆内容。桂花是中国传统文化中的吉祥物,代表喜庆、美好、高尚,此时其成为民间文学表现秋收起义这一重大历史事件的文化符号。

鄂豫皖革命根据地唱响的《八月桂花遍地开》,最早出现在河南省商城和新县一带,是著名的大别山民歌。其最早由地方文人改编而成新的歌词,表现秋收之后,穷苦人闹革命,纷纷参加工农红军的欢天喜地心情,后来流传到闽粤赣等地区,被传唱得更有韵味。

自1980年代,笔者多次到河南省信阳大别山地区实地考察《八月桂花遍地开》这首民歌,了解到最初是红四方面军使它从信阳传播向其他苏维埃地区,尤其是在瑞金庆祝苏区中央政府成立大会唱响之后,流传更广。信阳地方文化工作者提供了许多相关资料①,他们说《八月桂花遍地开》这首歌原来是以信阳民歌《八段锦》改编而成。《八段锦》原来是一首情歌,歌词为:"小小鲤鱼压红鳃,上游游到下呀嘛下江来。头摇尾巴摆呀哈,头摇尾巴摆呀哈,打一把小金钩钓呀嘛钓上来。小呀郎来呀啊,小呀郎来呀啊,不为冤家不到此处来。"商城县文史馆研究员杨先生他们说:"1929年,鄂豫皖苏区的苏维埃政权相继建立,人们改唱地方民歌《八段锦》,以表达苏区人民群众的欢欣鼓舞。因为大家习惯上用歌词首句命名,所以'八月桂花遍地开'就这样叫开了。"有位徐先生介绍说:"当年商城县苏维埃准备召开第一次代表大会,红军宣传文艺工作的同志写传单,贴告示,编了许多顺口溜、快板书等。有人编个歌,于是他们找到家在县城的文艺能人王霁初。王霁初二话没说,就把自己肚子里的歌曲一股脑地往外倒,先后唱了《淮调》、《砍柴调》等,最后,大家相中了其中的《八段锦》调,重新填了词,就成了《八月桂花遍地开》。"他强调说,《八月桂花遍地开》是当时鄂豫皖苏区民众集体创作完成的。河南省新县的同志则声称:1929年秋天,光山县工农民主政府(苏维埃)已经成立,《八月桂花遍地开》开始传唱。应该是新县人创作了这首歌,歌名原为《庆祝工农民主政府成立》,信阳民歌常常用第一句歌词做歌名,所以有《八月桂花遍地开》。光山朋友提供材料说,1929年8月鄂豫皖苏区第一个县级苏维埃政权光山县工农民主政府在当时的柴家堡(现为新县陈店乡)成立,为庆祝这一地方重大活动,有人建议作一首歌曲演唱,作为庆祝和纪念。苏维埃政府选定《八段锦》,改变成《八月桂花遍地开》,很快唱响,并四处流传。其中,许多人都提到歌词作者最初是河南省商城县一个叫王霁初的人,传说其聪明伶俐,喜欢民间戏曲和各种时调,常常即兴创作一些打油诗之类的文字游戏。王霁初家境并不贫穷,其幼时过继给伯父王礼堂,王礼堂曾任张作霖东北四省剿匪督办,在东北为王霁初谋了个县长的职位,但是王霁初从小痴迷唱戏,

---

① 此材料主要由信阳、商城、新县等地市县宣传部、文联、文化局等单位提供,包括各种录音整理、报纸和书籍琐记内容,其中有许多材料未有署名。特表示感谢。

不喜欢官场上那些阿谀奉承、溜须拍马,却想方设法跑到北京当票友,没有当那个县长。后来,王霁初回到老家商城,创办了商城双河戏班,而且变卖王家大门楼家产养戏。1929年冬天,红军攻打商城县城,打土豪分田地,开始把他关了起来。后来他在牢中写了一首歌,并唱给别人听:"民国十八春,红军打商城,打得民团乱纷纷,喜坏我穷人。"内容是歌颂红军攻打商城,曲调颇为优美,受到人们喜爱和赞扬,被推荐给地方苏维埃。接着,他参加了苏维埃的宣传工作,根据商城民歌《八段锦》的格式,填上新词,创作出《八月桂花遍地开》。歌中唱到"八月桂花遍地开,鲜红的旗帜竖呀竖起来",令人耳目一新,被人广泛传唱。也有人介绍说,"这首歌的词经过县苏维埃文化委员会吴靖宇、陈世鸿等人的修改、加工,更加清新流畅。由于曲子采用的是当地《八段锦》老调,衬字也完全用当地口语,人们非常熟悉,非常亲切,所以一听就懂,一学就会。很快,这悠扬、悦耳、欢快的歌声,随着阵阵春风,传遍了整个鄂豫皖革命根据地",而且,"随着红四方面军转战南北,很快传遍全国"。民间歌曲的魅力既是文学的,也是音乐的,二者的结合使得其不胫而走。其实,无论谁作,都是一个再表现过程;民歌的生命就在于不断被丰富。

鄂豫皖是中原文化与荆楚文化交叉叠合的地带,远离政治中心,苏维埃政权的建立使这一地区焕然一新。此时,以大别山民歌为典型,形成一片民歌的海洋。如当时的河南省黄安县(今天湖北省红安县)与新县、商城、光山等地连成苏维埃区域,流传着许多红色歌谣。

一九三一年,红四方面军发起黄安战役,四十三天激战,全歼国民党军赵冠英部,取得中国工农红军第三次反"围剿"中第一个大胜利。民间歌谣歌唱道:

  快送,兄弟姐妹们!
  快送糍粑,
  快送草鞋,
  挑的挑,
  提的提,
  慰劳我红军。
  攻下黄安城,
  活捉赵冠英。

在鄂豫皖苏区,穷苦人盼望翻身得解放,积极参加工农红军,也有"送郎当红军"的民歌流行,表现出与中央苏区不同的风格。如当时黄安北部地区传唱的《张桂英送郎当红军》:

送郎送到大门前,
一轮明月挂蓝天,
苏区夜晚多安静,
白区乡亲受摧残。
小郎哥啊,
你当红军上前线,
莫忘翻身日子甜,
消灭敌人要勇敢,
才能保卫新政权。
送郎送到碾子边,
手推碾砣转几圈,
不是土改分田地,
家中哪有吃和穿。
小郎哥啊,
你当红军进营盘,
时刻都要想从前,
要是没有共产党,
喝碗稀饭也为难。
送郎送到燕子山,
手攀槐树望天边,
两朵彩云红光染,
好比花开并蒂莲,
小郎哥啊,
有志男儿当红军,
安心革命听调遣,
家务事情莫担心,
千斤重担奴承担。
送郎送到小河岸,
一弯清水入龙潭,
不知潭水深和浅,
石击水花飞上天。
小郎哥啊,
我俩结婚月未满,
相亲相爱鱼水恋,

保卫苏区最要紧,
革命胜利大团圆。

三　老子本姓天——湘鄂西红色歌谣

　　湘鄂西革命根据地是贺龙元帅闹革命的地方。这里的红色歌谣表现出对贺龙英雄传奇故事的记忆,在歌谣中传唱这些内容。如《白天行船看日头》中歌唱"白天行船看日头,夜里走路看北斗,洪湖拉起游击队,穷人都跟贺龙走。周逸群,段德昌,带着人马搞武装,一去个个空着手,回来人人有支枪。"这首歌谣的产生背景是周逸群和段德昌他们与贺龙一起领导创建以洪湖为中心的湘鄂西苏区。他们利用洪湖地区江湖港汊,开展机动灵活的游击战,取得第一、第二次反"围剿"斗争的胜利。在《老子本姓天》中,表现出英雄豪迈气概:"老子本姓天,家住澧水边,有人来拿我,除非是神仙。刀口对刀口,枪尖对枪尖,有你就无我,你死我上天。"澧水位于中国湖南省西北部。流域跨湘鄂两省;其"绿水六十里,水成靛澧色",这里是贺龙的故乡;南昌起义之后,贺龙与周逸群在这里发动武装起义,组织工农革命军,形成红二方面军的主力。他们以井冈山斗争为榜样,建立湘鄂边革命根据地。这首歌谣就产生在这片土地武装割据的革命斗争中。

　　中国工农红军是人民的子弟兵,来自穷苦百姓。红色歌谣表现农民打倒土豪劣绅的愿望,如这里的《农民歌》歌唱道:

辛苦农友们,
大家振精神,
不用悲,不用哭,
死里去求生。
我们的对头人,
土豪和劣绅,
土豪勾结那官僚,
残害我生命。
我们吃辛苦,
他们享安逸,
动不动讲压迫,
对我们不客气。

你要出口气,
除非结团体,
努力向前进。
打倒压迫的,
勇敢前进,
最后胜利定是我们的。"

在穷苦人中,长工最穷最苦。他们是革命最热切的人;这里的《长工歌》歌唱道:

一唱长工不等天亮起,
收完牛棚挑水去,
肩挑手又提,
压得冷汗滴,
老板还说我不下力。
二唱长工天麻亮就下田,
口朝黄泥背朝天;
外头赶屋内,
下雨把磨推,
骨头磨得成劳疾。
三唱长工生活不如人,
穿的衣服打补丁,
吃的难下喉,
喝碗锅巴粥,
咽的豌豆没有油。
四唱长工实在是可怜,
害起病来喊皇天,
无钱请医生;
老板黑良心,
赶出门外不给半个钱。
五唱长工心想喝点酒,
又怕老板像鬼吼,
去他娘的绊,
转来拿烟箪,
老板一旁把眼翻。

六唱长工实在太伤心，
　　穷人老了无妇人，
　　独自一人睏，
　　打个整单身，
　　年来哪个接后根！
　　七唱长工早把革命进，
　　中国共产党到来临，
　　工农团结紧，
　　斗争多齐心，
　　努力奋斗向前进！
　　八唱长工快快组织起，
　　要想翻身靠自己，
　　拿个大斧头，
　　跟着革命走，
　　打倒豪绅好报仇。
　　九唱长工扛上红缨枪，
　　冲锋杀敌上战场，
　　打得秃老蒋，
　　缴枪投了降，
　　得胜回来喜洋洋。
　　十唱长工个个跟我来，
　　一致拥护苏维埃，
　　遍地红花开，
　　人人笑开怀，
　　工农作主来安排。

四　千里的雷声万里的闪——陕北民歌与刘志丹

　　延安是中国革命的圣地。当年，这片土地以无比宽阔的胸襟接纳了历经长征无数艰辛的中国工农红军，为中国革命提供了宝贵的发展时机。红色歌谣深情高唱这片土地上所发生的翻天覆地的变化。如陕北的《信天游》，歌唱刘志丹领导的工农红军所展开的革命斗争，它也歌唱"正月里是新年"，不同的是融入了"山丹丹花开红艳艳"与"陕北出了个刘志丹"的内容;迄今,这些歌谣仍然在传唱,形成陕北人民最动情的记忆。1960 年 3 月,长安书店出版《红色歌谣》,保存了许多当时的红色歌谣,与当代形态的陕北民歌形成对比对照。有许多歌谣几乎原本原样没有任何改编。

《红色歌谣》搜集整理了 1950 年代之前陕北人民记忆中的歌谣,最为真实。这些歌谣热烈歌颂陕北人民领袖刘志丹英勇杀敌的事迹,其内容直接来自时隔不久刘志丹领导"红二三团","打坏了新军两个营长"的战斗生活。如其记述:

> 千里的雷声万里的闪,
> 猛格拉山上来了刘志丹。
> 刘志丹又在红二三团,
> 义勇军打仗真勇敢。
> 打坏了新军两个营长,
> 提了那高桂滋的机关枪。
> 不打人不骂人为救百姓,
> 先分粮后分地人人平等。

其歌唱刘志丹救穷苦人出牢房,他们亲切称呼刘志丹"老刘",歌唱"红缨杆子长,人马闹嚷嚷,走一回靖边提一回枪。靖边包围着,老刘发前行,造上个云梯上了城。烟气冒空中,子弹不中用,机关枪打开一哇声。打开监牢门,罪人放出城,劳苦群众都欢迎"。

在他们看来,刘志丹是神通广大的英雄,如其歌唱:

> 前半夜打下张家寨,
> 后半夜马踏姜家崖。
> 千里的雷声万里的闪,
> 胜利的消息一个劲地传。

他们歌唱共产党,歌唱工农红军,用歌谣表现他们的心声:"红旗红马红缨枪,闹革命离不开共产党。千里马儿认路长,红军忘不了老故乡。山南海北飘红旗,陕北处处见太阳"、"云里的日头洞里的风,蝎子的尾巴老财的心,国民党更比蝎子狠,共产党是咱救命人,穷人看得清。"这与中央苏区的红色歌谣不同,与湘鄂西、豫鄂皖等革命根据地的红色歌谣也不同,是地地道道的"陕西味儿"。

陕北民歌以爱情的歌唱为其显著特色,如其《送哥当红军》歌唱:

羊肚子手巾三道道红，
看哥哥越比往常亲。
哥哥你参军闹革命，
干妹子家里把你等。
前沟里下雨后沟里晴，
革命到底你要记定。
天上下雨地下滑，
多杀那白军不要想家。

其《穷人革命意志坚》歌唱："丢了锄头把妻劝，哥当红军是自愿。刀枪子弹我不怕，只怕红军队不要咱。水流千江归大海，追不上红军我不回来。"这是红色歌谣所表现的革命现实生活，更是红色革命根据地以革命为主调的社会风俗生活。这是中国现代民间文学史上极其特殊的一页。

五　大瑶山民歌

广西左右江是邓小平、张云逸和韦拔群他们领导的以少数民族群众为重要力量的革命根据地，其中壮、瑶等少数民族占总人口的百分之九十以上。

当地主要由桂系军阀统治，少数民族是穷苦人，他们在歌谣中哭诉道：

西山山高高入天，
瑶家薯菜过冬年，
要想吃饱穿得暖，
除非山主不要钱。

从小生在大瑶山，
吃也难来穿也难，
一年三百六十日，
没有一天吃正粮。

从小生在大瑶山，
衣裳好比鹧鸪斑，
一共补了三斤线，

天旱三年晒不干。

瑶家苦处实在多,
讲起苦来泪成河,
卖儿卖女吃不饱,
讲起苦来不想活。

当时,右江工农民主政府成立之后,百色、奉议、恩隆、东兰、凤山、隆安、思林、果德、恩阳、向都、镇结等十一个县也相继成立了工农民主政府与武装赤卫队。当地壮族群众歌唱道:"红旗一杆天地红,当家作主乐融融。壮人跟党闹革命,世世代代不受穷"。[①] 这是红色歌谣中少见的少数民族民间歌谣。

六 秦巴山民歌

1932年12月,徐向前、陈昌浩率领中国工农红军第四方面军从鄂豫皖革命根据地转战陕南和川北,创建川陕革命根据地。

根据地属于群山绵延的秦巴山区,地方民众有唱山歌的生活传统,他们在民歌中歌唱红军,宣传造反,歌中唱道:

红军人马进巴山,
沿途路上撒传单;
一张传单一把火,
巴山林里红了天。

锋快的錾子装满筐,
红军标语刻路旁。
敌人见了冷汗淌,
穷人见了拍巴掌。

其歌唱生活穷苦与剥削者为富不仁:

---

① 梁文化、张正华、覃金盾、简华春等:《左右江革命根据地红色歌谣》,广西美术出版社2009年12月版。

正月里来是新年，
农村妇女真可怜，
一年到头辛苦饭，
衣食二字都不全。
二月里来是花朝，
富家女儿灵娇娇。
在家呼奴和唤婢，
出门骑马又坐轿。

工农红军领导人民闹革命，唤醒地方民众，他们在民间歌谣中歌唱道：

靠爹，爹没田，
靠娘，娘没权，
今日咱靠共产党，
红军来了伸腰杆。
打官家，夺权，
斗地主，分田，
扬眉吐气走一转，
大脚摆手看世面。
大大的地，高高的天，
穷人百姓把身翻。

处处闹革命，处处有红军；红军转战南北，地方百姓送别红军，恋恋不舍，这里的《送红军》歌唱道：

红军前脚走，
我们后脚跟；
走一村，又一村，
泪珠双双湿衣襟。
爷爷拿出叶子烟，
奶奶送上苞谷饼，
剩下妈妈没啥送，
怀里掏出线和针。

两眼泪花花,
半天才说话:
衣服烂了早点补,
针针线线连穷家。①

红色革命根据地之间到处传唱红色歌谣,如星火燎原。诸如四川调等民间歌曲在中央苏区的流传,这些现象表明天下红军都是中国共产党领导的革命军队,天下穷苦人闹翻身,向往富裕、太平、安康的幸福美好世界,所以真心拥护中国共产党,向往中国共产党领导的革命。红色歌谣永远是天下穷苦人的梦想与心声,是民间百姓对特殊岁月深情的记忆与述说。

---

① 参见陕西省汉中地区群众艺术馆编《陕南革命歌谣选》等,陕西人民出版社1983年版。

第七章 "林兰女士"与《民间故事》

在我国现代民间文学史上,民间歌谣的搜集整理与理论研究以五四歌谣学运动为重要标志,形成一个时期的学术热潮,而对民间传说故事则缺乏搜集整理与理论研究相应的明确性。1920年代中期,以"林兰女士"编纂《民间故事》,形成民间传说故事较大规模的搜集整理,也就因而具有非常特殊的意义。

一 "林兰现象"

"林兰女士"是一个编辑群体,包括李小峰、赵景深与李小峰夫人蔡漱六等人。其主要人物即北新书局的重要创办人李小峰,江苏江阴人,1918年就读于北京大学哲学系,曾经参加了五四运动,是"新潮社"和"语丝社"成员。有学者考证,称"'林兰'最初确实是李小峰的笔名,他用这个笔名记录整理的民间故事最早是1924年7月12日《晨报副刊》发表的《徐文长故事》(三篇),署名'林兰女士'。那个时期,许多男士喜欢用'某某女士'作笔名。后来他办起北新书局后,便用这个笔名陆续整理出版了《徐文长故事》等故事集"[①]。1924年7月12日《晨报副刊》发表李小峰署名"林兰女士"民间故事《徐文长故事》,此应该看做"林兰女士"作为民间文学现象的开端。

北新书局1924年成立于北京,其出版资金主要依靠发行《语丝》和《新潮社丛书》的利润,以及《民间故事(丛书)》等图书出版版税[②];如有学者称北新书局,是将北京或北京大学与新潮社联系起来,合称为书局的名称。1927年,张作霖以北新书局与《语丝》社宣传赤色为名将其查封,李小峰遭到通缉,北新书局遂迁至上海。迁至上海之后,北新书局以出版青少年读物为主,继续出版《民间故事(丛书)》,包括《连续图画故事》与《格林童话》等此类民间文学读物;李小峰广泛征集民间故事,以"林兰"的笔名在

---

① 车锡伦:《"林兰"与赵景深》,《新文学史料》2002年第1辑。
② 李小峰:《鲁迅先生和北新书局》,《出版史料》,1987年第2期。

《语丝》刊登"征求民间故事"的"启事"①:一、凡民间流传的故事,如神鬼故事、名人故事、呆女婿故事,及其他一切趣事等,不论已经古人记录与否,皆所欢迎。二、凡已经记录者须注明出处,未经记录者须注明流传的地点,如有土言俗语,请加注释。三、记述故事,请用明白浅显的语言,如实写出,勿点染增益以失其真。四、凡经录用之稿,酌送现金、书券或民间故事集。五、来件请寄上海新闸路仁济里北新书局编辑所林兰收。如有学者所述,"北新书局从1926年开始,从全国各地来稿中征集到的民间传说故事,到了三十年代还在赓续出版,前后出版总数近四十种,编入其中的各种民间故事近千篇","像北新(书局)这样大规模地搜集、编辑、出版中国民间故事的举动,在当时是空前的,影响也是巨大的。据说,在那个时代,大城市中就读的少年儿童,大都读过这些故事集。在这套故事集陆续出版的过程中,许多小读者在家长的带领下,到北新书局求见该书的编辑者'林兰女士',北新也主动响应,多次组织'林兰女士'与小读者见面,由此也可看出,该套故事集在当时的影响"②。从北京开始,一直到上海,北新书局出版《民间故事》数十册之多,其历尽坎坷,几生几死,几衰几荣,这种坚忍不拔的文化精神,是中国现代民间文学史上光辉的一页。

以1927年为界,之前主要有《民间趣事》(1926)、《呆女婿故事》(1926)、《徐文长故事》(五集,1927)、《吕洞宾故事》(二集,1927)等;这些故事一印再印,每一次重印,总是有一种新意。或为故事传说受到社会喜爱,或为重印中整理者表达出自己独特的研究意见与研究方式。各卷"编者"无一例外皆为"林兰","发行者"皆为"北新书局"。

如《呆女婿故事》,有"1926年10月"版,其发行处为"北京东皇城根二十五号"与"上海福州路中市";其中"呆女婿的故事"、"不幸的近视眼"、"乡里亲家母的故事"等,并不是纯粹的"呆女婿故事"。而"1928年5月"版,已经移至上海的北新书局出版林兰所编《呆女婿故事》,则纯粹为此类内容,而且书结尾附录钟敬文《呆女婿故事探讨》,其论说"如果我们依照西洋人的方法,要把中国民间流行的故事,区分为若干类式(Types),那末,谁也不容否认,呆女婿故事是其中的一个,并且很占重要的"③。

在《吕洞宾故事》前两则故事中,列有故事整理后的说明文字,记述"这条故事,虽说很小,势力却非常的大。差不多岳州的男女老幼都是知道的。并且洞庭湖产银鱼,说是那次吕洞宾修岳阳楼时用木层变化了产生下来的,这是洞庭湖的特产。更奇怪的,就是我听见我家内的老前辈说,走岳阳楼底下的洞子中间过身的时候,确实常常听见一种唧唧的声音,就是吕洞宾压制了那只蝙蝠的悲声。但我常常一个人走到内

---

① "启事",《语丝》第4卷第1号(封二),1927年12月。
② 吴永贵、王静:《从"新文艺书店的老大哥"到教科书和儿童读物出版的劲旅——北新书局》《出版史料》2004年第3期。
③ 钟敬文:《呆女婿故事探讨》,林兰编《呆女婿故事》,北新书局1928年5月版,第203页。

面去听,却没有听到什么声息。现在岳阳楼二三四层楼上,都是供着吕洞宾的雕像,那是真确无疑的事","这件事,我们乡里的老人,都说是真的。他们并见过姓徐的学台。并且说这件事情曾载在敝县的县志上。但是我去年在县志上查过一次,没有找着。不过我们可以不管这件事是真是假,只要它有趣味就够了"①。这是尤为珍贵的记录"附记",是最早的现代民间故事学思想体现方式。在最后,同样有"附录",表达了赵景深对吕洞宾故事历史演变等内容的研究。

应该说,这是赵景深他们在现代民间故事学建设中,最早总结出的历史地理研究方式。

林兰所编《民间故事》,在语言上有许多独特之处,有纯粹的民间故事叙述,语言干脆利落,短小精悍;诸如孙佳讯所记《人之由来的传说》②,这是人类再造神话传说故事,后来,1980年代的中原神话调查中出现许多类似的内容③。同题中有许多故事,都具有现代神话学的研究价值。

林兰编《民间故事》几乎汇聚了中国现代民间文学史上所有的民间故事类型,为后来者研究现代历史时期民间故事形态,提供了完备的文化坐标。从中可以看到我国古代民间故事历史传承的踪影,还可以看到当世文人对民间故事具体记录整理所表现出的时代风格。同时,也可以看到钟敬文、赵景深等一批民间故事研究者不同的研究方式,以及他们筑构现代民间故事学的辛勤劳作与卓越贡献。

1928年至1930年代初期,民间故事的搜集整理频频出现高潮。以《民间趣事之一:三儿媳故事》封底广告为例,可数"《呆女婿故事》、《换心后》、《新仔婿故事》、《换夫的情人》、《巧舌妇故事》、《金田鸡》、《瓜王》、《民间趣事新集》(上)、《民间趣事新集》(中)、《民间趣事新集》(下)、《鬼哥哥》、《鬼的故事》、《列代名人趣事》、《鸟的故事》、《三儿媳故事》、《朱元璋故事》、《吕洞宾故事》、《徐文长故事》、《徐文长故事外集》(上)、《徐文长故事外集》(中)、《徐文长故事外集》(下)、《民间传说》(上)、《民间传说》(中)、《民间传说》(下)"等,时隔一年。1931年4月"初版"封底列出书目广告中,介绍北新书局"民间趣事童话传说",增添了《三个愿望》等10多个故事集。如果连同1920年代北新书局在北京、上海两地所有的民间故事集,包括"林兰编"之外的民间故事图书都做统计,应该在500种左右。这是与中国历史上任何一个时期相比都不逊色的现象。这一历史时期的民间故事搜集整理(包括翻译、改编、出版)与理论研究,标志着我国民间

---

① 其标明"以上大杰述,流行于湖北"字样,分别见于《监造岳阳楼》和《无边风月》篇;林兰《吕洞宾故事》,北新书局1926年版,第2、3页,第3、4页。

② 孙佳讯记录《人之由来的传说》中《"百家姓"的来历》,见林兰编《民间传说》,北新书局1930年版,第1、3页。

③ 张振犁、程健君编:《中原神话研究专题资料》,河南省民间文艺家协会1988年印。

故事学发展的一个高峰。

《民间故事》成为1920年代、1930年代北新书局搜集整理和出版(传播)民间文学的文化品牌,深受社会喜爱。从其封底所列"分发行所"来看,其最少时似乎只有上海一处,后来有"南京、开封、广州、重庆"(《菜花郎》,北新书局1930年12月版),不久,又增添有"北平、汕头、温州、成都、昆明、济南"等地(《徐文长故事外集(下)》,1931年4月版),仅半年,又增添有"武汉、贵阳、长沙、厦门"(《云中的母亲》,北新书局1931年10月版),达到12家之多。再如《鬼的故事》,其1930年1月版封底"分发行所"列有"重庆天主堂街、南京花牌楼、北平琉璃厂、广州永汉北路",而1930年5月版,封底所列"分发行所"就有了"上海、北平、成都、南京、开封、重庆、杭州、厦门、武汉、昆明、温州、济南"等多处。其重印的时间,从许多故事集的封底可以看出在1937年之后,直到1940年代仍然有发行。这是中国现代民间文学史上一个奇迹。我们有充足的理由把这种现象称之为"林兰现象"。

继北新书局出版林兰编《民间故事》系列丛书之后,还有许多相似现象出现,标志着民间文学搜集整理与出版事业(传播)的繁荣。以上海等地为中心,出现大量民间故事丛书与不同形式的搜集整理或再改编"故事书"现象,影响到许多地方的故事会等具有民间文学色彩的群众文化活动开展,许多报刊开辟了故事专栏。诸如广州中山大学民俗丛书1928年前后出版林培庐编《潮州七贤故事集》、娄子匡编《巧女和呆娘的故事》、叶德均编《李调元故事》,以及清水所搜集整理的《海龙王的女儿》,未必都应该与此有直接联系,却与北新书局搜集整理和出版民间故事的先行有着瓜葛。此后,诸如王统照编《山东民间故事》(儿童书局1937年8月版)、方明编《民间故事集》(元新书局1937年3月版)、胡开瑜编《中国民间趣事》(儿童书局1939年4月版)、清野编《中国民间趣事集》(一、二集;儿童书局1939年6月版)、王显恩编《元始趣事集》(广益书局1945年1月版)、乔东黎《中国民间故事》(春江书局1940年1月版)、李浩编选《民间故事新集》(春江书局1940年1月版)、黄华编《民间故事》(一、二、三、四集;正气书局和文益书局1948年版)①、王洁忱编《儿童故事》(上、下集,老二酉堂书局1944年1月版)、胡骏千编《神怪讽刺故事》(一、二集,经纬书局1946年7月版)、林秀容编《民间故事集》(春明书店1946年9月版)、谢颂羔编《雷峰塔故事》(国光书店1946年10月版)、金川编《傻子》(上海育才书局1948年6月版)、姜祖夔编《民间异闻》(国光书店1948年8月版)、倪念劬编著《民间说怪》(国光书店1949年1月版)、严殊炎编《民间传说》(国光书店1949年1月版)、严大椿编《民间神话》(国光书店1949年4月版)、田星编《民间故事选集》(群育出版社1949年12月版)、石再恩编《徐文长趣事》(国光书

---

① 黄华编:《民间故事》(一)、(二)于1947年12月由正气书局出版;其(三)、(四)于1948年2月和12月由正气书局和文益书局联合出版。

店 1949 年 1 月版)等;这些民间故事集的搜集整理与北新书局当年的搜集整理民间故事在事实上形成一种呼应关系,成为中国现代出版史上一个以民间故事为特色的文化高潮。

还值得一提的是,这一时期的国产电影采用民间传说故事题材,以及张恨水等通俗文学作家改写民间故事,都在事实上起到对民间故事的传播,加深了人们对民间文学的理解认识。这也是中国现代民间文学史上特殊的一页。尤其是华氏兄弟拍摄的电影,大量采用民间传说故事作为素材,这是中国现代民间文学史上一个值得注意的现象,应该进行认真研究。1949 年之后,动画题材使用民间文学,应该也是受到华氏兄弟的影响。

长期以来,我们对于民间故事的改旧编新常常给予回避;应该看到,在当时没有绝对的一字不动的记录能够发表。一个普遍而重要的现象表现为,因为现代传播媒介的需要,完全原汁原味、不加任何改动的忠实记录的民间文学,或许就无法见诸于报刊。一切记录在形成所谓标准化文本的时候,就已经成为记录者自己的"文本"。

二 故事的内容与类型

林兰编《民间故事》,其名称概念不断形成变化,诸如"民间故事"、"民间传说"、"民间童话与传说"、"民间趣事"、"民间童话集"等,应该说,每一种名称概念或者是随意所列,或者是为了市场习惯,都是关于民间传说与民间故事的俗称。

在现代民间故事学意义上,北新书局出版林兰编《民间故事》,其故事内容与故事类型是应该引起我们特别关注的。一方面,这些内容客观上记录并表达了其故事讲述中民众的思想情感;另一方面,这种记录方式,以特殊的语言形式,体现了这一个时期故事记述的特殊价值。诸如讲述主体即民间百姓的生活语言与记录者所做不同形式的语言加工,作为重新表述,二者之间的语言差别及其背后的原因等内容,其实是民间故事研究应该重视的现象。

故事的历史,其实就是当世社会大众间具体表现的社会历史被故事化的存在形态。故事的一切讲述行为,都是当世社会风俗生活的具体表现。诸如梁山伯祝英台等四大传说,每一个历史时期的讲述,其实都是其时代的再现,是不同时期社会风俗生活对民众思想文化诉求的具体应答与表达。在这种意义上,林兰编《民间故事》的故事与语言价值,正是对时代的表现。

民间故事是一个相当宽泛的概念,有广义和狭义之分,广义的民间故事是一个类型概念,包括神话、传说、故事、寓言、笑话等类别,狭义的民间故事是指区别于民间传说具有地点、时间、人物、事件的确指性内容,表现出独特想象力的幻想性故事。正因为约定俗成的原因,民间传说与民间故事常常被合称为传说故事,真正将传说与故事完全区分开,从其内容上看,也并不是一件很容易的事情。显然,林兰编《民间故事》是采用了广义上的民间故事概念,其中最突出的内容是各种人物传说与生活故事。其中,对于具有历史文化特殊含义的神话故事的记录,编纂者和记录者未必都有十分明确的学科意识,更多是无意间为后来的神话学研究提供了宝贵的资料。

(一) 神话传说

神话是一种特殊的民间故事,其表现内容多为述说天地起源、人类创造、洪水灾难,包括祖先神、英雄神和各种原始信仰崇拜。其基本功能就在于解释世界形成与发展变化和说明重大历史事件,是以原始信仰为重要主体的民族记忆与文化认同、文化识别的重要基础。

林兰编《民间故事》中,此类内容主要集中在其《民间传说》①《人之由来的传说》等处。1930年代至1940年代,我国的神话研究主要集中在古代典籍文献钩沉辨析与少数民族的神话传说被发掘,对于这些珍贵的活态神话却视而不见,这不能不说是一种学术缺憾。真正打破这种局面,是在1980年代中原神话的田野考察。因此也更显得这些内容的学术价值之突出。

其中的《百家姓的由来》记述姐弟二人重造人类的故事;其中数篇都有此类内容。如其中《人之由来的传说》所记安静僧记录的《用泥造人》等篇,讲述内容是典型的古典神话意义上的民间传说。

在这些神话传说故事的记录中,记录者常常出现夹叙夹议的表现方式。如"二"《用泥造人》,其实是应劭《风俗通义》中女娲抟土造人故事与洪水神话、兄妹婚神话相结合而形成的神话流传形态,其所论称,"这上边一段故事,是说'人'从那里来的。这个问题是很不容易答复,不容易了解,所以民间就有这种故事来答复这个,来解说这个。并且还说人因为什么有瞎哑不全的,因为什么身上的灰是终于洗不净的。这就是科学不发达,来利用这些神话故事散布民间,使人民可以了解这许多问题"②,这体现出论者别具特色的民间文学思想理论。

此类神话传说故事还体现在《民间传说》其他篇中,诸如《地名与物的传说》之"三"《颛顼墓的传说》③,诸如《五谷所以有穗》④、《龙的出处》⑤等,都是神话传说在社会风

---

① 林兰:《民间传说》,北新书局1930年3月版。
② 林兰:《民间传说》,《人之由来的传说》,北新书局1930年3月版,第7页。
③ 林兰:《民间传说》,《地名与物的传说》,北新书局1930年3月版,第21—27页。
④ 林兰:《民间传说》,《五谷所以有穗》,北新书局1930年3月版,第51、52页。
⑤ 林兰:《民间传说》,《龙的出处》,北新书局1930年3月版,第58、59页。

俗生活中的具体表现。其中,《颛顼墓的传说》是将神话传说与民间盗宝故事相联系在一起的传说故事,其讲述颛顼神话为"在很古很古的时候,我国的史家——就中一个如司马迁——都是这样说:'帝颛顼高阳者,黄帝之孙。'《索隐》又引张晏曰:'高阳者所兴地名也。'我是高阳县的人,所以我和我们高阳县所有一切的人,都和颛顼帝是同乡。商人们常使用的钱袋的封面上多有是一头写'颛顼古都',一头写某某铺号的;农人盛粮食的布袋,在右边竖写的某某村名之上,亦往往横上'顼阳'两个字;我在几个读书人的笔记本上,亦尝发现写着'顼阳某某氏'的。总而言之,我们县里人的普通心理,处处都想表示出他和颛顼帝是同乡"①,这是古代神话与地方社会风俗生活融为一体的典型记录。然后,其又记述道:"距现今县城的正东略偏南二十五里的地方,有一座大镇(自然这是就我们县里说)叫旧城。据说在很早的时候,县城就是在那个地方;后来移到现在的新地方,所以更名旧城。县志上大概也有这样的记载,可是我没有查过。帝颛顼即是在我们县里坐的真龙天子;所以旧城在很早的时期是县城,更在很古很古的时期则是'帝都'了。现在旧城镇的西南面不远,有一丛林木,据说便是'颛顼墓'——有一位老先生对我说:他查过县志,县志上载有明文,他很相信,劝我也要相信。但是后来我又读了几本别的书,有的说帝颛顼建都的高阳,是在现今河南的陈州(我写出这句话的原因,更要想知道河南陈州帝颛顼的同乡们,更有怎样的传说。)高阳的'颛顼墓'是衣裳塚。不论真皇塚也罢,衣裳塚也罢,反正我们县里的人们,以为和帝颛顼是胞同乡,即是说我们县里曾出过真龙天子。在旧城东南面三四里,有个小村叫皇亲庄;据这村里的人说:帝颛顼是在他们村里招的亲,这样说法,我们全县里的人也都承认,所以这小村里的人,提到帝颛顼,更是自豪!"②最后引出"南蛮盗宝",在故事结尾,其记述与唐五代小说中的附记一样,为了表达其故事讲述与记录的真实性,总是做亲耳所闻、亲眼所见之类的说明,诸如"在七天以内,旧城镇里的人们都曾听到那位南方蛮子在里面怪叫。墓子里面的情形,都是那位农夫亲眼看到,亲口对人们说的"③云云。

神话以社会风俗生活形式出现,成为这一时期民间文学记录中典型现象。如《五谷所以有穗》,在内容上与蔡衡溪《淮阳风土记》中所记录几乎没有任何区别。这说明这个传说故事在不同地区的流传状况。其记述曰:

> 许久许久以前,地上的五谷并不是穗状的;茎秆上并没有半个叶儿,全然是密结着的丰满的实粒。

---

① 林兰:《民间传说》,《地名与物的传说》,北新书局1930年3月版,第21、22页。
② 林兰:《民间传说》,《地名与物的传说》,北新书局1930年3月版,第22、23页。
③ 林兰:《民间传说》,《地名与物的传说》,北新书局1930年3月版,第27页。

那时世上的人都很好，大家种地，大家吃饭，过着安乐的日子。从没有竞争的事。但过了不久，就有坏人出来了，他们忽然生心要把许多粮食积蓄起来，预备自己不种地了，只管随意吃用。他们因为积蓄太多了，便任意糟蹋起来：面只是吃头遍的；高粱常常都喂了鸡；吃剩的馒头顺手当作石子似的抛撒；在雨天里，把谷粒撒在庭中的泥泞上，唯恐沾了他们的鞋。

一天掠福神来下方巡游，正遇着他们中的一个端着半箕白面，倒在厕坑中的粪上，因为他的小婆子入厕时，常常嫌里边的气味太臭。于是掠福神大大生气说："这还了得！"一溜烟来到田里，把满野的稻，粱，黍麦，……都要擗剥干净，只丢些精光光的茎秆，多亏那时鸡和狗在旁边跪下哀求，他才为牠们在茎秆的尖端上留下了短短的一节——就是现在的"穗"。

一两个人的善恶，是有关于全人类的；从那时起，地上的五谷，结实便永久是穗状的了①。

在神话传说中，龙是一个特殊的神话形象，如轩辕黄帝神话中已经出现"应龙"，其作为神圣的天帝使者等角色，监督世间的是是非非，或替天行道。

在林兰编此《民间传说》中，龙的神话传说表现为"浦江人"另外一种形式的讲述，这是当世社会风俗生活的又一重要表现。如其记述：

据父老传说，月亮中有一件宝贝，叫做"月华"，每月于团圆之后，要掉一个到大地上来。"月华"的形状，是鸡蛋一枚，有光辉而能流动的。大地上无论什么动物吸收了牠，都能成为神奇变动的。所以我们浦江人说，在阴历十五十六的两天走夜路，是最危险不过的；因为这两夜中，不拘什么妖魔鬼怪，鸟兽虫鱼都在月光之下望"月华"。便是蛾的赴火，蟹的赶灯，也是把灯火看做"月华"的缘故。

这"月华"若把虫类吞了，便要变为"蜃"，譬如蜈蚣吞了，便成"蜈蚣蜃"；虾蟆吞了，便成"虾蟆蜃"；其余虫类吞了，也是一样。不论什么虫变成了蜃之后，他的能力就非常之大，虽隐伏在土中，一碰到天雨的时候，也能使附近的一带山田草木都替牠含蓄水分，待得时机一到，把大家所含的水分，一齐发了出来，便成洪水，叫做"出蜃"。这蜃就随水游到海中，成为"蛟龙"。

蛟龙在海中，尚不能升天，还须经过一番严格的考试。考法就是天帝叫麒麟赶蛟龙，蛟龙拼命地喷着水往前面逃，麒麟吐着火在后面追。若是蛟龙飞得不快，或是肚里的水喷完了，那只有被麒麟烧死。有的时候蛟龙危急了，便向山中

---

① 林兰：《民间传说》，《五谷所以有穗》，北新书局1930年3月版，第51、52页。

钻了进去,牠的尸骨就变成了"煤"。要是麒麟赶不上的,便算考中,就做了天空喷云吐雨的"龙"。①

(二) 人物传说

我国民间文学对各色人物总是具有别样的热情。如人在俗语中常说,物以类聚人以群分,讲什么人上一百,形形色色,讲什么近墨者黑近朱者赤,又讲见贤思齐,都在述说人群中或志趣相投,人与人之间相互影响。那么,在不同人物的讲述中,便通过所谓箭垛式原理,具体体现出突出的社会教育意义,或在人物性情感染中形成自我宣泄。林兰编《民间故事》所记民间传说类型有很多,诸如人物传说(如《徐文长故事》、《朱元璋故事》、《列代名人趣事》),风物传说(如《趣联的故事》、《瓜王》、《三个愿望》),鬼神精怪传说(如《吕洞宾故事》、《鬼的故事》、《灰大王》、《独脚孩子》、《菜花郎》、《换心后》)等,以人物传说为最多。其故事类型所表现另外一种独特内容之处,即在于此各种人物传说故事。

从林兰编《民间故事》中,可以看到其选取不同类型人物,有文学艺术家,以风流才子形象出现,如《徐文长故事》,或以穷酸、刻板、愚笨形象出现,如《穷秀才故事》;有叱咤风云的政治家,如《朱元璋故事》中的刘秀、赵匡胤、朱元璋等人非凡举止;有聪明、善良、能干的妇女,如《三儿媳故事》,也有贪嘴等不良行为的女性,如《贪嘴的妇人》;有生性愚蠢、经常被人嘲笑捉弄的傻子、笨蛋,如《呆女婿故事》,更有神通广大、惩恶扬善、出没无常的神仙,如《吕洞宾故事》中的八仙和鲁班等能工巧匠等。这些不同身份的人物在民间传说故事中显示出不同性格与不同命运,自然也是在通过活灵活现的"生活事例"在告诉人们不同的道理。

北新书局最早创办时期就出版有《徐文长故事》(1925年)②。其不同类型人物传说的选取,应该是有目的的。如《徐文长故事》记录一百多篇各类关于徐文长的传说故事。徐文长即徐渭,是明代著名的文学家、书法家、画家,其多才多艺,非常正直,受到民众拥戴。在民间传说中,他是一个机智聪明的文人典型,史载其"徐渭字文长,为山阴诸生,声名藉甚",其捉弄那些自命不凡的权贵,讽刺社会上的种种丑恶现象,帮助下层民众,有许多充满神奇色彩的传说故事;诸如唐伯虎、郑板桥等文学艺术家传说,都有与他相似的内容。林兰编《徐文长故事》之后,又以《徐文长故事》的"外集"(上、中、下)形式,记述了大量与徐文长类似的机智聪明型文人传说。

---

① 林兰:《民间传说》,《龙的出处》,北新书局1930年3月版,第58、59页。
② 见赵景深《新序》所记"小本《徐文长故事》",林兰编《徐文长故事》,北新书局1929年10月版。

在故事记述中,搜集整理者既没有歪曲事实的丑化,尽管有一些记述内容表现其捉弄妇女等行为,也没有不切实际的神话化做无限度拔高,只是在生活的日常中表现其不乏传奇内容的真实。故事中有其任性好强、捉弄他人的一面,也有弄巧成拙的一面。如"九七"《临终毁妇容》记述"徐文长的妻子,生得非常美貌。当他病榻弥留的时候,忽然想到他死之后,她有如此美貌,难保不去恋爱别人。于是他就对她说要她去买一个活鲫鱼,买来之后,他又叫烧油锅。油沸的时候,叫她把活鲫鱼往里一放。当然,鲫鱼往外一跳,跳在她底脸上。皮肤当时焦灼,变成了一付丑相。她正疼痛难忍的时候,他招招手,意思要和她耳语,待她走上前去,他竟把她底耳朵咬了一个下来,顷刻之间,他也断了气"①;"九八"《裸体遇妻》记述"徐文长是最喜捉弄妇女的。有一天,他和朋友正在谈笑,远远看见一个少妇骑着驴子,慢慢的走来。那个朋友对徐文长说:'你能够裸体站在驴子面前,我就请你吃酒。'徐文长说:'这有什么难处?'他等到妇人将近的时候,赤着身子去挡住驴子?他见骑驴子的妇人,并没有骂他,觉得非常奇怪;抬头看时,却原来是他自己的妻子,弄得走投无路,触了一个大大的霉头"②。或曰,所有的民间故事被传播,都是由于文化认同的结果;这里的捉弄妇女行为,其实是民间社会普遍存在的风俗传统。君不见,几乎所有的骂人都与妇女有关,总要拿对方的女性亲属被侮辱作为辱骂的核心。这是中国文化的丑恶之处。民间文学在总体上代表了人民大众的意志,但是,人民大众日用五谷杂粮,免不了低俗,以取笑弱者,包括广大妇女,是民族的卑劣性体现。诸如笑贫不笑娼,这类生活观念普遍流行,以绝对的实用主义为价值标准,是中华民族极其严重的精神缺陷。林兰编《民间故事》没有回避这些内容,在许多地方保持着社会生活现实中相对的原汁原味,更显记录的科学态度。这不一定就是猥亵故事,却是具有猥亵内容的民间故事,体现出肮脏的国民性内容。相比而言,我们修饰或掩盖此类内容,其实是不敢面对现实。在我们高度赞扬中国民间文学的伟大、神圣时,也不应该忘记揭示丑恶与狭隘。

在林兰编《列代名人趣事》③中,记述了公冶长、萧何、诸葛亮、李太白、朱熹、吕蒙正、戴东原、纪晓岚、金圣叹、解缙、郑板桥、唐伯虎、李调元等一群文人表现非凡的聪明智慧的传说故事。他们的传说故事在许多方面与徐文长有相近、相似之处,皆以文雅和幽默著称。而朱元璋这些人就不同了。这些原来不读书的草莽出身英雄辈,与徐文长形成鲜明对比,是又一类典型。

朱元璋是穷苦人家的孩子,足智多谋,智勇双全,是农民起义中取得最高权力的成功者。在民间传说故事中,少年朱元璋已经表现出非凡的领袖才能,其之所以能够

---

① 林兰:《徐文长故事》,"九七"《临终毁妇容》,北新书局1929年10月版153页。
② 林兰:《徐文长故事》,"九八"《裸体遇妻》,北新书局1929年10月版154页。
③ 林兰:《列代名人趣事》,北新书局1929年8月版。

有出色的能力，总是因为有神助。如林兰编《朱元璋故事》中，有众多传说，诸如"高粱叶斩下少年头"、"鼻现金蛇小婢求婚"、"打扫庙宇神灵代劳"、"神鬼默佑蜘蛛布网"、"受三拜指挥童子军"、"牛槽栽草日吃日长"、"吃牛肉瞒过老姑母"、"佛像让位头顶霜雪"、"罗汉爷亲自洗澡"、"牛羊听命各归行伍"、"显露奇迹群臣归依"、"天亮前先黑一阵"、"席卷父尸天埋地葬"、"紫微星下凡大杀孕妇"、"初开金口父死母亡"、"赋诗一首口气不凡"、"真龙出现大封后妃"、"土块做宫殿众儿受封"、"临阵退缩小孩被斩"、"金刚拱卫方丈知不凡"、"佛殿瞌睡金龙现形"、"天鹅封王权过一夜"、"菩萨听命出殿进殿"、"故友求见一吉一凶"、"遇急难塔顶指途径"、"留奇迹桥称万年"、"有功不赏气死桑树"、"拿公显灵赦免万民"，等等。这些故事既是属于朱元璋的，也是属于许多贫苦农民出身的众多英雄豪杰共同拥有的性格特征。

　　风物传说与人物传说的结合能够使人物形象更加丰满，也更加真实。如管桂森所记其家乡"濮阳"的朱元璋传说，《高粱叶斩下少年头》记述朱元璋小时候作诗，吟诵"天作铺盖地作毡，满天星斗伴我眠；经夜不敢长伸腿，恐怕踢到山合川"的豪迈诗篇。与许多民间传说一样，其传说与地方风物文化相结合，故事中称他"有时也背着篮子，跟着一群小孩子到野外拾些柴草，卖几文钱，买点饼果之类吃吃；但每次到野外去，他总要凑积一大些篮子，盖成一座'金銮殿'，同小孩子们约，谁能上去，谁便是'皇帝'，小孩子们都兴高彩烈的，要试着上去做做'皇帝'。但是他们真是上去一个，倒下来一个，独独朱洪武上去，坐了安稳不动。于是这一群小孩子都称他是'皇帝'。有一次他又坐在他那'金銮殿'上，故意的发怒道：'把那个小子给我斩了！'于是这一群小孩子，随推来一个，跪在地下，就要斩首，折了一颗高粱的长叶子当刀。谁知刀起头落，鲜血四流！这一耍弄假成真，吓的个个小孩子都跑了。朱洪武更着了忙，跳下来把篮子一踢，也就一缕狼烟似的逃走。现在见高粱叶上有红点，乡下人都还说这是朱洪武遗下的痕迹呢"①；不惟如此，在《天亮前先黑一阵》中，记述其"时常爱偷主人底东西吃。一天，他们几个顽童，借到一口锅，竟宰了一只牛吃了。吃完的时候，只剩一个牛尾。大家还要他收拾一切。等把一切都收拾好了，天已大亮。他道：'等一会天亮，让我送了锅着！'一直到现在，天亮的时候，先要黑一阵，就是要等他送了锅"②，也是风物传说与人物传说相结合的例证。又如《留奇迹桥称万年》记述"朱元璋在逃难的时候，没有一定的住所。有一天晚上他就在歙县城外的一座大石桥下住了。第二天早晨，有一个测字算卦的人，经过这桥；他看见朱洪武四肢张开的躺在那里，正如同一个'大'字一样，头上横放一把伞，正成了一个'天'字。一会儿工夫，他收缩两腿，把身子侧卧着，伞儿横在腰中，这又成了一个'子'字了。两个字连起来，正是'天子'二字。后来朱洪武做

---

① 林兰：《朱元璋故事》，"一"《高粱叶斩下少年头》，北新书局1929年10月版，第2、3页。
② 林兰：《朱元璋故事》，"一二"《天亮前先黑一阵》，北新书局1929年10月版，第17、18页。

了皇帝时,他们就称这桥叫做'万年桥',一直到现在"①云云。

皇帝被称为"天子",以金口玉言影响身边事物。如《打扫庙宇神灵代劳》记述"他当和尚的时候,那长老很爱他殷勤,因为每逢'初一''十五',小和尚轮流着打扫庙,独独朱洪武打扫得特别的干净;尤其是他好独自个打扫,不要旁人帮忙。小和尚都很疑惑他。有一次又轮到朱洪武打扫庙,有几个小和尚要偷着看他怎样打扫,随暗地里跟了他去;只见他走进了庙,把庙门一关,怒冲冲的向着那神灵说道,'都给我滚下来!'于是那大小偶像,都下来站在地下。他上去东一扫西一扫,很不费事,便扫得干干净净。扫完,又道,'都给我爬上去!'这些偶像又都各自坐了原位。因此小和尚们,都暗中纳罕,知道他是'金口玉言',将做'皇帝'。后来天下大乱,他随人当兵去,结果把个一统江山的大皇帝;闹到手里了"②。

在山东临淄,《朱元璋故事》同样记述有神灵保佑的故事,如《神灵保佑蜘蛛布网》记述"家极其贫穷,他母亲原恃讨饭谋生。有一天,他母亲出去讨饭到了一座破庙里,朱元璋便在这时降生。他一离母怀,就有霞光遮天,异香绕室。帝王降生,自有异兆。当时京里钦天监,在观星台上见紫微星似明似暗,知道该星已经落世,便慌忙在当代皇上——元家——面前奏知。皇上听说,恐日后争他的天下,那还了得!便一道圣旨下来,派人到各省各县,各乡各村,按门严搜,——无论官绅庶民——凡有三岁以内的男孩一概杀掉,有不遵者全家斩首",也正是神灵保佑,一切都化险为夷,即"但是搜的无论多么严,杀的无论多么多,死的却尽是些凡胎俗骨,真正的真龙天子,却依然如故。但是怎么没搜着他呢?他藏在那里的呢?他并没有藏,他仍在那破庙里。因为他是真龙天子,神鬼都来暗佑,所以没有搜着。原来上那庙里搜的时候,一来因为是一座破庙,没有细搜;二来见他住的那座庙门口上,有很厚的一层蜘蛛罗网,想不到里边有人,所以他母子得以安然无恙。那些蜘蛛的布网,是神鬼的暗佑"③。

朱元璋的领导才能是与他金口玉言的天命联系在一起的,如《朱元璋故事》描绘其训练有方,《牛羊听命各归行伍》称其"替别人牧牛羊,每因牛羊混杂,数数不清,他即道:'牛做牛走,羊做羊行。'牛羊都分开了。他每天吩咐牛羊,什么时候出,什么时候回;所以他一天到黑无事,只好玩"④;《土块做宫殿众儿受封》描述"有一天,他和群儿嬉戏田野中,堆泥块为宫殿。与群儿约,能够在以泥块做成的宫殿上站住的,便是皇帝;否则都做臣民。但是真奇怪极了,谁以双脚跟上去时,土块纷纷的坠下来,老是站

---

① 林兰:《朱元璋故事》,"二十六"《留奇迹桥称万年》,北新书局1929年10月版,第42页。
② 林兰:《朱元璋故事》,"三"《打扫庙宇神灵代劳》,北新书局1929年10月版,第4、5页。
③ 林兰:《朱元璋故事》,"四"《神灵保佑蜘蛛布网》,北新书局1929年10月版,第6、7页。
④ 林兰:《朱元璋故事》,"十"《牛羊听命各归行伍》,北新书局1929年10月版,第16页。

不稳脚,朱元璋踏上脚去时,土块制的宫殿,好像铁制的安稳"①;《天鹅封王权过一夜》讲述其"有一天,朱元璋的舅舅叫他去看管一群鹅。他把鹅群赶到草地上去吃草,碰着从前的朋友,——游手好闲的朋友。他们对朱元璋说:'我们有好久没有看见你,心里觉得非常难过;今天被我们找着了,我们是欢喜得很,你应当怎样的请请我们,大家快乐快乐。'朱元璋说:'我用一群鹅给你们聚餐好不好?'于是他们把鹅都杀掉了,只剩一只拐脚鹅没有杀掉。天慢慢的黑起来了。朱元璋心里暗想:我没有鹅,怎样回家呢?忽然天空飞过一群天鹅。他大声喊道:'天鹅!天鹅!你们肯在我舅舅家里过一夜,我都封你们做天鹅王。'果然!天鹅都飞落来,跟着拐脚鹅回到笼里去了。第二天,他的舅舅又叫他去看管鹅。朱元璋说:'今天是飞鹅日,不可以把鹅放出去的。'他的舅舅不相信这种话,只道是他想偷懒,自己去把笼门放开。那些鹅,——就是天鹅——统统飞去了。他的舅舅把门关不及的,只剩了一只拐脚鹅了。倒反弄得他目瞪口呆,只得自恨鲁莽,不听他外甥的话,以致丧失了一群鹅"②。这些传说的历史依据或许子虚乌有,而民间传说却未必就怀疑其真实性;故事传说背后,应该是对王权的向往,是对神权即天命的皈依。

朱元璋是这样,刘秀也是这样。王莽赶刘秀传说故事在我国许多地方流传,故事模式基本上属于这里所引述的几种类型。这些故事模式构成对具体某一地方风物现象的解释说明,事实上也成为风物传说故事的一部分。在《朱元璋故事》中,收存有史正伦记录的《刘秀的故事》③,诸如《蝼蛄受封》、《安渡蓝河》、《平地涌泉》、《石人指路》、《井歪得水》、《骡不产驹》、《桑树气破肚子》。其《蝼蛄受封》记述"后汉光武帝未即位以前,在定州流落甚久,所以他的故事,流传在民间的也很多。有一次他被王莽的兵将要赶上,情急智生,他就躺在地上隐蔽,后来被耕地的把他埋住了,连气息都不能出,几乎要闭死。这时候兵士正从事搜寻,他又一点也不敢动。忽然有一个蝼蛄,在他鼻孔上的土里钻了一个小洞。后来兵过去咧,他怒道:'人倒了运,是个蝼蛄都欺侮!'伸手就把它折了两截子。忽然他又想了想:'它这不是救我么?咳!可做错咧!'于是他就找了个树枝,把死蝼蛄接到一块:但是那蝼蛄连一动也不动。他就说:'你想讨封吗?饥了就吃,得咧!'它听成了'稀了就吃'。所以后来庄稼苗儿越稀了,越被蝼蛄吃。它的腰和针一样,这都是刘秀封就了的"④,其实也是风物传说故事中的人物传说,同样包含着王权与天命的内容。与所谓正史不同的是,这是民间社会对历史和历史上那些非凡人物的想象。在这些民间传说故事中,无原则的颂扬王权与神权,或曰此为历

---

① 林兰:《朱元璋故事》,"一八"《土块做官殿众儿受封》,北新书局 1929 年 10 月版,第 28、29 页。
② 林兰:《朱元璋故事》,"二十二"《天鹅封王权过一夜》,北新书局 1929 年 10 月版,第 36、37 页。
③ 林兰:《朱元璋故事》,《刘秀的故事》,北新书局 1929 年 10 月版,第 69—81 页。
④ 林兰:《朱元璋故事》,《刘秀的故事》,北新书局 1929 年 10 月版,第 69、70 页。

史以来封建专制对民众利用此类"天命神授"思想文化进行愚弄、欺骗的结果,或曰此为人民大众对清明政治的向往。民间文学与专制社会的对立并不是绝对的,中国国情表明了造反就是动荡,结果总是给人民大众带来无尽痛苦!而且,政治流氓们欺世盗名、厚颜无耻,其政权更迭中的换汤不换药,也促使国民精神生成麻木与盲目。

除却这些胜利的王者,《朱元璋故事》还记述了许多失败的"英雄",诸如张献忠出身不平凡的兆应和"瞎了一只眼的李自成"这些人物命运的表现,有许多内容更为复杂。诸如黄巢,《朱元璋故事》中记述了民间故事如何把他描述成目连再世,也向民间文学理论研究提出一个非常重要的课题,即如何认识与把握历史上敢于造反的英雄人物?

这也显示出历史文化的重要传统,即描述历史人物时,总是一荣俱荣,一损俱损,凡是胜利者,便完美无缺,凡是失败者,便恶贯满盈。或曰,黄巢是农民起义领袖,在历史事实中,他绝对不是什么品格高尚的人。后世为了鼓动民众,出于宣传政治主张的需要,常常把造反者神话化,就形成不同程度的虚拟,在虚拟中渲染情绪,使人接受某种思想观念。文化传统是一只无形的大手,在揭示真实的同时,也常常形成背离真知的种种误导。所以,文化常常需要启蒙,需要重构。在民间传说中,关于杀伐、祭祀之类的叙事,总因为其所包含的民间信仰,而纳入风物的范围。黄巢起义也因此更显悲壮。

《徐文长故事》与《朱元璋故事》分别选取文与武的典型,是民众对历史的想象与表达。徐文长与朱元璋都成为被神话化的人物,其形象已经不再仅仅属于历史。应该说,对于这些人物作为传说故事中的讲述事迹,我们没有必要求证其真实性或合理性,其更多充注着民间百姓的情感。人物传说属于历史在社会发展中日积月累形成的文化积淀,是一种精神现象。当然,这种积淀包含着部分的历史真实,例如,那些有益于人民大众的人与事,总是被千百万人所歌颂;那些祸国殃民的人,任何时候都被唾骂。在中国现代民间文学史上,林兰编《民间故事》以神话传说与人物传说为醒目的内容深刻吸引着时代和历史。对于"林兰现象",我们还有很多可以进一步挖掘的课题。

三 《民间故事》的故事史价值

林兰编《民间故事》是中国现代民间文学史上的重要事件,在民间故事史上具有重要价值。

民间故事的文献保存具有多方面的价值意义,诸如民间故事文献形成的背景与过程,及其所包含的民间文学思想理论内容,诸如民间故事文献具体显示的文本意义等。尤其是民间故事文本的历史标志,它未必是最早的民间故事形态,但作为民间故事的记录发表,经过了文字社会化的过程,确实是民间故事文本形式最早的记录,在事实上成为后人研究民间文学的重要坐标。

《怪兄弟》讲述的是十兄弟型故事,十兄弟未必就是十人,而是一群人,他们各显其能。或者说,其原型在魏晋南北朝时期已经出现,诸如折箭故事中兄弟团结的喻示性内容。后世的八仙传说故事使这一故事形态更加丰富,逐渐演变成《水浒传》中一百零八将与《三国演义》中五虎将等故事模式。这种故事类型影响了我国当代文学,诸如现代京剧《沙家浜》中的十八个伤病员与现代京剧《智取威虎山》中的小分队等等。群体英雄,各显其能,以此民间传说故事类型不断增强文学作品的感染力。《三媳妇》讲述的是巧女型故事,巧女之巧在于心灵手巧,其影响到后世文学作品,能够从许多女性形象中找到其踪影。《三件难事》讲述的是长工与地主斗智型故事,这种故事类型的意义曾经被强化为阶级斗争中的卑贱者最聪明的主题。《虾蟆儿》讲述的是蛇郎型故事,这类故事可以从高辛帝与盘瓠传说中找到原型,外表的物化形态与民间信仰的内蕴相糅合,使这一故事形态具有更加丰富的意义。《妖精与四个女儿》讲述的是狼外婆型故事,其传送的不仅仅是人兽之间的联系,而且包含了大量社会风俗生活内容,诸如泛神意识中善恶之间的较量,同样成为许多文学作品的表现题材。《泥水匠求宝》讲述的是著名的问活佛故事,这则故事的原型能够从小说《西游记》中唐僧取经找到原型内容,同时,在黄帝访问广成子神话传说和小说《三国演义》刘备三顾茅庐故事中,应该具有同类故事的踪影。《阎王受骗》故事讲述的是捉弄阎王型故事,与小说《西游记》中的孙悟空大闹天宫故事有类似处。《金牛》讲述的是"别宝回子"识宝型故事,这是我国古代盗宝故事的重要原型显示,在故事中,宝物所具有的巫术意义更耐人寻味。或曰,现代京剧《红灯记》中李玉和手持密电码与现代京剧《智取威虎山》中杨子荣身带联络图,都应该与此有联系。《碗底的金钗》讲述了灶王传说故事,是著名长篇叙事诗《郭丁香》的原型。不用说,《天河岸》讲述的是牛郎织女这一传诵千载的故事;它保留了中国现代社会历史时期这一传说故事的流传形态。值得注意的是这些民间故事的"附记",是记录整理者民间文学思想理论的重要表达,如孙佳讯《对金钗》一则故事所记"去年顾均正译挪威阿斯皮尔逊所述的《三公主》出版,很引起研究民间文艺的人讨论《三公主》与中国故事《云中落绣鞋》等之相似。赵景深先生在《挪威民间故事研究》中说:'与《三公主》相似的故事,除去《云中落绣鞋》以外,还有满洲和直隶唐山一带的记载。恰巧满洲直隶和北欧都是属于北方;倘若《云中落绣鞋》不是南方的,我真要疑惑这故事是北方所特有的了。'吾乡(江苏灌云)讲述'三公主式'的故事舍此而外还有两种(据我所知而这此系依《云台山》所讲而记述的,足见'三公主式'故事的流传,较赵先生所推想的还要广遍)"①云云,或曰,在这些民间故事的记录中,每一句话都有自己独特的历史文化意义。在中国民间故事史上,这些故事类型具有十分重要的普遍性意义。

相对于民间歌谣的研究深入发展,民间故事研究在现代民间文学史上的价值意义存在着较为薄弱的倾向。这种局面在民国之后有所改变,尤其是1980年代以来,中国故事学在民间故事史、民间故事家、民间故事类型、民间故事叙事研究和民间故事价值等方面取得可喜成就。而长期以来,中国民间故事研究热衷于阿奈尔与汤普逊分类方式、普洛普故事类型的历史告诉世人,中国故事学在走一条自己的道路,从当年赵景深、钟敬文、杨成志到1950、1960年代的丁乃通,再到1980之后的刘守华、祁连休等,以及台湾地区的金荣华等致力于民间故事研究的学者,一代代学者正创造性完成自己的故事学理论体系。在民间故事理论体系构建中,我们常常过于夸大所谓文化人类学的方法论价值意义,其实,现代学术体系总是多元构建,真正的中国现代民间文学思想理论体系建立,是众多学者共同努力的结果。文化人类学在很多时候解决不了更多的问题。

---

① 林兰:《换心后》,北新书局1930年2月版,第91页。

第八章　抗日歌谣与现代民间文学

抗日战争是一场伟大的人民战争,自1840年以来,中国人民饱受帝国主义列强的欺凌,一直燃烧着反抗的怒火。而长达14年的抗日战争无论是国民党军队为主要力量的正面战场,还是共产党领导的各个敌后战场,中华民族终于战胜了预谋已久、穷凶极恶的敌人,获得自己的独立自由和解放。这是人类历史上可歌可泣的大事件;在民间文学发展中,同样有非常重要的表现。其中,抗日歌谣成为这个时期最响亮的歌声。

关于抗日歌谣,有几种情况,一是老百姓自发的民间歌谣,多借用传统歌谣形式;一种情况是富有爱国热情的知识分子采用民间歌谣形式,在社会媒介上广泛传播,被民间大众所接受,很快形成民间化,成为广为传唱的民间歌谣;一种是社会各个阶层模仿民间歌谣进行抗日宣传,形成新的民间歌谣体。这三种情况都可以看做抗日歌谣的民间文学表现形态。其中第一种最重要,是发自社会大众肺腑的歌声,或为徒口传唱,或为民间歌曲与地方小调,表现各地民众高昂的抗日热情和保家卫国的坚强意志与决心。第二种是能够为民间社会所接受,很自然地形成民间文学形式的转化。第三种也是这样,但雕琢痕迹过于浓,在流传范围和流行效果等方面不如第一种和第二种。从尊重历史事实的原则上讲,只有第一种民间歌谣才能够称作典型的民间文学。这些抗日歌谣不仅在当时被传唱,在社会上广泛流传,全国各地抗日文艺团体风起云涌,各种书籍报刊纷纷刊载这些抗日歌谣,成为抗日歌谣蔚为壮观的局面,而且1949年之后,仍然被传唱。更值得关注的是,此后一直没有间断过对抗日歌谣等民间文学形式的搜集整理。诸如各地在1950年代、1960年代与阶级斗争、社会主义教育和爱国主义等思想文化宣传相结合,各地出版社与各种文化艺术单位、团体都曾经出版许多抗日歌谣集。但是,笔者在社会调查中发现,一个非常重要甚至非常普遍的现象是,围绕阶级斗争教育等文化主体需要,有许多以"抗日歌谣"名目出现的民间歌谣集,并不是真正的在当时所流传的民间文学。这些民间歌谣只能看做文化宣传读物,其既不同于传统的民间歌谣,也不同于当时知识分子和少年儿童模拟民间歌谣所创作的作品,其实与抗日战争时期的民间文学无关。在整体上讲,现代民间文学的史料发掘与甄别工作将是相当长一个时期的重要任务。在口头史学等历史文化研究过程中,寻求历史事实的原貌,其实是最重要的前提。

1980年代以来，随着民间文学故事、歌谣、谚语三大集成的编撰工作展开，包括当前非物质文化遗产的抢救与保护紧锣密鼓进行，这些内容的民间歌谣越来越多被重新发掘。网络等媒介也出现许多抗日歌谣，一些民间知识分子发表对抗日歌谣的研究意见，形成新的民间文学思想理论现象。

在众多出版和印行的抗日歌谣集中，笔者非常看好上海文艺出版社编《抗日歌谣》（上海文艺出版社1960年版），其特别强调"搜集整理"的原始意义，对每一类抗日歌谣进行解释、说明，而且常常在这些歌谣的结尾处注明具体的流传区域和搜集整理者姓名，更接近民间文学忠实记录的原则。

抗日歌谣的地域分布有多种形式，或曰，有日本侵略者走到的地方和抗日歌声唱响的地方，就会有抗日歌谣的流传。以上海文艺出版社编《抗日歌谣》等现代文献为主要参考资料，可以看到当年抗日歌谣地理分布的重要特点。

一　东北抗日歌谣

东北地区最早受到日本侵略者的蹂躏。日本人在当年灭亡中国的《二十一条》中，就曾经提到他们在东北的特权；1930年代初，日本人发动蓄谋已久的军事攻击，逐渐占领我国东北。在抗日的歌声中，"我的家在东北松花江上"唱得最为动人。以中国共产党为主体的抗日联军，积极发动群众，与日本侵略者进行了殊死的搏斗。其中出现了杨靖宇这样的民族英雄，被民间歌谣传唱；同样，东北人民恨透了日本人的同时，也恨透了那些黑狗，即帮助日本人危害中国人的汉奸走狗。如吴瑞扑搜集，流传在长白山区的《警察进村》[1]，记述"警察进村三不要：马粪蛋子、死狗、裹脚条"；边卒搜集，流传在永吉地区的《认鬼子不认亲妈》[2]，记述"老牛，老马，记吃不记打；汉奸、警察，认鬼子不认亲妈"，等等。东北人民为了抗日，全民皆兵，送子参军，送郎参军，与日本人进行长期的斗争。这些内容在抗日歌谣中都有所表现。从当年的搜集整理地区上看，主要有长白山区、兴安岭山区、安图、靖宇、抚松、临江、庆安、哈尔滨、尚志、北安、敦化、辉南、牡丹江、蛟河、通化、老道沟、马蹄沟等地。其中，还有一些少数民族的抗日歌谣，如陈杰搜集整理的鄂伦春民歌《吃口兽肉都给钱》[3]等。此举例如下：

（一）《杨家将》

---

[1]　上海文艺出版社编《抗日歌谣》，上海文艺出版社1960年版，第35页。
[2]　上海文艺出版社编《抗日歌谣》，上海文艺出版社1960年版，第34、35页。
[3]　上海文艺出版社编《抗日歌谣》，上海文艺出版社1960年版，第21、22页。

杨家将,杨家兵,
杨家兵将骨头硬;
别夸当年六郎勇,
且看今朝杨司令(抗日联军司令杨靖宇)。
杨家兵,杨家将,
个个抗日好榜样,
上阵杀敌赛猛虎,
鬼子一见就投降。(靖宇县流传,边卒搜集)

(二)《五色旗》

五色旗,
镶黄边儿,
满洲国,(日本人扶植的满洲傀儡政府)
不几天儿。

(三)《运粮官》

牵着毛驴上了山,
驮上粮食三斗三,
夜深人静爬过岭,
我是抗联运粮官。(抚松地区流传,边卒搜集)

(四)《黑狗》

当个老黑狗(伪军、警察),
美得不会走。
肩膀贴对子,
横批还没有。
头顶狗尿台(一种很丑陋的野蘑菇,指大沿帽),
洋刀不离手。
问他要干啥?
他说查户口。
成天唬洋气儿,

小命不长久。

（五）《婆婆丁》

停了雨，住了风，
村外去挖婆婆丁（指中草药蒲公英）。
我的爱根儿（爱人、新郎）去当兵，
骑白马，佩戏缨。

（六）《一溜风》

扬鞭打马一溜风。
三尺箭，四尺弓，
拉弓射箭响铮铮。
敢打虎，能射鹰，
你说英雄不英雄。

（七）《反歌》

说咱反，咱就反，
跟着抗联闹共产。
打倒东洋小鬼子，
天下大事咱们管。①

（八）《对门山上》

天沉沉，地沉沉，
对门山上起乌云。
乌云滚，到山根，
半夜三更雨打门。
哥哥拿把号，

---

① 此歌谣有异文："说咱反，咱就反，跟着抗联闹共产。打倒东洋小鬼子，光复东北工人管。"

弟弟提起枪，
双双摸到大山上。
东边吹起哒嘀哒哒，
中间打起噼噼拍。
又吹号，又打枪，
吓得鬼子发了慌。
后头逃，墙又高，
前门逃，怕大刀，
坐着又拍放火烧。
躲又无处躲，
藏又无处藏，
两眼泪汪汪，
架起机关枪，
辟辟啪啪放一场。

(九)《送郎上战场》

送郎送到大路上，
送郎扛枪上战场。
妹作军鞋送前线，
祝愿哥哥打胜仗。

(十)《抗日联军》

"九一八"，亡国恨，
老百姓扛枪去参军。
齐心协力打日寇，
东北人民好翻身。

抗日联军铁打汉，
风吹雨打腰不弯。
爬冰卧雪来露营，
头枕大山盖蓝天。

青山肃野冷清清,
骂在嘴里恨在心。
日本鬼子别逞凶,
抗联就是报仇人。

想抗联,心不安,
一天少吃一顿饭。
省下饭,装满罐,
提上就到村外转。
朝东瞅,往西看,
盼望红旗一杆杆。
抗联战士快回来,
吃饱打仗救穷汉。

抗联来了笑开颜,
又烧茶来又煮饭。
姐姐地里去挖菜,
我到鸡窝拣鸡蛋。

在我国历史上有一种非常重要的文化传统,民间歌谣可以作为社会历史发展的重要证明,成为史料;诸如许多正史的"五行志",就以儿歌说明历史。抗日歌谣也是如此。一方面是满洲国的五色旗和太阳旗在日本人的刺刀上迎风飘扬,他们奴役东北人民;另一方面是抗日联军为代表的反抗力量,他们浴血奋战,视死如归。但这里给人最深刻的感受常常并不是战争的残酷,而是控诉那些"黑狗"即警察、汉奸的歌声。这成为东北抗日歌谣的显著特色,让我们想起中华民族在外敌入侵时不同人的行为。我们有无数的优秀儿女为国捐躯,也有许许多多的汉奸、卖国贼,他们厚颜无耻,完全丧失民族气节。我们的历史应该尽情讴歌英雄,也不能忘记唾弃这些民族败类。

二 晋冀鲁豫抗日歌谣

晋冀鲁豫抗日根据地,包括太行、太岳、冀南、冀鲁豫等解放区,是中国共产党领导建立的。1937年10月,中国共产党领导的八路军一二九师进入太岳、太行山区,建立了晋冀豫抗日根据地;1938年5月,一二九师进入冀南,建立冀南抗日根据地;1939

年 2 月,八路军一一五师建立冀鲁豫、鲁西、湖(微山湖)西等抗日根据地。在这里涌现出左权等民族英雄,发生了平型关大捷等重大历史事件。晋冀鲁豫抗日根据地的抗日歌谣,典型体现了山东、山西、河南、河北广大地区人民群众反抗日本帝国主义侵略艰苦卓绝斗争在社会生活中的种种情感与呼声。如人统计,八年抗战中,晋冀鲁豫抗日根据地军民作战 3 万余次,毙伤日伪军 19 万多人,八路军等抗日武装发展到 29 万余人。这是中国人民抗日战争最辉煌的一章。抗日歌谣形象地记述了这一历史事件。

当然,晋冀鲁豫抗日歌谣从来都不是孤立存在的。1940 年代初,中共冀南地委机关报《人山报》发表《杨大路展开地雷战,出扰敌伪触雷尸体横飞》、《1945 年的头一炮》、《我分区子弟兵发动战役攻势,打掉杨桥、海子、万堤敌据点》、《我分区子弟兵精锐攻克刘营伪据点——活捉袁老粗子以下百八十人》、《漂亮的伏击——邯郸我军打垮抢粮敌》、《曲周反围击大胜》、《军民齐心、打得敌人不敢进村》、《吕洞固战斗》、《大洋马、二黑心的罪单》、《南馆陶人民起来斗争大洋马、二黑心》、《钻到钉子里捉汉奸——邯郸锄奸小组活跃》、《良母送儿上战场,贤妻送郎打东洋》、《三分区八路军永远保卫三分区人民》和《大破大名府》等通讯报道,向社会高呼"一年打败希特勒,三年打败小日本"的宣传口号,其文艺专栏《大众园地》曾以整版篇幅发表抗日歌谣和大量富有地方特色的通俗文学作品,如刘树春京调新剧《虎口夺枪记》,剑波民间小调《打蚂蚱》,田辛甫秧歌剧《牛凤高别母》、翟向东快板剧《后悔不迟》及独幕话剧《王定保从军》、《探伤兵歌》等,深受社会喜爱。民间歌谣与这些文化现象相得益彰,共同汇成抗战救国的洪流。

晋冀鲁豫抗日歌谣的流传区域,从上海文艺出版社 1960 年版《抗日歌谣》等现代文献可知,主要有太行山区、山西繁峙、晋中、晋西北、冀南、河北白洋淀、河北平山、河北怀来、胶东、鲁西南、河南罗山、河南确山、晋冀鲁豫边区等,搜集整理者各种人物都有。从题材上讲,歌颂八路军奋勇杀敌和军民鱼水情者居多,如《八路军为了咱》歌唱"梨子树,开鲜花,军队和咱是一家",《纺线小调》歌唱"咱们妇救会呀,会员真正强,组织起来去纺线,参加生产多荣光",以及《欢迎八路军进城》、《雁翎队》、《支援前线第一桩》、《劳军忙》、《做军鞋》等;表达送子参军、送郎参军者多,如《送哥哥出征》歌唱"羊皮袄,毛儿长,哥哥穿着上战场",《送郎参军打日本》歌唱"一道道水,一道道山,我送郎君汾河畔,汾河流水水不断,千言万语说不完",《女子参军》(五更调)歌唱"一更一更里呀,月亮未出现",一直唱到"五更五更里",从"月亮未出现"分别唱"月亮在正东"、"月亮在正南"、"月亮在正西"、"月亮渐渐落",最后歌唱"谁来参军救国家,女中数着我";控诉"中央军"和敌伪军胡作非为等罪行者也有很多,如《血债要用血来偿》歌唱"血债不能忘,点滴记心上",《汉奸队下乡》记述"汉奸队,下了乡,抢粮食,扒衣裳;又杀猪,又宰羊;老百姓,气断肠",《油饼队》记述"天昏昏,地昏昏,诸城有一队中央军,日本鬼子他不打,专门踢蹬庄稼人",《中央军,凶似狼》痛骂"中央军,凶似狼,拿起枪来像阎王,见了百姓就开枪"、"穿着百姓衣,吃着百姓粮,百姓出钱他买枪,日本来了他就跑,汉奸见面不放枪,端起枪来打老乡",最后严厉谴责他们道:"养只狗儿能看门,养活他们添灾殃",等等。总之,在这一历史时期的民间文学表现内容中,一方面是日本侵略者烧杀抢掠,犯下滔天罪行,一方面是八路军与人民大众一起奋勇抗战,与"中央军"丑恶的社会行为形成强烈对比。

或曰,并不是人民群众没有看到像台儿庄战役这样一些震惊世界的抗敌壮举,他们愤怒控诉"中央军"和那些为日本人卖命的汉奸卖国贼一样祸国殃民的罪行,热烈赞颂八路军与人民群众打成一片,官兵平等,难道都是将国民党政权无端妖魔化的泛滥吗?应该说,这里的原因更复杂,其中一个最重要的因素就是中国共产党领导下的八路军更加重视与人民群众血肉相连的情感,是人民子弟兵。因为政治文化立场的巨大差异,一个以救民于水火为使命,一个更多的是谋求个人升官发财,所以,"中央军"涣散软弱的军风军纪,严重败坏了他们在人民大众心目中的形象。民间歌谣客观的表现出这些内容,如:

(一)《平型关上逞英雄》:

英勇善战八路军,
平型关上逞英雄。
板垣师团被歼灭,
抗战史上第一功。(山西繁峙流行)

(二)《打游击》

我手拿着单打一,
前去打游击哪咳,
捉住特务不客气。

我手拿着三八枪,
前去上战场哪咳,
打的鬼子回东洋。

我手拿着手榴弹,
勇敢上前线哪咳,
打那卖国贼汉奸。

我扛起了迫击炮,
去攻打敌碉堡哪咳,
小日本鬼吃不消。(晋冀鲁豫边区)

(三)《军民好比一家人》

东八路,西八路,
都是咱的好队伍,
见了群众满脸笑,
抽空给你担水扫街道。
八路军,老百姓,
军民好比一家人。(晋西北地区流传)

(四)《聚来聚去没有人》

"兵农合一"(阎锡山实行的所谓全民抗战政策)聚宝盆,
聚来聚去没有人。
种田的人少了——地荒了,
打仗的人少了——跑光了。
地为什么荒?
——种地的吃不上;
兵为什么跑?
——不打日本,光打同胞。(晋中地区流传)

(五)《八路就是炼铁汉》

边区好,边区宽,
人人赛过铁罗汉。
铁罗汉,铁一般,
八路就是炼铁汉;
领导咱,来抗战,
鬼子撵出东海岸。(冀南地区流传,柳野青搜集整理)

(六)《快来救性命》

　　天灵灵,
　　地灵灵,
　　八路快来救性命。
　　(胶东一带流传,王宴搜集整理)

(七)《八路来了人人喜》

　　小红孩儿,穿红裤;
　　打日本,迎八路;
　　八路来了人人喜,
　　没有穷来没有苦。(鲁西南童谣,铜马搜集整理)

(八)《好团长》

　　陈子斌,好团长,
　　民里生,民里养。
　　战士有病他熬药,
　　战士吃饭他端汤;
　　战士上山爬不动,
　　他给战士扛大枪。(冀南地区流传)

(九)《八路军,好心肠》

　　八路军,好心肠,
　　割了麦子帮打场,
　　保卫根据地,
　　坚决打东洋!(山东流传,王宴搜集整理)

(十)《老子参军一把刀》

　　老子参军一把刀,
　　一心跟着八路跑,

不杀老蒋贼东洋鬼,
誓死不回刘家窑。(河南罗山地区流传)

(十一)《厉文礼》

天上有飞机,
地下有个厉文礼;
不怕飞机扔炸弹,
就怕厉文礼要钱要白面。
(此歌谣流传胶东一带,王宴搜集整理。厉文礼是国民党中央军的一个反动头目,横行霸道,无恶不作。)

(十二)《鬼子认干爸》

蚂儿菜,
就地爬,
鬼子认我干爸爸。
我问你要做什么,
鬼子伸手比个大:
"八路大大的,
我的小小的;
爸爸的有,
我的死的没有。"
(冀南地区流传,柳野青搜集整理)

(十三)《中央军,吃饱睡》

中央军,吃饱睡,
日本来了往后退;
中央军,吃饱蹲,
听说打仗腿转筋。

三 南方抗日歌谣

南方是一个地域范围尤其广阔的地理概念,也是一个内容相当复杂的历史文化概念。抗日战争首先在北方打响,而最艰难的抗战更多发生在南方。诸如上海淞沪会战、南京的陷落、武汉会战、长沙会战,国民政府退守重庆,这些重大事件都成为社会历史尤为深刻的记忆。民间文学对这些内容的诉说与表达,受到南方地域文化等传统内容的影响作用,与北方广大地区的民间文学有着明显不同的风格。

北方有八路军,南方有新四军,都是中共领导的军事力量,都是人民群众拥戴的人民军队。这首先是我们听到的《新四军军歌》"扬子江头淮河之滨","八省健儿汇成一道抗日的铁流",是"光荣北伐武昌城下,血染着我们的姓名;孤军奋斗罗霄山上,继承了先烈的殊勋"与"为了社会幸福,为了民族生存,一贯坚持我们的斗争"与"抗战建国,高举独立自由的旗帜"响彻云霄的歌声。至今,在江苏溧阳,地方民众还保存着当年热烈赞扬新四军领导人陈毅他们的故事与歌声。诸如:

(一)《当兵要当新四军》

> 吃菜要吃白菜心,
> 当兵要当新四军;
> 新四军,爱人民,
> 他是工农子弟兵。
> 新四军,讲平等,
> 官兵如同兄弟亲;
> 新四军是大学校,
> 军政文体样样行。
> 新四军,打日寇,
> 好似猛虎扑狼群;
> 吃菜要吃白菜心,
> 当兵要当新四军。

(二)《新四军今晚住我庄》

> 太阳升,亮堂堂,
> 新四军打了大胜仗;

刚才区长带信来,
今晚队伍住我庄。
我庄上,忙又忙,
杀猪宰羊又腾房;
妈妈忙着包馄饨,
奶奶赶烧鸡蛋汤。
馄饨鲜,蛋汤香,
送给战士尝一尝;
吃饱喝足休息好,
明日又去打东洋。

(三)《溧阳来了陈司令》

天昏昏,地冥冥,
刮民党军弃南京,
日寇来到溧阳城,
烧杀淫掳害人民。
风凄凄,雨淋淋,
溧阳城里没有人,
街头小巷遍地尸,
数里不闻鸡犬声。
风雨刮后天气晴,
溧阳来了陈司令,
带来大批新四军,
打退日本鬼子兵。

(四)《军民要合作》

哎嗬嗨,我们军民要合作!
哎嗬嗨,我们军民要合作!
你在前面打,
我在后面帮,
挖战壕,送子弹,
抬伤兵,做饭菜,

我们流的是血和汗,
赶不走鬼子心不甘!
哎嗬嗨,赶不走鬼子心不甘!①

在我国南方湖南、湖北、江西、安徽等地,包括湘鄂赣、鄂豫皖等革命根据地所在地,是当年红色歌谣流传的主要地区。在抗日战争时期,抗日歌谣继续以嘹亮的歌声唱响,这些歌谣至今仍然流传。如安徽省西部大别山岳西地区,属于鄂豫皖革命根据地,曾是红二十五军和新四军战斗过的地方。抗日战争爆发后,这里传唱着《抵制日货》的民间歌谣:"大狗叫,小狗叫,日本鬼子真残暴;既占东三省,又到上海闹;房屋成焦土,同胞被杀掉。小朋友,大家要:不穿日本衣,不戴日本帽,使他货物卖不掉!"抗日战争中,岳西人民抗日团体宣传参加新四军,民间歌谣《当兵要当新四军》歌唱道:"吃菜要吃白菜心,当兵要当新四军;新四军,为百姓,青年快当新四军。"而当时国民党四十八军、"安徽省抗日第八挺进队"、"安徽省抗日第十一游击队"来到这里的时候,民间百姓则歌唱道:"养了儿子是老蒋的,养了女儿是两广的;养了鸡鸭是乡保丁的,养了稻谷是乡保长的。"他们控诉这些所谓的"抗日"队伍扰民、害民,在民间歌谣中歌唱道:"'第八挺',大饭桶;'十一游',笨猪牛。挺而不挺,游而不游。不到前线去抗日,专抢老百姓的猪和牛。"在对比中,我们可以看到民间文学生成规律在抗日歌谣中的体现。凡是祸害人民大众的邪恶势力,无论如何气焰嚣张,都会留下历史的骂名。

岳西地区还流传着富有时代特色的民间歌谣《十字歌》,其内容与抗战救国的主题相融合,从一到十,每一种内容都形成对社会现实生活的述说。其歌唱道:

一字写来一杆枪,
中国人民都遭殃;
许多同胞被残杀,
到处鬼子逞凶狂。
二字写来两条龙,
汉奸走狗又帮凶,
富人捉去当傀儡,
强迫穷人打先锋。
三字写来三道街,
鬼子开兵下乡来,

---

① 此为江苏省溧阳县文化局朋友帮助调查到的《江苏省溧阳水西村歌谣》,芮金川等人记录。特致以谢意。

牛羊鸡狗全杀尽,
眼看田荒秧难栽。
四字写来四垛墙,
城市村庄成战场,
妇女小孩被淫掳,
年青学生被杀光。
五字写来一张弓,
铁器家具全拿空,
工人失掉锤和斧,
一把菜刀十家共。
六字写来两脚叉,
一片焦土无人家,
货物拿去不给钱,
商人还要挨毒打。
七字写来一道弯,
到处发动游击战,
联合工农兵学商,
吓破汉奸鬼子胆。
八字写来左右分,
保卫家乡要真心,
壮丁参加自卫队,
妇幼协助抗日军……

江苏省在总体上属于我国的南方。这里是民间歌曲《茉莉花》的故乡。江苏盐城曾经是新四军总部所在地,当年流传《黄桥烧饼歌》,歌唱"黄桥烧饼黄又黄"、"黄桥烧饼圆又圆"、"黄桥烧饼万万千",歌唱新四军。抗日战争时期,这里流传民间歌谣《新四军带来好庄稼》,记述"放劲耕,放劲耙,新四军一到尽长好庄稼;没人抢,没人扒,庄稼都归我自家",其他如《新四军,数不清》歌唱"天上最可恨的是恶老鹰,地下最可恨的是和平军(即汪精卫和平救国军)",《欢天喜地》记述"韩顽固(韩德勤)在此,昏天黑地;日本鬼子在此,没天没地;新四军来此,欢天喜地",《厚脸皮》记述"南京城门高,南京城门厚,南京城里有个汪精卫,脸皮比城墙厚十倍"等。苏北和皖北地区流行大量与新四军和抗日战争相关的民间歌谣。这些民间歌谣与陕西、山西等地的民间歌谣在曲调上、内容上都有明显不同。

1938年9月,彭雪枫率领新四军游击支队东征,1939年和八路军苏鲁豫支队共同建立豫皖苏边区抗日民主根据地,并在这里创办《拂晓报》,发表宣传抗日救国内容的民间歌谣。新四军是人民的军队,受到人民群众的拥爱,是其不断发展壮大的重要因素。安徽涡北新兴集一带是江苏、安徽、山东、河南交界处,地理上可以看作北方,也可以看作南方,文化风格上讲,它其实更多属于南方。历史上这里曾经发生过刘邦斩蛇、朱元璋造反等重大事件。著名的《凤阳歌》,在这里广为流行,人们在民间歌谣中唱出"说凤阳,道凤阳,凤阳本是好地方,自从出了朱皇帝,十年倒有九年荒",然后"身背花鼓走四方"。逃荒要饭成为这一广大地区破产农民的主要逃生手段。抗日战争时期,这里是新四军四师司令部所在地。当时,这里有一首以逃荒为主题的民间歌谣《逃荒》,其歌唱道:

叫了一声爹,
喊了一声娘,
好不该留俺在世上,
人人比俺强!
低头想一想,
房中没有粮,
叹了一声叫亲娘,
只好去逃荒。
进了一庄村,
狗子咬破门,
庄庄把俺来盘问,
说俺是坏人。
东家要一口,
西家要半碗,
三天难吃(一)顿饱饭,
饿得俺随风转!
大雪遍地白,
浑身把糠筛,
冷冷清清苦难挨,
儿女靠墙歪。
要想不要饭,
坚决去抗战,
打狗棍一丢,
换的是枪杆。

跟着老彭干,
跟着老彭干。

这里的"老彭"是新四军四师师长彭雪枫,他曾经在这一地区领导抗日救国,是新四军著名将领。彭雪枫积极开展新四军的救国救民与壮大武装力量工作,其机智灵活、平易近人,在工作中深受民众的爱戴,后来在战斗中不幸牺牲。

苏北、皖北等地还有许多热烈赞颂新四军、鼓励参加新四军上前线杀敌的民间歌谣。如《送郎参军》歌唱道:"小妹妹才十九,手拉着我郎手,要送我郎参军走。我郎有决心,参加新四军,灰色军装穿在身。我郎上前线,杀敌去抗战,打跑鬼子再团圆。"这里还有一首《调兵歌》,采用传统民间歌曲调式,从另一个风格上表现出地方民众欢迎新四军的心情,其歌唱道:

姐在房中闷沉沉,
忽听门外来调军,
不知调哪军?
南军、北军都不调,
单调我郎新四军,
前线打敌人!
擦干眼泪说一声,
再叫我郎你是听,
将你送一程。
送郎送到大门口,
伸手拉住我郎手,
我郎慢慢走!
送郎送到庄西头,
一双新鞋交郎收,
跑步不发愁。
送郎送到九里村,
叫声我郎记在心,
别忘穷乡亲!
送郎送到涡河边,
河里轮船冒青烟,
我郎快上船。
轮船开走一阵风,

手摇汗巾喊连声,
胜利早回程!"①

江苏南通流传民间歌谣《蜡烛一条芯》,歌唱道:"灯笼千个眼,蜡烛一条芯;新四军千千万,一心为人民。"②安徽当涂流传民间歌谣《骂汉奸》,记述"吃的中国粮,穿的中国衣,卖身当走狗,单把同胞欺"、"人是中国人,也在中国长,卖国发洋财,民族遭大殃"。这些民间歌谣表现出抗日救国空前高涨的民族热情的同时,也反映出人民大众对时局的把握与理解,尤其是他们鲜明的爱憎。

在众多南方民间歌谣中,鄂南抗日歌谣的格调与内容尤为突出。除了各种形式的咏唱,表达各种时政,或拥护新四军,歌唱"鸟靠林,树靠根,救国要靠新四军",或抨击汪精卫的投敌卖国,歌唱"张打铁,李打铁,打把大刀送九爹",皆情真意切。这里涌现出许多采用传统民间歌曲形式歌颂新四军的民间歌谣,诸如十二月花调《新四军真英雄》,每一节都有"打鬼子"的具体内容与"咿呀得喂"相衬,歌唱"正月里,梅花儿开"、"二月里,柳发青"、"三月里,桃花红"、"四月里,插秧忙"、"五月里,过端阳"、"六月里,汗如水"、"七月里,七月七"、"八月里,桂花香"、"九月里,秋风凉"、"十月里,小阳春"、"冬月里,雪花飘"、"腊月里,竹叶青",完整体现出南方特殊的风物世界特点。其他如船工号子《新四军过了江》、采莲子船调《采莲船拜年》、故事小调《张大奶杀鸡》、泗州调《这是什么国民军》、麻城调《十恨歌》、花鼓调《樊湖呀好地方》、打花棍词《姐弟对唱》、外外里子调《拨开云雾见青天》、《四问》和《三迎新四军》、《十绣歌》等,都具有鲜明的地方特色,堪称中国现代民间文学史上的奇葩。船工号子《新四军过了江》是采用非常少见的长江船工号子调,歌词内容以新四军过江为主题,表现出对新四军队伍的拥戴。而其中的《十绣歌》,内容更特殊,每一句歌词中都有一个历史传说故事或以人名表现。如其记述:

一绣红旗飘,
边区有位老,
军民团结有依靠。

二绣李师长,
威名震四方,
鬼子听了心惶惶。

---

① 此民间歌谣为钱晋搜集整理。
② 此民间歌谣为顾浩铎搜集整理。

三绣陈大姐,
巾帼女英才,
边区百姓都爱戴。

四绣张司令,
英勇又年轻,
江南江北打敌人。

五绣梁子湖,
梁湖出鳊鱼,
打走土匪马钦武。

六绣铜山尖,
活捉卢鸿雁,
樊湖百姓见青天。

七绣南山峰,
消灭田维牛,
大冶百姓好耕种。

八绣樊山高,
抗日出英豪,
红旗到处迎风飘。

九绣西洋畈,
个个是好汉,
纷纷报名把军参。

十绣一枝花,
军民是一家,
打走鬼子安天下。

这里面"一绣"中的"老",是指边区领导人郑位三,是鄂豫皖边区的重要领导人,后任中共鄂豫陕特委书记,鄂豫皖区委书记,淮南区委书记,新四军第五师政委,中共豫鄂边区委书记等职务。这里"二绣"中的"李师长",是李先念,其当时任新四军第五师师长。"三绣"中的"陈大姐"是陈少敏,"四绣"中的"张司令"是张体学,他们都是鄂豫皖边区的领导人。"五绣"中的"马钦武"、"六绣"中的"卢鸿雁"、"七绣"中的"田维牛",分别是国民党"别动队司令"、"游击支队长"、"挺进司令",被李先念他们领导的鄂豫皖边区革命力量所打败。此民间歌谣中的每一个人都是一个传说故事,统一于"打走鬼子安天下"的歌唱主题。或曰,民间歌谣中的抗日歌谣与红色歌谣一样,都是民间文学现象中的重要内容,体现出一定时代和一定地区在一定背景下的社会现实生活,是抗日战争特殊的英烈谱和汉奸谱。

民间文学表现抗日战争这一重大历史事件,以不同的表达方式融入千百万人民大众最真实的情感;歌谣是特殊的历史,表现出民众视野中的一切。所有的风风雨雨和是是非非,在抗日歌谣与民间文学中得到最直接最具体的表现,使之史志意义更突出。

四 大西南的抗战歌声

大西南是中国抗战的后方,集结着中国政治、经济、文化的重心。这里有许多文化团体与各种图书报刊,进行着夜以继日的抗日文化宣传;同样,这里也响彻山呼海啸般的抗战歌声。

如刘长吉在《西南采风录》中专门设录有"抗日歌谣"的章节,在这部著述中收集了20首西南地区流行的抗日歌谣。其论述道:

"抗战的呼声,动荡到了全国每个角落。就是万山重叠、交通阻塞的西南各省的民众,也感到了敌人的可恨。因之成于心而形于言,他们那抗日的情绪,吟成了不少的抗日歌曲。

乡下的老百姓,当然没有音乐家作谱作歌的知识;所以,我们所唱的歌,与学校里军队里所唱的抗战歌曲,大不相同。因为西南乡民是惯于唱山歌的,他们自然而然把抗日的情绪,用山歌的格调表露了出来。这样的歌,自然不像文人音乐家作的歌曲,词句音调免不了粗俗些,不过惟其如此,我们才可以窥探出一般民众对于抗战的认识,及愤慨的情绪;惟其民歌词义粗浅,音节简单,才易懂易唱,易于普及。比起我们到民间宣传时,所唱的民众听不懂的歌曲,收效还要大得多呢。所以说山歌的粗俗,正是它的价值所在。如此才合民众的口味。

以下所采集的抗日民歌,由其词义来判断,无疑有许多确出自乡民之口,有数首很像被访问的中小学学生编的。无论怎样,他们是充满了爱国的热诚,又套用山歌的格调,自然也有使大家过目的价值。①"

这里,刘长吉根据抗日歌谣的地理分布,主要有云南、贵州、湖南等地区。他将其具体划分为"黔黄平"、"黔贵定"、"湘常德"、"湘沅陵"、"黔贵阳"、"黔关锁镇"、"滇霑益"、"滇师宗"、"滇杨林镇"、"昆明"等区域,同时,将这些抗日民歌进行分别罗列展示。

抗日歌谣的搜集整理同样需要注释,将歌谣的原意完整的表达、介绍。如"湘常德"流行的《调兵歌》这是一首传统的思念情人的闺情民歌,歌中采用了"姐在房中闷沉沉,忽听门外来调兵,不知调哪营;一呀呀,多喊喊,不知调哪营"起句,唱"一十八省都不调,单调我武汉得胜军,一般好学生;一呀呀,多喊喊,一般好学生",唱"大的不过二十正,小的不过十八春,一般好年轻;一呀呀,多喊喊,一般好年轻",最后唱"吃菜要吃白菜心,投营要投得胜军,莫投矮子兵! 一呀呀,多喊喊,莫投矮子兵!"刘长吉对其所做介绍称:"这首调兵歌,十足代表乡农的见识及口吻,有许多说话怪好笑的,实在不符(合)当前的情势。不过,为了保持民歌的本来面目,故一字一句都不愿有所更改。"②又如"昆明"《送郎出征抗日歌》,歌唱"一送我郎去出征",分别送至"出昆明"、"出云南"、"到贵阳"、"到长沙"、"到北边"、"到前方"、"上战场"、"到关东",一直唱到"十送郎君到扶桑",歌唱"日寇不灭莫还乡"。最后,刘长吉注释道:"这首送郎出征抗日歌,是我在贵阳往清镇的途中见到的。这本来是张印刷品,我们看这首歌的格调,很像此地山歌,不过由歌中的内容可以断定这并不是乡民的作品。我的揣想是一部滇军北上抗日时,大概有救亡团体或文化机关,模仿山歌的格调,以贤妻送夫出征的口吻作成了这首送郎出征抗日歌。一来作为对出征将士的欢送词,二来对出征将士各方面的叮咛及鼓励。作者既熟民众的心理,思想也很周到。实在有采录的价值。再者,这首歌也是这个大时代所激成的产物,也可作为这个大时代的纪念品。"③这些注释与五四时期所提的注音注释方法是一致的。

在这些抗日歌谣中,许多歌谣的词句富有浓郁的地方生活气息,形成其鲜明的文化特色,诸如"滇霑益"中的"三月里来麦子黄,家家户户正农忙,指望今年收成好,哪知北方进虎狼","滇师宗"中的"正月里来是新春,日本鬼子又出兵;占了沈阳心不足,占了北平不甘心",都是以四季时间为兴,表达抗日情绪。同是以四季做赋比兴,《西南采风录》中的云南民歌里还有"怨歌",借用这种方式表达对社会现实极其黑暗的控诉,与反对日本人的野蛮行为具有同样的情绪。

---

① 刘长吉:《西南采风录》,商务印书馆 1946 年 12 月版,第 147 页。
② 刘长吉:《西南采风录》,商务印书馆 1946 年 12 月版,第 150 页。
③ 刘长吉:《西南采风录》,商务印书馆 1946 年 12 月版,第 159 页。

西南地区的民间歌谣与其他地区的抗日情绪一样，出自内心，丝毫不加掩饰。诸如"黔贵阳"抗日歌谣中的"送郎送到门外头，郎的眼睛大如牛；问郎在恨哪一个，恨的日本贼骨头"；这里的"郎的眼睛大如牛"，分外传神。又如"黔黄平"中的"要想老婆快杀敌，东京姑娘更美丽；装扮起来如仙女，人人坎肩心喜悦。同胞快穿武装衣，各执刀枪杀前锋。努力杀到东京去，抢个回来做夫人"，这令人想起又一种情景，即恨屋及乌。把东京姑娘抢回来，应该是对日本人奸淫烧杀、无恶不作的报复，是血债要用血来还的情绪表达，并不是什么文雅不文雅！这里也包含着中国社会独具特色的民间信仰，即夺得对方的女子，在事实上形成具有强暴、占领对方色彩的行为，以此形成侮辱对方的女子，成为一种具有巫术意义的仇恨宣泄。或曰，这就是民间社会常常出现的辱骂对方祖先、母亲、姐妹，其形成詈骂风俗，其实还具有更深刻的思想文化意义。在社会民众看来，日本人发动侵华战争的本身就是极端的野蛮，哪里还需要文质彬彬的绅士风度！这正是抗日歌谣时代特色的真实体现。

与此相应的是刘长吉《西南采风录》所记"到过西南各省的人，都知道西南民众特别迷信，村头路旁到处可以看见一座座的庙堂或庵子，晚间或正午的时候，家家门口都燃着香，处处弥漫着香烟及焚纸箔的气息，在这可以证明他们深信鬼神"①云云。在这样的社会风俗生活环境中，抗日歌谣借用传统民间文学形式表达抗日情绪，宣传抗日思想，只有这样才能达到鼓舞民众的效果。

四川、重庆是抗日战争的大后方。南京沦陷之后，中华民国政府和一些高等学校内迁到重庆等大西南地区，这里形成抗日的文化重镇，掀起全民抗日的文化浪潮。《抗敌歌谣》是一本由"四川省立成都实验小学"出版的小册子，1938年10月出版。其中保存了许多抗日歌谣，反映出大西南地区民众反对日本侵略和保家卫国的意志与决心。这些抗日歌谣用传统歌谣的表现手法，唤起民众抗日。如其所记：

《太阳光》

太阳光光，
照在四方，
家家户户不安康。
哥哥持枪去打仗，
姐姐拿针做军装。
弟弟妹妹年纪小，
唱个歌儿骂东洋！

---

① 刘长吉：《西南采风录》，商务印书馆1946年12月版，第184页。

《月姐姐》

> 月姐姐，
> 亮光光，
> 三岁孩子哭爹娘。
> 爹也爹！
> 娘也娘！
> 请你保佑我，
> 长大打东洋！

《荷花开》

> 荷花开，
> 鬼子来。
> 鬼子来得多，
> 我就喊哥哥。
> 鬼子来得少，
> 我就喊嫂嫂。
> 哥哥嫂嫂一条心，
> 去跟鬼子拼一拼，
> 杀得鬼子光精精！

《花儿红》
> 花儿红，
> 叶儿青，
> 我同哥哥去当兵。
> 哥哥拿刀我拿枪，
> 大家一齐打东洋。
> 东一轰，
> 西一轰，
> 轰得鬼子下地洞。
> 东一杀，
> 西一杀，
> 杀得鬼子没得法！

《豇豆藤》
　　豇豆藤,
　　小豆藤,
　　多多拜上女婿们。
　　不去当兵把国救,
　　要想接人不得行!

《爬山豆》
　　爬山豆,
　　叶叶长,
　　巴心巴肝望情郎。
　　望郎早把日鬼灭,
　　妹到沈阳来拜堂。

歌谣的语言通俗易懂,活泼生动,号召民众起来,走上前线与敌寇进行殊死的斗争。也有一些歌谣赞颂抗日前线的游击队顽强作战、奋勇杀敌的精神,借此鼓舞和激励民众。如其所记:

《小小兵》

　　小小兵,
　　上战场,
　　杀得鬼子叫爷娘。
　　小小兵,
　　志气强,
　　收复失地喜洋洋。
　　抗战就要抗到底,
　　中途停战最可鄙。
　　假使有人要说和,
　　抽他筋来剥他皮!

《张大哥》

　　张大哥,

李大哥，
　　出门碰着鬼子多。
　　你打我来拖，
　　你拍拍子我唱救亡歌。
　　有饭大家吃，
　　有事大家做。
　　拼命干，
　　齐动手，
　　打倒恶鬼才有日子过！

《去当兵》

　　东洋兵，
　　狼毒心，
　　专门要把弱小侵。
　　去年占我大南京，
　　今年又想湖北省。
　　如不荷枪上前冲，
　　这就来到自己身！

《丈夫当兵莫心疼》

　　叫声贤妹我的人，
　　丈夫当兵莫心疼。
　　我不去把倭寇打，
　　将来你是他的人！

《背起炮火上战场》

　　有女要嫁好儿郎，
　　背起炮火上战场。
　　一朝日寇赶走了，
　　大功告成把名扬！

《去冲锋》

轰！轰！轰！
日本大炮来进攻。
东北四省都陷落，
尸首满地血流红。
咚！咚！咚！
爱国男儿去冲锋。
与其活做亡国奴，
不如战死称英雄！

《活着一天杀一天》

干柴遇火点就着，
人人有命都想活。
我不杀你你杀我，
要想活命把力角。
莫道中国比人弱，
中国男儿不下作。
人人拼上一条命，
定教鬼子见阎罗。
莫笑穷人喝稀粥，
喝了稀粥长骨头。
人穷还有骨头在，
舍生忘死报国仇。
不怕势力不爱钱，
不给敌人做汉奸。
莫说打仗生活苦，
活着一天杀一天！

《我军神勇本难当》

我军神勇本难当，
七七一战最荣光。
饶你永野跑得快，
有何面脸见爹娘？

三个联队犯马当，
七日死得精打光，
只剩田俊小儿郎，
尊听幺幺哭爹娘。

《咱们弟兄》

咱们弟兄，
去打冲锋。
鬼子发抖，
一个筋斗。
魂散魄丢，
逃到杭州。
杭州城矮，
逃到上海。
上海仇深，
逃到南京。
南京讨嫌，
逃到济南。
黄河结冰，
逃到天津。
天津摇铃，
逃到北平。
北平难藏，
逃到沈阳。
沈阳开枪，
杀得精光！

《送出征勇士歌》

千针万针密密缝，
缝件军衣来相送。
健儿此去斗山东，
北地正苦西北风。

《送郎出征》：
　　石榴开花红又鲜，
　　我郎打扮到前线。
　　妹妹送郎上轮船，
　　叫郎在外勿挂念。
　　家中事体妹会干，
　　大小儿女妹会理。
　　惟愿我郎在前线，
　　当勇杀敌莫退避，
　　早日得胜回家里！

《一把刀儿白又白》

　　一把刀儿白又白，
　　送与哥哥去杀敌。
　　哥儿不把敌赶走，
　　休想回家把奴接！
《游击队》：
　　游击队，
　　真勇敢，
　　打得鬼子心胆战。
　　半夜三更鬼子不敢睡，
　　只怕吃我们的手榴弹！

抗日歌谣不但颂扬前线将士的浴血奋战，而且动员全社会的民众支援前线。如其所记：

《捐钱救国理应当》

　　清早起来一开箱，
　　抓把铜圆响叮当。
　　老婆问我做啥子？
　　捐钱救国理应当！

《多寡不论台上献》

> 伸着两双手,
> 活像在讨饭。
> 鼓起眼睛四面看。
> 向倒包车敬个礼,
> 吓得老爷条条颤。
> 老爷太太你莫颤,
> 多寡不论台上献。
> 有了钱,买了弹,
> 打得倭寇像镖箭,
> 救了同胞四万万。
> 那时节,由你坐汽车到处转!

抗日歌谣的表达方式多种多样,以丰富多彩的语言表达中华民族的仇恨,也表达视死如归的决心。这种朴素的表达方式既是对传统民间文学形式的再运用,也是民间文学新形式的创造。一切都是出自对民族命运的担忧,都是抗争方式的体现。

中国富有诗歌表现现实的文化传统"诗言志""文以载道"形成历史上的乐府运动等文化活动。民间歌谣是中国传统诗歌艺术的一种特殊形式,在民族危机爆发的时刻,它承担起唤醒民众、鼓舞斗志的文化重任。抗日歌谣弥漫在全中国的每一个地方,表现出具有五千年文明历史的中华民族抵抗外来入侵者的坚强意志。这些歌谣既有传统歌谣的运用,又有民众心声的直接表白,汇成抗日的洪流。

抗日歌谣是中国现代文学的一部分,与抗敌诗歌等抗战文艺一起筑造成中华民族保卫家园的文化长城。它像风一样,飘荡在世人的耳畔和心间,激发全民族的抗敌热情。中国的抗日战争是世界反法西斯战争的一部分,抗日歌谣反映出中华民族争取独立自由和民族解放的信念,也是世界反法西斯文学的重要篇章。这是中国民间文学发展史充满壮烈的一页。

第九章　鲁迅的民间文学观

鲁迅是新文学运动的旗手,也是中国现代民间文艺学的重要开拓者,在这一理论体系的建立和发展中和胡适他们一样做出了突出贡献。他的民间文学观不仅有集中的论述,而且散见于一些社会批评、文化批评和书信、日记中,表现出他在不同的历史时期对民间文学的具体认识,体现出与他人相异的思想特色。尤其是他在小说、散文和诗歌创作中,自觉运用民间歌谣和神话传说故事,与他的民间文学观交相辉映,显示出他对民间文学及其创造者的尊重。特别是他将国民性的批判、改造与建设的主题同民间文学研究相结合在一起,使我国现代学术体系在整体发展上产生了巨大的飞跃,直接影响到我们今天的民间文学理论研究学术品格的形成与发展。

一　尊重民间与正视现实的文化立场和价值观念

民间文学是人民大众的口头创作,是在漫长的历史传承中形成和发展的集体创作,在不同的时代和地区又体现出鲜明的文化个性。更为重要的是它作为人民大众的"百科全书",融入岁时风俗与礼仪等文化生活,具有相当复杂的功能和丰富的价值。说到底,它是一种特殊的语言艺术,即口头的、集体的艺术;它由民间社会共同创造、共同传播与传承。又由于我国专制政治有着漫长的历史并深刻影响着全民族的精神生活,在文化发展中形成了"礼不下庶人"①的主流意识,即"上智下愚"、"官贵民轻"的基本立场,以此产生相应的价值观念。鲁迅所生活的时代也正是中国社会从传统向现代发生重要转折的关头,自晚明到清初所形成的思想启蒙,与晚清社会的思想解放、救亡图存等思潮聚汇,从而有力地冲击着既有的思想文化秩序;"诗界革命"、"小说界革命"、"时务文学"和"新民体"等应运而生的文学思潮自然深刻影响着鲁迅。关于这些,我们可以从鲁迅早期的著述,诸如《人之历史》、《科学史教篇》、《摩罗诗力说》

---

① 《礼记·曲礼》

和《破恶声论》等论文中，管窥他文化思想的形成。但这一时期的鲁迅，其文化思想的核心又是与尼采的"超人"即反对庸众有着十分密切的联系。如他的《摩罗诗力说》，极力赞颂撒旦的反叛精神：

> 英人弥耳敦（即弥尔顿J. Milton）尝取其（即撒旦之神）事作《失乐园》（Tme Paradise loet），有天神与撒旦故事，以喻光明与黑暗之争。撒旦为状，复至狞厉。是诗而后，人之恶撒旦遂益深。然使震旦人士异其信仰者观之，则亚当之居伊甸，盖不殊于笼禽，不识不知，惟帝是悦，使无天魔之诱，人类将无由生。故世间人，当蔑弗秉有魔血，惠之及人世者，撒旦其首矣。然为基督徒，则身彼此名，正如中国所谓叛道，人群共弃，艰于置身，非强怒善战豁达能思之士，不任受也。①

鲁迅在这里所强调的是以撒旦精神做"强怒善战豁达能思之士"。撒旦是古希伯来人神话传说中的一只长了翅膀的蛇，因为引诱亚当和夏娃吃食禁果而成为受人诅咒的罪恶之魔。民间信仰中接受的观念，正是这一传说所影响的"禁欲"主题。17世纪的英国诗人弥尔顿以此传说故事为题材，热情讴歌撒旦的叛逆和战斗精神，但他又将撒旦作为人类理性软弱的对立给予批判，借以描述人类应坚守理性。鲁迅看到的是撒旦敢于同天帝做最坚决的斗争的无畏精神，把撒旦看作破除天帝以伊甸美名在精神上禁锢人类的"惠之及人世者"，以为若不是撒旦的诱惑，"人类将无由生"，即撒旦是对禁欲主义和愚民政治的卫道者的勇敢的宣战。同时，他看到的是"正如中国所谓叛道，人群共弃，艰于置身"，只有做一个"强怒善战豁达能思之士"，才能冲破旧的精神牢笼。如他在这里所说"该隐"和"普罗米修斯"故事的意义，把天帝作为真正的罪恶之源。他说：

> 伊甸，神所保也。而魔毁之，神安得云全能？况自创恶物，又从而惩之，且更瓜蔓以惩人，其慈又安在？故凯因（即该隐）曰，神为不幸之因。神亦自不幸，于造破灭之不幸者，何幸福之可言？②

鲁迅在这里还借以论述了尼采"不恶野人，谓中有新力，言亦确凿不移"③。尼采是鲁迅这一时期心目中的文化英雄。尼采曾在《权力意志》中强调世间"有上等人，也有下等人"，而"一个个人是可以使千万年的历史生色的"，他称"一个充实的、雄厚的、伟大的、完全的人"，"要胜过无数残缺不全、鸡毛蒜皮的人"，其"目标并不是人类，而是超人"④。鲁迅受尼采思想影响的背景最主要的内容，是中国社会包括世俗在内的黑暗、专制、腐朽、庸俗、麻木和一切罪恶，充斥在这个摇摇欲坠的古老封建王国，他和许

---

① 鲁迅：《摩罗诗力说》，《河南月刊》1907年第2—3号。
② 鲁迅：《摩罗诗力说》，《河南月刊》1907年第2—3号。
③ 鲁迅：《摩罗诗力说》，《河南月刊》1907年第2—3号。
④ 尼采：《权力意志》。

多睁开眼睛看世界的有识之士一样,要冲破这自我陶醉、自欺欺人的"伊甸"世界。所以,他向往的是"一个充实的、雄厚的、伟大的、完全的人",他所努力争取的目标也正是这样理想基础上的"立人"。而这种思想的形成和发展,又正如鲁迅所说,"欲扬宗邦之真大,首在审己,亦必知人,比较既周,爰生自觉,每响必中于人心,精晰昭明,不同凡响",①以求民族崛起。这与鲁迅所向往的"五洲同室,交贻文明,以成今日之世界"②是一致的。"摩罗"是梵语中的恶魔一词的音译,鲁迅名义上是借之考察在西方形成的这样一个浪漫诗派,论述雪莱、拜伦以及他们所影响下的俄罗斯诗人普希金、莱蒙托夫,包括波兰诗人密茨凯维支等人的诗歌发展,而着眼点还是在于呼唤那些"强怒善战豁达能思之士"。这与传统的士大夫蔑视人民大众,鄙视下层民众的腐朽意识是不同的。也就是说,鲁迅所希冀的是唤起民众的觉醒,包括对种种国民劣根性的解剖、反思与批判,意在"立人",使整个中华民族走出"笼禽"的"伊甸",人人都成为尼采所说的"充实的、雄厚的、伟大的、完全的人"。他的文学理想也正是建立在这种思想基础之上的批判,解剖并展示给人,让世人看到真正的现实,以引起疗救者的注意。

所以,鲁迅反对的是庸众,而不是大众,相反,在更普遍的情况下,他更注重维护劳动者的尊严,特别是下层民众的智慧聪明与他们的创造和艰辛。如他在一篇序文中所说自己对民间社会的感受:

> 我生长于都市的大家庭里,从小就受着古书和师傅的教训,所以也看得劳苦大众和花鸟一样。有时感到所谓上流社会的虚伪和腐败时,我还羡慕他们的安乐。但我母亲的母家是农村,使我能够间或和许多农民相亲近,逐渐知道他们是毕生受着压迫,很多苦痛,和花鸟并不一样了。③

感受常常成为理解和认识的基础。鲁迅在对待民间社会的态度上所表现的尊重,是与他对所谓上流社会的"虚伪和腐败"有着直接的联系的。他批判的矛头在更多的时候直指这些"虚伪和腐败",其文化理想一是对"充实的、雄厚的、伟大的、完全的人"的呼唤,一是对下层民众的同情、理解与尊重。尤其是他所表现的对民间社会的尊重这种情感的真诚,至今应引起我们的思索。我们有太多的人动辄指斥民间"愚昧"。

鲁迅对劳动者的尊重,对民间社会的尊重,通常是在与他对上流社会包括知识者的面目的揭露做比较中显示出来的。如他论及"中国自有中国的圣贤和学者",以"劳

---

① 鲁迅:《摩罗诗力说》,《河南月刊》1907年第2—3号。
② 鲁迅:《〈月界旅行〉辩言》,《月界旅行》,中国教育普及社1903年版。
③ 鲁迅:《英译本〈短篇小说选集〉自序》。

心者治人,劳力者治于人;治于人者食人,治人者食于人"为例,指出"出于圣贤"的"智识"的虚假。这里,他举法国寓言诗人拉·封丹《寓言诗》中的《知了和蚂蚁》,赞扬"火一般的太阳的夏天,蚂蚁在地面上辛辛苦苦地作工",批判此时"知了却在枝头高吟,一面还笑蚂蚁俗",而当"秋风来了"时,"知了无衣无食,变成了小瘪三"。他是在说明"两个世界"的不同,即"窗外流着油汗,整天在挣扎过活的人们的地方"与有闲者将"连火和草药的发明应用也和民众无缘"做以对比,①显现出他对有闲者"空谈"的指斥。在《"题未定"草》第九节中,他引用了"魏忠贤使缇骑捕周顺昌,被苏州人民击散"的历事故事,将"无耻的士大夫,早投降到魏党的旗帜底下"与之相对比,说"老百姓虽然不读诗书,不明史法,不解在瑜中求瑕,屎里觅道",但是他们"能从大概上看,明黑白,辨是非","往往有决非清高通达的士大夫所可几及之初的"。他接着举北平居民为"一二·九"运动中的学生送食物一例说,"谁说中国的老百姓是庸愚的呢,被愚弄诬骗压迫到现在,还明白如此",从而赞叹"石在,火种是不会绝的"。② 在《在现代中国的孔夫子》中,鲁迅就日本东京汤岛孔庙落成,何键寄赠孔子像一事,举"二十世纪的开始以来"袁世凯、孙传芳、张宗昌"都把孔夫子当砖头用",揭示出"中国的一般的民众,尤其是所谓愚民,虽称孔子为圣人,却不觉得他是圣人",和"孔夫子曾经计划过出色的治国的方法,但那都是为了治民众者,即权势者设想的方法,为民众本身的,却一点也没有"之间的联系。③ 在《田军作〈八月的乡村〉序》中,鲁迅举日本史学家箭内亘著作中所记述的"宋代的人民怎样为蒙古人所淫杀,俘获,践踏和奴使","然而南宋的小朝廷却仍旧向残山剩水间的黎民施威,在残山剩水间行乐",他们"逃到哪里","气焰和奢化就跟到哪里,颓废和贪婪也跟到哪里",所以便有"若要官,杀人放火受招安;若要富,跟着行在卖酒醋"的歌谣。进而他又讲,"人民在欺骗和压制之下,失了力量,哑了声音,至多也不过有几句民谣",并且以此揭示对于"大事件","我们没有一部像样的历史的著作,更不必说文学作品了"这样一种冷漠,赞美《八月的乡村》中"作者的心血和失去的天空,土地,受难的人民,以至失去的茂草,高粱,蝈蝈,蚊子,搅成一团",及其"鲜红的在读者眼前展开,显示着中国的一份和全部,现在和未来,死路与活路",驳斥"要征服中国民族,必须征服中国民族的心",高呼"一方面是庄严的工作,另一方面却是荒淫和无耻"。④ 在《随便翻翻》中,对于"消闲的看书",鲁迅举出"帮闲文士"所做的书,"譬如我们看一家的陈年帐簿,每天写着'豆腐三文,青菜十文,鱼五十文,酱油一文',就知先前这几个钱就可买一天的小菜,吃够一家","看一本旧历本,写着'不宜出行,不

---

① 鲁迅:《知了世界》,《申报》1934年7月12日《自由谈》。
② 鲁迅:《"题未定"草》"第九",《海燕》1936年2月第2期。
③ 鲁迅:《在现代中国的孔夫子》(日文),《改造》1936年6月号;中文,《杂志》1935年7月第二号。
④ 鲁迅:《田军作〈八月的乡村〉序》,《八月的乡村》,上海容光书局1935年8月版。

宜沐浴,不宜上梁',就知道先前是有这么多的禁忌","看见了宋人笔记里的'食菜事魔(教)',明人笔记里的'十彪五彪',就知道'哦呵,原来古已有之'",他说,"但看完一部书,都是些那时的名人轶事,某将军每餐要吃三十八碗饭,某先生体重一百七十五斤半;或是奇闻怪事,某村雷劈蜈蚣精,某妇产生人面蛇,毫无益处的也有","这时可得自己有主意了","凡帮闲,他能令人消闲消得最坏,他用的是最坏的方法"①,以此批评那些专事消遣的无聊文字。同时,这使我们由此联想到"近年的有些期刊,那无聊,无耻与下流"②,和"在国难当头的现在,白天讲些冠冕堂皇的话,暗夜里进行一些离间挑拨,分裂的勾当的"③等,在对现代中国文坛种种黑暗和弊端的揭露中,流露出鲁迅鲜明的爱憎。他对知识阶层的恶行的愤懑,与他对民间文学"刚健清新"的赞美,构成十分显著的对比,正具体映现出他尊重民间和正视现实的文化立场。诚如他在《关于知识阶级》中对"知识阶级"缺点的批判,他说,俄国社会在"革命"之前对"知识阶级"是欢迎的,因为他们"确能替平民抱不平,把平民的苦痛告诉大众",因为他们"与平民接近","或自身就是平民",但随着"荣誉"的增强和"地位"的"增高",而"同时却把平民忘记了","变成一种特别的阶级","终于与平民远远的离开了","不但不同情于平民或许还要压迫平民,以致变成了平民的敌人"。他又指出,"知识阶级对于别人的行动,往往以为这样也不好,那样也不好","问他怎么才好呢?他们也没办法"。他强调的是"为社会做一点事"④。同样,鲁迅对中华民族永远充满着热情,也永远充满着信心。1934年,《大公报》在一篇社评中说"民族的自尊心与自信心"已经"荡焉无存",整个国家早已"濒于精神幻灭之域"⑤。鲁迅针对于此,尤其是"一味求神拜佛,怀古伤今"的"事实",指出"中国人现在是在发展着'自欺力'"。他说,"一到求神拜佛,可就玄虚之至了,有益或是有害,一时就找不出分明的结果来,它可以令人更长久的麻醉着自己",而"我们从古以来,就有埋头苦干的人,有拼命硬干的人,有为民请命的人,有舍身求法的人",这些人与尼采所讲的"充实的、雄厚的、伟大的、完全的人"相比,更具体,也更实在,所以,鲁迅称他们是"中国的脊梁"⑥。这与他当年讴歌撒旦的叛逆相比,显然有了大的飞跃。这些被称为"中国的脊梁"的人,与鲁迅"立人"的目的是一致的,如鲁迅所说,"他们有确信,不自欺","他们在前仆后继的战斗",尽管他们"总在被摧残,被抹杀,消灭于黑暗中"⑦。也就是说,鲁迅从未避讳过国民劣根性在大众中的存在,也从

---

① 公汗(鲁迅):《随便翻翻》,《读书生活》1934 年 11 月第 1 卷第 2 期。
② 鲁迅:《"题未定"草》"第八",《海燕》1936 年 2 月第 2 期。
③ 鲁迅:《答徐懋庸并关于抗日统一战线问题》,《作家》1936 年 8 月第 1 卷第 5 期。
④ 鲁迅:《关于知识阶级》,《上海劳动大学周刊》1927 年 11 月第 5 期。
⑤ 《孔子诞辰纪念》,《大公报》1934 年 8 月 27 日
⑥ 公汗(鲁迅):《中国人失掉自信力了吗?》,《太白》(半月刊)1934 年 10 月 20 日第 1 卷第 3 期。
⑦ 公汗(鲁迅):《中国人失掉自信力了吗?》,《太白》(半月刊)1934 年 10 月 20 日第 1 卷第 3 期。

未对民间百姓完全失去信心,而是极力高扬民众智慧和聪明的光辉。如他在《二丑艺术》中,对"浙东的有一处的戏班中,有一种脚色叫做'二花脸'(即二丑)"性情的描述,这类人"有点上等人模样","但倚靠的是权门,凌蔑的是百姓",而他"没有义仆的愚笨,也没有恶仆的简单","他是智识阶级"。这是鲁迅对中国知识分子文化性格上的软弱、卑劣又残忍的最典型的概括。鲁迅借此赞扬"小百姓"的洞察力,他说,"二丑们编出来的戏本上,当然没有这一种脚色的",但是,"这二花脸,乃是小百姓看透了这一种人,提出精华来,制定了的脚色","早已使他的类型在戏台上出现了"①。鲁迅指出,"世间只要有权门,一定有恶势力,有恶势力,就一定有二花脸,而且有二花脸艺术",②其深刻揭示出无耻、腐朽文人的思想实质。同时,鲁迅总是维护民间百姓这一弱势群体的尊严和利益。在《电影的教训》中,鲁迅引出自己"在家乡的村子里看中国旧戏的时候"的话题,忆及"爱看的是翻筋头,跳老虎,一把烟焰,现出一个妖精来"、"大面和老生的争城夺地,小生和正旦的离合悲欢",他说,"捏锄头柄人家的孩,自己知道是决不会登坛拜将,或上京赶考的"。同时,他将之联系到《瑶山艳史》的"开化瑶民"。③ 这是一部侮辱少数民族的影片,甚至得到国民党中央的嘉奖。鲁迅对这种主题提出批评。他强调的不仅是对弱势群体的尊重,而且要发扬他们的精神,用他的刚健清新变革社会,当然,要认识这些人,须"要自己去看地底下"④。

鲁迅尤其重视作为"大众语""大众文"的民间文学,如他多次讲过"无名氏文学如《子夜歌》之流,会给旧文学一种新力量",称一些农闲时演出的民间文学是"毫无逊色"于"希腊的伊索、俄国的梭罗古勃的寓言"的。他说,"如果到全国的各处去收集,这一类的作品恐怕还很多"⑤。"收集"即深入民间进行实地考察,早在1913年,鲁迅就提出这种研究方法。如他在《拟播布美术意见书》中提到所谓"美术"有"三要素",即"天物"、"思理"与"美化"。这里的"美术"与现代美术是两个概念,而是指艺术,当然也包括绘画、雕刻。鲁迅说,"美术为词,中国古所不道",其原义为英语"artoffineart",即艺术,"是有九神,先民所祈,以冀工巧之具足,亦犹华土工师,无不有崇祀拜祷矣"。他将艺术分为雕塑、绘画、文章,建筑和音乐等类别,又提到柏拉图所分"静态艺术"与"动态艺术",黑格尔等人所分"视觉艺术"、"听觉艺术"和"感觉艺术"。他强调"美术之目的"其"要以与人享乐为枭极",在于"发扬真美,以娱人情",及其"表见(现)文化"、"辅翼道德"、"救援经济"等功能。在论述"播布美术之方"时,鲁迅提到"建设事业"、"保存事

---

① 鲁迅:《二丑艺术》,《申报》1933年6月18日《自由谈》。
② 鲁迅:《二丑艺术》,《申报》1933年6月18日《自由谈》。
③ 孺牛(鲁迅):《电影的教训》,《申报》1933年9月11日《自由谈》。
④ 公汗(鲁迅):《中国人失掉自信力了吗?》,《太白》(半月刊)1934年10月20日第1卷第3期。
⑤ 华圉(鲁迅):《门外交谈》,《申报》1934年8月24日—9月10日《自由谈》。

业"和"研究事业";他将"建设事业"分为"美术展览会"、"美术馆"、"剧场"、"奏乐堂"和"文艺会",将"保存事业"分为"著名之建筑"、"碑碣"、"壁画及造像"和"林野(即公园)"。对于民间文学研究最重要的是他所提的"研究事业"。他将其分为"古乐"和"国民文术"——"国民文术"就相当于我们现在所讲的"民间文学"。鲁迅说:"当立国民文术研究会,以理各地歌谣,俚谚,传说,童话等;详其意谊,辨其特性,又发挥而光大之,并以辅翼教育。"①前半句事实上就是我们现在所讲的对民间文学包括歌谣、谚语、传说和故事等内容的搜集与整理,后半句就是理论研究和应用研究。这篇文章发表5年之后,我们看的是《北京大学日刊》每天登载一首民间歌谣,即刘半农主编的《歌谣选》(栏目开始时间为1918年5月)。从1918年2月刘半农、沈尹默、周作人等人在蔡元培支持下组成北京大学歌谣征集处,发布《征集全国近世歌谣简章》,再到1920年12月北京大学成立歌谣研究会,1922年12月出版《歌谣》周刊,我们看到的与鲁迅所述"国民文术"的研究,无论是在学术目的还是在学术方法上,都是一致的。检索《歌谣》周刊,不知是何原因,鲁迅没有在这里发表过研究歌谣的文章,也没有在这里发表搜集整理的歌谣(鲁迅是曾经搜集整理过北方歌谣的②),但我们看到他在庆祝北大建校"二十五周年"时,为"研究所国学门歌谣研究会"所出版的"歌谣纪念增刊"设计的封面。封面上一轮上弦月与几朵闪烁的星斗相映,封面的左上角空白处写着一首"打开城门洗衣裳"的歌谣,整个画面布局中星、云、月交织在一起,舒缓流畅的线条,给人以丰富的遐想。这里应该是寄寓着鲁迅对歌谣研究的热切希冀,即让民间文学为新文学带来亮光。

搜集整理民间文学,作为自觉的人文研究方式,这在我国现代学术体系的构建中有着很重要的意义。如当年《歌谣》周刊的编者在其《发刊词》中所说,有两种目的,一是"为文艺的",即为新诗发展寻求语言范式,一是"为学术的"③,这里既有民俗学、歌谣学的目的,又有语言学的目的。后来,胡适在《歌谣》周刊的《复刊词》中则具体规定为"最大的目的是要替中国文学扩大范围,增添范本"④。无论从哪一种角度讲,这是把历史上以"下里巴人"、"引车卖浆之流"之名备受文人士大夫鄙视的人所创作的口头文学作为学术研究对象,这本身就是对"以圣贤为中心"学术格局的挑战。鲁迅是这种"挑战"的先驱。他把"国民文术"即民间文学的搜集整理与研究提到现代学术的范畴之内,并亲身进行实践,我们看到这不仅是一种学术勇气,而且是新的文化价值观念的树立。鲁迅不仅是"新文化的方向",在某种意义上讲,他也是现代民间文艺学

---

① 周树人(鲁迅):《拟播布美术意见书》,《教育部编纂处月刊》1913年2月第1卷第1册。
② 见周遐寿(周作人):《鲁迅与歌谣》,《民间文学》1956年第10号。
③ 《歌谣》周刊1922年12月17日第1号。
④ 胡适:《复刊词》,《歌谣》周刊1936年4月4日第2卷第1期。

的方向。从他的一些信件中,我们亲身感受到他献身于民族振兴事业的热忱。如,他曾在信中对人讲:

> 武松打虎之类的目连戏,曾查刊本《目连救母记》,完全不同。这种戏文,好像只有绍兴有,是用目连巡行为线索,来描写世故人情,用语极奇警,翻成普通话,就减色。似乎没有底本,除了夏天到戏台下自己去速记之外,没有别的方法。我想只要连看几台,也就记下来了,倒并不难的……
>
> 我想在夏天回去抄录已有多年,但因蒙恩通缉在案,未敢妄动,别的也没有适当的人可托。倘若另有好事之徒那就好了。①

我国古代版画,诸如汉代石刻画像、明代版画等,素有立像以言意的文化传统,以图案形式保存了丰富的民间文学内容。鲁迅对此相当重视。如 1923 年 1 月 8 日他给蔡元培的信中提到"汉石刻中之人首蛇身像",及"有一人抱之左右,有朱鸟玄武"、"似二人在树下以尾相缭"等内容。② 1934 年 2 月给姚克的信、1934 年 6 月给台静农的信等信中,都提到他四处延请人帮助搜集汉代石刻画像。在 1935 年 5 月 14 日致台静农的信中,他还详细开列了拓片中的"骑马人画像(有树木)"和"一人及一蛇画像"等神话传说材料。在 1935 年 12 月 21 日致王冶秋的信中,鲁迅记道:

> 今日已收到杨君寄来之南阳画像拓片一包,计六十五张,此后当尚有续寄,款如不足,望告知,当续汇也。这些也还是古之阔人的冢墓中物,有神话,有变戏法的,有音乐队,也有车马行列,恐非"土财主"所能办,其比别的汉画稍粗者,因无石壁画像故也。石室之中本该有瓦器铜镜之类,大约早被人捡去了。③

后来,鲁迅在致郑振铎、许寿裳、增田涉等人的信中,又多次提到对明代版画《十竹斋笺谱》和《北平笺谱》等刻本,并使之"复活"。这与今天我们所提倡的对民间文化遗产的抢救与保护又是何其相似!

1934 年 3 月 6 日他致姚克的信中记述道:

> 汉画像模糊的居多,倘是初拓,可比较的清晰,但不易得。我在北平时,曾陆续搜得一大箱,曾拟摘取其关于生活状况者,印以传世,而为时间与财力所限,至

---

① 见《鲁迅研究资料》(二),天津人民出版社 1980 年版第 71 页。
② 鲁迅:《致蔡元培》,《鲁迅研究资料》第 2 辑第 52—53 页,天津人民出版社 1977 年 11 月版。
③ 《鲁迅书信集》第 926—927 页。

今未能。他日倘有机会,还想做一做。汉画像中,有所谓"朱鲔石室画像"者,我看实是晋石,上绘宴会之状,非常生动,与一般汉石不同,但极难得。我有一点而不全,先生倘能遇到,万不可放过也。①

后来,他在给姚克的信中又一再提到这些,并说自己"欲择其有关风俗者印成一本"的愿望②。应该说,后来的闻一多是在步鲁迅这一后尘。③

民间年画是我国普遍流行的民间文化形式,现在我们把它称为"民间文艺遗产"。它是民间文学传播的重要媒介之一。如鲁迅曾在《论翻印木刻》中说,"古之雅人,曾谓妇人俗子,看画必问这是什么故事,大可笑。中国雅俗之分就在此。雅人往往说不出他以为好的画的内容来,俗人却非问内容不可"④。他在《致刘岘》中,提到"河南门神一类的东西,先前我的家乡——绍兴——也有,也贴在厨门上墙壁上,现在都变了样了,大抵是石印的,要为大众所懂得,爱看的木刻,我以为应该尽量采用其方法","不过旧的和此后的新作品,有一点不同,旧的是先知道故事,后看画,新的却要看了画而知道——故事,所以结构更难。"⑤画的内容无疑多是民间传说故事,其展示过程同样是这图画具体内容即民间传说故事的传播过程。我国古代传媒发展条件决定了这样的民间文学传播规律即叙事传统,它一般由三种条件构成,其一是口头的,占据着最重要的渠道,其二是包括年画在内的各种图案,其三是戏曲演唱活动。鲁迅对民间年画的重视,并从中发掘民间传说故事的价值,这是他自觉搜集整理民间文学进行深入研究的基础之一。同时,他还注意到这种叙事传统在文化发展中的重要意义。如他在论及王逸所说"屈原放逐,彷徨山泽,见楚有先王之庙及公卿祠堂,图画天地山川神灵琦玮谲诡及古贤圣怪物行事","因书其壁,何而问之"时,说"其流风至汉不绝,今在墟墓间犹见有石刻神怪物圣哲士女之图。晋既得汲冢书,郭璞为《穆天子传》作注,又注《山海经》,作图赞,其后江灌亦有图赞,盖神异之说,晋以后尚为人士所爱"⑥。在《连环图画琐谈》中,他论及"古人'左图右史'"现象时,说"宋元小说,有的是每页上图下说,却至今还有存留,就是所谓'出现';明清以来,有卷头只画书中人物的,称为'绣像'。有画每回故事的,称为'全图'。那目的,大概是在诱引未读者的购读,增加阅读者的兴趣和理解。"⑦他在《介绍德国作家版画展》中说,"世界上版画出现得最早的是

---
① 《鲁迅书信集》第500—501页,人民文学出版社1976年版。
② 1934年3月24日信,《鲁迅书信集》,人民文学出版社1976年版。
③ 闻一多:《神话与诗》,上海开明书店1948年版。
④ 鲁迅:《论翻印木刻》,《南腔北调集》,《鲁迅全集》人民文学出版社1981年版。
⑤ 见刘岘:《〈阿Q正传〉木刻后记》,未名木刻社1935年6月版。
⑥ 鲁迅:《中国小说史略》第二篇《神话与传说》,北新书局1925年版。
⑦ 燕客(鲁迅):《连环图画琐谈》,《中华日报》1934年5月11日《动向》。

中国,或者刻在石头上,给人模拓,或者刻在木板上,分布人间。后来就推广而为书籍的绣像,单张的画纸,给爱好图画的人更容易看见"①。所以,他分外重视民间年画和汉画像石刻等实物资料。在某种意义上讲,这相当于文物研究与民间文学的方法的开创。

对民间文学的搜集整理,不仅仅是一个学术方法问题,而且还是一个学术态度问题,这就是我们在前面所提到的文化立场与价值观念。鲁迅对民间文学所表现的热情,既尊重民间百姓的文化选择,同时又将民间文学的实际存在与解剖国民性的文化透视紧密联系在一起。他的视野和胸襟并没有因为关注这种土著文化而狭隘,当然这和他在日本读书期间热切关注世界文学有关,而更重要的是他自身的文化选择。由此使人想起他"我以我血荐轩辕"的诗句,也就是说,方法固然重要,而境界与品格更重要。鲁迅既注意民间文学的现在时态,曾亲自搜集民歌,又注意到文物包括石刻、木刻;既拓展了民间文学的研究,又启发了史学对民间社会的关注。同时,我们也由此看到他关注现实,"直视血淋淋的人生"与其学术研究等文化实践活动的密切联系。鲁迅不但注意对当世流传的民间文学口头和文物材料的搜集整理,而且十分重视对古代典籍的钩沉。如他在佛经中选取《痴化鬟》即《百喻经》,1914 年施银"六十块大洋"给金陵刻经处,刊印一百本以赠人。《百喻经》全名《百句譬喻经》,古印度佛教寓言集,两万余字,散存于诸种佛教经典中,包括近百个民间故事,以"喻世"而流传民间甚广;鲁迅对《百喻经》的钩沉,应当是他对民间文学保存这一尊重民间的文化理念的具体表现。辑录《古小说钩沉》和《唐宋传奇集》是他这种文化理念的又一种表现。唐代以前,小说多残见于各种文献,散佚错落严重,鲁迅从《太平广记》、《太平御览》、《艺文类聚》和《法苑珠林》等典籍中披荆斩棘,整理出大量具有神话传说内容的作品,诸如殷芸《小说》中的秦皇鞭石、东方朔智慧超人的故事,托名曹丕的《列异传》中的干将莫邪铸剑故事、宋定伯背鬼故事,刘义庆《幽明录》中的望夫石故事,特别是邯郸淳的《笑林》中大量笑话故事等内容。这成为鲁迅包括他人研究神话传说故事的重要材料,更不用说为我们今天所提供的便利。《古小说钩沉》"三十六卷",最初发表于《越社丛刊》1912 年第一集,至今仍为人所重视。《唐宋传奇集》也是鲁迅"钩沉"的结果②。鲁迅从《文苑英华》、《太平广记》和《青琐高议》等文献中辑录了自隋至宋的传奇作品共"八卷,四十五篇",诸如王度《古镜记》、李朝威《柳毅传》、元稹《莺莺传》和杜光庭《虬髯客传》等,包括无名氏的《李师师传》,这对于我们研究神话传说故事的嬗变形态有很重要的价值。此外,鲁迅还辑录过《会稽郡故书杂集》,做过《禹庙窆石考》之类的考证文章,以及校勘《岭表录异》,其中有许多内容涉及民间传说故事。

---

① 乐贲(鲁迅):《介绍德国作家版画展》,《文艺新闻》1931 年 12 月 7 日第 39 号。
② 鲁迅:《唐宋传奇集》,北新书局 1927 年版。

从这些材料我们也可以看到这样一种独特的现象,即鲁迅与胡适一样保持着面向世界的开阔胸襟,也一样具有深厚的古典学术素养,他们都因此超越了同时代许多学者。而鲁迅更具有强烈的批判精神,使他的学术思想具有更深邃的内容。这也启发我们,深邃的思想来自深厚的学养,与高尚的学术品格联系更密切。没有对民间的尊重,就会失去对民间文学的准确把握;失去敢于对现实的正视的勇气,自然会形成思想的僵化与肤浅;同样,走进民间,面向民间,才能使这一学科保持盎然生机。

二 关于民间文学的起源及其与作家文学的关系

关于民间文学的发生即起源问题,鲁迅既看到它与劳动生产的联系,又注意到它与民间信仰的联系。1924年7月,鲁迅在西安讲学时曾谈及这一问题。他引"许多历史家说"即"人类的历史是进化的"这一论点,称"中国当然不会在例外",这种进化"有两种很特别的现象","一种是新的来了好久之后而旧的又回复过来","一种是新的来了好久之后而旧的并不废去",即"反复"和"羼杂"。他举例说"虽至今日,而许多作品里面,唐宋的,甚而至于原始人民的思想手段的糟粕都还在"。接着,他在论述小说和诗歌的起源时,详细阐述了自己的民间文学发生(起源)理论。他首先区分了庄子所述"饰小说以干县令"、《汉书·艺文志》中所述"小说者,街谈巷语之说也"和现代小说概念的差别;对许多学者所持的"小说起源于神话",他讲道:

> 因为原始民族,穴居野处,见天地万物,变化不常——如风、雨、地震等——有非人力所捉摸抵抗,很为惊怪,以为必有个主宰万物者在,因之拟名为神;并想像神的生活、动作,如中国有盘古氏开天辟地之说,这便成功了"神话"。从神话演进,故事渐近于人性,出现的大抵是"半神",如说古来建大功的英雄,其才能在凡人之上,由于天授的就是。例如简狄吞燕卵而生商,尧时"十日并出",尧使羿射之的话,都是和凡人不同的。这些口传,今人谓之"传说"。由此再演进,则正史归为史,逸史即变为小说了。

接着,在论述诗歌的起源时,他说:

> 在文艺作品发生的次序中,恐怕是诗歌在先,小说在后的。诗歌起于劳动和宗教。其一,因劳动时,一面工作,一面唱歌,可以忘却劳苦,所以从单纯的呼叫发展开去,直到发挥自己的心意和感情,并偕有自然的韵调;其二,是因为原始民族

对于神明,渐因畏惧而生敬仰,于是歌颂其威灵,赞叹其功烈,也就成了诗歌的起源。①

在比较了小说和诗歌的形式特点后,鲁迅强调"诗歌是韵文,从劳动时发生的",而"小说是散文,从休息时发生的"。其依据便是"人在劳动时,既用歌吟以自娱,借它忘却劳苦了,则到休息时,亦必要寻一种事情以消遣闲暇"。这实际上是在论述故事和歌谣两种形式的产生过程。鲁迅又接着说,无论是小说还是诗歌,"其要素总离不开神话"②。这表明鲁迅受德国神话学派的影响。

神话学派的创始人是19世纪德国语言学出身的民间文艺学家格林兄弟。他们兄弟的理论核心在于民间文学起源于"神",其理论依据是他们对于印欧民族原始语言研究的比较语言学。他们以为,民间文学源自民族生活,其匿名性、集体性、无个性并不意味着完全没有诗人,而是集体传播融合了整个民族的幻想与意志。所以,他们认定:对神和神性英雄功绩的歌颂表现了集体思想与憧憬的史诗是一切诗歌的最初形式;史诗与神话大部分是等同的;史诗与神话都是民间文学形式③。但鲁迅又与他们具有明显的不同。鲁迅所注重的是在劳动生产中人们因为不同的文化与精神需要,并将这种需要的具体存在与作用作为民间文学的故事与歌谣的起源。这就修正了神话学派把一切民间文学都归于"神"的信仰的不足。他对劳动生产影响民间文学的重视,在后来逐渐有了更深入更全面的发展。

1926年,鲁迅在厦门大学讲授中国文学史课程,编撰了《中国文学史略》;1927年,他在中山大学讲授同一课程,将此讲义改为《古代汉文学史纲要》,即我们今天所见到的《汉文学史纲要》。这里,鲁迅继续阐发自己对民间文学起源问题的理解,从中我们可以感受到文化人类学的影响。如他所说:

> 在昔原始之民,其居群中,盖惟以姿态声音,自达其情意而已。声音每系变,寖成言辞,言辞谐美,乃兆歌咏。时属草昧,庶民朴淳,心志郁于内,则任情而歌呼,天地变于外,则祗畏以颂祝,踊跃吟叹,时越侪辈,为众所赏,默识不忘,口耳相传,或逮后世。复有巫觋,职在通神,盛为歌舞,以祈灵贶,而赞颂之在人群,其用乃愈益广大。试察今之蛮民,虽状极狂獉,未有衣服、宫室、文字,而颂神抒情之

---

① 鲁迅:《中国小说的历史的变迁》,《国立西北大学、陕西教育厅合办暑假学校讲演集》,西北大学出版部1925年3月印行。
② 鲁迅:《中国小说的历史的变迁》,《国立西北大学、陕西教育厅合办暑假学校讲演集》,西北大学出版部1925年3月印行。
③ 参见连树声:《俄国民间文艺学中的重要流派》,《民间文艺学文丛》,北京师范大学出版社1982年版。

什,降灵招鬼之人,大抵有焉。吕不韦云,"昔葛天氏之乐,三人操牛尾,投足以歌八阕"。郑玄则谓"诗之兴也,谅不于上皇之世"。虽荒古为文,并难征信,而证以今日之野人,揆之人间之心理,固当以吕氏所言,为较近于事理者矣。①

鲁迅所讲"口耳相传"的背景是"心志郁于内"和"天地变于外",即自然变化与情感意志对民间文学产生的作用,其依据是"察今之蛮民","证以今日之野人",就是茅盾当年所概括的"取今以证古"②。显然,这与他早年受到进化论的影响有着密切联系。

文化人类学以进化论为自己的理论基础,所以有些学者也因此称进化学派。孟德斯鸠在《法的精神》中强调习俗对民族精神的作用,他把人类历史分为蒙昧阶段(狩猎)、野蛮阶段(游牧)和文明阶段,对这一学科有着重要影响。

许多早期的民俗学家接受这一理论,认为人类社会是从蒙昧时代向前发展的,而现存的野蛮民族的生活状态,包括他们的民间文学和舞蹈等带有原始色彩的艺术,都相当于人类发展即进化的最初阶段。他们更注重于在不同民族中的相似性、同一性和一致性,特别是英国学者泰勒,他在《原始文化》中提出了许多经典性的论断。鲁迅"察今之蛮民",正是这种理论的具体运用。

鲁迅更重视从民间文化生活环境中理解民间文学的发生。如他在《门外文谈》中重复阐述自己"在不识字的大众里,是一向就有作家的"这句话时,说:

> 我久不到乡下去了,先前是,农民还有一点余闲,譬如乘凉,就有人讲故事。不过这讲手,大抵是特定的人,他比较的见识多,说话巧,能够使人听下去,懂明白,并且觉得有趣。这就是作家,抄出他的话来,也就是作品。倘有语言无味,偏爱多嘴的人,大家是不要听的,还要送给他许多冷话——讥刺。③

也就是说,鲁迅早就关注到"故事家"现象了。故事讲述程式及其讲述者的文化构成,是当代故事学研究中被学者们所重视的一个问题。在鲁迅的同时代学者中,更多的学者只重视故事作为文本的价值,相对忽略了故事讲述者这一民间文学发生主体的存在及其价值和意义。鲁迅把"见识多"、"说话巧"和"有趣"作为民间文学发生的重要条件,既是对民间文学创作与传播规律的重要理论贡献,也是对"不识字的作家"为代表的民间百姓的文化尊严的维护。应该说,这是鲁迅对民间文学的口头创作与

---

① 鲁迅:《古代汉文学史纲要》第一篇《自文字至文章》,《鲁迅全集》(九)人民文学出版社 1981 年版。
② 玄珠(茅盾):《人类学派神话起源的解释》,《文学周报》1928 年第 6 卷。
③ 鲁迅:《门外文谈》之十《不必恐慌》,上海天马书店 1935 年 9 月版。

传播规律的发现。

"不识字的大众"在士大夫的视野中通常受到鄙视，他们的口头创作既得不到应有的尊重，又时常被人利用"作新的养料"。因而，尊重民间就有了更特殊的意义。在探讨民间文学的起源问题时，鲁迅不是空泛地表示对"不识字"表示同情或不平，而是用相当长的篇幅去阐述"字是什么人造的"、"字是怎么来的"、"写字就是画画"和"古时候言文一致么"等问题。① 他强调的是"文字在人民间萌芽，后来却一定为特权者所收揽"。他说，"至于平民，那是不识字的，并非缺少学费，只因为限于资格，他不配。而且连书籍也看不见"，正因为士大夫们"竭力的要使文字更加难起来"以形成其"特别的尊严"，所以形成文字垄断，而民间百姓只好用口头语言来表现自己的思想情感。鲁迅借仓颉造字的神话传说阐述"上古结绳而治，后世圣人易之以书契"，着意指出"有史以前的人们，虽然劳动也唱歌，求爱也唱歌"，"他却并不起草"，"文字毫无用处"，进而论述"中国文字的基础是象形"，"在社会里，仓颉也不止一个，有的在刀柄上刻一点图，有的在门户上画一些画，心心相应，口口相传，文字就多起来，史官一采集，便可以敷衍记事了"，于是，他臆测"中国的言文，一向就并不一致"。他从"文字在人民间萌芽"出发，论述"文学在人民间萌芽"的道理。当然，他的"文学"概念照他自己所言，"不是从'文学子游子夏'上割下来的"，而是外来词英文"literature"，即"会写写这样的'文'的，现在是写白话也可以了"。他接着说：

> 文学的存在条件首先要会写字，那么，不识字的文盲群里，当然不会有文学家的了。然而作家却有的。你们不要太早的笑我，我还有话说。我想，人类是在未有文字之前，就有了创作的，可惜没有人记下，也没有法子记下。
>
> 我们的祖先的原始人，原是连话也不会说的，为了共同劳作，必需发表意见，才渐渐的练出复杂的声音来，假如那时大家抬木头，都觉得吃力了，却想不到发表，其中有一个叫道"杭育杭育"，那么，这就是创作；大家也要佩服，应用的，这就等于出版；倘若用什么记号留存了下来，这就是文学；他当然就是作家，也是文学家，是"杭育杭育"派。②

这里的"杭育杭育"主要是对林语堂所称"方巾气"而说的。林语堂曾说，"凡非哼哼唧唧文学，或杭育杭育文学，皆在鄙视之列"，"《人间世》出版，动起杭育杭育派的方巾气，七手八脚，乱吹乱摇，却丝毫没有打动了《人间世》"。③ 鲁迅抨击林语堂，意在推崇

---

① 鲁迅：《门外文谈》，上海天马书店1935年9月版。
② 鲁迅：《门外文谈》之七《不识字的作家》，上海天马书店1935年9月版。
③ 林语堂：《方巾气研究》，《申报》1934年4月28日、5月3日《自由谈》。

民间文学的价值。他在这里还称"《诗经》的《国风》里的东西,好许多也是不识字的无名氏作品,因为比较的优秀,大家口口相传的","希腊人荷马"的"两大史诗","也原是口吟","到现在,到处还有民谣、山歌、渔歌等,这就是不识字的诗人的作品;也传述着童话和故事,这就是不识字的小说家的作品;他们,就都是不识字的作家"。① 他要证明的不仅仅是民间文学起源于劳动生产,而且还有民间文学的"刚健,清新","目不识丁的文盲""其实也并不如读书人所推想的那么愚蠢"。② 这同样是尊重民间的立场。也就是说,鲁迅不再像泰勒他们那样简单地把"不识字"看作"野蛮人"的标志。

爱德华·泰勒(Edward B. Tylor)是杰出的人类学家,因为他第一次在大学讲坛上系统讲解人类学及其关于原始文化研究的卓越贡献,而被称为"人类学之父"。他曾经在墨西哥和美洲热带地区考察带有原始色彩的部落社会,获取大量珍贵的第一手资料,从而影响了文化人类学和民俗学等学科的发展。他的代表作品是《原始文化》,其开章明义就提出人类学的性质是研究文化的科学,即将文化研究纳入自然科学的视野,像自然科学一样对文化进行量化分析,细致地研究其门类、来源、传承、分布和相互间的联系等。给人以深刻印象的是他曾经提出的关于文化是一个"复合的整体"的概念,他说:"文化,就其在民族志中的广义而言,它是复合的整体,即它包含着知识、信仰、艺术、道德、法律和习俗,以及个人作为社会成员所必需的其他能力及习惯。"③他曾经引用统计学的方法,对他所搜集的350个包括原始文明在内的民俗资料进行分类、比较、计算出其中的百分比重,去总结其中的内在联系,诸如回避婚俗、亲子连名制、产翁制、抢婚制等内容,寻找它们依次发生的方向,提出人类文化的同一性与文化进行中的心理一致性。但是,他把各种民俗包括民间文学当作人类野蛮时期和半开化时期的产物,民俗之"民"成为远古之民,成为半开化之民,就难免被人误识为民间文学是野蛮人、半开化者的古代文化"残留物(survivals)"。也就是说,民间文学的"不识字"作为文盲是低智的愚人,是现代文明的对立物。这种观念至今还存在——不识字就等于不开化(包括半开化),就等于卑贱的逻辑在事实上还存在于许多人的意识中,他们完全忽略了口头传播的便利性。鲁迅对民间之"民"表现出崇高的敬意,敬重他们"能从大概上看,明黑白,辨是非"是"往往有决非清高通达的士大夫所可及之初的",④针砭士大夫的虚伪和懦弱,对民间文学的价值给予很高的评价。如他在《门外文谈》中论"不识字的作家"说:

---

① 鲁迅:《门外文谈》之七《不识字的作家》,上海天马书店1935年9月版。
② 鲁迅:《门外文谈》之十一《大众并不如读书人所想象的愚蠢》,上海天马书店1935年版。
③ 爱德华·泰勒:《原始文化》(The Origins of Culture) Harper and Brothers Publishers New York. 1958. P1
④ 鲁迅:《"题未定"草》"第九",《海燕》1936年2月第2期。

>因为没有记录作品的东西,又很容易消灭,流布的范围也不能很广大,知道的人们也就很少了。偶有一点为文人所见,往往倒吃惊,吸入自己的作品中,作为新的养料。旧文学颓废时,因为摄取民间文学或外国文学而起一个新的转变,这例子是常见于文学史上的。不识字的作家虽然不及文人的细腻,但他却刚健,清新。①

在这里,他还举了例子说:

>东晋到齐陈的《子夜歌》和《读曲歌》之类,原都是无名氏的创作,经文人的采录和润色之后,留传下来的。这一润色,留传固然留传了,但可惜的是,一定失去了许多本来面目。到现在,到处还有民谣、山歌、渔歌等,这就是不识字的诗人的作品;也传述着童话和故事,这就是不识字的小说家的作品;他们,就都是不识字的作家。②

他这样反复论述"不识字的作家"及其作品即民间文学的"吓得我们只好磕头佩服",都是为了一个目的,如他所说,"要这样的作品为大家所共有,首先也就是要这作家能写字,同时也还要读者们能识字以至能写字,一句话:将文学交给一切人"。③ 这种目的表达,其实已经超越了民间文学与作家文学关系的话题,即他使全民族都获得文明发展的权力的理想。这种目的当然远胜过一般学者对民间之"民"的同情和怜悯。事实上,这也是鲁迅对愚民政治的批判,是对几千年间上智下愚观念的批判,更是对漫长的历史发展中教育体制、文化体制的批判。因为文字本来就是全民族共同创造的,"古人传文字给我们,原是一份重大的遗产,应该感谢的",而后来被人维护其"特别的尊严",才使得"文字难,文章难"与"士大夫故意特制的难",与大众"无缘"。说到底,这还是鲁迅"立人"思想的表现,是他对"充实的、雄厚的、伟大的、完全的人"这一文化理想的表达,更是他建设新文化、新文学的目的。他从文学的民间起源论述民间文学应具有的价值,以民间文学拯救作家文学为例批判文人士大夫对文学的垄断和他们对文学肌体的严重摧残和伤害,都是为了使国民的劣根性在整体上为"刚健,清新"所替代。

在《略论梅兰芳及其他》(上)中,鲁迅以"崇拜名伶原是北京的传统"入题,论及"梅兰芳不是生,是旦,不是皇家的供奉,是俗人的宠儿",批评"士大夫敢于下手":

---

① 鲁迅:《门外文谈》之七《不识字的作家》,上海天马书店1935年9月版。
② 鲁迅:《门外文谈》之七《不识字的作家》,上海天马书店1935年9月版。
③ 鲁迅:《门外文谈》之七《不识字的作家》,上海天马书店1935年9月版。

士大夫是常要夺取民间的东西的,将竹枝词改成文言,将"小家碧玉"作为姨太太,但一沾着他们的手,这东西也就跟着他们灭亡。他们将他(梅兰芳)从俗众中提出,罩上玻璃罩,做起紫檀架子来。教他用多数人听不懂的话,缓缓的《天女散花》,扭扭的《黛玉葬花》,先前是他做戏的,这时却成了戏为他而做。凡有新编的剧本,都只为了梅兰芳,而且是士大夫心目中的梅兰芳。雅是雅了,但多数人看不懂,不要看,还觉得自己不配看了。

　　他未经士大夫帮忙时候所做的戏,自然是俗的,甚至于猥下,肮脏,但是泼剌,有生气。待到化为"天女",高贵了,然而从此死板板,矜持得可怜。看一位不死不活的天女或林妹妹,我想,大多数人是倒不如看一个漂亮活动的村女的,她和我们相近。①

　　鲁迅借此是在总结一种文学发展规律,以梅兰芳被"雅"化,与"俗"的隔绝,阐明民间文学来自于生活、来自于人民所具有的生机。他以"村女"与大众的"相近",说明"老十三旦"的"七十岁了,一登台,满座还是喝采"②。"十三旦"是山西梆子艺人侯俊山,他在十三岁那年演艺成名"以艳名噪燕台",而士大夫们却以其为"鄙秽"。鲁迅将"十三旦"的俗即民间艺术的自然,与梅兰芳的扭捏做作相对比,说明文学艺术面向大众的方向。这种文学发展规律具有普遍性。鲁迅在致姚克的一封信中表达了同样的意思,他说,"歌、诗、词、曲,我以为原是民间物,文人取为己有,越做越难懂,弄得变成僵石,他们就又去取一样,又来慢慢的绞死它"③。

　　在一个民族的文化发展中,民间文学是一个民族最直接的声音,也是一个民族最丰富的思想与艺术的宝库。所以,许多杰出的作家总是格外重视从这里汲取文学的题材与思想,不用说,还有一些作家直接借用民间艺术的形式,使用民间文学语言。但我们应该看到,民间文学与作家文学毕竟是两种不同的艺术形式;民间文学虽然是由"不识字的作家"创造的,而它又有着一般作家所难以企及的感染力。诚如荣格所述的"集体无意识"理论,在民间文学的世界里集中了无数人的聪明智慧。鲁迅在论述瞿秋白所提倡的大众语文问题时,称瞿秋白"本意在于造反",他说:

　　大众并无旧文学的修养,比起士大夫文学的细致来,或者会显得所谓"低落"

---

① 鲁迅:《略论梅兰芳及其他》(上),《中华日报》1934年11月5日《动向》。
② 鲁迅:《略论梅兰芳及其他》(上),《中华日报》1934年11月5日《动向》。
③ 鲁迅:《致姚克》(1934年2月20日),《鲁迅书信集》,人民文学出版社1976年版。

的,但也未染旧文学的痼疾,所以它又刚健,清新。①

他举了"无名氏文学"的例子,又举了他自己在《朝花夕拾》中所引的《目连救母》,称颂其中的"无常鬼"敢向"阎罗"挑战时高唱"哪怕你铜墙铁壁!哪怕你皇亲国戚!"他说,这内容"何等有人情,又何等知过,何等守法,又何等果决,我们的文学家做得出来么?"言外之意,鲁迅是在像赞美撒旦的叛逆精神一样,在这里赞扬"无常鬼"的抗争。他接着说:

> 这是真的农民和手业工人的作品,由他们闲中扮演。借目连的巡行来贯穿许多故事,除《小尼姑下山》外,和刻本的《目连救母记》是完全不同的。其中有一段《武松打虎》,是甲乙两人,一强一弱,扮着戏玩。先是甲扮武松,乙扮老虎,被甲打得要命,乙埋怨他了,甲道:"你是老虎,不打,不是给你咬死了?"乙只得要求互换,却又被甲咬得要命,一说怨话,甲便道:"你是武松,不咬,不是给你打死了?"我想:比起希腊的伊索,俄国的梭罗古勃的寓言来,这是毫无逊色的。②

鲁迅举民间文学作品的例子,通常是采用自己熟知的,这本身便是做田野作业,即用第一手资料,是搜集整理与科学研究的成功范例。当然,鲁迅如此论述《目连救母》中《武松打虎》的精彩,将它比之伊索和梭罗古勃的名著,并不为了做简单的对比,以证明"我们中国也有这样优秀的作品",而是为了论述新文化的发展需要"提倡大众语,大众文",将"一向受着难文字、难文章的封锁,和现代思潮隔绝"的这类民间文学解放出来。其目的在于通过'提倡大众语、大众文",包括"书法更必须拉丁化",使"中国的文化一同向上"。③ 他借此指出这类民间文学"缺点是有的",也对"(读书人)他们不是看轻了大众,就是看轻了自己,仍旧犯着古之读书人的老毛病"提出批评。④ 这里值得我们重视的是,鲁迅在论述民间文学的价值,将之与作家文学相比较时,对民间文学的"刚健、清新"予以赞扬,但他也毫不隐讳民间文学的缺陷。如他在对"迎合大众"、"说话作文,越俗,就越好"容易成为"新国粹"、"新帮闲"提出批评时,提出"也不能听大众的自然",因为民间百姓"有些见识,他们究竟还在觉悟的读书人之下","如果不给他们随时拣选,也许会误拿了无益的,甚而至于有害的东西"。⑤ 这就是敢于正视现实。

---

① 鲁迅:《门外文谈》之十《不必恐慌》,上海天马书店 1935 年 9 月版。
② 鲁迅:《门外文谈》之十《不必恐慌》,上海天马书店 1935 年 9 月版。
③ 鲁迅:《门外文谈》之十《不必恐慌》,上海天马书店 1935 年 9 月版。
④ 鲁迅:《门外文谈》之十一《大众并不如读书人所想象的愚蠢》,上海天马书店 1935 年 9 月版。
⑤ 鲁迅:《门外文谈》之十一《大众并不如读书人所想象的愚蠢》,上海天马书店 1935 年 9 月版。

有许多学者在论及民间文学与作家文学的关系时,总是尽力贬损作家文学脱离大众的一面,或者极力赞扬作家文学一旦采用民间文学的内容或形式立即就会化腐朽为神奇。鲁迅是正视现实的人,指出民间百姓即大众的缺欠,并无损于民间文学的"刚健、清新"。

鲁迅对民间文学的价值有着冷静的、理性的理解和把握。他对民间文学的赞扬,对士大夫的贬损,其目的在于调正新文化、新文学的方向。在这种意义上,鲁迅是民间文化包括民间文学的律师。如苏汶曾在《关于"文新"和胡秋原的文艺论辩》中说,对于"左联"所提倡的"文艺大众化","他们鉴于现在劳动者没有东西看,在那里看陈旧的充满了封建气味的连环图画和唱本",于是,"他们便要作家们去写一些有利的连环图画和唱本给劳动者们看","不但胡(适)先生,恐怕每一个死抱住文学不肯放手的人都要反对"。苏汶带着蔑视的语气说:"这样低级的形式还生产得出好的作品吗?"他以为"连环图画里是产生不出托尔斯泰,产生不出弗罗培尔来的"。① 苏汶以此为题攻击左翼作家,他关于民间文学是"低级文艺"的观念在当时是具有普遍性的。苏汶即杜衡,自称是独立于文化阵线之外的"第三种人",而此时他实际上是国民党图书检查委员会的官员。鲁迅说:

> 左翼作家诚然是不高超的,连环图画、唱本,然而也不到苏汶先生所断定那样的没出息。左翼也要托尔斯泰,弗罗培尔,但不要"努力去创造一些属于将来(因为他们现在是不要的)的东西"的托尔斯泰和弗罗培尔。他们两个,都是为现在而写的,将来是现在的将来,于现在有意义,才于将来会有意义。尤其是托尔斯泰,他写些小故事给农民看,也不自命为"第三种人",当时资产阶级的多少攻击,终于不能使他"搁笔"。左翼虽然诚如苏汶先生所说,不至于蠢到不知道"连环图画是产生不出托尔斯泰,产生不出弗罗培尔来",但却以为可以产出密(米)开朗琪罗,达·文希(芬奇)那样伟大的画手,而且我相信,从唱本说书里是可以产生托尔斯泰、弗罗培尔的。现在提起密开朗琪罗们的画来,谁也没有诽议了,但实际上,那不是宗教的宣传画、《旧约》的连环图画么?而且是为了那时的"现在"的。②

在《致何家骏、陈企霞》的信中,鲁迅同样表达了这种意见。他对他们说,"连环图画是极紧要的";对于"材料","要取中国历史上的,人物是大众知道的人物","但事迹却不妨有所更改"。这种"更改"即"加增"和"削弱",鲁迅以家喻户晓的《白蛇传》故事

---

① 苏汶:《关于"文新"和胡秋原的文艺论辩》,《现代》1932 年 7 月 1 日第 1 卷第 3 期。
② 鲁迅:《论"第三种人"》,《现代》1932 年 11 月第 2 卷第 1 期。

为例,提出要弘扬"百折不回之勇气",要削弱"扳私恩及为自己而水漫金山"等内容。他告诫他们必须注意"不可堕入知识阶级以为非艺术而大众仍不能懂(因而不要看)的绝路里"。① 鲁迅尊重民间,注重现在(正视现实),面向民间大众的文化立场始终贯穿在他的民间文学观之中,在客观上形成了文化的多元存在的理念,即民间文学与作家文学都重要,都是民族文化生活中不可或缺的内容,各自有各自的价值。鲁迅从未盲目地空谈民间文学比作家文学有多么出色,而是在具体的比较中论述民间百姓与他们所创造的民间文学具有的价值。如他曾在《门外文谈》就语言的"专语"还是"普通话"问题所述,"方言土语里,很有些意味深长的话,我们那里叫'炼话',用起来是很有意思的,恰如文言的用古典,听者也觉得趣味津"。他说,"各就各处的方言,将语法和词汇,更加提炼,使他发达上去的,就是专化","这于文学,是很有益处的,它可以做得比仅用泛泛的话头的文章更加有意思"。但是,他同时又提出了一个类似生态平衡的文学环境问题,相当于我们今天的可持续发展,他说,"大众,是有文学,要文学的,但决不该为文学做牺牲",应该发展"全国的语文的大众化"。② 他在《名人和名言》中,就陈望道所举章太炎"叙事欲声口毕肖,须录当地方言"、"非广采各地方言不可"问题表达了自己的意见,他说,"名人的话并不都是名言","许多名言,倒出自田夫野老之口"。③ 这里鲁迅所表达的都是对大众的文化包括语言的尊重,提出既要尊重方言,又要注意"大众化"。

同样,鲁迅不仅尊重本国的大众,而且对世界被压迫民族都充满尊重,包括他们的民间文学。早在1921年,鲁迅就翻译过保加利亚作家伐佐夫的《战争中的威尔珂》包括"译者附记",发表在同年10月的《小说月报》第12卷第10号的"被损害民族的文学"专号中。伊凡·伐佐夫(鲁迅译作'伊凡·跋佐夫')曾参加过民族独立斗争,被迫流亡国外,是一位善于民间口语和民间故事的作家。鲁迅翻译了他这篇作品,并在"译者附记"中对他给予高度评价,称他"使巴尔干的美丽,朴野,都涌现于读者的眼前",称他"不但是革命的文人,也是旧文学的轨道破坏者,也是体裁家",是"鼓吹白话,又善于运用白话的人"。因为保加利亚采用"希腊教会的人造文"、"轻视口语","因此口语便很不完全了"。这就更显示出伐佐夫对自己民族语言恢复的重大贡献。鲁迅称他"是体裁家"应该是他们有着对民族共同的热爱,包括对民间文学的感情。爱罗先珂是俄国著名盲诗人、童话作家,其童话自然与民间故事的题材、语言的运用有异常密切的联系。鲁迅曾翻译过《爱罗先珂童话集》④等作品,这和他译日本作家武省小

---

① 鲁迅:《致何家骏、陈企霞》,《涛声周刊》1933年8月第2卷第33期。
② 鲁迅:《门外文谈》之九《专化呢,普遍化呢?》上海天马书店1935年9月版。
③ 越丁(鲁迅):《名人和名言》,《太白》(双月刊)1935年7月20日第2卷第9期。
④ 《爱罗先珂童话集》,鲁迅译,商务印书馆1922年7月版。

路实笃的剧作《一个青年的梦》①一样,意在"很可以医许多中国旧思想上的痼疾"。②

鲁迅对世界文学史上那些运用民间文学获得重要成就的作家总是充满了敬意。如他对日本作家芥川龙之介的作品的评论,他说,芥川龙之介"多用旧材料,用时近于故事的翻译","但他的复述故事并不专是好奇,还有他的更深的根据:他想从含在这些材料里的古人的生活当中,寻出与自己的心情能够贴切的触著的或物,因此那些古代的故事经他改作之后,都注进新的生命去,便与现代人生出干系来了"。③ 这之前他曾在《〈鼻子〉译者附记》中说,芥川龙之介的《鼻子》中的"内道场供奉禅智和尚的长鼻子的事"是"日本的旧传说","作者只是给他换上了新装",其"篇中的谐味","虽不免有才气太露的地方","但和中国的所谓的滑稽小说比较起来,也就十分雅淡了"。④

鲁迅对外国民间传说和童话故事一直怀有浓厚的兴趣,并且时常拿它们和中国文学做比较。如他曾与齐宗颐合译过荷兰作家望·葛覃的长篇童话《小约翰》,⑤他在翻译具体词汇时常联想起中国民间传说故事,像"鼠妇"和"臭婆娘"、"地猪"的比较,"将约翰从自然中拉开"与"中国之所谓'日凿一窍而混沌死'"的比较,包括他对"英国的民间传说里,有叫作 Robingoodfellow 的,是一种喜欢恶作剧的妖怪"同荷兰民间传说的推测性比较;他称赞《小约翰》是"象征写实底童话诗","无韵的诗,成人的童话"。⑥ 而他更关注的是通过这种翻译,促使中国新文学事业包括儿童文学的发展。如,他曾经翻译过苏联儿童文学作家班台莱耶夫的童话《表》⑦,他说:

> 译成中文时,自然也想到中国。十来年前,叶绍钧先生的《稻草人》是给中国的童话开了一条自己创作的路的。不料此后不但并无蜕变,而且也没有人追踪,倒是拼命的在向后转。看现在新印出来的儿童书,依然是司马温(光)公敲水缸,依然是岳武穆王脊梁上刺字;甚而至于"仙人下棋","山中方七日,世上已千年";还有《龙文鞭影》里的故事的白话译。这些故事的出世的时候,岂但儿童们的父母还没有出世呢,连高祖父母也没有出世,那么,那"有益"和"有味"之处,也就可想而知了。⑧

---

① 武省小路实笃:《一个青年的梦》,鲁迅译,商务印书馆 1922 年 7 月版。
② 鲁迅:《〈一个青年的梦〉译者序二》,《新青年》1920 年 1 月第 7 卷第 2 号。
③ 鲁迅:《现代日本小说集·附录·关于作者的说明》,商务印书馆 1923 年 6 月版。
④ 鲁迅:《〈鼻子〉译者附记》,《晨报》副刊 1921 年 5 月 11 日。
⑤ 望·葛覃:《小约翰》,鲁迅,齐宗颐译,北京未名社 1928 年 1 月版。
⑥ 鲁迅:《〈小约翰〉序》,《语丝周刊》1927 年 6 月 26 日第 137 期。
⑦ 班台莱耶夫:《表》,鲁迅译,上海生活书店 1935 年 7 月版。
⑧ 鲁迅:《〈表〉译者的话》,《译文》1935 年 3 月第 2 卷第 1 期。

不唯如此,在《〈勇敢的约翰〉校后记》中,他表达了同样的意见。《勇敢的约翰》是匈牙利诗人裴多菲的长篇叙事诗,以民间传说为题材,描写一位叫约翰的牧羊人聪明和勇敢。鲁迅很喜爱裴多菲的作品,当然厚爱这部《勇敢的约翰》;他说,"这一篇民间故事诗,虽说事迹简朴,却充满着儿童的天真"。① 当时,湖南军阀何键横加指斥课本"每每狗说、猪说、鸭子说,以及猫小姐、狗大哥、牛公公之词,充溢行间。禽兽能作人言,尊称加诸兽类,鄙俚怪诞,莫可言状"②。民间故事具有奇特的幻想,并以此构成独特的魅力,吸引着少年儿童强烈的兴趣。何键之流是愚蠢而跋扈的渣滓,对此指斥完全是强词夺理。鲁迅对此给予有力回击。他说:

> 对于童话,近来连文武官员都有高见了;有的说是猫狗不该会说话,称作先生,失了人类的体统;有的说是故事不应该讲成王作帝,违背共和的精神。但我以为,这似乎是"杞天之虑",其实倒并没有什么要紧的。孩子的心,和文武官员的不同,它会进化,决不至于永远停留在一点上,到得胡子老长了,还在想骑了巨人到仙人岛去做皇帝。因为他后来就要懂得一点科学了,知道世上并没有所谓巨人和仙人岛。倘还想,那是生来的低能儿,即使终生不读一篇童话,也还是毫无出息的。③

所以,鲁迅拿海涅诗中的故事称此"毫不足奇"。由此可以使人联想到这之前鲁迅在《中国小说的历史的变迁》中所谈的一个问题。这就是对于《列仙传》、《神仙传》中的神话"可否拿它做儿童的读物"问题,鲁迅说到两种意见,即一种是"在反对一方面的人说,以这种神话教儿童,只能养成迷信,是非常有害的",另一种即"赞成一方面的人说,以这种神话教儿童,正合儿童的天性,很感趣味,没有什么害处的"。鲁迅在此表明自己的立场说:"在我以为这要看社会上教育的状况怎样,如果儿童能继续更受良好的教育,则将来一学科学,自然会明白,不至迷信,所以当然没有害的;但如果儿童不能继续受稍深的教育,学识不再进步,则在幼小时所教的神话,将永信以为真,所以也许是有害的。"④这里所讲的"向后转",是鲁迅对儿童文学题材的陈旧表示不满,包含着他对司马光、岳飞和一些神仙传说中所宣扬的愚民思想的不满。他要用"借用"和"盗火"的方式使中国儿童文学在新文化的建设中得到健康发展。如他所言,他在

---

① 鲁迅:《〈勇敢的约翰〉校后记》,《勇敢的约翰》,孙用译,上海湖风书店1931年10月版。
② 《呈教育部咨文》,《申报》1931年3月5日。
③ 鲁迅:《〈勇敢的约翰〉校后记》,《勇敢的约翰》,孙用译,上海湖风书店1931年10月版。
④ 鲁迅:《中国小说的历史的变迁》第一讲《从神话到神仙传》,《国立西北大学、陕西教育厅合办暑期学校讲演集》(二),西北大学出版部1925年3月。

"开译以前"曾怀抱的心愿,即"第一,是要将这样的崭新的童话,介绍一点进中国来,以供孩子们的父母、师长、以及教育家、童话作家来参考","第二,想不用什么难字,给十岁上下的孩子们也可以看",但由于疏于"孩子的话"等原因而未能如愿。①

高尔基是苏联著名作家,在儿童文学与民间文学的研究上做出了重要贡献,他曾出版以民间传说故事为题材的《俄罗斯的童话》、《孩子》等作品,并创办儿童杂志《北极光》。他曾在《北极光》的《发刊词》中提出"艺术的伟大任务"是"使人变得强大和美丽"。鲁迅翻译了高尔基的《俄罗斯的童话》,并在《后记》中引出"文言白话是有历史的"这一话题,他说,"方言土语也有历史","只不过没有人写下来","穷人以至奴隶没有家谱,却不能成为他并无祖宗的证据",借题批评"笔只拿在或一类人的手里,写出来的东西总不免于蹩脚,先前的文人哲士,在记载上就高雅得古怪"。②《俄罗斯的童话》并不仅仅写给孩子看,但它却启发了鲁迅关于儿童文学、白话文学、民间文学的一系列问题的思索,他意仍在于"拿来"。

民间文学的创作主体是以"不识字"的劳动者为主的下层民众,但是,历史上的主流文化并不因为他们人数众多而赞颂他们的文化。在文学发展中,我们看到这样一种事实,那就是不仅在古代文学史上是"文不过唐宋",即使在现代文学史上,民间文学在文学发展中的地位也向来都是"缺席判决"。鲁迅是民间文学的代言人,他让人注意民间文学的"刚健、清新",让人注意到民间文学中可以产生托尔斯泰这样的文学巨匠,他还强调民间文学的传统形式可以为新文学的发展提供有益的内容。如他在《重三感旧》中提到"旧瓶可以装新酒"时,说"'五更调'、'攒十字'的格调也可以放进新的内容去",③在《论"旧形式的采用"》中,他提到"旧形式的采取,必有所删除,既有删除,必有所增益,这结果是新形式的出现,也就是变革",他将"真正的生产者的艺术"与"高等有闲者的艺术"做比较,阐述文学史上"民歌大抵脱不开七言的范围",在图画上"题材多是士大夫的故事","然而已经加以提炼,成为明快、简捷的东西",即"蜕变"即"俗"的意义。他因此说,"为了大众,力求易懂,也正是前进的艺术家正确的努力"。④

鲁迅从来都把自己当作大众中的一员,也从来没有忘却自己建设新文化,改造国民性,使其健康发展的职责与使命,把面向大众作为新文学建设和发展的文化基础和思想基础。所以,他对民间文学这宗下层民众创造的艺术给予高度赞扬,并以此作为拯救文学的良药。在论及民间文学的起源及其与作家文学的文化关系时,鲁迅的立场始终是立身于大众而着眼于未来,用民间的视角审视一切的。当然,他更着眼于现

---

① 鲁迅:《〈表〉译者的话》,《译文》1935年3月第2卷第1期。
② 《俄罗斯的童话》,鲁迅译,上海文化生活出版社1935年8月版。
③ 鲁迅:《重三感旧》,《申报》1933年10月6日《自由谈》。
④ 常庚(鲁迅):《论"旧形式的采用"》,《中华日报》1934年5月4日《动向》。

实,一切从现实出发。他是这样说的,也是这样做的,这种立场和价值观念始终贯穿在他对民间文学的历史发展的研究及其创作实践之中。

三 对民间文学嬗变历史及其价值的文化透视

民间文学作为大众口头创作,它的内容既是历史的,又是现实的。也就是说,它因为传承的特征显示出在不同历史时期内的相对稳定性,而因为变异的特征则表现出鲜明的时代性和地域性,包括民族性。鲁迅是一位在古典文学研究上有深厚造诣的学问家和思想家,在他的《中国小说史略》和《汉文学史纲要》等著述中,通过他对典籍文献的钩沉、考证和论述,系统地体现出别具一格的民间文学观,同时,我们也可从中体会到其科学的方法论,尤其是他对古典文学研究的拓展意义。

鲁迅对民间文学的价值从来都是深信不疑的,他的文化透视主要通过三种途径,即一是在《故事新编》这类运用民间传说故事表达自己的寓意,是在挖掘、运用、弘扬民间文学中所蕴含的优秀的民族文化精神;一是在行文中常自觉运用民间传说故事或民间歌谣与谚语作自己的理论依据,相当于一种文化评论;一是通过对古代典籍的系统钩沉和考证,探求民间文学的历史发展脉络,并从中发现其具体价值和意义。这三种途径是一个整体,共同构成了鲁迅的民间文学历史观和价值观。

《故事新编》共有八篇作品,其中篇篇都可以看到民间文学的题材化用。《补天》中,鲁迅借女娲神话来申明一种文化主题即女娲发现自己的"异化"。一方面是她创制人类,补缝漏天,但是,在另一方面,她发现自己辛勤劳作所创制的人,却相互伤害。这里,鲁迅以女娲身下出现的那个"古衣冠的小丈夫",作为"无耻的破坏"者,饱含着他对中国文化劣根性历史传统的极大愤慨。在《奔月》中,鲁迅赋予了嫦娥神话以新的意义。嫦娥的奔月背后,是后羿的烦恼,尤其是弟子的背叛,使他痛感孤独。这里的逢蒙是否寓意着文化青年的恶劣不得而知,后羿失去了对手,也失去了朋友,从一个英雄变为一个平庸的凡人所构成的苦闷则是显而易见的。在《铸剑》中,干将莫邪故事作为一个复仇主题被淡化,又何不是寓意着无奈和愤懑!最为典型的是《理水》,是借大禹治水的神话故事来评说文化世界。我们看到的是,在大禹的奔忙中,文化山上一群开口闭口都是洋文的小丈夫们极其无聊。这里,我们不能够回避的是鲁迅对顾颉刚"大禹是条虫"的文化态度,应该说,鲁迅对于神话更关注的是如何开掘伟大的民族精神,即献身精神、无畏精神和开拓创新精神。两人的神话观和民间文学价值观在许多方面是一致的,若我们看一看顾颉刚在《民俗周刊》的"发刊词"中所高喊的口号,尤其是他在各地的演讲及其文章中表现的对民间文学的巨大热情,许多问题就可知了。如顾颉刚所述"站在民众的立场上来认识民众"、"检验各种民众的生活、民众的欲求,来认识整个的社会"、"我们自己就是民众"、"要把几千年埋没着的民众艺术、民众信仰、民众习惯,一层一层地发掘出来",尤其是"要打破以圣贤为中心的历史,建设全民众的历史"①,这与鲁迅在《拟播布美术意见书》中所提出的"国民文术"作为"研究事业"的方法②,不正是一致的吗?特别是对旧文化鄙夷蔑视民间文学批判上,他们的态度和立场是一致的。我想,鲁迅在《理水》中对"大禹是条虫"的批评,即使是有个人的情感因素在内,其更重要的也是他对漠视民族文化精神建设现象的批评。在《采薇》中,我们看到的是伯夷叔齐故事原型化用为对"先王之道"的评说;在《起死》中,我们看到的是庄周故事从化蝶故事原型到俗化为"出丑";在《非攻》和《出关》中,我们所看到的公输般即鲁班故事原型同墨子的联系及其与老子传说融入现代哲学思想,即批判精神的表现。鲁迅在《故事新编》中赋予这些传说故事的新意,其实也正是他民间文学观的一部分③。

鲁迅在行文中对民间文学的评说与运用,构成了他鲜明的民间文学价值观。如他在《文床秋梦》里对《伊索寓言》中"像狐狸的遇着高处的葡萄一样,仰着白鼻子看看"的运用,借以对"文氓"、"文丐"的批判;④在《〈如此广州〉读后感》中,借用财神传说、姜太公传说、泰山石敢当传说等内容评说广州人的"认真"⑤;在《清明时节》借八合思巴盗宋陵的传说和曹操造七十二疑冢的传说,讽刺戴季陶他们的扫墓救国⑥;在《迎神和咬人》中,借用古代乡间咬死人"皇帝必赦"的传说,对"无教育的农民,依然是旧日的迷信,旧日的讹传,在拼命的救死和逃死中自速其死"的批评⑦;在《关于中国的两三件事》中,鲁迅将古希腊神话中的普罗米修斯盗火与我国的燧人氏发现火发明火的内容相比较,他称燧人氏"因为并非偷儿,所以拴在山上,给老雕去啄的灾难是免掉了,然而也没有普罗米修斯那样的被传扬,被崇拜"⑧;在《门外文谈》中,鲁迅将《汉书》和《前汉纪》(即《汉纪》)中对"汉民间的《淮南王歌》做比较,发现"同一地方的同一首歌",两部典籍中所记却不相同,他称"好像后者是本来面目"而"只是一个提要",借以说明"中国的文学家,是颇有爱改别人文章的脾气的"⑨,等等。应该说,这类带有评论色彩的

---

① 顾颉刚:《〈民俗〉发刊辞》,《民俗周刊》1928年3月21日创刊号。
② 鲁迅:《拟播布美术意见书》,教育部《编纂处月刊》1913年2月第一卷第一册。
③ 其他还有诗歌、散文中的民间文学题材运用,事实上也是他民间文学观的一种表现形式。参见拙作《神话之源——〈山海经〉与中国文化》,河南大学出版社2001年版。
④ 鲁迅:《文床秋梦》,《申报》1933年9月11日《自由谈》。
⑤ 鲁迅:《〈如此广州〉读后感》,《申报》1934年2月7日《自由谈》。
⑥ 鲁迅:《清明时节》,《中华日报》1934年5月24日《动向》。
⑦ 鲁迅:《迎神和咬人》,《申报》1934年8月22日《自由谈》。
⑧ 鲁迅:《关于中国的两三件事》,日本《改造月刊》1934年3月号。
⑨ 鲁迅:《门外文谈》之五《古时候文言一致么?》,上海天马书店1935年9月版。

文章在鲁迅作品中是一种相当普遍的现象,它们从不同的方面凸显出鲁迅的民间文学观,成为现代民间文学理论体系的重要内容。

当然,最能系统完整地表现鲁迅民间文学价值观和历史观的,还是他的这一些文学史著作。在鲁迅的《中国小说史略》初版(1923年、1924年由北京大学新潮社以此题分上、下两卷出版)之前,虽然也有英国学者 H. Giles 的《中国文学史》(1901年)和德国学者 W. Grube 的《中国文学史》(1904年),包括中国学者林传甲的《中国文学史》(1904年)、谢无量的《中国大文学史》等著作或多或少涉及小说,但一直是处于无"专史",所以,鲁迅在"序言"中称"中国之小说自来无史"①。在这部著作中,他详细考察了庄周、桓谭包括后世的胡应麟、纪昀等众说纷纭的概念,尤其强调"小说家者流,盖出于稗官,街谈巷语,道听途说者之所造也"②,即民间百姓口头创作和口头传播的文化背景,同时也指出因为"小说之志怪类中"的"杂入本非依托之史","史部遂不容多含传说之书",以及"宋之评话,元明之演义,自来盛行民间"而"史志皆不录"③。这就是说,鲁迅一方面指出了"街谈巷语"、"道听途说"是小说文体的发生基础,与民间文学的密切联系,而另一方面,他又指出正史对这一"自来盛行民间"所"不录"的文化传统,恰恰是这两方面,准确地概括了民间文学在历史上被保存和流传的基本状况。

鲁迅把"神话与传说"作为"小说"文体的"本根"。他说:

  志怪之作,庄子谓有齐谐,列子则称夷坚,然皆寓言,不足征信。《汉志》乃云出于稗官,然稗官者,职惟采集而非创作,"街谈巷语"自生于民间,固非一谁某之所独造也,操其本根,则亦犹他民族然,在于神话与传说。④

以此为出发点,鲁迅把"街谈巷语"看作考察判断小说文体的基本标准,将"《汉书》之叙小说家"其"今皆不存"的原因置于"殊不似有采自民间"⑤的文化背景,以及"现存之所谓汉小说,盖无一真出于汉人"的"伪作",即"文人好逞狡狯,或欲夸示异书,方士则意在自神其教,故往往托古籍以衒人"。而正是这种"托古籍以衒人"的"言荒外之事"、"大旨不离乎言神仙"⑥,意外保存了大量民间传说故事。他以"称东方朔撰者有《神异经》一卷,仿《山海经》"为例,着重考察了"滑稽"与"附会之谈"在民间传说中的催

---

① 鲁迅:《中国小说史》,北新书局1925年版。
② 鲁迅:《中国小说史略》第一篇《史家对于小说之著录及论述》,北新书局1925年版。
③ 鲁迅:《中国小说史略》第一篇《史家对于小说之著录及论述》,北新书局1925年版。
④ 鲁迅:《中国小说史略》第二篇《神话与传说》,北新书局1925年版。
⑤ 鲁迅:《中国小说史略》第三篇《〈汉书・艺文志〉所载小说》,北新书局1925年版。
⑥ 鲁迅:《中国小说史略》第四篇《今所见汉人小说》,北新书局1925年版。

生作用。① 应当说,这也是我国古代民间传说发生的一条重要规律。

鲁迅在考察"六朝之鬼神志怪书"这一文化现象时说:

> 中国本信巫,秦汉以来,神仙之说盛行,汉末又大畅巫风,而鬼道愈炽;会小乘佛教亦入中土,渐见流传。凡此,皆张皇鬼神,称道灵异,故自晋迄隋,特多鬼神志怪之书。其书有出于文人者,有出于教徒者。文人之作,虽非如释道二家,意在自神其教,然亦非有意为小说,盖当时以为幽明虽殊途,而人鬼乃皆实有,故其叙述异事,与记载人间常识,自视固无诚妄之别矣。②

这其实是涉及了历史上一个具有普遍性的问题,即文人对民间传说故事的采用问题。鲁迅考订了古代典籍中的"南阳宋定伯年少时夜行逢鬼"、"神仙麻姑降东阳蔡经家"、"武昌新县北山上有望夫石状若人立者"等民间传说故事,对《列异传》《搜神记》《搜神后记》《异苑》《齐谐记》《续齐谐记》和《灵鬼志》,以及《冥祥记》、《拾遗记》等"释氏辅教之书"的民间传说故事保存状况做了详细分析,指出"晋以后人之造伪书,于记注殊方异物者每云张华,亦如言仙人神境者之好称东方朔"即"捃采天下遗逸,自书契之始,考验神怪,及世间闾里所说"③这一文化传统的具体形成。

佛教的传入,深刻影响了中国文化思想的变化和发展。鲁迅非常重视这一现象,对《续齐谐记》中所述"阳羡鹅笼"故事做了认真考证,说明"世界万事万物均发源于心,心无大小,相亦无大小"的思想"盖非中国所故有"。他举唐代段成式《酉阳杂俎》(《续集》)所引"昔梵志作术,吐出一壶"故事,并将之与《观佛三昧海经》中"白毫毛相"故事相比较,指出"魏晋以来,渐译释典,天竺故事亦流传世间,文人喜其颖异,于有意或无意中用之,遂蜕化为国有"④的史实。魏晋南北朝时期是我国民间故事相当繁荣的阶段,鲁迅在论述佛教文化的影响时,从中举出许多事例即具体的民间传说故事,细究其理。诸如"汉明帝梦见神人"与"白马寺壁画千乘万骑绕塔三匝之像"等,包括少昊"经历穷桑沧茫之浦"、"洞庭山浮于水上"等故事,鲁迅从中发现"佛教既渐流播,经论日多,杂说亦日出"与"方士"们"自造伪经,多作异记,以长生久视之道,网罗天下之逃苦空者"⑤,即宗教、义理的利用民间文学传播,这一世俗与宗教共融于民间文化生活的文化发展规律。

---

① 鲁迅:《中国小说史略》第四篇《今所见汉人小说》,北新书局1925年版。
② 鲁迅:《中国小说史略》第五篇《六朝之鬼神志怪书》(上),北新书局1925年版。
③ 鲁迅:《中国小说史略》第五篇《六朝之鬼神志怪书》(上),北新书局1925年版。
④ 鲁迅:《中国小说史略》第五篇《六朝之鬼神志怪书》(上),北新书局1925年版。
⑤ 鲁迅:《中国小说史略》第六篇《六朝之鬼神志怪书》,北新书局1925年版。

唐代传奇的形成和发展与民间传说有着更为密切的联系。这种联系的外在形式就是鲁迅所概括的"不离于搜奇记逸"①，而唐代文人与其前人相比更多了小说的自觉意识。所谓自觉也就是如胡应麟所说的"作意好奇，假小说以寄笔端"，鲁迅称"此类文字"之所以称"传奇"为贬称，即其"记叙委曲，时亦近于俳谐，故论者每訾其卑下，贬之曰传奇"而"别于高文"②。"高文"即雅，"卑下"即俗。也正是这种"卑下"的俗，对"元明人多本其事作杂剧或传奇"甚至包括"曲"都产生重要影响③。鲁迅以《补江总白猿传》为例，称"不知何人作"，"是知假小说以施诬蔑之风，其由来颇古矣"，④即假借民间传说表达作者的寓意。这种寓意包含着愤恨，也包含着失意，鲁迅举"文近骈俪而时杂鄙语"的《游仙窟》和故事虽不经，尚为当时推重的《枕中记》等作品，都是其"失意"的代表。也就是说，唐代作家善于化俗为雅，利用充满神奇幻想的民间传说构造成一种寄寓自己理想情趣的妙境。这里，鲁迅将其概括为"以华艳之笔，叙恍忽之情，而好言仙鬼复死"⑤。他因之称陈鸿之为文"辞意慷慨，长于吊古，追怀往事，如不胜情"，其《长恨歌传》"追述开元中杨妃入宫以至死蜀本末"，与《东城父老传》中的"忆念太平盛事，荣华苓落"，"其语甚悲"相类。同时，他还将这一民间传说题材与"天宝末，兄国忠盗丞相位，愚弄国柄"相联系，对比对照。鲁迅说："杨妃故事，唐人本所乐道，然鲜有条贯秩然如此传者，又得白居易作歌，故特为世间所知，清洪昇撰《长生殿传奇》，即本此传及歌意也。"⑥这是鲁迅从古典文学中透视民间文学原型的通常方式，纵横捭阖间寻找民间文学演变轨迹，这也是鲁迅视野和胸襟异常开阔的学术风范。

在对待"传奇诸作者"中的元稹与李公佐的作品研究中，鲁迅仍然用这种追寻原型的方式来透视其源流，并从中发现新意。如元稹的《莺莺传》，鲁迅将其内容与杨巨源《崔娘诗》、李绅《莺莺歌》(《东飞伯劳西飞燕歌为莺莺作》)等唐代作品，以及宋人赵德麟以此为题材的《商调蝶恋花》、金代董解元的《弦索西厢》、元代王实甫的《西厢记》和关汉卿的《续西厢记》、明代李日华的《南西厢记》与陆采的《南西厢记》，包括清人的《竟西厢》、《翻西厢》、《后西厢》、《续西厢》等相比较，在比较中发现"元稹以张生自寓，述其亲历之境"的意义。他以同样的方法分析了李公佐的《南柯太守传》、《谢小娥传》等作品，其中尤值得人重视的是他对无支祁故事的考证。

淮涡水神无支祁因"禹理水，三至桐柏山"所遇而闻名。鲁迅考察了《古岳渎经》的成书及其流传，从"有李汤者，永泰时楚州刺史，闻渔人见龟山下水中有大铁锁，乃以

---

① 鲁迅：《中国小说史略》第八篇《唐之传奇文》(上)，北新书局1925年版。
② 鲁迅：《中国小说史略》第八篇《唐之传奇文》(上)，北新书局1925年版。
③ 鲁迅：《中国小说史略》第八篇《唐之传奇文》(上)，北新书局1925年版。
④ 鲁迅：《中国小说史略》第八篇《唐之传奇文》(上)，北新书局1925年版。
⑤ 鲁迅：《中国小说史略》第八篇《唐之传奇文》(上)，北新书局1925年版。
⑥ 鲁迅：《中国小说史略》第八篇《唐之传奇文》(上)，北新书局1925年版。

人牛曳出之,风涛陡作",到"后公佐访古东吴,泛洞庭,登包山,入灵洞,探仙书,于石穴间得《古岳渎经》第八卷,乃得其故",探究无支祁故事的生成背景,并以此管窥明代小说《西游记》中孙悟空的原型。

鲁迅在这里论述道:

> 宋朱熹(《楚辞辨证》中)尝斥僧伽降伏无支祁事为俚说,罗泌(《路史》)有《无支祁辨》,元吴昌龄《西游记》杂剧中有"无支祁是他姊妹"语,明宋濂亦隐括其事为文,知宋元以来,此说流传不绝,且广被民间,致劳学者弹纠,而实则仅出于李公佐假设之作而已。惟后来渐误禹为僧伽或泗洲大圣,明吴承恩演《西游记》,又移其神变奋迅之状于孙悟空,于是禹伏无支祁故事遂以埋昧也①。

对于这个问题,鲁迅在《中国小说的历史的变迁》关于"唐之传奇文"的论述中讲道,《李汤》这篇影响很大,他以为"《西游记》中的孙悟空正类无支祁",其理由在于:

一、作《西游记》的人,并未看过佛经;
二、中国所译的印度经论中,没有和这相类的话;
三、作者——吴承恩——熟于唐人小说,《西游记》中受唐人小说的影响的地方很不少②。

所以,鲁迅以为"孙悟空是袭取无支祁的"③。而胡适以为这是受印度文学影响而形成。其实,见仁见智,各自都有道理。鲁迅在这里提到的所谓朱熹"尝斥僧伽降伏无支祁事为俚说",见于《楚辞辨证》的《天问》(下)中提到的"鲧窃帝之息壤以堙洪水,特战国时俚俗相传之语,如今世俗僧伽降无支祁、许逊斩蛟蜃精之类,本无依据,而好事者遂假托撰造以实之,明理之士皆可以一笑而挥之,正不必深与辩也"。后来,鲁迅在考证《纳书楹曲谱》时,又提到《西游记》四出中有两出涉及"巫枝癨"和"无支祁",即《定心》中的"是骊山老母亲兄弟,无支祁是他姊妹",和《女国》中的"似摩腾伽把阿难摄在瑶山上,若鬼子母将如来围定在灵山上,无支祁把张僧拿在龟山上"。胡适说,他正是受到"周先生(鲁迅)的指点",才"去寻这个故事的来源",即鲁迅指出"作《西游记》的人或受这个无支祁故事的影响",启发了胡适"疑心这个神通广大的猴子不是国货"和

---

① 鲁迅:《中国小说史略》第九篇《唐之传奇文》(上),北新书局1925年版。
② 《国立西北大学、陕西教育厅合办暑期学校讲演集》(二),西北大学出版部1925年3月版。
③ 《国立西北大学、陕西教育厅合办暑期学校讲演集》(二),西北大学出版部1925年3月版。

"也许连无支祁的神话也是受了印度影响而仿造的"等论点①。

鲁迅在《〈唐宋传奇集〉稗边小缀》中考证了元代陶宗仪《辍耕录》所引"禹治水,至桐柏山,获淮涡水神,名曰无支祁",李肇《国史补》中"楚州有渔人,忽于淮中钓得古铁锁,挽之不绝"和"后有验《山海经》云水兽好为害,禹锁于军山之下,其名曰无支祁",以及胡应麟在《笔丛》中所述"六朝人踵《山海经》体而赝作者,或唐人滑稽玩世之文,命名《岳渎》可见。以其说颇诡异,故后世或喜道之。宋太史景濂亦稍隐括集中,总之以文为戏耳"和"罗泌《路史》辨有无支祁,世又讹禹事为泗州大圣,皆可笑",将它们与《太平广记》所存材料比较"异同"。鲁迅还提出王象之在《舆地纪胜》中的"水母洞在龟山寺,俗传泗州僧伽降水母于此"为"复讹无支祁为水母",指出褚人获《坚瓠续集》"高皇帝过龟山"及"急令羊豕祭之,亦无他患"是"嫁李汤事于明太祖矣"②。

段成式的《酉阳杂俎》是我国唐代重要的民间故事集。鲁迅考证"成式家多奇篇秘籍,博学强记,尤深于佛书,而少好畋猎"等内容与《酉阳杂俎》的联系,称其"卷一篇""或录秘书,或叙异事,仙佛人鬼以至动植,弥不毕载,以类相聚,有如类书,虽源或出于张华《博物志》,而在唐时,则犹之独创之作矣"③。鲁迅考证民间传说,常述其流传脉络,然后将具体作品罗列于下,让读者一目了然。他考证《酉阳杂俎》,论述了其"每篇各有题目,亦殊隐僻,如纪道述者曰《壶史》,钞释典者曰《贝编》,述丧葬者曰《尸窆》,志怪异者曰《诺皋记》,而抉择记叙,亦多古艳颖异,足副其目也",之后便分别列出"卷二《玉格》"、"卷三《贝编》"、"卷十四《诺皋记》"等故事,最后仍以例称之为"所涉既广,遂多珍异,为世爱玩,与传奇并驱争先矣"④。

宋代国家扬文抑武,文献材料尤为丰富。鲁迅从中选取志怪、传奇文、话本和拟话本等与民间文学联系相当密切的文体为典型,在具体的考证与论述中表达出自己的民间文学观。如他在论述宋代志怪和传奇时,先述《太平广记》"以野史传记小说诸家成书五百卷","不特稗说之渊海"的背景,及其所保存的"唐人传奇文",诸如"神仙"、"女仙"、"异僧"、"报应"、"征应(休咎)"、"定数"、"梦"、"神"、"鬼"、"妖怪"、"精怪"、"再生"、"龙"、"虎"、"狐"等卷。他指出宋代民间文学文献保存格外丰富的原因,称其在于"宋代虽云崇儒,并容释道,而信仰本根,夙在巫鬼",所以"多变怪谶应之谈"⑤。宋代传奇是民间传说为题材的重要文体,但由于种种原因被"讹"传,鲁迅遍查典籍,详细考证。如《绿珠传》、《杨太真外传》,鲁迅曾在《唐宋传奇集》中辑录,被人"讹为唐人

---

① 见胡适:《〈西游记〉考证》,《西游记》,亚东图书馆1923年版。
② 鲁迅:《〈唐宋传奇集〉稗边小缀》,《唐宋传奇集》,上海联华书局1934年5月版。
③ 鲁迅:《中国小说史略》第十篇《唐之传奇集及杂俎》,北新书局1925年版。
④ 鲁迅:《中国小说史略》第十篇《唐之传奇集及杂俎》,北新书局1925年版。
⑤ 鲁迅:《中国小说史略》第十一篇《宋之志怪及传奇文》,北新书局1925年版。

作",鲁迅承前人之说,以为是"宋乐史之撰也"。他考证了乐史的身世,称其"长于地理","荟萃稗史成文","又参以舆地志语",指出其"篇末垂诫,亦如唐人"才形成此误会①。此类例子还有秦醇的《赵飞燕别传》、《骊山记》、《温泉记》、《谭意歌传》和题为唐代颜师古撰的《大业拾遗记》(《隋遗录》)等,鲁迅总结这些典籍被讹传的规律,说:"帝王纵恣,世人所不欲遭而所乐道,唐人喜言明皇,宋则益以隋炀,明罗贯中复撰集为《隋唐志传》,清褚人获又增改以为《隋唐演义》。"②

在鲁迅看来,宋代的志怪"平实而乏文彩",传奇"多托往事而避近闻,拟古且远不逮",所以"更无独创之可言矣"。而话本就不同了,他说:"然在市井间,则别有艺文兴起。即以俚语著书,叙述故事,谓之平话,即今所谓'白话小说'者是也。"同时他又指出,"用白话作书者,实不始于宋"。他以"敦煌千佛洞之藏经始显露"为例,即其中"有俗文体之故事数种",称其"盖唐末五代人钞"③。这里,他列举了《唐太宗入冥记》、《孝子董永传》、《秋胡小说》、《伍员入吴故事》、《释迦八相成道记》和《目连入地狱故事》等,而这些"俗文"确实是普遍流传于民间的传说故事。鲁迅把这些故事的兴起分为"娱心"和"劝善"两大类,以为它们出于杂剧中的"说话"。他说:

说话者,谓口说古今惊听之事,盖唐时已有之,段成式《酉阳杂俎》(《续集》四《贬误篇》)有云,"予太和末,因弟生日观杂戏,有市人小说,呼扁鹊作'褊鹊'字,上声。"李商隐《骄儿诗》(集一)亦云,"或谑张飞胡,或笑邓艾吃。"似当时已有说三国故事者,然未详。宋都汴,民物康阜,游乐之事甚多,市井间有杂伎艺,其中有"说话",执此业者曰"说话人"。说话人又有专家,孟元老(《东京梦华录》五)尝举其目,曰小说,曰合生,曰说诨话,曰说三分,曰说《五代史》。南渡以后,此风未改……

说话之事,虽在说话人各运匠心,随时生发,而仍有底本以作凭依,是为"话本"。《梦梁录》(二十)影戏条下云,"其话本与讲史书者颇同,大抵真假相半。"又小说讲经史条下云,"盖小说者,能讲一朝一代故事,顷刻间捏合。"《都城纪胜》所说同,惟"捏合"作"提破"而已。是知讲史之体,在历叙史实而杂以虚辞,小说之体,在说一故事而立知全局,今所存《五代史平话》及《通俗小说》残本,盖即此二科话本之流,其体式正如此④。

鲁迅在此详细论述"说话"和"话本"之间的联系,其实是在说明民间说唱文学的历史传承及演变的价值与意义。在文学史上,"说话"作为民间讲唱文学的重要形式,与小说、戏剧都产生了密切的联系。鲁迅不是仅仅把它看作一种形式,而是作为一种文化生活。他在历史的变迁中,看到了"南宋亡,杂剧消歇"时,"说话遂不复行",但这

---

① 鲁迅:《中国小说史略》第十一篇《宋之志怪及传奇文》,北新书局1925年版。
② 鲁迅:《中国小说史略》第十一篇《宋之志怪及传奇文》,北新书局1925年版。
③ 鲁迅:《中国小说史略》第十二篇《宋元话本》,北新书局1925年版。
④ 鲁迅:《中国小说史略》第十二篇《宋之话本》,北新书局1925年版。

种艺术深刻影响着后世的"小说",包括"讲史"①。对于宋元间的《大唐三藏法师取经记》和《大宋宣和遗事》,鲁迅看到"说话"的影子,即"近讲史而非口谈"②。对于元明时代的"讲史"等艺术,鲁迅也是如此在文化的多元发展及其相互间的联系中,考察它们中的民间传说的存在状态和它们自身的价值意义。

在具体考证《水浒传》、《西游记》、《封神演义》和"三言二拍"、《聊斋志异》、《红楼梦》等小说时,鲁迅总是尽力寻求两种线索,即一条是这些作品发生自民间或是与民间传说故事相联系的历史轨迹,而另一条则是这些作品对其他作品文化个性的借鉴。如鲁迅在论及《水浒传》时,首先看到的是其故事"为南宋以来流行之传说,宋江亦实有其人","自有奇闻异说,生于民间,辗转繁变,以成故事"及其"复经好事者掇拾粉饰,而文籍以出"③。在论及《西游记》时,鲁迅广泛考察了《八仙出处东游记传》"书中文言俗语间出,事亦往往不相属,盖杂取民间传说作之","《大唐三藏取经诗话》已有猴行者深沙神及诸异境",元杂剧《唐三藏西天取经》"其中收孙悟空,加戒箍,沙僧,猪八戒,红孩儿,铁扇公主等皆已见"等,以此证明"似取经故事,自唐末以至宋元,乃渐渐演成神异,且能有条贯,小说家因亦得取为记传也"④。

总之,《中国小说史略》系统地体现了鲁迅的民间文学发展嬗变观,他的基本方法是在历史的发展与联系中运用文化透视去管窥民间文学与其他文化现象之间的复杂关系,从而有机地把握民间文学的发展规律。他的另一部著作《中国小说的历史的变迁》与《中国小说史略》大同小异,有许多地方甚至是相重复的。从某种角度讲,《中国小说的历史的变迁》在论述语言上更简洁,这是与鲁迅的"讲学的记录稿"有着直接联系。鲁迅的《汉文学史纲要》也是这样,所不同的是在论述的范围上不再仅限于小说文体,而是涉及到了诗歌、散文和史传文学等内容。但是,《汉文学史纲要》在对民间文学的嬗变历史及其价值的论述上明显涉及较少,有一些也很零星。倒是在《朝花夕拾》、《〈唐宋传奇集〉稗边小缀》和一些"序"、"跋"等处,常可见到鲁迅充满鲜明爱憎的论点。如他的《关于〈二十四孝图〉》,抨击"郭巨埋儿"对人性的摧残,抨击"曹娥投江觅父"的愚昧,抨击老莱子的"无趣味"⑤,都是与国民劣根性的解剖批判相联系在一起。他在《阿金》中说他自己"一向不相信昭君出塞会安汉,木兰从军就可以保隋,也不相信妲己亡殷、西施沼吴、杨妃乱唐的那些古老话(即民间传说)",从中透视出"向来的男性的作者,大抵将败亡的大罪,推在女性身上"这样"一钱不值的没有出息的"实质⑥。

---

① 鲁迅:《中国小说史略》第十二篇《宋之话本》,北新书局1925年版。
② 鲁迅:《中国小说史略》第十三篇《宋元之拟话本》,北新书局1925年版。
③ 鲁迅:《中国小说史略》第十五篇《元明传来之讲史》,北新书局1925年版。
④ 鲁迅:《中国小说史略》第十六篇《明之神魔小说》,北新书局1925年版。
⑤ 鲁迅:《〈朝花夕拾〉后记》,《鲁迅全集》,人民文学出版社,1981年版。
⑥ 鲁迅:《阿金》,《海燕月刊》1936年2月22日第2期。

也就是说,通过古今历史对比,鲁迅对民间文学嬗变历史及其价值的文化透视,在这三种途径中得以集中实现。而我们也应该清醒地看到,鲁迅对民间文学的历史的梳理,主要是希望从中发现民族文化中所蕴含的文化思想及其发展规律。所以,我们称之为文化透视。同样,在这种文化透视的过程中,我们随处可以感受到他尊重民间与正视现实的文化立场和价值观念。这种文化立场和价值观念的确立,又是具体融汇在鲁迅的批判和改造国民性的思想之中。我们应该学习和坚持、发扬他的学术理念和研究方法,不断壮大自身。

四　鲁迅的神话学观

神话是一个民族古老文明的标志,也是一个民族重要的思想和文化资源。我国古代没有神话这个概念。神话概念是在20世纪初1903年留日学生蒋观云提出的,进而影响了整整一个世纪的神话学。蒋观云在《神话·历史养成之人物》中说,"一国之神话与一国之历史,皆于人心上有莫大之影响";他举例说,"印度之神话深玄,故印度多深玄之思。希腊之神话优美,故希腊尚优美之风"。什么叫神话?蒋观云进一步阐释道,"古往今来,英雄豪杰,其一言一行,一举一动,即铸成之植字,而留以为后世排列文字之用者也","而荟萃此植字者,于古为神话,于今为历史"。所以,他称神话和历史"能造成一国之人才"。如其所言,神话研究的兴起,是随着"近世欧洲文学之思潮"的传入,尤其是"北欧神话与歌谣之复活"的影响而形成的。他以盘古神话为例,称其"最简枯而乏崇大高秀,庄严灵异之至",所以"人才之生,其规模志趣,代降而愈趋于狭小"。他以此提出"欲改进其一国之人心者,必先改进其能教导一国人心之书始"①。此后,夏曾佑在其《中国历史教科书》中提出"自草昧以至周末,为上古之时",属于"传疑期",并称这一时期的"三王五帝九皇"是"纯乎宗教家言"而"不可援以考实"②。而王国维则在其《屈子文学之精神》中提出"南人想像力之伟大丰富","古代印度及希腊之壮丽之神话,皆此等想像之产物"③。应该说,他们的神话学思想影响了鲁迅。

体现鲁迅早期神话学思想的是《破恶声论》。在这篇文章中,鲁迅从所谓的"破除迷信"入题,即把神话的产生同民间信仰联系在一起,如其所举"若在南方,乃更有一意于禁止赛会之志士。农人耕稼,岁几无休时,递得余闲,凡有报赛,举酒自劳,洁牲酬神,精神体质,两愉悦也"。也就是说,鲁迅将这种文化存在状态作为民间文学包括神

---

① 蒋观云:《神话·历史养成之人物》,《新民丛报》1903年第36号《丛谈》。
② 夏曾佑:《中国历史教科书》第一章《传疑时代》,商务印书馆1905年7月版。
③ 王国维:《屈子文学之精神》,《教育世界》1906年11月第23号。

话产生的具体条件;犹如他在论及印度吠陀时代雷神因陀罗的出现时所讲,"夫人在两间,若知识混沌,思虑简陋,斯无论已;倘其不安物质之生活,则自必有形上之需求。故吠陀罗(吠陀)之民,见夫凄风烈雨,黑云如盘,奔电时作,则以为因吠(陀)罗与敌斗,为之栗然生虔敬念。希伯来之民,大观天然,怀不思议,则神来之事与接神之术兴,后之宗教,即以萌蘖","顾吾中国,则夙以普崇万物为文化本根,敬天礼地,实与法式,发育张大,整然不紊"。其实这是进化论的观点,即神与神话固然是神思之产物,或称原始思维,必须时代发展到一定阶段时,使人有"形上之需求"时才能形成。所以,他更详细地论述道:

> 倘其朴素之民,厥心纯白,则劳作终岁,必求一扬其精神……举其大略,首有朝神话者,总希腊埃及印度,咸与诽笑,谓足作解颐之具。夫神话之作,本于古民睹天物之奇觚,则逞神思而施以人化,想出古异,诙诡可观,虽信之失当,而嘲之则大惑也。太古之民,神思如是,为后人者,当若何惊异瑰大之;矧欧西艺文,多蒙其泽,思想文术,赖是而庄严美妙者,不知几何。①

这里,鲁迅既强调了神话受原始思维影响的发生,又指出神话对文艺发展的作用。特别是神话对文学的渊薮意义,鲁迅说,"倘欲究西国人文,治此则其首事,盖不知神话,即莫由解其艺文,暗艺文者,于内部何获焉",由此,他称"若谓埃及以迷信亡,举彼上古文明,胥加呵斥"乃为"竖子之见"。显然,鲁迅在这里更多的是注重了神话思维的阶段性,尽管他在当时还不懂得神话学这些概念。他在这里对神话的论述主要基于一种个人感受。

龙是中华民族的重要图腾,融汇着几千年所倾注的民族情感。近代学者从所谓的破除迷信观念出发,无视这些情感作为原始信仰与形象思维相结合的产物所包含的文化价值与意义,简单地比之于自然科学中的生物存在理论,随便指斥龙的神话存在意义,甚至诋毁民族文明历史。鲁迅出于维护民族文化的大义,说:

> 复次乃有借口科学,怀疑于中国古然之神龙者,按其由来,实在拾外人之余唾。彼徒除利力而外,无蕴于中,见中国式微,则虽一石一华,亦如轻薄,于是吹索抉剔,以动物学之定理,断神龙为必无。夫龙之为物,本吾古民神思所创造,例以动物学,则自白其愚矣。而华土同人,贩此又何为者?抑国民有是,非特无足愧恧已也,神思美富,益可自扬。古则有印度希腊,近之则东欧与北欧诸邦,神话古传

---

① 迅行(鲁迅):《破恶声论》,《河南月刊》1908年12月5日第8期。

以至神扬重言之半,他国莫与并,而民性亦瑰奇渊雅,甲天下焉。吾未见其为世诟病也。惟不能自造神话神物,而贩诸殊方,则念古民神思之穷,有足尔嗟乎,龙为国徽,而加之谤,旧物将不存于世矣①。

鲁迅对龙神话在文化史上的意义如此重视,除了强烈的民族感情,对民族文化尊严的维护,还基于历史上的毁庙制度②,即"欲厌其国先毁其史"的教训,这就不仅仅限于对民间文化遗产的态度问题。佐此证者,可查1912年8月28日的《鲁迅日记》所记其与人"同拟国徽",及其所著《致国务院国徽拟图说明书》。这里,鲁迅举"昔者希腊武人,蒙盾赴战,自择所好,作绘于盾,以示区别"为例,称国徽"自应远据前史,更立新图",而"考诸载籍,源之古者,莫如龙"③。

同一时期,鲁迅在《人之历史》中表达了他带有人类学色彩的神话学观。如他所讲:

> 人类种族发生学者,乃言人类发生及其系统之学,职所治理,在动物种族,何所由窦,事始近四十年来,生物学分支之最新者也。盖古之哲士宗族,无不目人为灵长,超迈群生,故纵疑官品起源,亦彷徨神话之歧途,诠释率神閟而不可思议。如中国古说,谓盘古辟地,女娲死而遗骸为天地,则上下未形,人类已现,冥昭瞢暗,安所措足乎?屈灵均谓鳌载山?何以安之,衷怀疑而词见也。西国创造之谈,摩西最古,其《创世纪》开篇,即云帝以七日作天地万有,抟埴成男,折其肋为女。当十三世纪时,力大伟于欧土,科学隐耀,妄言横行,罗马法王,又竭全力以塞学者之口,天下为之智昏。黑格尔谑之曰世界史之大欺罔者,非虚言也④。

但是,这种神话学观念,特别是他对盘古神话、女娲神话的判断并不完全合乎神话学的科学概念。当然,这也是他所处时代的局限。但是,即使是如此,我们也可以感受到他尊重自己民族的文化历史朴素的感情,和他把神话研究同人的解放相联系,将神话学与思想启蒙事业相结合的崇高追求。尤其是他后来关于立人、关于国民性格的解剖和批判等思想,在这一时期已初见端倪。

在这一时期我们应该指出的是,鲁迅与周作人在神话研究上有着相近似的追求,

---

① 迅行(鲁迅):《破恶声论》,《河南月刊》1908年12月5日第8期。
② 参见拙作《中国庙会文化》,上海文艺出版社1999年版。
③ 初无署名,见《文牍录要》,教育部《编纂处月刊》1913年2月第1卷第1册。闻一多后来对龙的考释,应该是受到鲁迅启发的。
④ 鲁迅:《人之历史》

他们相互影响。如周作人的《童话略论》,是一篇有重要影响的神话学论文,就发表在鲁迅编辑的教育部编纂处月刊(1913年)上。在此前,即鲁迅发表《破恶声论》之前一年的1907年,周作人发表译作《红星佚史》。而《红星佚史》(原名《世界欲》)是安德留·兰与人根据荷马史诗编撰的小说;安德留·兰是英国人类学派神话学家的代表人物。同年(1907年)鲁迅与人筹办《新生》杂志,周作人根据安德留·兰的神话学著作《习俗与神话》、《神话·仪式与宗教》,以及英国学者该莱的《英国文学上的古典神话》,编写成《三辰神话》,为《新生》供稿。由此可见,鲁迅和周作人在此时都受到人类学派的影响。关于他们兄弟的神话学思想比较问题,我在他处另谈,此略。

五四之后,鲁迅的神话学思想随着新文化运动的深入发展,发生了新的变化。这主要体现在他的《中国小说史略》、《中国小说的历史的变迁》两部著作和一些论文、书信中。

首先是关于神话的起源及其流传演变问题,古今中外的学者们众说纷纭。所有的神话学家都必须直面这个问题,也正是因为对这一问题的具体阐释,形成了不同的神话学派。就此问题,晚清时期的学者们诸如严复、章太炎、刘师培和梁启超他们都给予过不同的解释。我在《中国近代民间文学史》中对此有详细论述,此亦不赘述。

鲁迅在《中国小说史略》中,着重考察了徐整《三五历记》中的盘古神话、《列子·汤问》中的女娲神话、《淮南子》中的尧神话、羿射十日神话、《左传》中的鲧化黄熊以入羽渊神话、《史记》中的舜神话和《山海经》中的神话群等内容,比较它们之间所显示的价值意义。他说:

> 昔者初民,见天地万物,变异不常,其诸现象,又出于人力所能以上,则自造众说以解释之:凡所解释今谓之神话。神话大抵以一"神格"为中枢,又推演为叙说,而于所叙说之神,之事,又从而信仰敬畏之,于是歌颂其威灵,致美于坛庙,久而愈进,文物遂繁。故神话不特为宗教之萌芽,美术所由起,且实为文章之渊源。惟神话虽生文章,而诗人则为神话之仇敌,盖当歌颂记叙之际,每不免有所粉饰,失其本来,是以神话虽托诗歌以光大,以存留,然亦因之而改易,而稍歇也。如天地开辟之说,在中国所遗留者,已设想较高,而初民之本色不可见,即其例矣①。

鲁迅在这里简要谈论了神话的概念、神话的形成和演变,及其与文化发展包括诗歌、美术、宗教等内容之间的联系。在此基础上,鲁迅更进一步论述了神话与传说之间的联系。他指出神话演进中,其中枢"渐近于人性",所叙述的内容即传说。而传说

---

① 鲁迅:《中国小说史略》第二篇《神话与传说》,北新书局1925年版。

所表现的内容,"或为神性之人,或为古英雄,其奇才异能神勇为凡人所不及";他举"简狄吞燕卵而生商"、"刘媪得交龙而孕季"作为例证①,说明传说与神话有着直接的联系,用今天的话来说,就是部分传说中包含着原始时代的神话思维,残存着原始神话的痕迹。

在论及我国神话传说的保存状况与流传状态时,鲁迅以《山海经》为例,说"今尚无集录为专书者,仅散见于古籍","《山海经》中特多"。他称《山海经》未必就是真正的为禹和益所著,其内容中多出现祠神的"精"即精米,"与巫术合,盖古之巫书也",同时,他也提到秦汉时人增添了内容②。关于这种"散见"即"仅存零星者"的原因,他举日本学者盐谷温的说法,即中国古代神话保存或流传较少的原因有两种,一是"华土之民,先居黄河流域,颇乏天惠,其生也勤,故重实际而黜玄想,不更能集古传以成大文";二是"孔子出,以修身齐家治国平天下等实用为教,不欲言鬼神、太古荒唐之说,俱为儒者所不道,故其后不特无所光大,而又有散亡"。盐谷温对中国神话保存的实际并不完全了解,但他却确实代表着当时颇为流行的观念。尤其是其所述"颇乏天惠",是与20世纪二三十年代一些学者对中国神话和中国人民的丑化或误解相呼应的。如英国学者威纳,就曾在他的《中国的神话和传说》中称中国人的智慧相当平庸,不具备创造神话的智慧,而当前所见到的神话,都是从西方传入的③。这是典型的民族歧视。日本学者藤田丰八在他的《中国神话考》中,称中国神话是起源于印度④。中国学者卫聚贤在《中国神话考》中称"中国的国民,因有尚功利,而且重常识的倾向,故神话终未得充分的发达","我们不得不求其源于印度及其他国的"⑤。无论他们出于什么样的目的,在事实上都让人更注目于"颇乏天惠",形成对民族情感和文化尊严的伤害。当然,我们并不是狭隘的民族主义,好像是我们自己有了独立的神话就如何维护了自身尊严,而问题在于这里面包含着一种文化阴谋,威纳之意不在神话。鲁迅是一位独立思索、视野开阔的学者,他既没有简单的盲从于别人,也没有像新国粹那样拒绝他人的神话观。他指出"颇乏天惠"论者应注意最集中的问题在于"神鬼之不别"。他说:

  然详察之,其故殆尤在神鬼之不别。天神地人鬼,古者虽若有辨,而人鬼亦得为神祇。人神淆杂,则原始信仰无由蜕尽;原始信仰存则类于传说之言日出而不已,而旧有者于是僵死,新出者亦更无光焰也。⑥

---

① 鲁迅:《中国小说史略》第二篇《神话与传说》,北新书局1925年版。
② 鲁迅:《中国小说史略》第二篇《神话与传说》,北新书局1925年版。
③ 威纳:《中国的神话和传说》,london.1924。
④ 藤田丰八:《中国神话考》,《古史研究》商务印书馆1934年第2集下册。
⑤ 卫聚贤:《中国神话考》,《古史研究》,商务印书馆1934年第2集下册。
⑥ 鲁迅:《中国小说史略》第二篇《神话与传说》,北新书局1925年版。

在这里,鲁迅以《搜神记》中的蒋子文"嗜酒好色,佻挞无度",其死后却有"是岁夏大疫,百姓辄相恐动,颇有窃祠者矣",和《异苑》中的"世有紫姑神","世人以其日作其形,夜于厕间或猪栏边迎之"两传说为例,证其为"随时可生新神"①。同时,他又取《论衡》所引《山海经》中的"沧海之中,有度朔之山"与"立大桃人,门户画神荼郁垒与虎","以御凶魅"传说,《玄中记》中的"东南有桃都山",《三教搜神大全》中的"门神,乃是唐朝秦叔保尉敬德二将军也"为例,说明"旧神有转换而无演进"②。鲁迅研究神话的起源及其嬗变问题,紧紧围绕"原始信仰"的存在及表现形式看"天神地祇人鬼"的复杂变化,其实远胜于空谈民族智慧聪明与神话的联系。

在《中国小说的历史的变迁》中,鲁迅论述"从神话到神仙传"这一问题时,表达了与《中国小说史略》中相同的意见。他曾把自己这些论点归纳为"神话是文艺的萌芽"、"中国的神话很少"和"所有的神话,没有长篇的"等方面③。他仍然强调神话的"零星",他说,在古代小说和诗歌中,"其要素总离不开神话",印度、埃及和希腊,包括中国都是这样,"只是中国并无含有神话的大著作","其零星的神话,现在也还没有集录为专书的"。他说,即使是《山海经》"也是无系统的",而其最重要的内容是"西王母的故事"等,它"一直流行到唐朝,才被骊山老母夺了位置去"④。鲁迅看到的这种状况,在今天看是有着明显偏颇的,但在当时,大量的活形态的神话还没有被挖掘,他只能这样称"中国古代的材料很少,所有者,只是些断片的,没有长篇的,而且似乎也并非后来散亡",而是"本来的少有"⑤。这话其实就更错了。他"在此要推求其原因",表达了与盐谷温相似的意见,即一是"太劳苦",二是"易于忘却"⑥。

在论述"太劳苦"的原因时,他说:

> 因为中华民族先居在黄河流域,自然界底情形并不佳,为谋生起见,生活非常勤苦,因之重实际,轻玄想,故神话就不能发达以及流传下来。劳动虽说是发生文艺的一个源头,但也有条件:就是要不过度。劳逸均适,或者小觉劳苦,才能

---

① 鲁迅:《中国小说史略》第二篇《神话与传说》,北新书局1925年版。
② 鲁迅:《中国小说史略》第二篇《神话与传说》,北新书局1925年版。
③ 鲁迅:《中国小说的历史的变迁》第二讲《六朝时志怪与志人》,《国立西北大学、陕西教育厅合办暑期学校讲演集》(二)西北大学出版部1925年3月印行。
④ 鲁迅:《中国小说的历史的变迁》第一讲《从神话到神仙传》,《国立西北大学、陕西教育厅合办暑期学校讲演集》(二),西北大学出版部1925年3月印行。
⑤ 鲁迅:《中国小说的历史的变迁》第一讲《从神话到神仙传》,《国立西北大学、陕西教育厅合办暑期学校讲演集》(二),西北大学出版部1925年3月印行。
⑥ 鲁迅:《中国小说的历史的变迁》第一讲《从神话到神仙传》,《国立西北大学、陕西教育厅合办暑期学校讲演集》(二),西北大学出版部1925年3月印行。

发生种种的诗歌,略有余暇,就讲小说。假使劳动太多,休息时少,没有恢复疲劳的余裕,则眠食尚且不暇,更不必提什么文艺了①。

显然,这是地域决定论的表现。法国学者丹纳他们曾经提到环境、时代、种族对文艺的影响作用,王国维、胡适他们也都提到过南北文学的想象力差别问题,但是,事情并非全尽然。鲁迅也曾经做过地质史的研究,而他却没有充分注意到黄河流域气候等条件在历史上的变化问题。事实上如果我们检索史籍,会发现鲁迅他们所看到的黄河流域自然变化与远古历史不合,不用说,即使是与唐宋之前的历史也不一样②。近代学者是在更多的以今推测古,凭想象去理解"中华民族先居在黄河流域"的"重实际,轻玄想"。今天在黄河流域发现的大量神话群,已经证明了近代学者的不足。其实,在鲁迅之后,闻一多、常任侠、凌纯声、芮逸夫他们离开都市,来到边疆地区,发现在少数民族中保存着与古典神话相关的材料,这种以日本学者盐谷温为代表的"颇乏天惠"论便被打破。

这里值得我们注意的是,《中国小说史》是鲁迅在1923年于北京大学授课时的讲义,其《中国小说的历史的变迁》是他1924年在西安讲学时的记录稿。1925年,鲁迅就已经有所改变这种认识的偏颇。如他在与傅筑夫、梁绳祎两人的通信中,向人介绍茅盾的神话研究成果,说,"关于中国神话,现在诚不可无一部书","沈雁冰君之文,但一看耳","其中似亦有可参考者",其"所评西洋人诸书,殊可信"。他接着详细介绍说,"中国之鬼神谈,似至秦汉方士而一变,故鄙意以为当先搜集至六朝(或唐)为止群书";他说,"自上古至周末之书,其根柢在巫,多含古神话","秦汉之书,其根柢亦在巫,但稍变为"鬼道",又杂有方士之说,而"六朝之书","则神仙之说多矣",于是他强调"今集神话,自不应杂入神仙谈,但在两可之间者,亦只得存之"。对于神话分类,他建议"参照希腊及埃及神话之分类法作之",并"加以变道",提出供人参考的"天神"、"地祇(并幽冥界)"、"人鬼"和"奇物"四类,"此外则天地开辟,万物由来","苟有可稽,皆当搜集"。他还提出"每一神祇,又当考其(一)系统、(二)名字、(三)状貌性格、(四)功业作为"等问题。针对于茅盾评威纳神话学著作《中国的神话与传说》,其"不当杂入现今杂说",他详细论述道:

> 中国人至今未脱原始思想,的确尚有新神话发生,譬如"日"之神话,《山海经》中有之,但吾乡(绍兴)皆谓太阳之生日为三月十九日,此非小说,非童话,实亦神

---

① 鲁迅:《中国小说的历史的变迁》第一讲《从神话到神仙传》,《国立西北大学、陕西教育厅合办暑期学校讲演集》(二),西北大学出版部1925年3月印行。
② 参见葛剑雄主编:《中国移民史》(一、二、三、四、五、六),福建人民出版社1997年版。程遂营《唐宋开封生态环境研究》,中国社会科学出版社2002年版。

话。因众皆信之也,而起源则必甚迟。故自唐以迄现在之神话,恐亦尚可结集;但此非数人之力所能作,只能待之异日,现在姑且画(划)六朝或唐(唐人所见古籍,较今为多,故尚可搜得旧说)为限可耳①。

我们将此与《中国小说史略》和《中国小说的历史的变迁》相对比,便可发现这里太阳神话的意义。而最关键的是"中国人至今未脱原始思想,的确尚有新神话发生",表明鲁迅神话学思想发生了重要变化,即他不再拘限于"太穷苦"的背景下"神话就不能发达以及流传下来"的认识。特别是"新神话"概念的提出,这是鲁迅对现代民间文艺学理论体系建立和发展的一个重要贡献。民间神话是近年来神话学界提出的一个问题,主要是为了解决原始神话在后世的变异即裂变。那些见诸典籍的神话,我们把它们称为古典神话,它们在后世以不同的形式出现,百变不离其原始面目即被典籍所载的内容,总有一种相当于情结(complex)的核心支配着其发展;另一种情况就不同了,诸如关于天地起源、人类诞生、万物由来的神话,它们未见诸典籍,但确实又是原始信仰、原始思维的表现形式,所以,我们就称之为民间神话,既与古典神话相区别,又与后世大量民间传说相区别。在20世纪八十年代中期关于狭义神话和广义神话的争论,其实也牵涉到这个问题。鲁迅更早就注意到了这种现象,命名"新神话",称其"非小说,非童话,实亦神话",既是对这种"新神话"的准确界定,又指出其实质。这是鲁迅非凡的学术勇气,更是他的远见卓识。

威纳和藤田丰八他们诬蔑中国人"颇乏天惠"固然是别有用心,但是,一个民族对另一个民族的神话表现出巨大的热情,也未必见得全是好事。鲁迅在梳理民间文学的历史脉络时,努力向世界更多的民族中去寻找文化参照,他在维护自己民族文化历史的尊严的同时,始终保持着清醒的头脑,对于殖民地学者利用土著民族神话传说进行文化改造,变相的文化侵略、精神奴役提出警惕。如著名的功能学派人类学家马林诺夫斯基就曾经充当过此种角色。在许多西方民俗学家、人类学家看来,这确实是一种开拓殖民地并进行统治的有效方法。鲁迅在《随感录》(四十二)中就此问题讲道:

自大与好古,也是土人的一个特性。英国乔治·葛莱任纽西兰总督的时候,做了一部《多岛海神话》,序里说他著书的目的,并非全为学术,大半是政治上的手段。他说,纽西兰人是不能同他说理的。只要从他们的神话的历史里,抽出一条相类的事来做一个例,讲给酋长祭司们听,一说便成了。

---

① 见《鲁迅书信集》(上),人民文学出版社1959年版。

鲁迅如此揭示"土人的一个特性"即"自大与好古",一方面是指出弱肉强食的世界秩序中殖民政治与愚民政治的欺骗性,一方面则指出落后民族在文化上对自身历史的沉湎,以及视野狭窄、不思进取的和自欺欺人的文化惰性,其意在为中华民族提出这样一具明鉴。但我们绝不能因此将此看作是鲁迅的拒绝优秀的西方文明,既然是民俗学、民间文艺学和神话学能够以此方法改变"土人",为什么不能够利用这种方式来改变我们自己的文化,即利用这种方式启迪民众,开启民智呢?至此,使我们回想起鲁迅当年所提到的"人必须从此有记性,观四向而听八方,将先前一切自欺欺人的希望之谈全部扫除,将无论是谁的自欺欺人的假面全部撕掉,将无论是谁的自欺欺人的手段全都排斥,总而言之,就是将华夏传统的所有小巧的玩艺儿全都放掉,倒去屈尊学学枪击我们的洋鬼子,这才可望有新的希望的萌芽"①。由此我们也可以看到鲁迅的热情和赤诚。

鲁迅的民间文学观是鲁迅思想的一部分,也是中国现代学术思想体系的一部分,体现出鲁迅对民间口头创作的文化立场和价值观念。尤其是他的学术思想和学术方法,通过相关的民间文学研究,形成鲁迅独特的学术风度和学术品格,给我们做出了表率,更给我们以深刻的启迪。他和胡适不同,和周作人不同,和茅盾也不同,和郑振铎他们都不同。总体上来看,他没有他们的集中性和系统性,但是,他又有着他们所不及的批判精神。当然,他们之间又相互影响,他们之间有真诚的友情,也有真率的批评,而在学术目的上又常常表现出一致的追求。鲁迅的民间文学观作为其文化思想的一部分,也是逐步发展的,因而,我们既要在不同的阶段将它作为一个整体来理解,又要将其置入整个中国现代学术体系的大背景之中从不同的角度来认识。更重要的是,我们要继承和发扬他的文化精神,特别是他尊重民间、正视现实的文化立场和价值观念,学习他研究民间文学所运用的材料搜集方式,包括钩沉、考证和辨析的方法,以及他坦荡无私的胸怀,高瞻远瞩的目光,献身民族腾飞、振兴事业的伟大抱负和高尚的品格。令人遗憾的是,当代民间文学在今天这样一个应该更迅速发展的历史时刻,却步入了一个空前的低谷——我们引咎自问,一个最突出的问题就是缺乏献身精神,在材料搜集、钩沉、发掘和研究方面,我们还存在着许多不足。

---

① 鲁迅:《随感录》(四十二),《鲁迅全集》第 1 卷,人民文学出版社 1982 年版。

第十章　胡适的民间文学观

胡适十分推崇白话作为"活"的文学对新文学发展的重要作用,他有着鲜明而系统的民间文学观,即"一切新文学的来源都在民间"①。尽管在这之前(1926年)已经有傅斯年提出过"中国一切文学都是从民间来的",而且胡适自己也承认这一观点对他影响很大;在这更早时(1916年),梅光迪曾在信中提到文学革命当从民间文学入手②。但是,具体将民间文学看作平民文学,看作白话文学,指出白话文学包括民间文学在中国文学史上所处的"中心部分",对歌谣、神话、传说、故事和民俗进行深入细致研究者,胡适是一位开拓者、集大成者。在现代民间文艺学的许多方面,胡适的方法与论点不但对同时代人产生深刻影响(如顾颉刚),而且至今仍有着重要意义。我们应该看到,胡适的民间文学观或民间文学思想及其价值,理性而全面的把握在当前仍然存在着许多不足,有待于我们深入研究。

一　比较歌谣学的创制及其歌谣学思想

胡适是最早系统倡导比较歌谣学的学者。这就是他的《歌谣的比较研究法的一个例》③。他提出研究歌谣的"比较的研究法",即寻求"母题"(motif)。他说:

> 有许多歌谣是大同小异的。大同的地方是他们的本旨,在文学的术语上叫做"母题"(motif)"。小异的地方是随时随地添上的枝叶细节。往往有一个母题,从北方直传到南方,从江苏直传到四川,随地加上许多"本地风光",变到末了,几乎句句变了,字字变了。然而我们试把这些歌谣比较着看,剥去枝叶,仍旧可以看出他们原来同出于一个"母题"。

---

① 胡适:《白话文学史》第三章《汉朝的民歌》,新月书店1928年版。
② 胡适:《逼上梁山》,《东方杂志》1934年第31期。
③ 胡适:《努力周报》1922年12月3日第31期。

在这里,他以《读书杂志》所刊发的一首歌谣《看见他》为例,看到它在全国各地的普遍流传,以为其母题是"到丈人家里,看见了未婚的妻子","此外都是枝节"。通过"比较研究的结果",他发现有三个方面的问题值得注意,即:一、"某地的作者对于母题的见解之高低",二、"某地的特殊的风俗、服饰、语言等等——所谓本地风光",三、"作者的文学天才与技术"。他将安徽旌德的《看见她》同北京地区的这首《看见他》相比较,考察出"当时本地的服饰",和"在文学技术上就远不如上文引的北京的同题歌(谣)"。最后,他对歌谣搜集整理中的简单化现象,即"不耐烦搜集这种大同小异的歌谣,往往向许多类似的歌谣里挑出一首他自己认为最好的",提出批评,指出其随意删去的"不很妥当"。他举例强调,若只孤立地看一首歌谣,"我们也许把他看作一个赶车的男子回家受气的诗",若将许多首"互相比较","他们的母题就绝无可疑了",一再论述"参考比较的重要"。

写作此文的同一时期,胡适在自己的日记中记述了他到平民大学关于《诗经》的讲演中所运用的比较研究法。他提出"须用歌谣(中国的,东西洋的)做比较的材料","须用社会学与人类学的知识来帮助解释"。他举例论述道:"如向来比兴的问题,若用歌谣来比较,便毫不困难了。如'荠菜花,满地铺';'槐树槐,槐树底下搭戏台'与古时的'孔雀东南飞,五里一徘徊',都可做比较。这是形式与方法上的比较。"他还说:"又如日本俗歌里,近时搜集的中国歌谣里,都有内容上与《国风》相同的材料。"关于《诗经》中的《召南》"野有死麕"这首恋诗,他运用比较民俗学的方法论述道:

这明是古代男子对女子求婚的一个方法。美洲土人尚有此俗,男子欲求婚于女子,必须射杀一个野兽,把死兽置在他心爱的女子的门口。在中国古时,必也有同类的风俗。古婚礼"纳采用雁,纳吉用雁,纳征用俪皮(两鹿皮),请期用雁"(《士婚礼》),都是猎品。春秋时尚有二男争一女,各逞武力于女子之前,使女子自决之法。用此俗来讲此篇,便没有困难了。

不久,他在同顾颉刚的《论〈野有死麕〉书》中,更详细地论述"《野有死麕》一诗最有社会学上的意味"。他说:

初民社会中,男子求婚于女子,往往猎取野兽,献于女子。女子若收其所献,即是允许的表示。此俗至今犹存于亚洲、美洲的一部分民族之中。此诗第一第二章说那用白茅包着的死鹿,正是吉士诱佳人的赞礼也。

又南欧民族中,男子爱上了女子,往往携一大提琴至女子的窗下,弹琴唱歌以挑之。吾国南方民族中亦有此风。我以为《关雎》一诗的"琴瑟友之","钟鼓乐之",亦当作"琴挑"解。旧说固谬,作新昏(婚)诗解亦未为得也。"流之"、"求之"、"芼之"等话皆足助证此说。

他因此而感叹"研究民歌者当兼读关于民俗学的书"。他以为,民俗学是一种便利的方法。在他看来,"《诗经》不是一部经典",而"确实是一部古代歌谣的总集",它"可以做社会史的材料,可以做政治史的材料,可以做文化史的材料"。对于"从前的人把这部《诗经》都看得非常神圣,说它是一部经典",他说,"我们现在要打破这个观念",否则,"《诗经》简直可以不研究了",所以,"我们应该拿起我们的新的眼光,好的方法,多的材料,去大胆地细心地研究"。他研究《诗经》的"新的眼光,好的方法",贯彻着他平素倡导的"大胆假设,小心求证",即"用小心的,精密的,科学的方法,来做一种新的训诂工夫,对于《诗经》的文字和方法上都重新下注解"。他要"大胆地推翻二千年来积下来的附会的见解;完全用社会学的,历史的,文学的眼光重新给每一首诗下个解释",求得"自己有一种新的见解"。他又一次论述《野有死麇》作为初民社会"男子勾引女子的诗",称"此种求婚献野兽的风俗,至今有许多地方的蛮族还保存着"。他将《嘒彼小星》看作"写妓女生活的最古记载",并将之与《老残游记》中"黄河流域的妓女送铺盖上店陪客人的情形"相比照。

他将比较民俗学成功地运用于《诗经》研究之中,反复强调"必须多研究民俗学,社会学,文学,史学",形成了他卓有成就的比较歌谣学理论系统和方法。这种方法在当时不但影响了顾颉刚为代表的青年学者对新史学的投入(有人称胡适是《古史辨》学派的启发者,另述),而且直接影响到歌谣学专题研究的深入发展。如十几年后,董作宾在《〈看见她〉之回顾》中深情地提到当年《看见她》专题研究受胡适"暗示"启发的背景,即《一首歌谣整理研究的尝试》被列为《歌谣》周刊专号,后来单印成《看见她》。他说自己"曾受了最大的暗示而从事《看见她》之整理研究",在原文中"却忘了提及","这是大不该的"。他所受的暗示,即胡适《歌谣的比较的研究法的一个例》。他说:"我那篇文字研究的结果,丝毫也不曾跳出胡先生所指出的轨范,所以在这里不惮烦琐地重述一遍。可是在当时我竟忘记称道这位指引路途的向导而没有一字提及,岂不该打!"拳拳之心可见其中。顾颉刚关于孟姜女的研究也是如此。

比较民俗学的方法是从西方学者的著述中传入的。关键的内容在于"比较",即通过许多材料的对比去发现"母题"。如詹姆斯《比较民俗学方法论》中所讲,有三个步骤:"首先是事实的搜集,第二是事实的比较,第三是事实的解释。"他还说,民俗学的所有权不是任何一个民族的,"然而表达民俗学者的材料的方法却明显地具有民族特色",所以,许多学者往往带有强烈的民族主义倾向,"以往爱国的民俗学者,如爱尔兰的、芬兰的、德国的学者们,开始他们的研究是企图'研究民族文化的起源',随着他们研究的发展,他们发现他们自己需要摆脱民族主义和采用人道主义是适当的"①。詹姆斯强调人们"发生错误的主要原因"在于"完成事实收集之前就给事实做了解释"和缺乏"比较"的认定②。国际上著名的芬兰学派即历史地理学派以尤里乌斯·科隆(Julius Krohn,1835—1888)为代表,将许多故事按流传地区排列观察地域性和情节的变化及其引出的故事流传发展的起源③。芬兰学者的历史地理学派及其方法结束了民俗学、民间文学在"十九世纪晚期"之前"没有自己的方法"的历史④,但芬兰学派又确实是通过利用史诗《卡列瓦拉》鼓舞民族情绪,强化民族文化传统而具体形成的。也就是说,歌谣作为民俗重要资料的搜集整理与研究,都与民族文化的发展密切相关。比较歌谣学是比较民俗学的一种,通过"比较"的方法发现其中所蕴含的民族情感的真实,及其作为新文学等人文学科的"养分",这应该是胡适的初衷,既是他文学改良理想的表现,也是整个时代文学革命的要求。同时,它也暗合了我国古代"礼失求诸野"的文化发展规律。因此,胡适从"一切新文学的来源都在民间"的理念出发,创制了比较歌谣学的理论系统和方法,既解决了诸多老问题而得到许多新发现,又为新文学的发展寻求到具体的范式,更重要的是他以民俗学理论为基本方法完成了对传统学术经学传统的颠覆和他对新的学术方法的科学筑构。由此,我们可以感受到胸襟、胆识对现代学术事业的重要性——胡适和他的同仁一改往昔士大夫鄙视民间文学的价值立场,在某种意义上讲,使整个民族的文化精神获得了新生,新文学自然与民间文学发生了密切联系。尤其是比较歌谣学的成功创制,使中国现代民间文艺学理论在发展伊始就获得了一种科学的方法,同时也奠定了开放的、多元的学术传统。胡适通过民俗学的方法研究歌谣,还原了民间歌谣作为民间文化生活的实质面目。这种学术价值立场的确立,是胡适新文学新文化建设理想的具体表现,与《歌谣》周刊的《发刊词》所标榜的"文艺的"和"学术的"两种目的是相一致的⑤。特别值得提出的是,胡适对歌谣包括民间诗歌的发生主体"民众"有着更为全面的理解。如他曾强调"词起于民间,流传于娼女歌伶之口"⑥。这更接近于现代民俗学在"民众"范畴上所规定的"全体民众"。对于娼妓阶层的重视,胡适表现出突出的民本意识。但令人遗憾的是,多少年后我们一直忽略了这个最下层最卑贱的"娼妓"对民间文学特别是民间歌

---

① 詹姆斯:《比较民俗学方法论》,田小杭译,原载《清华周刊》第31卷464号。
② 詹姆斯:《比较民俗学方法论》,田小杭译,原载《清华周刊》第31卷464号。
③ 参见丁乃通《历史地理学派及其方法》,1981年7月14日在北京师范大学的演讲(录音稿),《民间文学理论丛刊》(一),北师大中文系民间文学教研室,1982年3月。
④ 参见丁乃通《历史地理学派及其方法》,1981年7月14日在北京师范大学的演讲(录音稿),《民间文学理论丛刊》(一),北师大中文系民间文学教研室,1982年3月。
⑤ 见《发刊词》,《歌谣》周刊,1922年12月17日第1号。
⑥ 《〈词选〉自序》,《小说月报》,1927年1月第18卷第1号。

谣(民间歌曲)所做的特殊的传播作用。很长时期有不少学者固守"劳动人民的口头创作"的概念,将这一阶层排斥出"人民大众"之外,甚至把这作为胡适的"罪名"。民间文学研究是应该正视这一文化存在的。受胡适学术思想最直接最深刻影响的是顾颉刚,顾颉刚发扬和光大了胡适的"民众"立场,在《民俗》的《发刊辞》中更明确地指出了"人间社会大得很","尚有一大部分是农夫、工匠、商贩、兵卒、妇女、游侠、优伶、娼妓、仆婢、堕民、罪犯、小孩","他们有无穷广大的生活",所以,"我们要站在民众的立场上来认识民众","探检各种民众的生活、民众的欲求,来认识整个的社会",从而"打破以圣贤为中心的历史,建设全民众的历史"①。应该说,"全民众"的概念至今仍然是需要我们重新审视的内容。

胡适的歌谣研究和他的哲学研究一样,在我国现代学术体系中具有承前启后的意义。他提倡新学,但并不完全反对传统的学术方式,如他曾经提倡"整理国故",为《国学季刊》撰写"发刊宣言"②。他甚至在《论国故学》中提出清代儒学的考据是"暗合科学的方法",更不用说他在《中国哲学史大纲》的《再版自序》中提到自己最感谢的王怀祖、王伯申、俞荫甫、孙仲容、章太炎、钱玄同等人③,而这几位学者在校勘训诂等传统学术方面都有深厚造诣。与一般学者所不同的是,胡适并不是彻底否定或全盘肯定传统,而是清醒地看到清代学者们"只有经师而无思想家","只有校史者而无史家"和"只有校注,而无著作"④。他更看重的是在新与旧相结合基础上的改良与发展。蔡元培曾赞扬胡适的《中国哲学史大纲》第一大优点就是"证明的方法",即考据、辨析的功夫;⑤尽管胡适也多次自谦"病虚"即汉学并无根底。由此我们也可以看到胡适"比较"的方法所显示的风度及其所具有的背景,以及在今日我们所应借鉴、思索和学习的意义。胡适对歌谣学的研究从多层次多角度展开,既有比较民俗学的方法,又有语言学的方法(如他在《歌谣》周刊"方言标音专号"⑥中对安徽绩溪方言发音记录的参与),更不用说他从文学、历史等方面所做的探索。尤其是五四歌谣学运动之后,即1935年北京大学恢复歌谣研究会后,胡适作为歌谣研究会委员为《歌谣》周刊所作的《复刊词》,以及他后来所做的《全国歌谣调查的建议》等,表现出这一时期他的歌谣观与前一个时期的不同。

《歌谣》周刊是五四歌谣学运动的重要理论阵地。1918年2月,北京大学征集全

---

① 《民俗》周刊,1928年3月21日第1卷第1期。
② 《研究国故的方法》,《东方杂志》,1921年8月第18卷第16期。
③ 《胡适学术文集·中国哲学史》,中华书局1991年版第3页。
④ 《发刊宣言》,《国学季刊》,1923年1月第1卷第1号。
⑤ 《中国哲学史大纲》"序",中华书局1991年版。
⑥ 《歌谣》周刊1924年5月18日第55号。又见《关于〈看见她〉的通讯》,《歌谣》周刊,1924年11月30日第70号。

国近世歌谣,拉开中国现代民间文艺学的序幕。征集歌谣的简章由刘半农拟定,征集的办法有两种,一是本校(北大)教职员学生搜集,一是"嘱托各省官厅转嘱各县学校或教育团体代为搜集"①。很快,这次活动得到社会广泛响应,胡适也积极参加。当时的报刊《晨报》、《妇女杂志》和《学艺》积极配合,开设"民间文学"、"歌谣"等栏目,形成沸沸扬扬的歌谣学运动。1920年12月北京大学成立了歌谣研究会,并于1922年12月编辑出版《歌谣》周刊;至1925年6月,《歌谣》周刊共出版97期和1期增刊(当年因《北京大学研究所国学门周刊》的兼并而停刊)。此后,又因大批学者南下,广州中山大学代替北京大学成为现代民间文艺学运动的中心,出版相关书刊。《歌谣》周刊发表大量民俗学、民间文艺学的论文,开设各种学术问题专号,展开自由宽松的学术争鸣,聚集并培养造就了一大批民俗学、民间文艺学专家,更不用说它刊载两千多首歌谣,成为重要的学术矿藏。《歌谣》周刊也因此获得很高的声誉,成为学人心目中难以割舍的一方圣土。1936年4月,《歌谣》周刊在多方努力下终于复刊出版,重新成为中国现代民间文艺学的一片热土。

此时的胡适已是人到中年,其主编《独立评论》,到各地发表演讲,为《中国新文学大系》的"建设理论集"写导言,当选中央研究院第一届评议会评议员,积极参加各种社会活动(包括支持一二·九运动)。这是抗日战争的前夜,思想文化领域出现许多混乱,如陶希圣等十教授所做的《中国本位的文化建设宣言》,陈序经主张"全盘西化",双方展开十分激烈的争论。

胡适参加了这场争论,他说,他"完全赞同陈序经先生的全盘西化论",指出因为文化"自有一种惰性","全盘西化"会形成一种折中,"旧文化的惰性自然会使他成为一个折衷调和的中国本位的新文化"②。他系统而明确地论述了自己的文化观:

  中国的旧文化的惰性实在大的可怕,我们正可以不必替"中国本位"担忧。我们肯往前看的人们,应该虚心接受这个科学工艺的世界文化和它背后的精神文明,让那个世界文化充分和我们的老文化自由接触,自由切磋琢磨,借它的朝气、锐气来打掉一点我们的老文化的惰性和暮气,将来文化大变动的结晶品,当然是一个中国本位的文化③。

关于"全盘西化",无论是在当世或者是在后世,曾经有许多人对胡适产生不同程度的误解。从这里我们可以看出胡适对新文化包括新文学建设的满腔热情。这是一

---

① 《北京大学征集全国近世歌谣简章》,《北京大学日刊》,1918年2月1日。
② 见胡适"编辑后记",《独立评论》1935年3月17日第142号。
③ 胡适:《试评所谓中国本位的文化建设》,《大公报》1935年3月31日"星期论文"。

种矫枉过正的主张。胡适对"老文化"的批判与他提出的"一切新文学的来源都在民间"是一致的;他所批判的是"在汉武帝时已死了"的"古文",那些"文章尔雅"的"死文字"①。相反,他格外看重"有很长又很光荣的历史"②的白话文学包括民间文学,如他所讲,是"一千多年的白话文学种下了近年文学革命的种子"③。他在《歌谣》周刊所做的《复刊词》中表明自己鲜明的学术立场:

> 我以为歌谣的搜集与保存,最大的目的是要替中国文学扩大范围,增添范本。我当然不看轻歌谣在民俗学和方言研究上的重要,但我总觉得这个文学的用途是最大的,最根本的。《诗三百篇》的结集,最伟大最永久的影响当然是他们在中国文学上的影响,虽然我们至今还可以用他们作古代社会史料。我们的韵文史上,一切新的花样都是从民间来的。《三百篇》中的"国风""二南"和"小雅"中的一部分,是从民间来的歌唱。《楚辞》中的《九歌》也是从民间来的。汉魏六朝的乐府歌辞都是从民间来的。词与曲子也都是从民间来的。这些都是文学史上划分时代的文学范本。我们今日的新文学,特别是新诗,也需要一些新的范本。中国新诗的范本,有两个来源:一个是外国的文学,一个就是我们自己的民间歌唱。二十年来的新诗运动,似乎是太偏重了前者而太忽略了后者。其实在这个时候,能读外国诗的人实在太少了,翻译外国诗的工作只算得刚开始,大部分作新诗的人至多只能说是全凭一点天才,在黑暗中自己摸索一点道路,差不多没有什么伟大的作品可以供他们的参考取法。我们综观这二十年的新诗,不能不感觉他们的技术上,音节上,甚至于在语言上,都显出很大的缺陷。我们深信,民间歌唱的最优美的作品往往有很灵巧的技术,很美丽的音节,很流利漂亮的语言,可以供今日新诗人的学习师法。
>
> 所以我们现在做这种整理流传歌谣的事业,为的是要给中国新文学开辟一块新的园地。这园地里,地面上到处是玲珑圆润的小宝石,地底下还蕴藏着无穷尽的宝矿。聪明的园丁可以徘徊赏玩;勤苦的园丁可以掘下去,越掘的深时,他的发现越多,他的报酬也越大④。

"替中国文学扩大范围,增强范本",表面上看与《歌谣·发刊词》所张扬的"文艺的"目的相合,胡适本人也解释自己并无看轻"学术的"即民俗学、语言学研究中歌谣

---

① 胡适:《古文是何时死的》,《白话文学史》第一编第一章。新月书店1928年版。
② 胡适:《白话文学史》"引子",新月书店1928年版。
③ 胡适:《白话文学史》"引子",新月书店1928年版。
④ 胡适:《复刊词》,《歌谣》周刊1936年4月4日第2卷第1期。

的价值,所以后世许多学者批评胡适是形式主义。这其实是误解。胡适特别强调"文学的用途"和"目的",有如他在此 20 年前在美国参加"第二次国际关系讨论会",与人论及如何改良文学的方法时所说:

> 今日所需,乃是一种可读、可听、可歌、可讲、可记的言语。要读书不须口译,演说不须笔译;要施诸讲坛舞坛而皆可,诵之村妪女孺皆可懂。不如此者,非活的言语也,决不能成为吾国之国语也,决不能产生第一流的文学也①。

关键的内容是"诵之村妪女孺皆可懂"的"活的言语",像民间文学口头语言那样,才能使新的时代"产生第一流的文学"。20 年后,胡适执著地论述采用民间口语白话建设新文学的话题,格外看重其"最伟大最根本"的价值与意义。正如胡适在这里所总结的:"我们纵观这二十年的新诗,不能不感觉他们的技术上、音节上,甚至于在语言上,都显出很大的缺陷。"②其中的"缺陷"在于许多新诗人太偏重了作为新诗来源之一的外国文学,而太忽略了"我们自己的民间歌唱"这另一种新诗资源,所以形成"大部分作新诗的人至多只可说是全凭一点天才,在黑暗中自己摸索一点道路,差不多没有什么伟大的作品可以供他们的参考取法"③。其原因是"在这个时候,能够读外国诗的人实在太少了,翻译外国诗的工作只算得刚开始"④,这从另一方面表明胡适的"全盘西化"是很冷静的理性主张,是对中国现代社会文化发展包括新诗发展实际的准确把握。在《复刊词》实际上是《歌谣论》中,胡适举例广西漓江、湖北汉川、安徽绩溪等地的几首歌谣,论述了"民歌不但在语言技术上可以给我们文人做范本,就是在感情的真实,思想的大胆两点上,也都可以叫我们低头佩服","廖廖几十个字里,语言的漂亮,意思的忠厚,风趣的诙谐,都可以叫我们自命文人的人们诚心佩服。这样的诗,才是地道的白话诗,才是刮刮(呱呱)叫的大众语的诗"⑤。针对于有人所讲"民歌的语言技术都太简单了,只可以用来描绘那幼稚社会生活的简单儿女情绪"而"不配做这个新时代的诗歌的范本"⑥,胡适说:"诗的艺术正在能用简单纯净的语言来表现繁复深刻的思想情绪。"⑦即"深入浅出"的艺术效果。然后,他以《豆棚闲话》中那首诅咒苍天的"明末流寇时代民间的革命歌谣"为例,由衷地感叹道:"现在高喊大众语的新诗人若

---

① 胡适:《逼上梁山》,《东方杂志》1934 年第 31 期。
② 胡适:《复刊词》,《歌谣》周刊 1936 年 4 月 4 日 2 卷 1 期。
③ 胡适:《复刊词》,《歌谣》周刊 1936 年 4 月 4 日 2 卷 1 期。
④ 胡适:《复刊词》,《歌谣》周刊 1936 年 4 月 4 日 2 卷 1 期。
⑤ 胡适:《复刊词》,《歌谣》周刊 1936 年 4 月 4 日 2 卷 1 期。
⑥ 胡适:《复刊词》,《歌谣》周刊 1936 年 4 月 4 日 2 卷 1 期。
⑦ 胡适:《复刊词》,《歌谣》周刊 1936 年 4 月 4 日 2 卷 1 期。

想做出这样有力的革命歌,必须投在民众歌谣的学堂里,细心静气地研究民歌作者怎样用漂亮朴素的语言来发表他们的革命情绪!"①在他看来,"这种整理流传歌谣的事业,为的是要给中国新文学开辟一块新的园地","这园地里,地面上到处是玲珑圆润的小宝石,地底下还蕴藏着无穷尽的宝矿",所以,"聪明的园丁"们在这里"越掘的深时,他的发现越多,他的报酬也越大"②。应该说,如此深入细致地论述新诗与民间歌谣的关系,即歌谣对于新诗发展的重要意义,比简单地述说民间歌谣的思想深刻以强调其"革命性"要深刻得多。受胡适的影响,梁实秋也强调新诗应该向民间歌谣学习,他以英国歌谣和英国浪漫主义运动为例,论述"歌谣的影响",即"打破了十八世纪对于'诗的文字'的迷信","使得一部分英国诗人脱下贵族气的人工的炫丽的衣裳,以平民气的朴素活泼的面目而出现",但在中国新诗方面,这种影响"至今还不曾充分的显露出来",因而他希望人"特别留意这一点"。同时,他提出两点建议,一是"须有一个文学的标准","俚俗不算短处,最要紧的是内容(思想与情感)是否充实,形式(节奏与结构)是否完美";二是"我们的新诗与其模仿外国的'无韵诗''十四行诗'之类,还不如回过头来就教于民间的歌谣","要解决新诗的音节问题,必须在我们本国文字范围之内求解决",而"歌谣的音节正是新诗作者所参考的一个榜样","必定可以产生文学的歌谣"③。由此,我们联想起田间等人的街头诗运动,以及延安解放区文学运动中的李季对民歌的成功化用,张光年等人对陕北民歌的搜集等,不知道他们是否受到胡适他们的影响。但可以肯定的是,延安解放区文艺运动的发展是五四歌谣学运动的延伸;胡适的《复刊词》是五四歌谣学运动之后歌谣学研究的重要总结,代表了新的历史阶段现代歌谣学的发展趋势。

不久,胡适又发表了《全国歌谣调查的建议》,提出"全国歌谣调查的目的是要知道全国的各省各县流行的是些什么样子的歌谣","全国共总有多少种类的歌谣","多少种类的歌谣分布在各省各县的情形",然后根据这些材料"做一个初步的《全国歌谣分布区域图》","经过二三十年的时间","可以做成更大规模的,更精密的《全国歌谣分布流传区域图》"④。他详细描述自己的歌谣蓝图道:

> 我在这里说的"调查",不仅是零星的收集,乃是像"地质调查"、"生物调查"、"土壤调查"、"方言调查"那样的有计划有系统的调查。全国歌谣调查的目的是要知道全国的各省各县流行的是些什么样子的歌谣。我们要知道全国共总有多少

---

① 胡适:《复刊词》,《歌谣》周刊 1936 年 4 月 4 日 2 卷 1 期。
② 胡适:《复刊词》,《歌谣》周刊 1936 年 4 月 4 日 2 卷 1 期。
③ 梁实秋:《歌谣与新诗》,《歌谣》周刊第 2 卷第 9 期,1936 年 5 月 30 日。
④ 胡适:《全国歌谣调查的建议》,《歌谣》周刊第 3 卷第 1 期,1937 年 4 月 3 日。

歌谣分布在各省各县的情形，——正如同我们要知道各种植物或各种矿物如何分布在各省各县一样；正如同我们要知道"黄土区域"或"吴语区域"起于何省何地迄于何省何地一样。

试举例子来说明。我们知道唐朝以来的七言绝句体最初是从民间的歌谣来的。从现在已收集的歌谣看来，我们可以知道这个七言绝句体（四句，每句七字，第一第二第四句押韵）至今还是西南各省民歌的最普遍体裁。西南各省之外，如武夷山的采茶歌；如吴歌，也都保存这个七言绝句体裁。吴歌虽然已有自由添字的倾向，有时一句可以拉长到十六七个字，然而山歌的组织和节奏都还是用七言绝句体做基本的。所以我可以说：四川，云南，贵州，广西，广东，福建的武夷山，苏州的歌谣的最普遍形式是七言四句的"山歌"体裁。这个七言四句的"山歌"体就是中国歌谣的一个大"种类"（Species），就像植物里的稻，麦，或矿物里的煤，铁，或方言里的"吴语"，"客话"一样。因为没有一个总调查，所以我们现在还不能知道究竟这一个大种类——"山歌体"——分布流行的区域有多么大；究竟北边到什么地方，西边到什么地方；究竟湖南江西的若干地方在这山歌区域之内；究竟福建除武夷山的采茶歌之外还有多少地方也在这山歌区域内；究竟这个山歌区域是否可以说"从四川沿西南东南各省到苏州而始变成自由添字的吴歌"。歌谣调查的一个结果是要帮助我们用精确的统计图表来解答这些问题。

再举一个例子。三百年前，冯梦龙印行了一部《山歌》（有顾颉刚、朱瑞轩两先生的校点排印本），后面附了一卷《桐城时兴歌》。这种"桐城时兴歌"的特别色彩是他们的七言五句体，第一、二、四、五句押韵，例如：

新生月儿似银钩，
钩住嫦娥在里头。
嫦娥也被勾住了，
不愁冤家不上钩；
团圆日子在后头。

很明显的，这是七言四句的山歌体的变体，加上一句押韵的第五句，往往这最后一句是全首里最精彩的部分。这个变体，在歌谣里就好像生物学上的"变种"，我们可以叫他做"桐城歌体"。奇怪的很，如果我们检查北京大学所藏的各地歌谣，我们就可以知道台静农先生所收集的几百首"淮南民歌"，通行在安徽的西北部，完全是中七言五句体；曾广西先生所收集的几百首"豫南民歌"——从豫南带到南京的句容县的，——也完全是这种七言五句体。于是，我们才知道这种"桐城歌体"，在三百年中，已经流传很广了，北边到豫南，南边到句容县。最近储皖峰先生到皖南的休宁县，在一个安庆工人的嘴里记录出了420首歌谣，也都是这种"桐城歌体"！于是我们又知道这种三百年前"时兴"的变体已被裸农的移动带到徽州山中去了。如果我们有歌谣调查,我们就可以精确的知道这种七言五句的"桐城歌体"的区域究竟有多么大了①。

以此我们可以联想起20世纪80年代中期开展的全国范围内的中国民间文学三大集成工作,以及现在我们刚刚开始的全国范围内的民间文化遗产抢救与保护运动,②我们不由得感叹胡适的远见。

同时,检索《歌谣》复刊后的各期,从一些"纪事"中,我们可以感受到胡适坚持不懈的学术热情。诸如1936年5月23日第2卷第8期的"纪事",记述歌谣研究会同仁发起组织风物学会,胡适和顾颉刚、钱玄同、朱光潜、沈从文等人莅会,胡适发表热情洋溢的讲话,并与人一起修改《风谣学会组织大纲》。1937年6月5日第3卷第10期的"纪事",记述风谣学会第一次年会举行,胡适和顾颉刚、沈从文、陶希圣、杨堃、罗常培等人参加的情形。其中我们还注意到胡适多次与沈从文这位以乡土小说闻名的作家共同参加这种民俗学、民间文艺学活动,这和他们的文学创作所形成的联系应该引起我们更深刻的思索和研究。也就是说,当我们考察一位作家的民间文学观时,不仅要注意到他个人的理论表述,还要看到他的文化实践。胡适是一位杰出的新诗人,他的《尝试集》所进行的白话实验其中也包含着他对民间歌谣的理解与运用;他不但是一位伟大的新文化先行者,而且形成自己系统的歌谣学思想,即他独具特色的民间文化诗学观念。他对中国现代歌谣学理论和方法都做出了突出的贡献,与周作人、朱自清他们一起筑成现代学术史上的一道风景线。胡适的现代歌谣学理论观念的形成,尤其是比较歌谣学方法的形成,是中国现代民间文艺学学术体系建立过程中的里程碑。

二 关于民间传说故事的研究

胡适关于民间传说故事的研究主要是置之于历史文化背景下具体展开的。他最突出的贡献在于两大方面,一是他提出的民间传说故事主人公典型形象生成的"箭垛式"原理,一是他对民间传说故事的考证与辨析。

"箭垛式"原理是胡适对于历史传说人物产生过程形象的总结。这是故事学研究中一个相当重要的问题,它的任务是准确地揭示出传说故事及其主人公性格具体生成的过程。胡适不是专门的故事研究家,他是通过"疑古"而展开对这一问题的探索

---

① 胡适:《全国歌谣调查的建议》,《歌谣》周刊第3卷第1期,1937年4月3日。
② 冯骥才:《守望民间》,西苑出版社2002年8月版。又见《中国民间文化抢救与保护笔谈》,《河南大学学报》2003年第3期。

的。在他看来,"屈原是谁?"这是一个引起怀疑的问题。他说,他"不但要问屈原是什么人,并且要问屈原这个人究竟有没有",其疑点在于"《史记》本来不可靠"和"《屈原传》叙事不明",从而提出"传说的屈原,若真有其人,必不会生在秦汉以前"①。他的基本理由是屈原作为"一个理想的忠臣"在战国时代不会出现,而应该是汉代学者"儒教化"对《楚辞》解释时所生成的传说人物②。他嘲讽"只有那笨陋的汉朝学究能干这件笨事",是"后来汉朝的老学究把那时代的'君臣大义'读到《楚辞》里去,就把屈原用作忠臣的代表",所以"从此屈原就又成了一个伦理的箭垛了",即"屈原是一种复合物","与黄帝、周公同类,与希腊的荷马同类"的"箭垛式的人物"。他举例说,"譬如诸葛亮借箭时用的草人,可以收到无数箭"③。其称:

> 古代有许多东西是一班无名的小百姓发明的,但后人感恩图报,或是为便利起见,往往把许多发明都记到一两个有名的人物的功德簿上去。最古的,都说是黄帝发明的。中古的,都说是周公发明的。怪不得周公要一饭三吐哺,一沐三握发了!那一小部分的南方文学,也就归到屈原,宋玉(宋玉也是一个假名)几个人身上去(佛教的无数"佛说"的经也是这样的,不过印度人是有意造假的,与这些例略有不同)④。
>
> 大概楚怀王入秦不返,是南方民族的一件伤心的事,故当时有"楚虽三户,亡秦必楚"的歌谣。后来亡秦的义兵终起于南方,而项氏起兵时竟用楚怀王的招牌来号召人心。当时必有楚怀王的故事或神话流传民间,屈原大概也是这种故事的一部分。在那个故事里,楚怀王是正角,屈原大概还是配角——郑袖唱花旦,靳尚唱小丑——但秦亡之后,楚怀王的神话渐渐失其作用了,渐渐消灭了;于是那个原来做配角的屈原反变成正角了。后来这一部分的故事流传久了,竟仿佛真有其事,故刘向《说苑》也载此事,而补《史记》的人也七拼八凑的把这个故事塞进《史记》⑤。

胡适对屈原作为传说人物的考释正确与否并不重要,重要的是他正确地揭示了传说人物典型形象的生成规律,及其与社会历史文化背景的有机联系。同样,他所论述的"《九歌》与屈原的传说绝无关系","是当时湘江民族的宗教舞歌"⑥也并不重要,

---

① 胡适:《读〈楚辞〉》,《努力周报》1922 年 9 月 3 日第 18 号增刊《读书杂志》第 1 期。
② 胡适:《读〈楚辞〉》,《努力周报》1922 年 9 月 3 日第 18 号增刊《读书杂志》第 1 期。
③ 胡适:《读〈楚辞〉》,《努力周报》1922 年 9 月 3 日第 18 号增刊《读书杂志》第 1 期。
④ 胡适:《读〈楚辞〉》,《努力周报》1922 年 9 月 3 日第 18 号增刊《读书杂志》第 1 期。
⑤ 胡适:《读〈楚辞〉》,《努力周报》1922 年 9 月 3 日第 18 号增刊《读书杂志》第 1 期。
⑥ 胡适:《读〈楚辞〉》,《努力周报》1922 年 9 月 3 日第 18 号增刊《读书杂志》第 1 期。

通过民间传说的历史背景去分析传说人物,启发人去更全面地思索民间文学发生和发展的规律有着独特的价值和意义的,才是他提醒人所应该重视的内容。

后来,胡适又多次阐述"箭垛式"的文化构成意义,把历史上的黄帝、周公、包龙图都称为"有福之人","就同小说上说的诸葛亮借箭时用的草人一样,本来只是一扎干草,身上刺猬也似的插着许多箭,不但不伤皮肉,反可以立大功,得大名"①。他说,"包龙图——包拯——也是一个箭垛式的人物"。他把《宋史》卷三所载"人以包拯笑比黄河清","立朝刚毅","吏不敢欺","京师为之语曰关节不到有阎罗包老"而"童稚妇女皆知其名"为"包拯故事的根源"②。他说,因为包拯"爱民善政很多"而"深得民心","遂把他提出来代表民众理想中的清官",又因为"他大概颇有断狱的侦探手断",民间传说"注重他的刚毅峭直处","埋没了他的敦厚处","愈传愈神奇,不但把许多奇案都送给他,并且造出'日断阳事,夜断阴事'的神话",甚至"后世佛道混合的宗教遂请他做了第五殿的阎王"③。他总结传说人物身上所寄寓的民众理想与选择而生成这一民间传说典型的规律,归纳为"传说的生长,就同滚雪球一样,越滚越大,最初只有一个简单的故事作个中心的母题(motif),你添一枝,他添一叶,便像个样子了"④;包拯形象的"箭垛式"内涵,即"古来有许多精巧的折狱故事,或载在史书,或流传民间,一般人不知道他们的来历,这些故事遂容易堆在一两个人的身上。在这些侦探式的清官之中,民间的传说不知怎样选出了宋朝的包拯来做一个箭垛,把许多折狱的奇案都射在他身上。包龙图遂成了中国的歇洛克福尔摩斯了"⑤。在历史上,这是相当普遍的规律,不仅包拯是这样,"尧、舜、禹的故事,黄帝、神农、庖羲的故事,汤的故事,周公的故事","古史上的故事没有一件不曾经过这样的演进"⑥。他在总结《李宸妃的故事》时更详细地分析了民间文化心理对传说人物形象不断丰富的影响和作用,即"民间对于刘后的不满意,对于被她冤屈的人的不平","这种心理的反感便是李宸妃故事一类的传说所以流行而传播久远的原因"。⑦ 这样一个故事"在九百年中变迁沿革的历史"告诉世人"箭垛式的人物"生成的普遍规律:

(李宸妃故事)后来经过众口的传说,经过平话家的敷演,经过戏曲家的剪裁

---

① 胡适:《〈三侠五义〉序》,《三侠五义》,亚东图书馆1925年版。
② 胡适:《〈三侠五义〉序》,《三侠五义》,亚东图书馆1925年版。
③ 胡适:《〈三侠五义〉序》,《三侠五义》,亚东图书馆1925年版。
④ 胡适:《〈三侠五义〉序》,《三侠五义》,亚东图书馆1925年版。
⑤ 胡适:《〈三侠五义〉序》,《三侠五义》,亚东图书馆1925年版。
⑥ 《胡适文存》(二集)卷一,第153—157页,转引自《胡适文集》卷六《古典文学研究》(下)第213页,人民文学出版社1998年版。
⑦ 胡适:《〈三侠五义〉序》,《三侠五义》,亚东图书馆1925年版。

结构，经过小说家的修饰，这个故事便一天一天的改变面目：内容更丰富了，情节更精细圆满了，曲折更多了，人物更有生气了。《宋史》后妃传的六百个字在八九百年内竟演成了一部大书，竟演成了几十本的连台长戏。这件事的本身本不值得多大的研究。但这个故事的生长变迁，来历分明，最容易研究，最容易使我们了解一个传说怎样变迁沿革的步骤。这个故事不过是传说生长史的一个有趣味的实例。此事虽小，可以喻大。包公身上堆着许多有主名或无主名的奇案，正如黄帝、周公身上堆着许多大发明大制作一样。李宸妃故事的变迁沿革也就同尧、舜、桀、纣等古史传说的变迁沿革一样，也就同井田、禅让等等古史传说的变迁沿革一样。就拿井田来说吧，孟子只说了几句不明不白的井田论；后来的汉儒，你加一点，他加一点，三四百年后便成了一种详密的井田制度，就像古代真有过这样的一种制度了（看《胡适文存》初排本卷二，页二六四——二八一）。尧、舜、桀、纣的传说也是如此的。古人说的好，"爱人若将加诸膝，恶人若将坠诸渊"。人情大抵如此。古人又说，"纣之不善，不如是之甚也。是以君子恶居下流，天下之恶皆归之。"古人把一切罪恶都堆到桀纣身上，就同古人把一切美德都堆到尧舜身上一样。这多是一点一点地加添起来的，同李宸妃的故事的生长一样。尧舜就是李宸妃，桀纣就是刘皇后。稷、契、皋陶就是寇珠、陈琳、余忠、张园子；飞廉、恶来、妲己、妹喜就是郭槐、尤氏。许由、巢父、伯夷、叔齐也不过像玉钗金弹、红光紫雾，随人的心理随时添的枝叶罢了。①

应该说，胡适更关注民间传说中道德评判的因素，才如此不厌其烦地细说价值立场中的二元对立现象在民间文学传播中的具体表现。但我们还应该更清醒地看到，"箭垛式的人物"的生长与发展，除了相当普遍的审美体验中的道德情感因素之外，还有相当特殊的其他因素，诸如图腾因素、信仰因素等内容。更多的学者越来越追求文化的多元生成与表现，把民间文学的传播与不断产生变异看做文化生活的整体性内容的一个有机组成部分。当然，我们更应该充分理解与认识胡适关于"箭垛式"原理的开拓性贡献。在某种意义上讲，它不但超越了芬兰学者为代表的地理历史学派对故事人物生成的解释，而且有力地影响了新的学术格局的转变，最明显的表现在对顾颉刚等新一代史学家的疑古释古及其学术品格与学术风度上。顾颉刚等人所主张的"层累地造成的中国古史观"等理论，②分明闪烁着胡适"箭垛式"原理的理论光辉，更

---

① 胡适：《〈三侠五义〉序》，《三侠五义》，亚东图书馆1925年版。
② 顾颉刚：《与钱玄同先生论古史书》，《读书杂志》1923年5月6日第9期。

不用说胡适怀疑屈原"究竟有没有"对顾颉刚假定禹是条虫(尽管他早已放弃①)的影响。②《古史辨》神话学派是新史学在中国现代学术史上的成功实践,影响这个学派的生长点是胡适和他的一系列论断。尤其是他的比较歌谣学理论和"箭垛式"原理,直接影响到董作宾关于《看见她》的研究,也影响到顾颉刚关于孟姜女故事的研究;所以,我们说,胡适不但是比较歌谣学的创制者,而且是现代故事学的开创者,尽管他有"但开风气不为师"之称。

胡适的民间传说故事研究在"小心的求证"上使"大胆的假设"具有卓越的学术品格,这与他当年提倡"整理国故"有着密切联系。换句话说,他在中国现代民间文学理论体系的建立中,一方面以诗人的想象和热情敏锐地捕捉学术创新的精灵,一方面以哲学家的理性思索和严谨将学术的精灵置于深邃的哲思,同时,他把传统的考据、义理、辞章与现代学术方法融为一体,使现代学术获得深邃和严谨,避免了轻浮和松散。其中,他关于《水浒传》的考证,大胆地以一个历史学家的目光去洞察《水浒传》由故事形成、流传演变到最后成熟的大轮廓,既丰富了民间传说故事的理论,又拓展了古典文学的研究的新途径。关于《水浒传》的研究,金圣叹的点评在学术史上有着相当重要的意义,尤其是他将《水浒传》与《史记》相比,与杜甫诗相比,是"古人中很不可多得"的"文学眼光",③但是他又常陷入"作史笔法"④。胡适称自己"最恨中国史家说的什么作史笔法","最恨人家咬文嚼字的评文",同时也承认自己的"历史癖"、"考据癖",他要"替将来的《水浒》专门家开辟一个新方向,打开一条新道路"。⑤ 这条"新道路"就是辨识出这部"在中国文学史占的地位比《左传》、《史记》还要重大得多"的"奇书","不是青天白日里从半空中掉下来的",而是"从南宋初年"到"明朝中叶"间"这四百年的'梁山泊故事'的结晶。"⑥他首先考证"元朝以前的水浒故事"的演变状况,从《宋史》中搜求史料以证明"宋江等三十六人都是历史的人物,是北宋末年的大盗",使"官军数万无敢抗者"而享有"威名",也正是"这种威名传播远近,留传在民间,越传越神奇,遂成一种'梁山泊神话'"。⑦他从龚圣与为宋江三十六人赞所作序中所提"宋江事见于街谈巷语不足采著",发现"南宋民间有一种'宋江故事'流行于'街谈巷语'之中","宋元

---

① 见顾颉刚:《自序》,《古史辨》(二),上海古籍出版社1982年版。
② 1923年5月,胡适在致顾颉刚的信中曾提醒他"关于古史,最重要的是重提《尚书》的公案",指出《今文尚书》的不可深信。1920年7月,胡适所做《〈水浒传〉考证》由亚东图书馆出版,嘱顾颉刚点校《古今伪书考》,都深刻影响着他。
③ 胡适:《〈水浒传〉考证》,《水浒传》,亚东图书馆1920年版。
④ 胡适:《〈水浒传〉考证》,《水浒传》,亚东图书馆1920年版。
⑤ 胡适:《〈水浒传〉考证》,《水浒传》,亚东图书馆1920年版。
⑥ 胡适:《〈水浒传〉考证》,《水浒传》,亚东图书馆1920年版。
⑦ 胡适:《〈水浒传〉考证》,《水浒传》,亚东图书馆1920年版。

之际已有高如、李嵩一班文人'传写'这种故事","那种故事一定是一种'英雄传奇'",所以,"这种故事的发生与流传久远,决非无因"。① 其原因在胡适看来就是:

> (1)宋江等确有可以流传民间的事迹与威名;(2)南宋偏安,中原失陷在异族手里,故当时人有想(向)望(往)英雄的心理;(3)南宋政治腐败,奸臣暴政使百姓怨恨,北方在异族统治之下受的痛苦更深,故南北民间都养成一种痛恨恶政治恶官吏的心理,由这种心理上生出崇拜草泽英雄的心理。②

他将"这种流传民间的'宋江故事'"看做"《水浒传》的远祖",以及《水浒》故事的发达与传播也许是汉族光复的一个重要原因",从而断定"元朝的《水浒》故事决不是现在的《水浒传》",并且"那时代(元代)决不能产生现在的《水浒传》"。③ 在这里,胡适对《元曲选》、《录鬼簿》等文献中保存的元代戏曲与《水浒传》做对比,发现李逵、燕青、杨雄等人物形象的"不相同",他得出"元朝的梁山泊好汉戏都有一种很通行的'梁山泊故事'作共同的底本"和"当时还没有固定的本子"的结论。④ 他指出,在《水浒传》成书过程中,一个"大变化"就是"把'替天行道救生民'的招牌送给梁山泊",这样,"既可表示元朝民间的心理,又暗中规定了后来的《水浒传》的性质。"⑤他以为,"七十回的《水浒传》不但是集四百年水浒故事的大成,并且是中国白话文学完全成立的一个大纪元"⑥。胡适是一个历史进化论者,他强调"这种种不同的时代发生种种不同的文学见解,也发生种种不同的文学作物",⑦要"懂得"历史,更要懂得社会现实,所以,他屡屡提及民间文化心理问题,这正是他学术"假设"的独特价值,也是他超越了同时代学者皓首穷经而限于"死文字"典籍之中的卓越处。⑧

在考证《三国演义》时,胡适也是这样格外强调民间传说故事的演进历程。他强调《三国演义》"不是一个人做的","是五百年的演义家的共同作品"。他从段成式《酉阳杂俎》中提及的"有市人小说呼扁鹊作褊鹊字",和李商隐《骄儿》中提及的"或谑张飞

---

① 胡适:《〈水浒传〉考证》,《水浒传》,亚东图书馆1920年版。
② 胡适:《〈水浒传〉考证》,《水浒传》,亚东图书馆1920年版。
③ 胡适:《〈水浒传〉考证》,《水浒传》,亚东图书馆1920年版。
④ 胡适:《〈水浒传〉考证》,《水浒传》,亚东图书馆1920年版。
⑤ 胡适:《〈水浒传〉考证》,《水浒传》,亚东图书馆1920年版。
⑥ 胡适:《〈水浒传〉考证》,《水浒传》,亚东图书馆1920年版。又见《〈水浒传〉新考》,《小说月报》1929年9月第20卷9期。
⑦ 胡适:《〈水浒传〉考证》,《水浒传》,亚东图书馆1920年版。又见《〈水浒传〉新考》,《小说月报》1929年9月第20卷9期。
⑧ 胡适:《〈三国演义〉序》,《三国演义》,亚东图书馆1922年版。

胡,或笑邓艾吃",证明"唐朝已有说三国故事的了"。① 在宋代,孟元老的《东京梦华录》和苏轼的《志林》都提到关于《三国》的"说话"、"古话",胡适以此与元明杂剧中的《三国》故事相对比,"推知宋至明初的《三国》故事大概与现行的《三国演义》里的故事相差不远"。② 他还注意到元朝《三国》故事里至少已有吕布故事、诸葛亮故事、周瑜故事、刘关张故事、关羽故事和曹植、管宁等"小故事",尤其是"曹操在宋朝已成了一个被人痛恨的人物","诸葛亮在元朝已成了一个足计多谋的军师,而关羽已成了一个神人","散文的《三国演义》自然是从宋以来'说三分'的'话本'变化演进出来的"。③ 他还将《三国演义》与《水浒传》的艺术成就相比较,对"风流儒雅的周郎"被写成"一个妒忌阴险的小人"提出批评,意仍在推崇民间传说"不受历史的拘束"。④ 而他更看重的是《三国演义》是"一部绝好的通俗历史","在几千年的通俗教育史上,没有一部书比得上他的魔力"。⑤ 他看到,"五百年来,无数的失学国民从这部书里得着了无数的常识与智慧,从这部书里学会了看书写信作文的技能,从这部书里学得了做人与应世的本领",⑥而这些都是"四书"、"五经"和二十四史、《古文辞类纂》所达不到的。其实,胡适所表达的真正意思是,民间传说是《三国演义》的基础,《三国演义》又因其"通俗化"即"民间性"更深入更持久地影响到民间社会的"失学国民"。这就是我们今天常讲的民间文化与人文之间的互动,而这种互动,胡适在历史的"钩沉"与"求证"中一次次揭示了这条文化发展规律,当然,这也是民间文学的发展规律。

《西游记》是一部家喻户晓的神怪小说。胡适指出它与玄奘的《大唐西域记》产生的联系。玄奘的生活故事以取经为中心,在《大唐西域记》中有所反映,被胡适称为"中国佛教史上一件极伟大的故事"。⑦ 这个故事的传播与民间文学中的"神话化"发生了复杂的联系,从而形成具有宗教色彩的民间传说,胡适说,"和一切大故事的传播一样",它"渐渐的把详细节目都丢开了","都神话化过了"。⑧ 他解释这种"神话化"的原因在于玄奘作为一位"伟大的宗教家",其游记中的"沙漠幻景及鬼火之类",都成为人眼中的"灵异"和"神迹",是"后来佛教徒与民间随时逐渐加添一点枝叶,用奇异动人的神话来代换平常的事实之后,不久就完全神话化了"。⑨ 他将唐代僧人慧立的《慈恩寺

---

① 胡适:《〈三国演义〉序》,《三国演义》,亚东图书馆1922年版。
② 胡适:《〈三国演义〉序》,《三国演义》,亚东图书馆1922年版。
③ 胡适:《〈三国演义〉序》,《三国演义》,亚东图书馆1922年版。
④ 胡适:《〈三国演义〉序》,《三国演义》,亚东图书馆1922年版。
⑤ 胡适:《〈三国演义〉序》,《三国演义》,亚东图书馆1922年版。
⑥ 胡适:《〈三国演义〉序》,《三国演义》,亚东图书馆1922年版。
⑦ 胡适:《〈西游记〉考证》,《西游记》,亚东图书馆1923年版。
⑧ 胡适:《〈西游记〉考证》,《西游记》,亚东图书馆1923年版。
⑨ 胡适:《〈西游记〉考证》,《西游记》,亚东图书馆1923年版。

三藏法师传》中的故事材料与宋人《太平广记》中相关内容进行对比,发现"取经故事神话化之速"。同时,他还将日本人收藏的《大唐三藏取经诗话》与之相对比,提出"在南宋时,民间已有一种《唐三藏取经》的小说,完全是神话的,完全脱离玄奘取经的真故事了"。其中的"猴行者的加入"、"深沙神为沙和尚的影子"和"途中的妖魔灾难"等内容,成为《西游记》的原型"祖宗"。胡适从《大唐三藏取经诗话》,"明白南宋或元朝已有了这种完全神话化了的取经故事","明白《西游记》小说——同《水浒》、《三国》一样——也有了五六百年的演化的历史"。他更认真地从中考证"玄奘'生前两回取经,中路遭难'的神话"、"猴行者现白衣秀才相"、"花果山是后来小说有的,紫云洞后来改为水帘洞了"、"八万四千铜头铁额猕猴王"和唐僧"三次要行者偷桃"等故事在《西游记》中的具体运用,①管窥小说与民间传说之间的"渊源"关系,让人清晰地看到故事的嬗变。

胡适对《西游记》中孙悟空故事原型的研究,在我国现代民间文艺学史上有着更为独特的意义。这里,胡适仍是把"假设"作为一个重要前提条件,不失审慎地提出"疑心这个神通广大的猴子不是国货,乃是一件从印度进口的",甚至"也许连无支祁的神话也是受了印度影响而仿造的"。②在他看来,对孙悟空故事原型形成具有重要意义的《古岳渎经》其"本身便不是一部可信的古书",而至于"宋元的僧伽神话"便"更不消说了"。③

在胡适之前,曾有学者提出《西游记》与民间传说的联系。如清代王韬曾讲其"所述神仙鬼怪,变幻奇诡,光怪陆离,殊出于见见闻闻之外,伯益所不能穷,《夷坚》所不能志,能于《山经》《海录》中别述一职,一若宇宙间自有此种异事。俗语不实,流为丹青,至今脍炙人口。演说者又为之推波助澜,于是人人心中皆有孙悟空在世,世俗无知至有为之立庙者"。④ 更多的学者提到孙悟空与无支祁有着密切联系(如胡适在《〈西游记〉考证》中就提到周豫才(鲁迅)所指出的《纳书楹曲谱》"补遗"卷一涉及"巫枝祇"、"无支祁")。胡适从《太平广记》所引《古岳渎经》中的"禹理水三至桐柏山","获淮涡水神名无支祁","形若猿猴","力逾九象,搏击腾踔,疾奔轻利"等材料,以及朱熹《楚辞辨证》中《天问》篇所录"如今世俗僧伽降无支祈(祁)"为"本无稽据,而好事者遂假托撰造以实之",考证得出结论,即"宋代民间"已经有"僧伽降无支祈"传说,而僧伽"为唐代名

---

① 胡适:《〈西游记〉考证》,《西游记》,亚东图书馆1923年版。这里他多处表示是受到鲁迅的启发。他对鲁迅的《中国小说史略》非常推崇,在论述民间文学的嬗变上,他们有许多相同的地方,另述。
② 胡适:《〈西游记〉考证》,《西游记》,亚东图书馆1923年版。这里他多处表示是受到鲁迅的启发。他对鲁迅的《中国小说史略》非常推崇,在论述民间文学的嬗变上,他们有许多相同的地方,另述。
③ 胡适:《〈西游记〉考证》,《西游记》,亚东图书馆1923年版。这里他多处表示是受到鲁迅的启发。他对鲁迅的《中国小说史略》非常推崇,在论述民间文学的嬗变上,他们有许多相同的地方,另述。
④ 王韬:《新说西游记图像序》,清光绪上海味潜斋石印本。

僧","住泗州最久",因为"淮泗一带产生过许多关于他的神话",所以"降无支祈大概也是淮泗流域的僧伽神话之一,到南宋时还流行民间"。① 胡适提醒人注意到几点内容:即一、作为龟山所锁这个无支祁,"无论是古的今的,男性女性,始终不曾脱离淮泗流域";二、《宋高僧传》中曾提到僧伽为"观音菩萨化身"的对话,以及"慧俨寺十一面观音菩萨傍";三、"无支祁被禹锁在龟山足下,后来出来作怪,又有被僧伽(观音菩萨化身)降伏的传说",这和《大唐三藏取经诗话》与《西游记》中的猴王"都有点像"。② 同时,胡适又梳理出宋代之后"取经故事的演化史",将元曲中的一些折子,诸如"殷夫人把儿子抛入江中"、"玄奘到江州衙内认母"、"紧箍咒收伏心猿"、"女国王要嫁玄奘"、"火焰山借扇"和"借一个乡下胖姑娘的口气描写唐三藏在一个国里受参拜顶礼临行时的热闹状况",证明"元代已有一个很丰富的《西游记》故事","然而这个故事还不曾有相当的散文的写定"。③ 他还提到钱曾《也是园书目》所记元明时期无名氏《二郎神锁齐天大圣》等作品,称"编戏的人可以运用想象力,敷演民间传说,造为种种戏曲"。最后,他集中考察了吴玉搢《山阳志遗》卷四所载吴承恩史料,尤其是其中的《二郎搜山图歌》,以诠释自己"最后的大结集还须等待一百多年后的另一位姓吴的作者"的论断。④

胡适猜想"这个神通广大的猴子不是国货,乃是一件从印度进口的",其理由主要在于印度古诗《拉摩传》中的"哈奴曼",以此寻觅"齐天大圣的背影"。⑤ 哈奴曼故事在印度有着广泛流传,称哈奴曼是"猴子国"的大将,"天风的儿子",传说他"有绝大神通,能在空中飞行,他一跳就可从印度跳到锡兰(楞伽)。他能把希玛拉耶山(喜玛拉雅山)拔起背着走。他的身体大如大山,高如高塔,脸放金光,尾长无比",⑥因为他保护拉摩王子有功,被赐"长生不老的幸福"而成"正果"。哈奴曼的故事在相当于我国唐末宋初的10世纪至11世纪之间以戏剧形式出现,"风行民间"。⑦ 从胡适所举的这些材料来看,在许多方面哈奴曼确实同《西游记》中的孙悟空性格有相似的一面,在某种程度上,这也应合了国际上流行的神话传说故事起源"印度说"。关于"印度起源说",早在19世纪英国,就有一位叫该莱的神话学家进行过系统论述。该莱把西方神话学中关

---

① 胡适:《〈西游记〉考证》,《西游记》,亚东图书馆1923年版。
② 胡适:《〈西游记〉考证》,《西游记》,亚东图书馆1923年版。
③ 胡适:《〈西游记〉考证》,《西游记》,亚东图书馆1923年版。
④ 胡适:《〈西游记〉考证》,《西游记》,亚东图书馆1923年版。另见季羡林、刘安武编《印度两大史诗评论汇编》,中国社会科学出版社1984年版。
⑤ 胡适:《〈西游记〉考证》,《西游记》,亚东图书馆1923年版。另见季羡林、刘安武编《印度两大史诗评论汇编》,中国社会科学出版社1984年版。
⑥ 胡适:《〈西游记〉考证》,《西游记》,亚东图书馆1923年版。另见季羡林、刘安武编《印度两大史诗评论汇编》,中国社会科学出版社1984年版。
⑦ 胡适:《〈西游记〉考证》,《西游记》,亚东图书馆1923年版。另见季羡林、刘安武编《印度两大史诗评论汇编》,中国社会科学出版社1984年版。

于神话在主题、形象、情节和结构上的相似问题的解释,归结为六种学说,即"偶然说、借用说、印度起源说、历史说、阿利安种子说和心理说。"① 同时代的法国学者卢阿则辽尔在《印度寓言及其传入欧洲之研究》中,也提到寓言故事是从印度传入欧洲的;② 坚持"借用说"的德国学者宾菲则提出"大量的童话故事和其他民间故事是从印度传到全世界的",而且"这种传播是从十世纪开始的","从一世纪起就传入中国内地"。③ "外借说"认为印度民间故事从不同的道路传向世界各地,这种学说引起两种结果,一派学者以为应该扩大自己的文化视野,正视和深入研究文化交流问题;另一派学者则以为这种学说贬低了一定的民族性,以为相似并不完全意味着外借而应该注意"平均心理"即"同一心理基础"问题。胡适既不是狭隘的民族主义,也不是盲目的民族虚无主义,而是坚持独立思索,去寻求文化发展的多元规律。他说:"中国同印度有了一千多年的文化上的密切交流,印度人来中国的不计其数,这样一桩伟大的哈奴曼故事是不会不传进中国来的。所以我假定哈奴曼是猴行者的根本。"④ 同时他也看到,"这个神猴的故事,虽是从印度传来的",但"齐天大圣的传"大部分是"著者创造出来的"。⑤ 而且他将此看作"世间最有价值的一篇神话文学",将"大闹天宫"看作"简直是革命的檄文"。⑥ 他也指出,《西游记》"有了几百年逐渐演化的历史","这部书起于民间的传说和神话,并无'微言大义'可说"。这是一个迄今为止学术界仍在争论的问题,见仁见智,胡适总是强调"《西游记》被这三四百年来的无数道士和尚秀才弄坏了",⑦应该是有他的道理。从这里我们可以看到,胡适与同时代人比有着更开阔的视野,尤其是关于哈奴曼与孙悟空形象相似成分的比较分析上,与西方学者"外借说"、"印度起源说"似曾相识,而当时这些学说还并未系统完整地介绍到我国。我国古代学者对域外历史文化和地理的关注从很早就开始了,不用说二十四史中的部分。诸如姚秦释法显的《佛国记》,又名《法显传》,记述了魏晋时期僧人法显自长安至印度学习梵书梵语,历时十三载,经三十余国的经历,尤其是其中所载印度文化历史内容,成为我们研究中外文化交流的重要资料。前面我们提到的《大唐西域记》,也记述了玄奘到印度等国学习佛学的经历,对于我们研究伊朗、印度、阿富汗等国家的文化有相当重要的意义。

---

① 该莱:《关于相同神话解释的学说》,杨成志译,中山大学《民间文艺周刊》1927年第3期。
② 参见连树声《俄国民间文艺学中的重要流派》,《民间文艺学文丛》,北京师范大学出版社1982年版。
③ 参见连树声《俄国民间文艺学中的重要流派》,《民间文艺学文丛》,北京师范大学出版社1982年版。
④ 胡适:《〈西游记〉考证》,《西游记》,亚东图书馆1923年版。
⑤ 胡适:《〈西游记〉考证》,《西游记》,亚东图书馆1923年版。
⑥ 胡适:《〈西游记〉考证》,《西游记》,亚东图书馆1923年版。
⑦ 胡适:《〈西游记〉考证》,《西游记》,亚东图书馆1923年版。

后来,南宋时赵汝适所著的《诸蕃志》,元代汪大渊所著的《岛夷志略》,明代马欢所著的《瀛涯胜览》和巩珍所著的《西洋番国志》,清代陈伦炯的《海国闻见录》等典籍,都表现出我们民族对域外世界寻求交流的愿望。胡适曾有过相当长的留学经历,曾翻译过法国作家都德的《割地》即《最后一课》。无论他的结论是否正确,他将目光投向域外文献,这本身就是一种学术创新。后来,他论及《魔合罗》时,也涉及有印度文学的影响问题。"魔合罗"在宋元时期的民间文艺生活中是一个值得人重视的泥塑偶像,供奉于民间节日七夕乞巧时,曾引发多少风流故事。孟元老《东京梦华录》的卷八《七夕》中,详细记述"磨喝乐"被叫卖和用于"谷板"、"花瓜"、"种生"等民俗生活的情景,孟元老还自注为"磨喝乐本佛经摩㕹罗,今通俗而书之"。《醉翁谈录》中也记述"京师之摩罗"之"南人目为巧儿"。《元曲选》辛集(下)保存有《魔合罗》,以泥塑魔合罗为全案的线索,说明"元朝民间小儿女于七月七日供魔合罗,为乞巧之用,其神为美女像","似观音像仪"。胡适说,"这当然是那旧七夕故事的'天孙'、'织女'的转变",他推想"这女像的魔合罗是印度的'大黑天'演变出来的,与观音的演变成女像是同一个道理"。义净《南海归内法传》曾记述"莫㕹歌罗"即"大黑神";胡适称,大黑神"来源早于大黑天",二者由于时代的变化从"同出于一个来源"而成为两个不同的神,在中国渐变成司福禄的大黑天,又逐渐变成女像,"替代那施与小儿技巧的天孙"。胡适"疑心"是"鬼子母"和"大黑神"所"并作"的,说"在一个时期,两个神各有原来名字,后来混合的神像变成了女相,而名字仍叫魔合罗",因为中国民众不懂梵文原意,不知"魔合罗、大黑,就继续叫那个美人像做魔合罗","在元朝,这个女神是施巧之神","但我们可以猜想那个送子观音也是从鬼子母演变出来的"。① 在《元史》卷二·二《释老传》中,记述有元朝盛行"玛哈噶拉神";念常《佛祖历代通载》中也记述元兵得黑神相助,"民罔知故,实乃摩㕹葛剌神也"。胡适说,"这可见喇嘛教带来的大黑天,在十三世纪的晚期,还是初次进入中国,民间还不知道","魔合罗是从那早就流行中国的食厨大黑神演变出来的"。② 元杂剧《魔合罗》中有因为人"不应塑魔合罗"而"打上八十"的内容,胡适说,"这也许是因为那个施巧的女魔合罗的名字,和那战斗神摩㕹葛剌相同,而引起了喇嘛教的注意",于是,"久而久之,那个女魔合罗好像就变成了送子观音,而北方的小儿女就只知道八月中秋的兔儿爷,而不知道七月七的美丽的魔合罗了"。③ 胡适的目光盯着古代典籍,也

---

① 胡适:《魔合罗》,《益世报》1935年6月6日《读书周报》第1期。
② 胡适:《魔合罗》,《益世报》1935年6月6日《读书周报》第1期。10年后,胡适出席哈佛大学三百周年庆祝大会,并做关于印度与中国文化借贷问题的讲演,仍然对印度文学与中国文学的关系表现出浓郁的学术热情。
③ 胡适:《魔合罗》,《益世报》1935年6月6日《读书周报》第1期。10年后,胡适出席哈佛大学三百周年庆祝大会,并做关于印度与中国文化借贷问题的讲演,仍然对印度文学与中国文学的关系表现出浓郁的学术热情。

盯向现实民俗生活,还将目光投向域外。不但进行历史、地理的纵横比较研究,而且大胆尝试文化心理分析,进行多学科的探索,努力发掘新材料,发现新问题,这种学术勇气是极其可贵的。由此,也使我联想起陈寅恪在胡适之后所进行的中国与印度文学比较的几篇论文。诸如陈寅恪在《〈三国志〉曹冲华佗与印度故事》中提出,曹冲称象的故事与《杂宝藏经》中的故事相似,华佗故事与《因缘经》中耆域为迦罗越治病相似,明确提出华佗就是天竺语中 agada 即"药"的论断;①他在《〈西游记〉玄奘弟子故事之演变》中,也提出孙悟空大闹天宫是《罗摩衍那》神猴哈奴曼故事影响的产物,同时与《贤愚经》中的故事相融合,并将玄奘弟子故事总结为三种基本类型。② 这里陈寅恪是否受到胡适的影响还不能得出明确结论,但胡适早在陈寅恪七年之前就提出孙悟空形象与印度文学中的神猴哈奴曼的联系则是一种事实。钟敬文的《中国印欧民间故事之相似》③也提到类似的问题。胡适敢为天下先,睁开眼睛看世界的学术风度,至今都仍然应该为我们所发扬。

　　《三侠五义》是我国文学史上产生了广泛影响的通俗小说,形容它家喻户晓并不为过。胡适对其中的故事原型及其嬗变形态进行以个案分析为主要形式的研究。他着重考察了包拯和李宸妃两个重要的传说人物,首先理清了包公断狱的种种故事"起于北宋,传于南宋;初盛于元人的杂剧,再盛于明清人的小说"④这一历程。他考察了《元曲选》中包拯断狱故事所占比重,"一百种之中"的"十种"之中"保存至今的"和"不传的杂剧"中的四种,"可以知道宋元之间包公的传说不但很盛行,并且已有了一个大同小异的中心",包括《宋史》只说他是庐州合肥人,而传说捏造出'金斗郡四望乡老儿村'来"和"后来'赐御铡三刀'的传说的来源"等内容。⑤ 同时,胡适还比较分析了"坊间"所传的《包公案》即《龙图公案》这部"大概是明清的恶劣文人杂凑成的"书,发现其中的《乌盆子》"即是《元曲盆儿鬼》的故事,但人物姓名不同罢了",《桑林镇》"记包公断太后的事,与元朝杂剧《抱妆盒》虽不同,却可见民间的传说已将李宸妃一案也堆到包拯身上去了"。《玉面猫》更为复杂,其中的"五鼠闹东京的神话","大概是受了《西游记》里六耳猕猴故事的影响","五鼠后来成为五个义士,玉猫后来成为御猫展昭,这又可见传说的变迁与神话的人化了"。⑥ 至于"宋仁宗生母李宸妃的故事",胡适考察了其演变具体过程,指出其"在当日是一件大案,在后世遂成为一大传说,元人演为杂剧,明人演为小说,至《三侠五义》而这个故事变得更完备了"。《宋史》卷二四二详细记

---

① 陈寅恪:《〈三国志〉曹冲华佗与印度故事》,《清华学报》1930 年第 6 卷第 1 期。
② 陈寅恪:《〈西游记〉玄奘弟子故事之演变》,《历史语言研究所集刊》1930 年第 2 册。
③ 钟敬文:《中国印欧民间故事之相似》,《民俗》1928 年第 11、12 期合刊。
④ 胡适:《〈三侠五义〉序》,《三侠五义》,亚东图书馆 1925 年版。
⑤ 胡适:《〈三侠五义〉序》,《三侠五义》,亚东图书馆 1925 年版。
⑥ 胡适:《〈三侠五义〉序》,《三侠五义》,亚东图书馆 1925 年版。

述了这出"狸猫换太子"故事最直接的历史背景,胡适指出刘太后与李宸妃之间的纠葛,及"当时仁宗下哀痛之诏自责,又开棺改葬,追谥陪葬"对全国舆论的影响,"种种传说也就纷纷发生,历八九百年而不衰"。① 同时,他还考察了王所作的《默记》中记述的"张茂实的历史"和"冷青之狱"两个传说,即"民人繁用迎着张茂实的马首喊叫"和"民间传说诛冷青时京师昏雾四塞"所表现的"民间对于刘后的不满意",其"心理的反感"正是"李宸妃故事一类的传说所以流行而传播久远的原因"。他更进一步比较了《宋史》所记"宸妃有娠时玉钗的卜卦"这样"已采有神话化的材料",与元代无名氏《李美人制御苑拾弹丸,金水桥陈琳抱妆盒》之间的故事差异:

一、玉钗之卜已变成金弹之卜,神话的意味更重了。

二、"红光紫雾"的神话。

三、写刘太后要害死太子,与《宋史》说刘后养为己子大不同。这可见民间传说不知不觉地已加重了刘后的罪过,与古史上随时加重桀纣的罪过一样。

四、造出了一个寇承御和一个陈琳,但此时还没有郭槐。

五、李美人生子,由陈琳送八大王抚养,后来入继大统;这也可见民间传说不愿意让刘后有爱护仁宗之功,所以不知不觉地把这件功劳让与八大王了。

六、仁宗问出这案始末时,刘后与李妃都还不曾死。这也可见民间心理希望李妃享点后福,故把一件悲剧改成一件喜剧了。

七、没有狸猫换太子的话,只说"诈传万岁爷要看,诓出宫来"。

八、没有包公的事。

这时期里,这个故事还很简单,用不着郭槐,也用不着包龙图的侦探术。

在这里,胡适发现了在故事嬗变中具体形成的"差异",他不仅是在做一般技术上的考证,而是力图通过更为新颖的视角,诸如从"民间心理"出发,认真总结与寻找李宸妃故事的生成与发展规律。同时,胡适又将宋元明三个历史时期李宸妃故事的内容具体划分为"主文"、"坏人"、"好人"、"破案人"和"结局"几个部分,做成清晰的图表,考证出一种是"宋元之间民间演变的传说",一种是"一个不懂得历史掌故的人编造出来的","凭空造出一条包公断后的故事"两种"独立的传说",它们"一种靠戏本的流传","一种靠小说的风行",所以《三侠五义》中的李宸妃故事"把元明两朝不同的传说的重要分子都容纳在里面了"。

胡适对民间传说故事的考证与辨析,还体现在他对《宋人话本八种》等典籍的研究中。这自始至终贯穿着他独立思索、勇于开拓的学术方式和学术理想,更重要的是他坚持历史的和现实的社会批判,在许多方面表现出同时代人少有的深刻。如他对

---

① 胡适:《〈三侠五义〉序》,《三侠五义》,亚东图书馆1925年版。

《宋人话本八种》中的"讲史"类作品《拗相公》的分析,指出其中"有许多毁谤王荆公的故事",这些故事"都是南宋初年的元祐后辈捏造出来的",包括苏洵的《辨奸论》"全是后人的伪作","代表元祐党人的后辈的见解"。他指出,"王荆公在几年之中施行了许多新法,用意也许都很好,但奉行的人未必都是好人","在一个中古时代,想用干涉主义来治理一个大帝国,其中必不免有许多小百姓受很大的苦痛","干涉的精神也许很好,但国家用的人未必都配干涉。不配干涉而偏要干涉,百姓自然吃苦了",他赞扬"王安石的敢做敢为",也不否认变法中的失误,①从另一个方面揭示出民间传说人物生成的条件。他在考证《醒世姻缘传》时,也是这样,先做"我的假设",将《醒世姻缘》和《江城》中"两个故事太相同"处列举出对照表,再"想方设法证实他,或者否证他",然后经过"第一次证实",借用"孙楷第先生的证据",通过"《聊斋》的白话韵文的发现"、"从《聊斋》的白话曲词里证明《醒世姻缘》的作者",以此断定《醒世姻缘》"是蒲松龄的著作",由此预言"将来研究十七世纪中国社会风俗史的学者,必定要研究这部书"。② 尤为值得注意的是1926年7月24日他与顾颉刚关于《封神演义》的一封通信。在这封信中,他提出"最好应该从'神的演变'一个观念下手"。他列举出许多传说事例,诸如"托塔天王本是印度的毗沙门天王,不知怎样与李药师合为一人,此书又把他派作纣王驾下的一个总兵","哪吒剔骨还父,割肉还母"见于宋代慧洪的《禅林僧宝传》却不知什么时候"变为李靖的儿子","二郎神本是李冰之子,李氏父子治水有功,至今血食灌口"而后来"二郎神却真成了杨戬了",以及"何时又发生梅山弟兄的故事","此故事在《封神》里与《西游》里何以不同","《西游》里说他是玉帝的外甥,此说又从何来",包括照妖镜"此宝又从何时起的"等。他说,"若如此做去,可成一部'神话演变史'"。③ 胡适的考证,博古通今,以"假设"为问题的提出,在论述、求证的材料上尽力追求充足而翔实,不拘一格,为中国现代民间文艺学的发展做出了不懈的努力,自然也形成他别具特色的学术风格。而今天,我们更多地是在追求以所谓"学术规范"为背景的学科建设,常自觉不自觉地拒绝了不同形式的争鸣,从而缺少了必要的宽松和自由,因此也影响到学科发展;更重要的是,我们有许多学者更热衷于搬弄和炫耀所谓学科前沿的新名词,缺少基本的考证功夫即传统学术方式中的典籍材料使用与辨析,显得空泛和肤浅。胡适在考证与辨析民间传说故事的过程中,广征博引,给我们做出了榜样,也给我们以广泛而深刻的启发——要了解世界,必须先弄清自己的家底。

---

① 胡适:《〈宋人话本八种〉序》,《宋人话本八种》,亚东图书馆1928年版。
② 胡适:《〈醒世姻缘传〉考证》,《醒世姻缘传》,亚东图书馆1932年版。
③ 胡适:《关于〈封神传〉的通信》,《胡适遗稿及秘藏书信》第10册,黄山书社1994年版。他在后来《致刘修业》的信中,也提到这些内容,提到"宋时祀二郎神,必须撮土一块,此犹是灌口筑堤有功的神迹的遗痕"的"假设"。(1946.3.7)

三 民间文学与作家文学问题

关于民间文学与作家文学之间的关系,从现代学术体系初建到现在,许多学者都在各说东西。一部分学者强调民间文学是文学的最初形式,哺育了后世文学包括作家为主体的书面文学。像五四歌谣学运动中,周作人等学者就提出"搜集歌谣的目的共有两种,一是学术的,一是文艺的"。其"文艺的"目的就是"从这学术的资料之中,再由文艺批评的眼光加以选择,编成一部国民心声的选集"。他举例意大利卫太尔曾说"根据在这些歌谣之上,根据在人民的真感情之上,一种新的民族的诗也许能产生出来",进一步说,"所以这种工作不仅是在表彰现在隐藏着的光辉,还在引起当来的民族的诗的发展"。① 十多年后,胡适在《歌谣》周刊的《复刊词》中,着力强调"歌谣的收集与保存,最大的目的是要替中国文学扩大范围,增添范本"。② 再往后,向林冰等学者把民间文学甚至看作文学的正宗、主流。③ 另一部分人更为复杂,他们或者反对运用民间形式,或者把民间文学仅看作是"萌芽状态"的文学,甚至称为什么"亚文化"。胡适和鲁迅一样,更看重民间文学对文学包括作家文学的整体"激活",即充注进新鲜的血液,使作家文学获取语言和情感上的盎然生机。他首先把文学分为"模仿的,沿袭的,没有生气的古文文学"和"自然的,活泼的,表现人生的白话文学",提出"三千年的文学史上,所以能有一点生机,所以能有一点人味,全靠那无数小百姓的代表的平民文学在那里打一点底子"。④ 所以,他把民间百姓看做文学发生和发展的主体,提出"一切新文学的来源都在民间"的著名论断。他说:

  一切新文学的来源都在民间。民间的小儿女,村夫农妇,痴男怨女,歌童舞妓,弹唱的,说书的,都是文学上的新形式与新风格的创造者。这是文学史的通例,古今中外都逃不出这条通例。
  《国风》来自民间,《楚辞》里的《九歌》来自民间。汉魏六朝的乐府歌辞也来自民间。以后的词是起于歌妓舞女的,元曲也是起于歌妓舞女的。弹词起于街上的唱鼓词的,小说起于街上说书讲史的。——中国三千年的文学史上,哪一样新

---

① 《歌谣》周刊1922年12月17日第1号。
② 《歌谣》周刊1936年4月4日第2卷第1期。
③ 向林冰《论"民族形式"的中心源泉》,(重庆)《大公报》1940年3月24日。另参见洛蚀文编《抗战文艺论集》,文缘出版社1939年版。
④ 胡适:《白话文学史》第二章,新月书店1928年版。

文学不是从民间来的?①

这是一种创见。将民间文学置之于几千年的文学史上考察,把民间文学与作家文学看做文学的两个方面,能够全面理解他们之间的互相影响,主要是民间文学对"新文学"即簇新的艺术形式的创建,并没有将二者完全对立起来,这在今天也是十分难得的公允。最典型的是他以"乐府"为例,剖析民间文学与文人创作之间的联系。他一再强调民歌是"文学的渊泉",②从史籍中考察"俗乐民歌的势力之大",因为乐府制度而形成三种关系,即:一、"民间歌曲因此得了写定的机会";二、"民间的文学因此有机会同文人接触,文人从此不能不受民歌的影响";三、"文人感觉民歌的可爱,有时因为音乐的关系不能不把民歌更改添减,使他协律;有时因为文学上的冲动,文人忍不住要模仿民歌,因此他们的作品便也往往带着'平民化'的趋势,因此便添了不少的白话或近于白话的诗歌"。③ 所以,"自汉至唐,继续存在"的这"三种关系",形成了文学史上的两道景观,一种是收在乐府中的民间乐歌,一种是为"文人模仿民歌做的乐歌"和"后来文人模仿古乐府作的不能入乐的诗歌"。④ 他把"从汉到唐的白话韵文"叫做"乐府时期",称"乐府"是"平民文学的征集所,保存馆","平民歌曲"的"层出不穷"的"无数新花样,新形式,新体裁"引起当世文人的"新兴趣",使他们"不能不佩服,不能不模仿"。⑤ 在他看来,"汉朝的韵文有两条来路",一条是"死的,僵化了的,无可救药的"路,即"模仿古人的辞赋",而另一条路,则是"自然流露的民歌",其"魔力"是"无法抵抗的",其"影响"是"无法躲避的",所以,"这无数的民歌在几百年的时期内竟规定了中古诗歌的形式体裁","无论是五言诗,七言诗,或长短不定的诗,都可以说是从那些民间歌辞里出来的"。⑥ 他把"文人仿作民歌"概括为"两种结果",即"一方面是文学的民众化","一方面是民歌的文人化"。⑦ 意思还是如前所述,民间文学与作家文学相互影响,相互作用,在文化发展的长河中共同提高。在文学发展的实践中,我们可以具体地感受到胡适这些论述的中肯。另外,胡适没有把民间文学与作家文学做简单的对立,而是在历史发展中认真考察他们之间的区别。他在论述"故事诗"时,清楚地看到作家阶层即绅士阶级的文人的局限,即他们因为"受了长久的抒情诗的训练","终于跳不出传统的势力",所以"只能做有断制、有剪裁的叙事诗";"虽然也叙述故事,而主

---

① 胡适:《白话文学史》第三章《汉朝的民歌》,新月书店1928年版。
② 胡适:《白话文学史》第三章《汉朝的民歌》,新月书店1928年版。
③ 胡适:《白话文学史》第三章《汉朝的民歌》,新月书店1928年版。
④ 胡适:《白话文学史》第三章《汉朝的民歌》,新月书店1928年版。
⑤ 胡适:《白话文学史》第三章《汉朝的民歌》,新月书店1928年版。
⑥ 胡适:《白话文学史》第三章《汉朝的民歌》,新月书店1928年版。
⑦ 胡适:《白话文学史》第五章《汉末魏晋的文学》,新月书店1928年版。

旨在于议论或抒情,并不在于敷说故事的本身",其"注意之点不在于说故事",到底还是"不能产生故事诗"。他以为,"故事诗的精神全在于说故事:只要怎样把故事说的津津有味,娓娓动听,不管故事的内容和教训",而"这种条件是当日的文人阶级所不能承认的","所以纯粹故事诗的产生不在于文人阶级而在于爱听故事又爱说故事的民间"。①

《孔雀东南飞》是我国古代民间流传脍炙人口的叙事诗。胡适把它称为"古代民间最伟大的故事诗"。② 这首诗最初保存在徐陵的《玉台新咏》中。胡适以为它大约是在"三世纪的中叶"创作形成的,他"深信这篇故事诗流传在民间,经过三百多年之久(230—550)方才收在《玉台新咏》里",其间"经过了无数民众的减增修削,添上了不少的'本地风光'(如'青庐'、'龙子幡'之类),吸收了不少的无名诗人的天才与风格",最后"终于变成一篇不朽的杰作"。③ 但是,就是这样一篇"古代民间最伟大的故事诗",在同时代的《典论》、《文选》、《诗品》和《文心雕龙》中都不曾提起,原因何在呢?胡适说,这篇"白话的长篇民歌"因为它"太质朴了","质朴之中,夹着不少土气",有太多的"鄙俚字句"而"不容易得当时文人的欣赏"。同时,胡适在曹丕的"飞来双白鹄,乃从西北来"、"五里一返顾,六里一徘徊"等诗句中发现了"删改民间歌辞"的内容。他指出,因为"民间歌辞靠口唱相传","字句的讹错是免不了的,但'母题'(motif)依旧保留不变",所以"从乐府到郭茂倩,这歌辞虽有许多改动,而'母题'始终不变",又因为这个母题与焦仲卿夫妇故事相合,编就这首诗的"民间诗人"也就"用这一只歌作引子","久而久之,这只古歌虽然还存在乐府里,而在民间却被那篇更伟大的长故事诗吞没了"。④ 这里实际上是胡适提出了一个具有普遍意义的命题。《木兰辞》也是这样。胡适称它是"北方的平民文学的最大杰作"。⑤ 它开头的数句与《折杨柳枝歌》中相重复,如《木兰辞》中的"唧唧复唧唧,木兰当户织",在《折杨柳枝歌》中变成"敕敕何力力,女子临窗织";另外数句"不闻机杼声,惟闻女叹息。问女何所思,问女何所忆"相同。胡适说,这两首诗创作的年代"相去不远",其"流传在民间,经过多少演变,后来引起了文人的注意,不免有改削润色的地方";他举例"朔气传金柝,寒光照缁衣"句,称这"便不像民间的作风,大概是文人改作的",并推测"也许原文的中间有描写木兰的战功的一长段或几长段","文人嫌他拖沓"而"删去",是"文人手痒,忍不住又夹入这一联的词藻"的结果。⑥

---

① 胡适:《白话文学史》第六章《故事诗的起来》,新月书店1928年版。
② 胡适:《白话文学史》第六章《故事诗的起来》,新月书店1928年版。
③ 胡适:《白话文学史》第六章《故事诗的起来》,新月书店1928年版。
④ 胡适:《白话文学史》第六章《故事诗的起来》,新月书店1928年版。
⑤ 胡适:《白话文学史》第七章《南北新民族的文学》,新月书店1928年版。
⑥ 胡适:《白话文学史》第七章《南北新民族的文学》,新月书店1928年版。

文人借重民间文学的现象,即在前面胡适所提到的"文学的民众化"和"民歌的文人化",在文学发展中其常常会形成两种传统,一种是使文学不断获得生机,一种是使文学日益狭隘。前一种道路,胡适相当推崇鲍照,称"鲍照受乐府民歌的影响最大",能够达到"巧似"的效果,却被当时的文人称为"险俗","直到三百年后,乐府民歌的影响已充分地感觉到了,才有李白、杜甫一班人出来发扬光大鲍照开辟的风气"。但是,自沈约、王融的声律论出现,便使文学"成了极端的机械化","在文学史上发生了不少恶影响"。胡适称之为"譬如缠小脚本是一件最丑恶又最不人道的事,然而居然有人模仿,有人提倡,到一千年之久,骈文与律诗正是同等的怪现状"。鲍照的路无疑是使文学获得生机的道路,而沈约的路则是"文学的生机被他压死了"的路,在胡适看来,其"逃死之法"便是"充分地向白话民歌的路上走"。但是,这条"革命的路"是"只有极少数人敢走的",胡适指出一种可悲的文学存在实际,即"大多数的文人只能低头下心受那时代风尚的拘禁,吞声忍气地迁就那些拘束自由的枷锁镣铐"。① 所以,"唐朝的文学的真价值,真生命",不在模仿,而是在于"继续这五六百年的白话文学的趋势","充分承认乐府民歌的文学真价值,极力效法这五六百年的平民歌唱和这些平民歌唱所直接间接产生的活文学"。② 在论述白居易的《长恨歌》、元稹的《连昌宫词》、韦庄的《秦妇吟》,这些"都很接近民间的故事诗"时,胡适借白居易所述"其体顺而肆,可以播于乐章歌曲",提出这种诗歌审美理想实现的途径,其"最自然的来源便是当时民间风行的民歌与佛曲"。③ 同时,他也十分冷静地看到,民间文学有着天然的美,以民间竹枝词为例,说"白居易、刘禹锡极力募仿这种民歌,但终做不到这样的天然优美"。④

　　在论及词这一文学形式时,胡适一再强调"起于民间","起乐工歌妓"。⑤ 他把词的历史分为三个时期,即自晚唐到元初"为词的自然演变时期",自元到明清之际为"曲子时期",自清初至今日为"模仿填词的时期",而第一个时期是词的"本身"的历史,其后分别是"投胎再世"和"鬼"的历史。⑥ 最能体现词的艺术特性实质的,也正是"自然演变"这一时期的内容。胡适在这里详细论述道:"词起于民间,流传于娼女歌伶之口,后来才渐渐被文人学士采用,体裁渐渐加多,内容渐渐变丰富。但这样以来,词的文学就渐渐和平民离远了。词到了宋末,早已死了。"但是,"民间的娼女歌伶仍旧继续变化他们的歌曲"(即词)。胡适将这些"变化"细分为"小令"、"双调"、"套数"、"杂剧"和"明代的剧曲",都是因为文人的掺入,"带来的古典,搬来的书袋",他们"传染来的酸

---

① 胡适:《白话文学史》第八章《唐以前三百年中的文学趋势》,新月书店1928年版。
② 胡适:《白话文学史》第八章《唐以前三百年中的文学趋势》,新月书店1928年版。
③ 胡适:《白话文学史》第十六章《元稹白居易》,新月书店1928年版。
④ 胡适:《词的起源》,《清华学报》1925年12月第二卷第一期。
⑤ 胡适:《词的起源》,《清华学报》1925年12月第二卷第一期。
⑥ 胡适:《〈词选〉自序》,《小说月报》1927年1月第十八卷第一号。

腐气味"又使得新的文学形式"渐渐和平民离远,渐渐失去生气,渐渐死下去了"。① 这就是文学在民间与文人两种文化群落中间运行的兴衰规律。胡适把这种规律概括为"文学史上有一个逃不了的公式":

> 文学的新方式都是出于民间的。久而久之,文人学士受了民间文学的影响,采用这种新体裁来做他们的文艺作品。文人的参加自有他的好处:浅薄的内容变丰富了,幼稚的技术变高明了,平凡的意境变高超了。但文人把这种新体裁学到手之后,劣等的文人便来模仿;模仿的结果,往往学得了形式上的技术,而丢掉了创作的精神。天才堕落而为匠手,创作堕落而为机械。生气剥丧完了,只剩下一点小技巧,一堆烂书袋,一套烂调子。于是这种文学方式的命运便完结了,文学的生命又须另向民间去寻新方向发展了。②

这事实上是胡适提出一个问题的两个方面,即民间文学影响了作家文学的发生,作家文学也促进了民间文学的发展,但是,作家群体因为自身的局限,只在"模仿"的层面上做玩弄"一点小技巧"的动作,使这种文化的生机停滞。胡适更注重于"模仿"后的"天才堕落而为匠手"和"创作堕落而为机械",这和鲁迅所说的民间文学"一沾着他们的手","就跟着他们灭亡",③在道理上是一致的。作家文学为什么会形成如此的伤害呢?关键在于只是"模仿",而没有真正坚持面向生活这民间文学的实质内容。胡适对这种文化关系的概括,用了"活"和"死"两个字,既形象,又准确。他与许多有识之士一样,从文学的生活背景与生活意义出发,全面揭示了文学发展中民间文学与作家文学的互动规律。

在论述宋元话本、元杂剧和明清小说等内容时,胡适也多次强调作家对民间文学的具体运用使文学的"新形式"具有独特的审美魅力。与许多学者不同的是,胡适是在文学包括民间文学的具体发展中具体阐述民间文学与作家文学之间的关系的,即通过细致的文献钩沉来看待作家对民间文学的运用效果,这就避免了人所容易招致的空泛。如他对《水浒传》的成书过程中,不同时代的作家同民间文学的复杂联系的考察。如他所言,"《水浒传》不是青天白日里从半空中掉下来的","是从南宋初年(西历十二世纪初年)到明朝中叶(十五世纪末年)这四百年的'梁山泊故事'的结晶",他从中发现了"奸人政客不如强盗"、"希望草泽英雄出来重扶宋室"(江山社稷)的文人理想

---

① 胡适:《〈词选〉自序》,《小说月报》1927年1月第十八卷第一号。
② 胡适:《〈词选〉自序》,《小说月报》1927年1月第十八卷第一号。
③ 鲁迅:《略论梅兰芳及其他》(上),《鲁迅全集》第6卷,人民文学出版社1982年版。

和"四百年文学进化的产儿"之间的具体联系①。从历史到传说,这中间饱含着一个民族的深刻的文化记忆,自然,作家作为民族的一员,也是这种文化记忆的承受者,是民族情绪的具体表述者,但是,作为作家,他与民间百姓又有着不同的文化角色,那么这种文化记忆的表述效果也就必然不同了。胡适所关注的也正是这种"效果"的具体形成过程。他所看到的是,在更多的情况下,民间文学是被动的,同时他也并不否认优秀的作家对民间文学成功运用的积极意义。如,他在《〈水浒传〉考证》中所讲,"我们拿宋元时代那些幼稚的梁山泊故事,来比较这部《水浒传》,我们不能不佩服'施耐庵'的大匠精神与大匠本领","我们不能不承认这四百年中白话文学的进步很可惊异"。他举例说,"当元人的杂剧盛行时,许多戏曲家从各方面搜集编曲的材料,于是有高文秀等人采用民间盛行的梁山泊故事,各人随自己的眼光才力,发挥《水浒》的一方面,或创造一种人物","但这些都是一个故事的自然演化,又都是散漫的,片面的,没有计划的,没有组织的发展","后来这类的材料越积越多了,不能不有一种贯通综合的总编,于是元末明初有《水浒传》百回之作",尽管这"百回之作"是作为"草创"是"很浅陋幼稚的",但它"居然把三百年来的《水浒》故事贯通起来,用宋元以来的梁山泊故事做一个大纲,把民间和戏台上的'三十六大伙,七十二小伙'的种种故事作一些子目,造成一部草创的大小说","总算是很难得的了"。他接着说,"到了明朝中叶,'施耐庵'又用这个原百回本作底本,加上高超的新见解,加上四百年来逐渐成熟的文学技术,加上他自己的伟大创造力,把那草创的山寨推翻,把那些僵硬无生气的《水浒》人物一齐毁去;于是重兴水浒,再造梁山,画出十来个永不会磨灭的英雄人物,造成一部永不会磨灭的奇书",因而,他由衷地赞叹"这部七十回的《水浒传》不但是集四百年《水浒》故事的大成,并且是中国白话文学完全成立的一个大纪元"②。对于《三国演义》的成书,胡适也强调它"不是一个人做的",说它"是五百年的演义家的共同作品"。他简单考察了唐宋时期"说三国"的情况,"南方的平话,北方的院本"和元明时期"演三国故事"。他指出"散文的《三国演义》自然是从宋以来'说三分'的'话本'变化演进出来的",同时也指出所谓"古本"和"俗本"的差别,尤其是《三国演义》"拘守历史的故事太严","想像力太少,创造力太薄弱"的"平凡"缺陷③。在考证《西游记》时,胡适比较了小说《西游记》和《慈恩寺三藏法师传》、《大唐西域记》等文献和"玄奘取经的故事"及其"神话化"的具体联系。与《水浒传》和《三国演义》的成书一样,《西游记》"起于民间的传说和神话",同样"有了几百年逐渐演化的历史",这里,胡适极力称赞"著者的想像力真不小",并从

---

① 胡适:《〈水浒传〉考证》,《水浒传》,亚东图书馆1920年版。
② 胡适:《〈水浒传〉考证》,《水浒传》,亚东图书馆1920年版。
③ 胡适:《〈三国志演义〉序》,《三国志演义》,亚东图书馆1922年版。他在"注"中提到,"作此序时曾参用周豫才先生(鲁迅)的《小说史讲义》稿本"。

中发现"如果著者没有一肚子牢骚,他为什么把玉帝写成那样一个大饭桶?为什么把天上写成那样黑暗、腐败、无人?为什么教一个猴子去把天宫闹的那样稀糟?"包括"袁天罡的神算"、"秦叔宝、尉迟敬德做门神"、"泾河龙王犯罪的故事"、"李靖代龙王行雨,误下了二十尺雨,致龙王母子都受天遣"、"唐太宗游地府的故事"、"魏徵斩龙及作介绍书与崔判官的故事"、"殷小姐忍辱复仇"和"唐太宗征求取经人"等"许多小故事"①在作品中的化用。胡适更为看重的是《西游记》的"滑稽意味",他说:"《西游记》所以能成世界的一部绝大神话小说,正因为《西游记》里种种神话都带着一点诙谐意味,能使人开口一笑,这一笑就把那神话'人化'过了。"他称《西游记》中的神话"是有'人的意味'的神话","诙谐的里面含有一种尖刻的玩世主义"。② 在述及《三侠五义》时,胡适着重考察了包公和李宸妃的传说生成过程。关于"箭垛式"原理,前面已经讲过;胡适在对"起于北宋,传于南宋,初盛于元人的悲剧,再盛于明清人的小说"的"包公断狱的种种故事"进行逐层分析,即解剖化验箭簇的"文化构成",③通过不同时代的作家对民间文学的运用来考察文本的构成意义;这是胡适对现代民间文艺学理论的一大贡献。民间文学与作家文学之间的关系问题,至今也并没有完全得到合理的解决;更多的学者强调民间文学的"俗",强调作家文学的"雅",相对忽略了文学的整体性即雅俗共融于文本问题。胡适将文学的基本差异用文言的"死"与白话的"活"来概括,强调白话是历史发展的必然,这与他当年提倡"文学改良八事"④是相一致的。"八事"的关键性内容在于"不避俗字俗语"。其实,所谓"雅"与"俗"的基本差异,也就是一个语言问题。"俗字俗语"的具体运用,归于一点,就是白话文,而民间文学的语言从来都是不加任何修饰的白话,那么强调作家就"俗",运用俗语俗字,运用民间传说故事做创作题材,就是胡适所倡导的"活"即"逃死之路"。也就是说,民间文学与作家群体共同面对着活生生的生活语言和生活事项,不同的文化理念影响着不同的文学表现方式,民间文学顺应生活的发展实际,因而"活"了起来,作家文学更注重于文字的雕琢,用相对狭隘的有限去丈量生活的无限,所以,它就常常陷入"死"路。胡适说"一切新文学的来源都在民间",强调下层民众对"文学上的新形式与新风格"的创造,正是强调文学对生活本色的遵从与表现。当然,他在"八事"中也已经提出,要"言之有物",他并不仅仅看到白话的作用。他的学术理念归结点还是新文化的建设,如他在《新思潮的意义》中所讲,新文化要"研究问题,输入学理,整理国故,再造文明"。⑤ 所以,他从文化包括文学的历

---

① 胡适:《〈西游记〉考证》,《西游记》,亚东图书馆1923年版。
② 胡适:《〈西游记〉考证》,《西游记》,亚东图书馆1923年版。
③ 胡适:《〈三侠五义〉序》,《三侠五义》,亚东图书馆1925年版。
④ 胡适:《文学改良刍议》,《新青年》1917年1月第2卷第5号。
⑤ 胡适:《新思潮的意义》,《新青年》1919年12月1日第七卷第1号。

史发展中看待民间文学与作家文学的联系。1944年,已是54岁的胡适开始撰写《全校〈水经注〉辨伪》,尽管他后来又宣布自己的观点不能成立,而他尊重民间传说在文化发展中的特殊地位则显而易见。从实证去研究问题的学风,在今天仍值得我们重视。我们尤其应该注意的是,我们论及民间文学与作家文学的关系时,常常把民间文学仅仅作为其创作的话语资源,而自觉或不自觉地以历史证明未来;胡适非常清晰地看到,历史毕竟是历史,白话的使命就在于"新",即创造与时代相适宜的新形式。他曾在《信心与反省》中提到,"我们的民族信心必须站在'反省'的唯一基础之上","望在我们的将来",而不要一味陶醉在"光辉万丈"的五千年文明中而停滞不前。① 当然,现代民间文学理论建设要面向"将来",更要面向社会现实和大众。

四 《白话文学史》对现代民间文学理论发展的贡献

胡适的《白话文学史》是1928年由新月书店出版的。从他的"自序"中可以看出,该书始作于1921年,缘于他为"教育部办第三届国语讲习所"讲"国语文学史"而作。如他所说,他"八星期之内编了十五篇讲义",因为"禅宗白话文"和"宋'京本小说'"的发现等原因做了多次修改。他曾经拟定一个"大计划",做出"《国语文学史》的新纲目"。"纲目"共分十个部分,除"引论"外,第一部分主要研究《国风》,他把《国风》称作"二千五百年前的白话文学";依次为"春秋战国时代"和"汉魏六朝",再次为"唐"、"两宋"、"金元"、"明"、"清"和"国语文学的运动"。其中,他又提出"春秋战国时代的文学是白话的吗",把"汉魏六朝的民间文学"分为"古文学的死期"、"汉代的民间文学"和"三国六朝的平民文学"三个部分。他说,这个计划可以代表他"当时对于白话文学史的见解",但是,这个庞大的计划并没有全部实现。从初稿到北京文化学社的排印,再到新月书店出版,"六年之中,国内国外添了不少的文学史料",尤其是那些"俗文学的史料"。他着重提到了"敦煌石窟的唐五代写本的俗文学",在日本发现的"唐人小说《游仙窟》"和《唐三藏取经诗话》与《全相平话》,郑振铎编的《白雪遗音选》和董康翻刻的杂剧与小说。他把"《京本通俗小说》的出现"看作是"文学史上的一件大事"。他最看重的是鲁迅的《中国小说史略》,称它是"最大的成绩","是一部开山的创作,搜集甚勤,取材甚精,断制也甚谨严"。而直接影响到他做后来修改的,还是"近十年内,自从北京大学歌谣研究会发起搜集歌谣以来,出版的歌谣至少在一万首以上",因为"这些歌谣的出现使我们知道真正平民文学是个什么样子"。这些新材料的发现改变了他

---

① 胡适:《信心与反省》,《独立评论》1934年6月第103号。

的许多观念,所以,他索兴把原稿"全部推翻了"。他设想着"把上卷写到唐末五代","留待十年后再续下去",整个著作完成时"大概有七十万字至一百万字"。① 令人遗憾的是,迄今为止,我们见到的还是这部著作的"上卷"。当然,即使是这样,它也已经比较全面地体现了胡适前半期的民间文学观。

胡适写作《白话文学史》,首先把"白话文学"的范围置于广阔的背景。他的"白话"概念有三种含义,一是"戏台上说白的白,就是说得出,听得懂的话",一是"不加粉饰的话",一是"明白晓畅的话"。依照这样的标准,他"认定《史记》《汉书》里有许多白话,古乐府歌辞大部分是白话的,佛书译本的文字也是当时的白话或很近于白话,唐人的诗歌——尤其是乐府绝句——也有很多的白话作品"。② 他在"自序"中集中表述了许多"个人的见地",称"虽然是辛苦得来的居多,却也难保没有错误",诸如"一切新文学的来源都在民间"、"建安文学的主要事业在于制作乐府歌辞"、"故事诗起来的时代"、"佛教文学发生影响之晚与'唱导'、'梵呗'的方法的重要"、"白话诗的四种来源"、"王梵志与寒山的考证"、"李、杜的优劣论"、"天宝大乱后的文学特别色彩说"和"卢仝、张籍的特别注重"等。③ 也正是他的这些"个人的见地",构成了他对中国现代民间文学理论发展的重要贡献,与他在其他地方关于民间文学的研究共同形成他自成系统的民间文学理论体系。

如胡适所言,白话文学史是"创造的文学史","活文学的历史",而"古文传统史"是"模仿的文学史","死文学的历史","这一千多年中国文学史是古文文学的末路史,是白话文学的发达史"。④ 其统篇都是为了证明他关于"一切新文学的来源都在民间"的论断。事实上,他自始至终也都是在将白话文学的研究纳入"文学革命"。他曾多次提到白话文学是"历史进化"的产物,而"历史进化"又分为两种,"一种是完全自然的进化","一种是顺着自然的趋势,加上人力的督促",即前者为"演进",后者为"革命"——"认清了这个自然的趋势,加上人工的促进,使这个自然进化的趋势赶快实现","是人力在那自然演进的缓步徐行的历程上,有意的加上了一鞭"。但是,事物的发展常常是曲折的,胡适举例,说"'元曲'出来了,又渐渐的退回去,变成贵族的昆曲",当《水浒传》、《西游记》、《红楼梦》出现时,人们"仍旧做他们的骈文古文";在漫长的文学发展中,"只有自然的演进,没有有意的革命"。胡适说,"这几年来的'文学革命',所以当得起'革命'二字,正因为这是一种有意的主张,是一种人力的促进","《新青年》的贡献只在他在那缓步徐行的文学演进的历程上,猛力加上了一鞭","因为是有意的人力促

---

① 以上引文均见于胡适《白话文学史》"自序",新月书店1928年版。
② 胡适:《白话文学史》"自序",新月书店1928年版。
③ 胡适:《白话文学史》"自序",新月书店1928年版。
④ 胡适:《白话文学史》"引子",新月书店1928年版。

进,故白话文学的运动能在这十年之中收获一千多年收不到的成绩"。① 胡适强调白话文学的"活",提倡用民间文学拓展新文学的范式,把"民间"看做"一切新文学的来源",正是与"文学革命"相一致的。当然,胡适更多的是从语言形式上强调使文学"活起来",有一些学者批评他不注重文学的内容,但我们应该看到,民间文学的实质特征还是以"口头性"为标志区别于其他文学形式的,离开了"口头性"即白话表现的口头形式,一切都是枉然。如刘半农在《初期白话诗稿》中所言,当年"提倡白话文"是"非圣无法,罪大恶极",需要莫大的勇气。② 关于这一点,茅盾就曾误解过胡适,说"戴着红顶子说洋话"的胡适"从建设国语文学这个口号里发现了一个新东西:替白话文学编家谱,证明它也是旧家子而不是暴发户",称胡适"认错了祖宗","把文白之争的阵线搅浑了"。③ 茅盾误读胡适《白话文学史》的背景是"方言文学和废汉字的主张在目前是'太高'的要求",④但他和许多人一样,确实是忽略了民间文学的口头性这一实质性内容。在更广泛的意义上讲,不懂得白话文学的历史,又如何更清醒更全面地理解白话包括民间文学的发展规律呢?更何况胡适是在用历史的事实去更有力地证明"文言传统"的"死",去阐述"逃脱死路"就在于融入白话的"生"!如拉法格所言,"口头诗歌是没有文化的各族人民所知道和所采用的唯一方法"。⑤ 弗朗西斯·李·厄特利在《民间文学:一个实用定义》中讲道:"民间文学无论在哪儿被发现,与世隔绝的原始社会也好,接近文明边缘的社会也好,都市社会或村落社会也好,上层统治者与下层阶级也好,它都是一种口头传承的文学,'口头传承'这个关键词的应用价值是很大的。"⑥

  在相当长一个时期内,我们过于强调民间文学最直接的人民性,却不同程度地忽略了其口头性这一民间文学作为文学形式具体标志的重要内容。与此相联系的还有民间文学的范围问题,我们由"劳动人民"这一概念出发,基本上只认定那些下层社会中体力劳动者。胡适所指的民间文学创造者是用"无数小百姓"来概括的,即"民间小儿女,村夫农妇,痴男怨女,歌妓舞女,弹唱的,说书的"。他特别强调了"歌妓舞女"对词和曲的创造,他曾举"李延年兄妹都是歌舞伎的一流",说"他们的歌曲正是民间的文学";同时,他又论述道,《江南可采莲》"这种民歌只取音节和美好听,不必有什么深

---

① 胡适:《白话文学史》"引子",新月书店1928年版。
② 茅盾:《十年前的教训》,《文学》1935年4月1日第4卷第4号。
③ 茅盾:《对于所谓"文言复兴运动"的估价》,《文学》1934年8月1日第3卷第2期。
④ 茅盾:《对于所谓"文言复兴运动"的估价》,《文学》1934年8月1日第3卷第2期。
⑤ 拉法格:《关于婚姻的民间歌谣和礼俗》,罗大冈译,《拉法格文论集》,人民文学出版社1979年版第8页。
⑥ 《美国民俗学杂志》1961年第74卷,《世界民俗学》,阿兰·邓迪斯编,陈建宪,彭海斌译,上海文艺出版社1990年版。

远的意义",和那些"很有价值的民歌"《战城南》一样,都是"真正民间文学"。① 也就是说,"人民性"的内容极丰富,他们有与统治者相对立的一面,也有更为丰富的情感包括他们欢乐情绪的表达。相比而言,胡适看到了普通劳动者作为民间文学的创造主体,也看到了失意文人(如柳永)、歌妓舞女,包括僧人阶层对民间文学口头传播所起的重要作用。六十多年后,我们从大洋彼岸的美国听到相似的声音,这就是阿兰·邓迪斯所讲的"民间(Folk)的概念已不再局限于农民或无产者","所有的人群——无论其民族、宗教、职业如何,都可以构成一个独特的民间"。②

再者是民间文学的发生问题,胡适在《白话文学史》中做了精妙的论述。他以汉代民歌为例,主要从民歌的具体内容中来看待"活的问题,真的哀怨,真的情感",管窥"这些活的文学"的产生过程。他这样描述道:

> 小孩睡在睡篮里哭,母亲要编只儿歌哄他睡着;大孩子在地上吵,母亲要说个故事哄他不吵;小儿女要唱山歌,农夫要唱曲子;痴男怨女要歌唱他们的恋爱,孤儿弃妇要叙述他们的痛苦;征夫离妇要声诉他们的离情别恨;舞女要舞曲,歌伎要新歌——这些人大都是不识字的平民,他们不能等候二十年先去学了古文再来唱歌说故事。所以他们只真率地唱了他们的歌;真率地说了他们的故事。这是一切平民文学的起点。③

民间文学的产生,许多学者都强调与劳动生产的联系。如鲁迅曾提出文艺起源于劳动,"文学在人民间萌芽"。④ 胡适更关注于社会生活和民间文学的具体联系,尤其是情感表现的实际需要。这里他强调的是"哄"和"真率地说"、"真率地唱"。他尤其强调民间文学内容上的独特性,如他对"陌上桑"的分析。在《陌上桑》中,罗敷采桑,其美貌吸引了"行者"、"少年"、"耕者"和"锄者",胡适称"这种天真烂漫的写法,真是民歌的独到之处";⑤《陌上桑》的结尾写罗敷挚爱着自己的丈夫,"坐中数千人,皆言夫婿殊",胡适称这种写法"决不是主持名教的道学先生们想得出的"。⑥ 正是因为这些歌谣真实自然地表达了民间百姓的情爱,流露出最真诚的欢乐和怨恨,所以能够更广泛更深切地引起最广大人群的共鸣,"你改一句,他改一句,你添一个花头,他翻一个花

---

① 胡适:《白话文学史》第三章《汉朝的民歌》,新月书店1928年版。
② 阿兰·邓迪斯:《世界民俗学》"中文版序",陈建宪、彭海斌译,上海文艺出版社1990年版。
③ 胡适:《白话文学史》第三章《汉朝的民歌》,新月书店1928年版。
④ 鲁迅:《门外文谈》,《鲁迅全集》第6卷,人民文学出版社1982年版。
⑤ 胡适:《白话文学史》第三章《汉朝的民歌》,新月书店1928年版。
⑥ 胡适:《白话文学史》第三章《汉朝的民歌》,新月书店1928年版。

样,越传越有趣了,越传越好听了"。① 这其实就是我们常讲的民间文学的口头性和集体性特征问题。目前,学者们基本上形成了这样一个共识,即民间文学的口头创作过程,就是它的传播过程,而其口头传播过程,也就是它的创作实现完成过程。

在论述"故事诗"(Epic)时,胡适论及了另一个重要的理论问题,即这种民间文学形式"在中国起来的很迟",他说"这是世界文学史上一个很少见的现象"。② Epic 被胡适称作故事诗,其实译作"史诗、叙事诗"更合适。从他在文中论述的内容来看,应是"史诗"。史诗的流传与保存,在世界许多国家都有明确的详细记述。在我国少数民族中也存在着史诗,如闻名于世的三大史诗《格萨尔》、《玛纳斯》和《江格尔》,③并不逊色于《伊利亚特》、《奥德赛》的规模。但是,由于多种原因,胡适并不了解这些,他仅仅是对于更为狭隘的"古代中国"做考察对象。他甚至还推测说,"也许是中国古代民族的文学确是仅有风谣与祀神歌,而没有长篇的故事诗","也许是古代本有故事诗,而因为文字的困难,不曾有记录,故不得流传于后代;所流传的仅有短篇的抒情诗"④。在《诗经》中,《生民》、《公刘》、《绵》、《玄鸟》、《长发》等篇都具有史诗色彩。按照西方学者的解释,所谓史诗(epic)是指"在大范围内描述武士和英雄们的功绩的长篇叙事诗,是多方面加以表现的英雄故事,包括神话、传说、民间故事与历史"。⑤ 史诗的重要职能之一就是"联结后代的人,由第一代传给第二代的诗歌和故事中,子孙可以认识他们祖宗的声音",⑥即民族情感的传承与维系的纽带。在胡适之前,郭绍虞也曾经论及《诗经》中的一篇作品,称"'雅'似近于史诗,'风'可以当抒情诗,而'颂'字训容,又相当于剧诗"。⑦ 但相当多的学者都没有更深入地论述"《三百篇》里竟没有神话的遗迹"问题。胡适说,之所以出现这种现象,主要是地域因素,"他们生在温带与寒带之间,天然的供给远没有南方民族的丰厚,他们须要时时对天然奋斗,不能像热带民族那样懒洋洋地睡在棕榈树下白日见鬼,白昼做梦",依此断定"古代的中国民族是一种朴实而不富于想像力的民族",所以,"中国古代民族没有故事诗,仅有简单的祀神歌与风谣而已"。⑧ 他把"想像力"与一定的地域联系起来,论及南北文学的文化差别问题,"看出疆域越往南,文学越带有神话的分子与想像的能力",包括"汝汉之间的文学和湘沅之

---

① 胡适:《白话文学史》第三章《汉朝的民歌》,新月书店 1928 年版。
② 胡适:《白话文学史》第六章《故事诗的起来》,新月书店 1928 年版。
③ 参见杨恩洪:《中国少数民族英雄史诗〈格萨尔〉》,朗樱《中国少数民族英雄史诗〈玛纳斯〉》,仁钦道尔吉《中国少数民族英雄史诗〈江格尔〉》,浙江教育出版社 1990 年 8 月第 1 版。
④ 胡适:《白话文学史》第六章《故事诗的起来》,新月书店 1928 年版。
⑤ (英)卡顿:《文学术语词典》"史诗",伦敦出版社 1979 年版第 225 页。
⑥ (德)格罗塞:《艺术的起源》,蔡慕晖译,商务印书馆 1984 年版,第 210 页。
⑦ 郭绍虞:《中国文学演化概述》,中州大学(河南大学)1925 年《文艺》第 1 卷第 2 期。
⑧ 胡适:《白话文学史》第六章《故事诗的起来》,新月书店 1928 年版。

间的文学大不相同",①虽然不免有一些偏颇,却给我们以启发。后来的田野作业结果也表明,正如胡适所讲的那样,在南方的一些少数民族中,尤其是大西南地区,史诗的蕴含量明显密集于中原地区和北方。② 一定的自然因素确实影响到民间文学的地域风格。如胡适在论述《南北新民族的文学》时所讲,南北朝"这个割据分裂时代的民间文学,自然是南北新民族的文学","江南新民族本有的吴语文学,到此时代,方才渐渐出现。南方民族的文学的特别色彩是恋爱,是缠绵婉转的恋爱","北方的新民族多带着尚武好勇的性质,故北方的民间文学自然也带着这种气概","北方的平民文学的特别色彩是英雄,是慷慨洒落的英雄"。③

在《佛教的翻译文学》(上、下)两章中,胡适集中论述了佛教与文学发展包括民间文学问题,事实上也包含了中外文化交流中的民间文学的发展问题。这里,胡适主要是针对两晋南北朝文学的变化来谈论佛教的翻译与民间文学的联系的。他把这一时期"骈俪化了的文体"看作一个相对稳定的结构,把"佛教的经典"看作"一些捣乱分子",也看作"伟大富丽的宗教",同时,将"伟大的翻译工作"与那些"少数滥调文人"及其"含糊不正确的骈偶文体"相对比,论述佛教的翻译文学"给中国文学史上开(辟)了无穷新意境,创(造)了不少新文体,添了无数新材料"。④ 接着,他考察了"翻译事业"的历史,从"汉明求法"这种"无根据的神话"——数到二、三、四、五世纪的高僧们,看到鸠摩罗什及其译作《大品般若》、《金刚》、《法华》、《维摩诘》诸经对"唱文"、"最大的故事诗"和"弹词"等文学形式的具体影响。他说,"印度文学自古以来多靠口说相传",这种"可以帮助记忆力"的"偈"传入中国之后,"发生了不少的意外影响",如"弹词里的说白与唱文夹杂并用","便是从这种印度文学形式得来的"。⑤ 同样,胡适也清醒地看到,佛教的翻译文学成为独立的文体并得以在中国文学的世界里迅速发展时,也受到中国民间文学的影响。如,有人曾提到《佛本行经》、《佛所行赞》这类翻译文学是《孔雀东南飞》的"范本",但胡适不以为然,他以为"从汉到南北朝,这五六百年中,中国民间自有无数民歌发生","其中有短的抒情诗和讽刺诗","也有很长的故事诗",即"因为民间先已有了《孔雀东南飞》一类的长篇故事诗,所以才有翻译这种长篇外国诗的可能"。⑥ 同时,胡适指出"中国固有的文学很少是富于幻想力的","印度人的幻想文学之输入确有绝大的解放力";⑦他以"中古时代的神仙文学"《列仙传》、《神仙传》为例,看到其

---

① 胡适:《白话文学史》第六章《故事诗的起来》,新月书店1928年版。
② 参见刘亚虎《中华民族文学关系史》(南方卷),人民文学出版社1997年版。
③ 胡适:《白话文学史》第七章《南北新民族的文学》,新月书店1928年版。
④ 胡适:《白话文学史》第九章《佛教的翻译文学》(上),新月书店1928年版。
⑤ 胡适:《白话文学史》第九章《佛教的翻译文学》(上),新月书店1928年版。
⑥ 胡适:《白话文学史》第十章《佛教的翻译文学》(下),新月书店1928年版。
⑦ 胡适:《白话文学史》第十章《佛教的翻译文学》(下),新月书店1928年版。

"简单"和"拘谨",并与《西游记》《封神榜》做比较,看"印度的幻想文学的大影响"。①他还指出,"佛教文学在中国文学上发生影响是在六世纪以后",其影响表现在三个方面,即,一是白话文体,使"佛寺禅门遂成为白话文与白话诗的重要发源地";一是"最富于想像力",对"最缺乏想像力的中国古文学"有"很大的解放作用",甚至说"中国的浪漫主义的文学是印度文学影响的产儿";一是"悬空结构的文学体裁"与后世的弹词、平话、小说、戏剧的发达"有直接或间接的关系"②。尤其是"五世纪以下",佛教徒宣传教旨,采用"经文的'转读'"、"'梵呗'的歌唱"、"'唱导'的制度",胡适说,"这三种宣传法门便是把佛教文学传到民间去的路子",这"便是产生民间佛教文学的来源"。"宣传法门"的目的在于"宣传教义",转读、梵呗、唱导因为"捐钱化缘"而"有通俗的必要","随机应变,出口成章",直接影响了"莲花落"等民间艺术。胡适说"今日说大鼓书的,唱'滩簧'的,唱'小热昏'的,都有点像这种'落花'导师",其(《续高僧传》)中"声无暂停,语无重述,结构皆合韵"的形式,"也正像后世的鼓词与滩簧"。胡适从"佛教的宣传决不是单靠译经"来看"支昙龠等输入唱呗之法"及其"分化成转读与梵呗两项",看到"转读"到"宣读"及其和"俗文"与"变文"之间的联系;看到"梵呗"到"呗赞"对"开佛教俗歌的风气"的影响;看到"唱导之法借设斋拜忏做说法布道的事"对"莲花落"式的"导文","和那通俗唱经的同走上鼓词弹词的路子"的影响。③ 印度文学作为域外新声,它传入中国,影响到中国文学,并不仅仅是通过佛教典籍的翻译而形成的,但佛教译入确实是一条十分重要的途径。后世学者季羡林曾提到,印度文学传入中国,早在远古时代已经发生,其寓言和神话在屈原的《天问》中有迹可寻,就是"顾菟在腹"。汉代学者说"顾菟"即"兔子",恰好印度古代典籍《佛本生经》和《梨俱吠陀》中也有月中有兔子的故事。季羡林还曾提到"把阴间想像得那样具体,那样生动,那样组织严密",和"阎王爷",包括"斗法"等内容,都是印度传入的。④ 胡适从佛经的世俗化即融入民间文化入手,考察民间文学受佛教、受印度文学的影响,这与他考证《西游记》中的孙悟空与哈奴曼的联系一样,是自觉拓展学术视野,睁开眼睛看世界。

在《唐初的白话诗》中,胡适确信初唐是"一个白话诗的时期"。他提出白话诗有四种来源,即"第一个来源是民歌","第二个来源是打油诗","第三个(来源)是歌妓","第四个来源是宗教与哲理"。如他所说,向来讲初唐文学的人,"只晓得十八学士、上官体、初唐四杰等等",许多人忽略了这四个重要方面。他这里所说的还是强调白话的作用,是在重复着自己关于"一切新文学的来源都在民间"的论断。如他论述"第一个

---

① 胡适:《白话文学史》第十章《佛教的翻译文学》(下),新月书店1928年版。
② 胡适:《白话文学史》第十章《佛教的翻译文学》(下),新月书店1928年版。
③ 胡适:《白话文学史》第十章《佛教的翻译文学》(下),新月书店1928年版。
④ 季羡林:《印度文学在中国》,《文学遗产》1980年第1期。

来源是民歌"时,强调"一切儿歌,民歌,都是白话的";在论述"第二个来源是打油诗"时说,打油诗"就是文人用诙谐的口吻互相嘲戏的诗",这一类"嘲戏"之作"总是脱口而出","最自然,最没有做作的","都是极自然的白话诗","有训练作白话诗的大功用","凡嘲戏别人,或嘲讽社会,或自己嘲戏,或为自己解嘲,都属于这一类";在论述"第三个(来源)是歌妓"时,他强调"好妓好歌喉的环境"使"唐人作歌诗,晚唐五代两宋人作词,元明人作曲"都受到其"引诱",所以都"自然走到白话的路上去";在论述"宗教与哲理"时,他强调"都不能不靠白话",他又一次提到"佛教来自印度,本身就有许多韵文的偈颂",这一风气被人"效仿",便出现"偈体的中国化"即"有韵脚的白话偈"。他总结道:"这四项——民歌,嘲戏,歌妓的引诱,传教与说理——是一切白话诗的来源。"他又说,各个时期又"自有不同的来源"。① 他在论述王梵志、寒山子、李白、杜甫等人的诗作时,都非常重视在不同时期"自有不同的来源"。如他把卢照邻的《长安古意》看作"俗歌的声口",以为这种体裁"是从民歌里出来",卢照邻的长歌是"这种歌行体中兴的先声",影响了李白、杜甫、白居易等人。他以当时的"唱导文"为例,推断"可见六七世纪之间,民间定有不少的长歌,或三言为句,或五言,或七言","当日唱导师取法于此,唐朝的长篇歌行也出于此","唐以前的导文虽不传了,但我们看《证道歌》、《季布歌》等,可以断言七行歌体是从民间来的"。② 他说,王梵志的白话诗也是如此,"他的白话诗流传四方",寒山子是"当时的学梵志的一个南方诗人"。③ 古典诗歌从民歌那里汲取营养是事实,他不厌其烦地证明这些。如他在论述"新乐府"时,也提到这种"来源",他说,因为"敦煌石窟发现了无数唐人写本的俗文学","其中有《明妃曲》、《孝子董永》、《季布歌》、《维摩变文》"等,"我们看了这些俗文学的作品,才知道元(稹)白(居易)的著名诗歌,尤其是七言的歌行,都是有意仿效民间风行的俗文学的",所以他们的诗作"都很接近民间的故事诗"。④ 而这种诗体的来源,还是"民间"。宋诗也是如此,胡适说,"宋诗的特别性质全在他的白话化"。⑤ 当宋诗走入"用典和韵"这些"魔道"上去时,正是"不幸走错了路道"。⑥ 胡适给人描绘出一幅不容人置疑的文学理想国,即什么时候文学走进民间,文学便获得了新生,若偏离民间,便走进"死路",而同时,他更着重强调的是:"民歌是永远不绝的,然而若没有人提倡,社会下层的民歌未必就能影响文士阶级的诗歌。"⑦这意思就是任何时候都需要人"有意的主张"和"人力的促进",像

---

① 胡适:《白话文学史》第十一章《唐初的白话诗》,新月书店 1928 年版。
② 胡适:《白话文学史》第十一章《唐初的白话诗》,新月书店 1928 年版。
③ 胡适:《白话文学史》第十一章《唐初的白话诗》,新月书店 1928 年版。
④ 胡适:《白话文学史》第十六章《元稹白居易》,新月书店 1928 年版。
⑤ 胡适:《白话文学史》第三编第二章《北宋诗》,新月书店 1928 年版。
⑥ 胡适:《白话文学史》第三编第三章《南宋的白话诗》,新月书店 1928 年版。
⑦ 胡适:《白话文学史》第十一章《唐初的白话诗》,新月书店 1928 年版。

《新青年》那样"在那缓步徐行的文学演变的历程上"去"猛力加上了一鞭"。① 所谓加上"一鞭",就是他当年所做的文学改良"八事"。② 由此我想起他 1916 年 4 月所做的《沁园春·誓诗》,他高唱道:"文学革命何疑!且准备搴旗作健儿。要前空千古,下开百世,收他臭腐,还我神奇,为大中华,造新文学。此业吾曹欲让谁?"③他在《建设的文学革命论》中提出"国语的文学"和"文学的国语",将文学改良"八事"概括为四个方面,即要有要说的话,有什么说什么,说自己的话,是什么时代的人就去说什么时代的话。④ 他本人是这样说的,也正是这样做的。在《白话文学史》中,我们看到胡适鲜明的主张,在他的《尝试集》等作品中,我们看到的是这种以白话为诗的实践,从而使我们更信服于他这部以白话文学为中心的文学史著作。

《白话文学史》不是民间文学史的专门著作,但它系统而完整地体现了胡适在 20 世纪 30 年代之前这一历史时期对民间文学的理解。从中我们可以感受到 38 岁的胡适对中国文化的殷切希望。这一年的 9 月,即《白话文学史》出版后的第三个月份,他发表了《治学的方法与材料》,他说,"现在一班少年人跟着我们向故纸堆去钻,这是最可悲叹的现状",他希望他们"及早回头",称"多学一点自然科学的知识与技术"是"活路",而"这条故纸堆的路是条死路"。⑤ 后来即 12 年后的 1940 年 3 月,胡适在给儿子胡思杜的信中还提到,"学社会科学的人,应该到内地去看看人民的生活实况"。⑥ 而给我印象更深刻的是 1942 年 2 月 17 日他在给赵元任的一封信中所提的一件事,缘起于他在这 20 年前翻译波斯诗人 Omar 的诗,使他想起了《豆棚闲话》中的一首明代"地道的民歌"、"地道的老百姓的革命歌",即那首"老天爷你不会做天,你塌了吧!"胡适抄给赵元任,并"盼望"他"作个曲谱"。⑦ 由此我们可以看到胡适对民间文学的热爱与崇敬,即尊重民间的学术理念。他是希望文学常变常新的人,他始终把"故纸堆"看作"死"路,把"看看人民的生活状况"看作研究社会科学的重要途径,其实这正与我们提倡田野作业,即深入民间的科学考察相一致。无论是《白话文学史》,还是胡适的其他论述之中,都贯穿着"一切新文学的来源都在民间"的理念,也都洋溢着他尊重民间的价值立场。胡适是中国现代民间文艺学理论建设中的伟大先驱者,虽然他不像钟敬文那样把毕生都献给了民间文艺学事业,但他作为承前启后的诗人、哲学家、文学史家,从学术思想到研究方法上都成为我们的楷模,深刻地影响了我们的视野、胸襟和

---

① 胡适:《白话文学史》"引子",新月书店 1928 年版。
② 胡适:《文学改良刍议》,《新青年》1917 年 1 月第 2 卷第 5 号。
③ 见胡明《胡适简明年谱》,《胡适文集》(上),人民文学出版社 1998 年版。
④ 胡适:《建设的文学革命论》,《新青年》1918 年 4 月 15 日第 4 卷第 4 号。
⑤ 胡适:《治学的方法与材料》,《新月》1928 年 9 月第 1 卷第 9 号。
⑥ 《胡适遗稿及秘藏书信》第 21 册,黄山书社 1994 年版。
⑦ 《近代学人手迹》(3),台北文星书店 1962 年版。

品格。在中国现代学术体系的建设和发展中,胡适是一位卓越的民间文艺学家;他的"一切新文学的来源都在民间"和"大胆的假设,小心的求证",以及他"比较研究的方法"、"箭垛式"原理、"印度起源说"等理论贡献,是现代民间文艺学理论发展中一块重要的基石。他的学术目的如他在为《中国新文学大系·建设理论集》所写的"导言"中所讲:

> 中国白话文学的运动当然不完全是我们几个人闹出来的,因为这里的因子是很复杂的。我们至少可以指出这些最重要的因子:第一是我们有了一千多年的白话文学作品:禅门语录,理学语录,白话时调曲子,白话小说。……第二是我们的老祖宗在两千年之中,渐渐的把一种大同小异的"官话"推行到了全国的绝大部分……第三是我们的海禁开了,和世界文化接触了;有了参考比较的资料,尤其是欧洲近代国家的国语文学次第产生的历史,使我们明(白)了自己的国语文学的历史,使我们放胆主张建立我们自己的文学革命。①

他指出,"我们的中心理论只有两个":一个是"我们要建立一种'活的文学'",一个是"我们要建立一种'人的文学'"。他把前一种理论看作"文字工具的革命",把后一种理论看作"文学内容的革新",而且进一步强调"中国新文学运动的一切理论都可以包括在这两个中心思想的里面",即"要用活的语言来创作新中国的文学","来创作活的文学,人的文学",包括"唤起那最大多数的民众来共同担负这个救国的责任"。② 这是一种极其珍贵的学术精神——当我们埋怨社会忽视、冷落民间文艺学时,是否应该反思我们自身的责任和勇气呢? 更不用说崇高的境界!

---

① 胡适:《中国新文学大系·建设理想集导言》,上海良友图书印制公司1935年版。
② 胡适:《中国新文学大系·建设理想集导言》,上海良友图书印制公司1935年版。

第十一章　延安民间文艺运动

在中国现代民间文学史上,延安是一个特殊的地域名称;1930年代、1940年代,这里所发生的民间文艺运动,具有十分重要的理论意义。应该说,民间文艺的概念与民间文学是有区别的,它包括民间文学与民间艺术等更丰富的内容。在总体上讲,延安民间文艺运动既是延安文艺运动的一部分,也是整个解放区文艺运动的一部分,自然是中国现代民间文学及其思想理论体系的一部分。

延安民间文艺运动形成的具体标志是延安《新中华报》上发表的一份征求歌谣的启事所提出的"利用歌谣的旧形式装进新的内容,或多少采用歌谣的格调和特点来创造新诗歌","这对抗战和新诗歌的大众化都有很大的作用","因此,我们决定广泛而普遍的收集各地歌谣,加以研究与整理",而且他们提出"尽量把各地的山歌、民谣小调等等抄给我们,不论新旧都需要"。很快,1939年3月5日,中国民间音乐研究会在延安鲁迅艺术学院成立,明确分工专人具体负责研究、出版、延长、采集等工作。1940年,晋察冀成立了中国民间音乐研究会分会,后又成立了中国民间音乐研究会陇东分会;他们搜集整理延安与相邻地区的民歌、秦腔、道情、说书等民间文学体裁,取得重要成就,渐渐形成具有较大规模的民间文艺运动。同时,他们编辑出版《歌曲月刊》、《边区音乐》、《星期音乐》、《民族音乐》等刊物,刊载搜集整理的民间歌曲,以及他们的理论研究著述。

他们搜集的民歌成为宣传中国共产党政治主张和发动群众的重要素材,也深刻影响到延安新文学的发展。这些民歌经过马可与刘恒之他们的整理,曾经在延安油印成《陕甘宁边区民歌》第1集、第2集。这从当时延安解放区的新闻报道中可以管窥这一民间文艺运动的一斑。如《解放日报》1942年、1943年两则报道:"中国民间音乐研究会于20日在鲁艺举行第五届会员大会,出席会员60余人。首先由吕骥同志对三年来该会搜集研究民歌工作加以详述与检讨,来宾何其芳、严文井、李元庆等同志,相继发言,希望效法该会精神,延安文艺界能有民间文学研究会之组织。最后进行民歌欣赏,有全国各地地方戏与民歌唱片。""中国民间音乐研究会(原名民歌研究会)自成立以来,仅采集陕甘宁边区各县民间歌曲即已达700余首。此外,如蒙古、绥远、山西、河北及江南各省之民歌,亦均有数十以至一二百首不等,总计共有2 000余首,现正分别整理,准备付印。边府文委认为,该会提倡民间艺术,并实际从事搜集研究,卓有成绩,特拨发奖金2 000元,以示鼓励。兹经该会理事会决定分别奖励三年采集成绩最优秀者张鲁、安波、马可、鹤童、刘炽及战斗剧社彦平、朋明等十余同志云。"延安民间文艺运动中,主要是一批青年文艺工作者搜集整理民歌、民间戏曲和民间故事,取之于民,用之于民,利用民间文艺进行新的文学艺术形式的再创造。吕骥曾进行民歌的另一种形式的分类,他总结延安民间文艺秧歌运动这些成就时说:"陕甘宁边区民间音乐研究会的研究工作与1943年以来的秧歌运动,与歌剧《白毛女》的创作是分不开的。可以说,如果没有自1938年开始并逐渐深入的对民间音乐的研究,1943年的秧歌运动就不可能在短期获得那样光辉的成绩,《白毛女》也很难顺利地产生。反过来,在秧歌运动与《白毛女》的创作过程中,不断遇到新的问题,研究并且解决这些新的问题,就使原来的民间音乐研究工作得到了新的发展。这样的研究工作才是与实践密切联系的,才真正具有实际意义。"同时,他提出研究中国民间音乐,"不应该从狭隘的民族主义观点、本位文化或源泉论的观点强调中国民间音乐的优越性,因此认为只有民间音乐才是创造中国新音乐的源泉"。

延安是中国共产党领导的解放区,以新鲜的政治气息吸引了四面八方的热血青年来到这里。其中有许多文艺青年加入了这里的民间文艺运动。音乐家吕骥曾经在绥远等地搜集民歌,此时来到延安,继续进行民歌的搜集整理与理论研究工作。1941年,鲁艺音乐系师生沿黄河两岸去米脂、清涧等地进行采风搜集了大量民歌,如《移民歌》《黄河九十九道湾》等。显然,这是北京大学歌谣学运动思想理论体系的延续。虽然也有"加以研究与整理",而其坚持的方向是"为文艺的"一个方面,即"创造新诗歌"。与之不同的是,冼星海他们更强调民间文学记录的精确与民间文学的发生主体在情感上更为接近,其称"音乐工作者应该深入民间,尽量搜集各省各地的民歌,与大众一起生活,同他们一块唱和;考察他们的生活,用记谱法精确地记录他们的曲调与歌词"。最为值得记取的是鲁迅文学艺术学院还开设了关于民间文学的课程,为延安民间文艺运动培养更多的理论人才。何其芳在后来对此记述道:"1945年2月,延安鲁迅文艺学院成立了一个文艺运动资料室,学校方面要我负责,先后参加工作的有张松如、程钧昌、毛星、雷汀、韩书田等同志。这个资料室的具体工作之一就是把鲁艺的同志们在陕北搜集到的民间文学材料加以整理,编为选集。由于民歌材料最多,我们就先从民歌着手。这时张松如同志和我又在鲁艺文学系共同担任民间文学一课,民歌部分由我讲,所以我一边整理陕北民歌,一边找了一些地方的民歌集子和登载民歌的刊物来同时研究。"这与《陕北民歌选》一样,都是中国现代民间文学史上一个重要的里程碑。

延安民间文艺运动中,民间文学搜集整理与理论研究的目的都在于创造新的文学形式。1938年,周文曾经发表《唱本·地方文学的革新》(《文艺阵地》1938年第1卷第 6 号),1939 年他来到延安,大力提倡搜集整理和运用民间文学,发表了《搜集民间故事》(《大众文艺》第 1 卷第 4 期,1940 年 7 月 15 日),紧接着又发表了《再谈搜集民间故事》(《文艺突击》,1940 年 8 月第 1 卷第 5 期)等文章,论及民间文学搜集整理问题;1940 年 3 月 12 日,他负责组织成立陕甘宁边区大众读物社,出版和发表搜集整理的民间文学作品,他为《大众习作》杂志创刊号写作发刊词,并发表了《大众化运动历史的鸟瞰》和《关于故事》等,同时在《大众习作》发表《谈谈民歌》等文章,详细论述民间文学与文学发展的密切关系以及运用民间文学的重要性。如他在《唱本·地方文学的革新》中说:"单单提出'旧形式的利用'是不够的。因为这有过分看重形式的一面,而忽略内容一面的危险;也就是过分看重利用,既然是利用,就有被误解为应时的俯就的,因而也就只单纯的把它看作宣传工具,以致无选择地什么都用,而又偏颇地甚至庸俗地单单加些政治观念或口号进去就以为尽了它的任务,而忽略了最根本的思想斗争和艺术创造。"他提出自己关于文学革新的意见说:"我认为要形式内容都兼顾,应该提出地方文学的革新这个口号来代替"。他更多的是在强调"方言文学"的意义,称"我们的文学要真正的深入大众,必然是方言文学的确立。方言文学可以创造新形式,而且非创造新形式不可;但既成的旧形式我们也不能放弃,而且应该把握它。那么今天的'旧形式的利用'的问题,实际就是'地方文学革新'的问题"云云,以此,他论述"文学大众化这个口号提出多年了,但实际能够做到的实在有限得很,这是不可否认的事实"等现象,述说"只有方言文学,地方文学的提出,才能得到解决"的道理,称"地方文学旧有的东西固然是粗陋、恶俗,但它压根儿就是和民众密切结合着的东西,从它的流布、影响,是那么的普遍,一直至今不衰这点上,就可以证明。这里明明给我们指出大众化的道路。要真正彻底实现大众化,文学工作者非和民众一起去彻底的了解他们不可,这样在进行地方文学的革新运动才有可能。很显然,这和'利用'是有了大大差别的"云云。他在《搜集民间故事》中强调民间故事与文学创作的重要关系,一方面指出"搜集民间故事,是一条重要的道路",一方面指出"走遍全中国,只要你到处拿耳朵去听,很清新很刚健的民间故事,真是随处都是",其具体论述道:"我们知道,《水浒》是民间流传的许多断片的故事,由某一个作者(就算是施耐庵吧)搜集起来,加以综合,组织,而写出来的。《水浒》这作品,在综合的过程中,虽然通过了作者的观点,对于原来的东西,有着某一程度的改变,但从作品里,还是能看见当时农民对于那里边某些人物的典型的创造,还是能真正嗅得出当时民间的生活,和代表农民、并为农民所想望的影响。《水浒》能够在民间流传这么多年代,还为广大民众所爱好,而且影响民众生活如此深刻和长久,并不是偶然。因此,可以得到一个结论:一个从事文艺工作的人,要真正写出一部伟大作品,搜集民间故事,是一条重要的道路。这条道路,是许多人都曾指出过的,但是到今天真正去走的人还是少得很。"在《再谈搜集民间故事》中,他分别论述了四川地方流传的几则民间故事,称"这四个故事,都是独立的,也差不多是从不同的人的嘴里先后听来的。第一个故事,是讽刺那种严格的等级制度,第二个故事是讽刺上流社会的虚伪。这两个故事,都是很巧妙而且是大胆的尽了讽刺的能事。至于第三第四两个故事,就简直表现出阶级的仇恨,进行报复了。很明显的,这四个故事,都是出自民间的,是健康的东西",接着总结论述道:"就这上面四个故事看来,第一个虽然颇为调皮捣蛋,但却是对于看不起'下等人'的商人的一种反抗。然而第二第三两个故事,却就不免流氓气了,而第四个就简直是非常龌龊的恶作剧。这给人的印象是:张官甫已经不是那么值得可爱的反抗上流社会的张官甫,而是一个下流无耻的流氓化身的张官甫了。如果把张官甫的许多故事归纳起来,大体上可以分为两类:一类是可爱的张官甫,一类就是可厌的张官甫。前者是人民的创作,后者当是统治者或受统治阶级教养的人编造出来的,他们为了把张官甫画成一个白鼻子的小丑,以混淆他的反抗行为,使张官甫这样的人在民众的眼前破产,而达到统治者的统治目的,是有可能的。"周文的民间文学思想理论代表了一个时期延安民间文艺运动的理论研究水平。

应该说,由于多种原因,延安民间文艺运动其真正形成系统的民间文学理论还需要一个过程,尽管他们具有很高的政治热情与文化热情。这一时期,柯仲平发表的《论中国民歌》主要论述民间文学中的民歌问题,是一篇非常重要的理论文献。其首先指出"民歌中存在着听天由命的思想(这主要是被封建主义统治剥削压迫的结果),有帮助封建统治稳定的作用,这是不用说的","但也有反抗封建统治的,暴露封建黑暗的更不少","不过,鲜明地表现出反抗来,就会被认为是大逆不道了","这种作品是很难存在的","用哀诉的情调来表现封建痛苦,这是不能摧毁封建统治的,因此得在民间流传着"。同时,他指出"封建统治阶级中也有矛盾,它会产生一些不得志的文人,这些文人也是有助长民歌的作用,甚至常把一部分封建上层的文化成果转化到民歌(一切民间艺术)中,借民歌来发泄他们的不平","民歌也每每会给封建文人许多助力,当文人受到一些民歌影响时,他的诗作便会添了一些生气,如大家熟知的白居易等","这种文化上的交流作用虽然有,但民歌总是代表着被统治的人民大众的"。他说:"民歌中不能有彻底的反抗意识,这是历史决定的"。对此,他主要强调了"反帝反封建的任务"与"新的大众诗歌创造中的最重要的因素和基础"的意义,其详细论述道:

> 历史上就没有出现过农民阶级的政权。农民问题的解决,是必然要到出现无产阶级,受无产阶级正确的领导后,才能解决的。中国民歌也正如中国的农民问题一样。历代都有农民暴动,但那只不过能稍稍推动社会发展,能使农民成分起多少的变化罢了。被统治的农民阶级仍旧是一个被统治的农民阶级。历代民歌,虽有多少变化,仍是以农民为主的被统治人民的民歌。在十余年以前,民歌并无大发展。直到中国无产阶级运动,在反帝反封建的任务下抬起头来以后,农

民得到正确而有力的领导,因此,在不少的农村中,新的民歌产生了。这些新的民歌,虽然在形式上还没有一个大的发展,但在内容上却充满着反帝反封建,反一切压迫与剥削的思想与情绪。并且,这是进步的农村大众爱唱的。在城市方面,有一部分从"五四"新文化运动当中锻炼出来的诗歌作者,是或多或少地把民歌的一部分作风吸入自己的诗歌创作中来了。在这些作品中,有一部分是往建立新的中国大众诗歌的方向努力的。当然,是否有了一些什么好成绩,这是待检讨的一个问题。总之,中国民歌是开始得到新的继承和发展了。

我们发展民歌,吸收民歌作风到新诗歌的创作中来,不只因在政治上它有功用性,而且同时因为它是中国文化中的一种优秀的、活的、大众的艺术。它有许多优点是值得我们吸收的。当然,吸收它,也如吸收中外其他诗歌的优点一样,要加以融化。它只是新的大众诗歌创造中的最重要的因素和基础。

延安民间文艺运动受到中共高层领导人的关注,如毛泽东他们曾经参与民间形式等相关问题的讨论,并召开延安文艺座谈会,表达他们的民间文学思想理论。其中,毛泽东着重论述民间文艺作为"萌芽状态的文艺"在文学发展中为民间百姓喜闻乐见的重要意义。

何其芳是一位杰出的诗人,又是一位学养深厚的文学理论家和文学批评家。他的民间文学思想理论具有非常鲜明的时代特色。在这一时期,他曾经因此写作《杂记三则》,其中有《旧文学和民间文学》等文章,具体论述他对民间文学的理解,其称"产生在旧社会的民歌的确主要是农民的诗歌,而且主要是反映了他们过去的悲惨生活以及对于那种生活的反抗","我们不要以为这是响着悲观的绝望的音调,相反地,应该从这里看到农民对于当时的现实的清醒的认识,并且感到他们的反抗的情绪和潜在的力量","那些还活在民间的传说、故事、歌谣,我们也要算入我们的财产单内。它们也许比那些上了文学史的作品更粗一些吧。然而恐怕也更带着中国人民大众的特点。自从我告别了我的童年,可以说我就告别了中国的农村。然而那些流传在农村的文学现在回想起来仍然是动人的";他在此处举例一首四川家乡的民歌"洋雀叫唤李贵郎,有钱莫说(娶)后母娘。前娘杀鸡留后腿,后娘杀鸡留鸡肠",对此作解释并论述道:"在这后面大概还有一些叙述、描写和诉说吧,可惜我已经忘记了。然而就是这样四句也就能够直截了当地打进人的心里去。我们家乡叫杜鹃为洋雀。大家都知道那个书本上的有名的传说,蜀王杜宇亡国后化为杜鹃,每年春天叫着'不如归去'。这个歌谣却和那不同,它包含着另外一个故事,似乎是叙述一个被后母虐待而死的孩子化身为鸟以后的哀鸣。这是卑微的,平凡的,然而比那些经过了文人按照他们的思想和兴味粉饰过的传说反而动人一些。广泛地搜集这类民间文学的工作需要有些学校、机关或者团体有计划地来做,但在实际工作中的爱好文学者也可以做一部分。将来材料多了,除了作旁的参考,作了解中国的社会和历史的参考而外,就是对于我们的文学创作也一样有帮助的,至少我们可以吸取其质朴地中国风地表现生活的特点"。

他特别重视民间文学的思想内容,论述道:"对于这些情歌,我们必须把它们和过去的婚姻制度,和过去的社会制度,和在那些制度下的妇女的痛苦联系起来看,然后才能充分理解它们的意义的","旧社会里的不合法的恋爱不仅是一种必然的产物,也不仅是一种反抗的表现,而且必须知道,这种反抗的结果必然是不幸的,并不能真正解决问题的。我们读那些情歌的时候,不要像过去的文人学士们一样只是欣赏那里面表现出来的热烈的爱情,而还应该想到随着那种短暂的热情而来的悲剧的结局"。当然,他是一个诗人,最关心的还是民间文学的艺术价值,他说,"民歌,不仅是文学,而且是音乐。音乐的语言并不像一般的语言那样确定,或者说那样含义狭窄。而一首民歌,据说又可以用不同的感情去歌唱。那么,可以在不同的情形之下唱相同的歌,也可以在相同的情形之下唱不同的歌,正是自然而且合理","由于民歌还和最初的诗歌一样,是和音乐密切结合着的,这就带来了又一个艺术性方面的优点,它的节奏鲜明而且自然";他尤其强调"更重要的是要有一种尊重老百姓的态度",称"不然,我们像这个旧中国的统治者征粮征丁一样去征民间文学,那是征不到好作品的。不要看不起老百姓,不要不耐烦。既然是去向老百姓请教,那就要有一种尊敬老师与耐心向学的精神。对于他们的作品也要尊重"云云。又如其所论"延安鲁艺所搜集的民歌,我觉得在这点上是似乎超过北京大学当时的成绩的。我曾经把鲁艺音乐系、文学系两系搜集的民歌全部读过一遍,觉得其中有许多内容与形式都优美的作品。这原因何在呢?我想,在于是否直接从老百姓那儿去搜集。北京大学当时主要是从它的学生和其他地方的知识分子那儿去搜集,因此儿歌民谣最多。鲁艺音乐系却是直接去从脚夫、农民、农家妇女那儿去搜集。深入到陕北各地,和老百姓的关系弄好,和他们一起玩,往往自己先唱起歌来,然后那些农夫农妇自然也就唱出他们喜欢唱的歌曲来了",而且,他特别强调"民间文学既是在口头流传,就难免常因流传地区不同与唱的人说的人不同而有部分改变或脱落",他反对改写民间文学,称"若系自己改写,那就不能算是道地的民间文学,而是我们根据民间文学题材写成的自己的作品了",他具体提出忠实记录的方法,说:"我们在采录时,同一民歌或民间故事就应该多搜集几种,以资比较参照。"其《论民歌——〈陕北民歌选〉代序》虽然是在1949年之后发表,但是写作时间却是延安民间文艺运动中,其中详细表达了他对民间文学的理解认识。他提出:"整理民间文学作品和利用民间文学的题材来写作是两回事情,不能混同的。整理民间文学作品应该努力保存它的本来面目,绝不可根据我们的主观臆测来妄加修改。虽然口头文学并不是很固定的,各地流传常有些改变,但那种口头修改总是仍然保持民间文学的面貌和特点,而我们根据主观臆测或甚至狭隘观点来任意改动,却一定会有损于它们的本来面目,对于后来的研究者是很不利的"。

延安民间文艺运动既有鲜明的思想理论主张,又有具体的社会文化实践,诸如著名的韩起祥说书、宣传识字学文化、改造二流子,都行之有效。而且,其有力影响着其他解放区的民间文艺运动,诸如1945年之后,山东解放区、东北解放区等广大解放区,出版发行《毛泽东的故事》、《半湾镰刀》和《蒋管区歌谣》等各种民间文学书籍,教育民众,鼓舞民众,巩固和发展新生的人民政权,发挥了非常重要的作用。这成为中国现代民间文学史上辉煌的一页。

第十二章　民族学为背景的民间文学理论建设

民族学,显然是以民族问题为主要研究内容的学问。民族学关注民间文学的民族性,重视其中的语言、信仰等标志性内容,所以,民族学与民族主义、文化中心主义等问题具有非常密切的联系。

在现代社会科学的定义阐释中,民族学被解释为对人及其文化的科学描述,以及风俗习惯和相互间的差异。同时,又有人指出,文化人类学、社会人类学与社会文化人类学等学科,在研究内容上与民族学相同或相近;民俗学、民族学、人类学、社会学、神话学包括历史学,这些学科内部总是有一个相互关联的文化主体,就是民众生活习惯的传统。在法国,民俗学和民族学甚至成为一个概念,其主要原因就在这里。所以,1910年代,有学者强调指出,民俗学是研究民族背景下的个人与群体及其不同地区内的风俗、礼仪与各种信仰等传统,而且,这些传统是有差别的,并且常常相互对抗①。民族主义以民族自身利益和权利为中心,这种文化立场与民族学关注民族文化传统在事实上形成共同或相一致的内容,对于唤醒民族记忆、激发民族热情有着非常重要的作用。也有许多学者注意到,民俗学、民族学、人类学的兴起总是与民间文学的搜集整理有直接的联系,尤其是浪漫主义的民族主义,对于民间诗歌的热情成为民族觉醒的文化发生契机,那么,文化中心主义的存在也就属于无可指摘的内容了。

在中国现代民间文学史上,关于民间文学的民族学研究,其价值意义主要体现在对民族意识与民族精神的梳理、挖掘与各种形式的分析总结。其中一个更为重要的原因是自1840年以来,中华民族一直处在西方列强的野蛮压迫的极大痛苦之中,八国联军的洗劫,成为中华民族无法忘却的耻辱;1930年代日本人的侵略,其穷凶极恶的掠夺与各种形式的杀戮,使这一痛苦达到极致;尤其是广大知识阶层,出于维护民族国家的文化尊严,常常表现出具有极端色彩的民族主义。在这一点上,有一些学者把义和团这样的爱国运动完全妖魔化,无视帝国主义列强侵略中国的背景而大加指责,声称义和团如何愚昧透顶,似乎有多少不可宽恕的罪行一样,实在不明白这些人是哪

---

① L.G.高蒙:《民俗学》,《宗教与伦理百科全书》(1913),转引自孟慧英《西方民俗学史》,中国社会科学出版社2006年版,第3页。

一个民族的子孙！文化中心主义的普遍存在是一个事实，美国人可以用美国精神走向世界，充当所谓世界警察的角色，被许多人赞不绝口；中国提倡和谐共处，反对战争，反对压迫，具有文化中心主义的色彩，这与世界和平与发展的主题是并行不悖的。纯粹的国际主义，追求世界大同，反对不平等，如当年的白求恩等国际主义战士，帮助中国人民反抗日本人的侵略，他们是伟大的。而无原则的强调所谓西方先进文化的普世价值，在许多时候只是一种理想，甚至不免过于空洞。

在许多国家，民间文学运动总是与民族主义联系在一起。民族主义与民族学有着无法割裂的联系，这是一种事实。无可否认的是现代民族主义运动在欧洲的兴起是与法国大革命《人权宣言》密不可分的，法国大革命强调人的自由与平等，不同民族之间的平等，以法的形式取代封建贵族的等级和特权，这是人类历史上的重大事件。因此，平等的理念，就成为全世界范围内反对民族压迫的共识。中国大地上兴起的新文化运动高举科学与民主的旗帜，其意义也正在于这里。而封建专制的传统在中国社会现实中有着极其强大的势力，民主与科学的进程非常艰难。在外敌入侵的严峻时刻，这更显得是雪上加霜。在这样的背景下，中国民族主义思想的重要理论源泉，一方面来自中国古代的民本思想，诸如孟子对于民贵君轻等思想文化主张；另一方面来自西方民族主义运动的影响，把平等的目标视作自己的理想。尤其是西方民族主义运动，以法国大革命推翻君主制与封建制度，将路易十六送上断头台为标志，形成全体法国人的法兰西民族的诞生。同时，它也形成一种民族理念，外国人控制的政府是无益于社会大众的利益与幸福的，第三等级自然成为"包含一切属于民族的东西"①，自由和平等的观念就成为民族的观念。而在中国，民族主义影响下的民族学及其背景下的民间文学思想理论在更广泛的意义上，并不是像法国大革命那样重塑一个民族，事实上却是在极力维护民族自身的文化尊严，主要在于激发民族记忆、民族精神与民族力量。在这一点上，中国的民族主义运动与民族学的民间文学研究倒是更像1792年法国面对普奥联军入侵时，法国议会公告中所宣称的"这个法国只有一个愿望，只有一个呼声：抗战。谁要反对抗战，就被看做是对祖国不忠，对祖国的神圣事业不忠的罪人"②。因而，在法国产生了"保卫法兰西"口号下的《马赛曲》，在中国产生了"保卫黄河，保卫全中国"歌声中的《义勇军进行曲》。民族—国家具有伟大价值，以及民族语言、民族疆界等群体意识，被越来越多的人所接受，以维护民族尊严为重要内容的民族学的民间文学研究也就应运而生。诚如一位学者所说，"在这样的政治目标中，许多学者对民间传说、民间歌谣，兴趣突增，积极到民间搜集口头创作，还有的

---

① （法国）阿尔贝·索布尔：《法国大革命史》，马胜利等译，中国社会科学出版社1989年版，第17页。
② （法国）米涅：《法国革命史》，北京编译社译，商务印书馆1981年版，第134页。

根据民间作品创作题材,进行加工和再创作。在民族主义发展的过程中,民间口头作品的搜集、出版,以及民间风格的文学作品大量涌现,在文坛上开创了浪漫——民族主义文学的时代风气,为各民族语言文学的发展和研究奠定了丰厚的基础"①。在中国,同样如此。当年的欧洲出现了赫尔德的《民歌中的各民族的声音》,出现了利亚斯·伦洛特的《卡列瓦拉》,强调民族语言拯救民族传统及其对民族存在的重要意义,中国学者从东北到西南,搜集整理了许多少数民族的民间文学,诸如《阿细的先鸡》,堪称中国现代民间文学的瑰宝。民族学的民间文学研究大致分为两个阶段,一个是中央研究院 1930 年代的民族民间文学调查,一个是抗战时期民族民间文学的搜集整理与理论研究。其中,少数民族民间文学是民族学研究的重点。

其实,我国现代民间文学理论研究一开始就与民族学、考古学、历史学等学科密不可分,如 1922 年北京大学国学门成立了考古研究室,1923 年成立古迹古物调查会,自 1920 年代初开始了河南仰韶遗址(1921 年)、甘肃洮河流域史前遗址(1923 年)、北京周口店北京猿人遗址(1921 年)、河南安阳殷墟(1929 年)等历史文化遗迹的考察。其中,大量内容涉及民族史意义的民间文学,有力地促进了现代民间文学理论方法的多元展开。有学者以为王国维的《匈奴相邦印跋》也可以看作这种方法的开端。其实,《古史辨》神话学派就具有这种方法的痕迹。此如一位学者所论:"民族学知识的萌芽,同样可以上溯到很远的时代。我国《史记》不仅记载了中国广大土地上的各民族状况,还包括东亚许多民族的资料。另外还有《诗经》、《楚辞》、《山海经》、《蛮书》、《百夷传》等以及大量的杂史、地方志。古人也在很早就认识到民族共同体间的差别。史书上记载的民族已多达'九夷、八狄、七戎、六蛮'。但古人不能合理地解释这种差异。少数民族的神话传说中,有许多关于民族起源的,如纳西族的长篇叙事诗《创世纪》就描述同一个母亲生下了藏族、纳西族、白族三个民族的祖先","我国近代民族学的兴起时间与考古学大致相同,是本世纪初开始的,也就是受五四新文化运动影响而兴起的","但直到 1926 年,蔡元培先生发表《论民族学》一文提出'民族学'的名称,1927 年中央研究院社会科学研究所下设民族学组","主要活动是广西凌云瑶族调查(1928年)、台湾高山族调查及研究(1929 年)、东北赫哲族调查(1930 年)、湖南西部苗族调查(1933 年)、云南彝族调查(1928 年,中山大学)"②云云。

1928 年 4 月,蔡元培就任中央研究院院长后,设立了历史语言研究所和社会科学研究所。其中,历史语言研究所设立了民间文艺组,专门调查民间文学和民间艺术,社会科学研究所下设了四个研究组:包括法制学组、经济学组、社会学组、民族学组。民族学组由蔡元培自己兼任主任,他们制定的课题无一例外为民族调查,有六项:(1)

---

① 孟慧英:《西方民俗学史》,中国社会科学出版社 2006 年版,第 15 页。
② 周大鸣:《中国民族考古学的形成与考古学的本土化》,《东南文化》2001 年第 3 期。

广西凌云瑶族的调查及研究;(2)台湾高山族的调查及研究;(3)松花江下游赫哲族的调查及研究;(4)世界各民族结绳记事与原始文字的研究;(5)外国民族名称的汉译;(6)西南少数民族研究资料的收集①。以此为研究格局的分布,形成之后的民族学的民间文学调查研究。

民族学的发展在 1930 年代之前取得重要的开拓性成就,之后显示出学理意义上的深入拓展。或曰,抗战前后,民族学的民间文学研究是有极大差别的。前一个时期主要是民族志所显示的价值意义,而后一个时期,更多了关于边疆文化的思索,诸如中央研究院历史语言研究所的《人类学集刊》与《人类学丛书》、国民政府蒙藏委员会的《边政公论》与《边疆通讯》、中国边疆学会的《中国边疆》、中国边疆文化促进会的《边疆研究》与《边疆》、大夏大学的《民族学论文集》、边事研究社的《边事研究》、南开大学文科研究院的《边疆人文》、金陵大学边疆社会研究室的《边疆研究通讯》、贵州边胞文化研究会的《边锋旬刊》等,不胜枚举。

一 民族志的意义

民间文学与民族志的联系具有非常特殊的意义,主要是围绕历史文化所做的文化修复。

民族学意义上的历史文化修复在现代学术史上有很特殊的背景,主要是历史发展进程中民族构成问题。这种研究方法以"考证民族史"形式为后来许多学者所重视,如对北方民族史的考证,有孟世杰《戎狄蛮夷考》(《史学年报》1929 年第 1 期)、胡君泊《匈奴源流考》(《西北研究》1933 年第 8 期)等;如关于东南沿海民族的考证,有 1936 年卫聚贤主持的"吴越史地研究会"和《吴越文化论丛》,卫聚贤发表《吴越释名》、《吴越民族》、《中国古文化由东南传播于黄河流域》等著述;其他如胡厚宣《楚民族源于东方考》(《史学论丛》第 1 册,北京大学潜社 1933 年版)、杨向奎《夏民族起于东方考》(《禹贡》第 7 卷第 6、7 合刊,1937 年)、罗香林《古代越族考》(《文史学研究所月刊》第一卷第 2 期,1933 年)等。这些著述从不同视角透视民族历史文化,不同程度涉及民族发展中的民间文学问题。与此同时,《民族学研究集刊》创刊(1936 年),成为我国最早的民族学专门刊物。

在我国古代历史文献中,关于少数民族的记录,包括其民间文学的记录并不少见,在《后汉书》等历史文化典籍中,甚至专章列出"西南夷列传"之类的少数民族历史

---

① 蔡元培:《三十五年来中国之新文化》,《蔡元培学术文化随笔》,中国青年出版社 1996 年版第 151 页。

文化记述,大量内容涉及少数民族的民间文学。中山大学民俗学会时期,杨成志著有《云南民族调查报告》(国立中山大学语言历史研究所,1930 年),钟敬文与人一起翻译《粤风》中的少数民族民间歌谣,编印《西南民族研究专号》,1928 年 5 月中山大学生物系教授辛树帜率领石兆棠等人深入到广西瑶族和壮族中去做实地调查,这些活动都属于典型的少数民族民间文学考察。此辛树帜、石兆棠行前,傅斯年曾经请他们帮助调查当地少数民族的民间文学与社会风俗。钟敬文专门论说"图腾(Totem)的思想,是世界上任何民族的初期所必具的,所以这种以犬为始祖的传说,并不足以为奇怪的事",举例称"如元人的初祖,不就是说一匹苍色的狼和一头白色的鹿相匹而起始的吗? 人兽通婚的思想,原是初民时代所一例通行的,在现在半开化或比较文明的国家中,其人民的口碑上,尚残留有这类思想的故事传说。中国现在尚流行在民间的蛇郎娶妻的童话,就是一个'人兽通婚系'故事的好例","又如我们两广福建民间传说中,有杨文广征南蛮十八洞与金龙精(称金龙公主)结婚的故事,这也可为一证",他说,"若从中国古来记载异闻怪事的说部中去找,那更不知要有多少呢。只就《聊斋志异》一书中所记的人和狐结合交媾的故事,也就不少了。(让我附带声明一下,《聊斋志异》中所记许多离奇的故事——尤其是关于狐的——未必一定是民间传说忠实的记录,但我们也得相信,这种兽婚系以及其它种种在现在诧为怪异的思想,大部分是本自初民,或暗合于初民的。)我国南方特殊民族中的黎人,关于他们的起源,也有一个很诡异的神话。《琼州府志》云:'安定县,有黎母山,故老相传,雷摄一卵在黎山中,有女破卵而出,食山果为粮,巢居野处。岁久,值交趾蛮入山采香,女与之媾,遂生子。其后子孙众多,是谓黎人之祖,因称黎母。'对于这个神话,我发觉了两点小意见:(1)这故事,颇可以证明各民族原始时期是经过母系制度(Maternal)的,(2)于雷州雷神的故事,必有交错传递转变等因缘","虽不是说民族的起源,是由两头兽类的相匹合而成(如元人),或一个人与一头兽类相匹合而成(如苗瑶),但这位始祖的女性,并不是一个平平常常的人,她是由一颗雷神所摄来的卵所变成的"①云云。这在事实上成为民族学的民间文学研究的重要开端。同时代的许多学者注意到民间文学中的民族问题,诸如许地山所说"研究民间故事的分布和类别,在社会人类学中是一门很重要的学问","因为那些故事的内容与体例不但是受过环境的陶冶,并且带着很浓厚的民族色彩","在各民族中,有些专会说解释的故事,有些专会说训诫或道德的故事,有些专会说神异的故事,彼此一经接触,便很容易互相传说,互相采用,用各族的环境和情形来修改那些外来的故事,使成为己有。民族间的接触不必尽采用彼此的风俗习惯,可是彼此的野乘

---

① 钟敬文:《西南民族起源的神话》"书后",《国立中山大学语言历史学研究所周刊》"西南民族研究专号",第 35、36 期合刊,1928 年 7 月 4 日。

很容易受同化"①云云,又如黄芝岗《湖南歌谣和广西歌谣的流通——土语文学到大众文学之实证之一》②等,强调民族"土语"的意义,谢六逸强调"那些说明自然现象的先民的传说或神话,是宇宙之谜的一管钥匙","也是各种知识的泉源","在这种意义上,我们应该负担研究各民族的神话或传说之义务"③云云,他们不约而同地把"民族"这个字眼提高到很高的程度。但是,真正属于民族学意义上的民间文学调查与理论研究,还是应当从林惠祥、凌纯声他们的民族学实地考察活动算起。

林惠祥,福建晋江人,曾入福州东瀛学堂和厦门大学读书,在厦门大学系统学习了人类学知识,毕业后留校,撰写《由民族学社会所见文化之意义及其内容》等著述;之后,入菲律宾大学研究院人类学专业学习,回国后被聘为中央大学院特约著作员、民族学助理员,他曾于1929年、1935年两次深入台湾高山族地区,调查其原始文化,发表《台湾生番种类概论》等论文,出版《台湾番族之原始文化》(1930年,中央研究院专刊印行),论述了台湾少数民族高山族民间文学在内的原始文化问题。他接着出版《民俗学》(1932年,商务印书馆)、《神话学》(1933年,商务印书馆)、《文化人类学》(1934年,商务印书馆)和《中国民族史》(1936年)、《世界人种志》(1934年)等著作,从不同方面论述民族学与民间文学;这些著作既是民俗学、民族学重要的理论著述,又是民间文学重要的理论著述。尤其是他的《神话学》,主要以民族学的视野出发,详细介绍并论述了大洋洲、非洲、北美洲、南美洲、阿拉伯、波斯、犹太、印度、埃及、巴比伦、希腊、罗马、日耳曼、北欧、中国和日本各地的神话分布状况,具体提出"神话是关于宇宙,神灵英雄等的故事","是野蛮人根据自己的知识水平和在生活中遭遇到的许多问题,而自问自答,自题自答的产物",以及关于神话"传承"、"叙述"、"实在性"、"说明性"、"人格化"和"野蛮的要素"等存在特征。

林惠祥对台湾高山族民间文学的民族学考察,起自于1929年,他受中央研究院委托,化名林石仁,假托为商人,只身进入日本侵占下的我国台湾高山族聚居区山中,调查搜集高山族风俗习惯的标本。在调查中,林惠祥历尽艰辛,多次冒着生命威胁,包括日本人的监视与干扰,其呕心沥血,用极其翔实的实物材料、文献材料和口头材料完成了历史以来第一次记述台湾高山族民间文学等民族志材料为重要内容的《台湾番族之原始文化》。《台湾番族之原始文化》详细论述台湾高山族各族分述、生活状况、社会组织、风俗宗教、语言艺术等内容,其中,从文物与民间文学等方面具体证明"台湾新石器人类应是由大陆东南部迁去的"、"台湾新石器文化属于祖国大陆东南一带系统"的事实。林惠祥1935年第二次赴台考察,调查了台北圆山贝丘历史文化遗址,

---

① 许地山:《孟加拉民间故事研究》,《民俗周刊》第109期,1930年4月23日。
② 《太白》第1卷第2期,1934年10月5日。
③ 谢六逸:《神话学ABC》"序",(上海)世界书局1928年版。

采集一百多件珍贵的石器和陶片标本,许多学者称这是大陆学者在台湾史前考古上的第一次田野调查。而且,林惠祥的高山族调查首先是以国内尤其是福建等地历史文化的深入考察为基础,是以严肃的科学研究为前提,尊重历史文化事实得出的结论。其又一次证明,经久不息的田野作业是发现历史文化新鲜材料的重要途径,是民间文学思想理论获得生命活力的重要来源。

《台湾番族之原始文化》对台湾民间文学的民族学研究,不仅仅是一部有特殊理论价值的著作,而且是对民族文化尊严的捍卫与守护。这是因为长期以来,关于高山族的来源问题,许多人认为高山族与中国人无关,而是从南洋来的马来种;日本人出于侵略中国,霸占台湾的恶毒用心,极力宣扬这种高山族来源于"马来种"的理论,以此作为他们侵略我国台湾具有所谓"名正言顺"意义的历史文化根据。林惠祥首论《禹贡》中"岛夷卉服"即此"台湾番族",论及"灵魂观念"、"祖先崇拜"、"琐物崇拜"与各种民间艺术,诸如"赞颂歌"、"流行歌"、"表情歌"等,"迷信极重,禁忌繁多",以原始文化实物与民族民间文学等重要根据,述说高山族文化与我国东南文化的紧密联系,证明了台湾自古以来就是中国的一部分,而且台湾新石器时代人就是由大陆东南沿海渡海过去的。这在事实上彻底粉碎了日本人别有用心的文化阴谋与殖民理论。这是中国现代民间文学史上一件可歌可泣的事件。

林惠祥对中国现代民间文学思想理论做出巨大贡献,其理论来自实践,来自深入细致的田野作业与严肃认真的学术思考,一直坚持"现在原始部落尚存在(或不久以前还存在)的许多文化现象,能帮助我们研究原始遗址的居民的生活。民族学也需要依靠考古学,如现今少数民族,或无文字历史记载,或记载不多,我们可以利用考古学的发掘方法,来恢复他们早期的历史"[1],他所主张的"台湾的新石器时代文化虽有一点地方特征,但从大体上看,却是属于祖国大陆东南一带的系统",被许多学者认为"迄今关注闽台关系的历史、考古学者在这方面的许多成果仍没有超出林先生当年的研究范围"[2]。

这一时期,关于民间文学的民族学研究,还有 1928 年商承祖、任国荣他们的广西凌云瑶族调查与《广西凌云瑶人调查报告》、《广西瑶山两月观察记》;1930 年凌纯声、商承祖他们的东北松花江赫哲族调查与《松花江下游的赫哲族》;庞新民、姜哲夫、张坂他们的广东北江瑶人调查与《拜王——广东北江瑶山瑶人风俗之一》、《广东北江瑶山杂记》;1931 年何联奎的浙东畲民调查与《畲民问题》、《畲民的图腾崇拜》;1935 年费

---

[1] 林惠祥手稿《考古学通论》"绪论",转引自吴春明《林惠祥与"亚洲东南海洋地带"考古》,《中国东南土著民族历史与文化的考古学观察》"附篇",厦门大学出版社 1999 年版。

[2] 吴春明:《林惠祥与"亚洲东南海洋地带"考古》,《中国东南土著民族历史与文化的考古学观察》"附篇",厦门大学出版社 1999 年版。

孝通和王同惠他们的广西象县瑶人调查与《广西省象县东南花蓝瑶社会组织》,刘咸与中国科学社生物研究所等人的海南黎人调查与《海南黎人刻木为信之研究》《海南黎人文身之研究》,等。其中,凌纯声、商承祖的《松花江下游的赫哲族》分为上下两册,其记述"赫哲自来无文字,常刻木裂革以记事。他们古代的文化,除在中国文献中,可找到片断的记载外,在他们的故事中,亦可得到许多材料",其记录了19篇赫哲人"伊玛堪"民间文学文本,并将之分为"英雄故事"、"宗教故事"、"狐仙故事"和"普通故事"四大类,他们以为"在故事中也可以找到许多他们过去的文化","读一个民族的故事,虽不能信为史实,然总可以得到些关于他们的文物、制度、思想、信仰等各方面的知识;对于他们的文化就能有更进一层的了解"①,诸如发现"英雄故事是起源于蒙古土耳其"等内容。他们看到,此时的"赫哲文化","已受古亚洲族、满洲族、汉族及其他邻族文化同化之处甚多","有很多地方已失去其本来面目"②,"我们研究赫哲故事的主要目的,是要搜集他们过去的文化以为研究现代文化的参证。所以在前面叙述赫哲文化的几章里,常常引用故事里的事物来参证或比较。至于故事本身有没有文学的和历史的价值,我们是无暇顾及的。因为研究民族学的人在研究一民族时,对于所见所闻,都要很忠实的一一记录,既不能如文学家的作小说,可以凭空悬想;也不能如史学家的修史,必须考证事迹。我们只本了有闻必录的精神,不论其荒唐的神话,或可信的史料,一概记录。要知道,我们视为荒唐的神话,在初民的信仰上比可信的事实影响他们行为的力量更大。因此我们记录故事的目的,只在探求他们过去的生活各方面的情形,而不计及文学的和历史的价值。"③此与林惠祥调查台湾高山族民间文学,借以证明台湾高山族文化与中国历史文化相符合的修复性意义不同,其宣称主要在于"搜集他们过去的文化以为研究现代文化的参证",其"记录故事的目的","只在探求他们过去的生活各方面的情形"之"过去",既是人类学意义上的发现历史遗留物,也是又一种形式的文化修复。可见,民俗学与民族学共同面对民间文学,它们更多的是发现"过去"与"现在"的联系。从其调查内容上看,包括松花江下游自依兰以至抚远地区的依兰、蒙古力、苏苏屯、桦川、富克锦、同江、齐齐咪、莫红阔、街津口等赫哲族聚居区,这是可以与林惠祥台湾调查媲美的力作。凌纯声是当时为数并不是很多的受过民族学系统训练的学者,除了东北松花江地区的民族调查,1933年5至8月间,他还与芮逸夫按照中央研究院历史语言研究所民族学组的调查计划,到湘西的凤凰、乾城、永绥三县苗族地区进行实地调查,完成了《湘西苗族调查报告》。其中,调查方式很

---

① 凌纯声:《松花江下游的赫哲族》下册"附录:赫哲族故事",国立中央研究院历史语言研究所1934年版,第281页。
② 凌纯声:《松花江下游的赫哲族》上册"序言",国立中央研究院历史语言研究所1934年版。
③ 凌纯声《松花江下游的赫哲族》下册,国立中央研究院历史语言研究所1934年版,第282页。

特殊,诸如实地摄影、图画素描、各种文物的搜集,梳理历史上苗族名称的递变,论述"古代的三苗非今日之苗"、"古代的九黎为今日之黎"、"古代之蛮为今瑶人与畲民"、"今日之苗为古代之髦"等具体演变内容,详细描述地理上的云贵川、湖南、广西,包括越南、缅甸等地域的苗族分布,以及苗族民众传统生产方式与生活方式;在民间文学的意义上,其最重要的是其中的"故事"与"歌谣",还有"家庭及婚丧习俗"、"巫术与宗教"、"鼓舞与游技"和"语言"等部分。其论说"这些故事除一部分是我们在湘西亲听苗人讲述随时记录的以外,有一部分是我们的几位苗族士子如乾城石启贵、凤凰吴文祥、吴良佐诸君转请苗中耆老或能讲故事的苗人讲述,经他们记录下来之后,再由我们就记录的原文在文字上略加修整而成的",即坚守着"绝未改动原来意义"的"忠实记录"。其称"还有一部分是由他们以苗语讲述,用汉字辅以注音符号记音(当然说不到正确)再按语一一注明意义,复由作者翻译出来的"云云,其进一步述说道:"所以这些故事的来源,完全是由苗人口述的,我们在每篇故事之后,均附讲述人的姓名籍贯。但那些故事并不一定都是纯粹的苗族故事,也许有好些是苗人讲述的汉族故事,因为在湘西一带,汉苗杂处,由来已久,且苗族的优秀分子,在近百年来,颇受汉化的教育,习闻汉族的故事。所以他们讲述的故事,一定不免杂有汉族的成分,或且难免有起源于汉族的",其标明自己的态度说:"我们对于这些故事有两种看法:一种是看作汉化的苗族故事,一种是看作苗化的汉族故事。但在这里,我们却不能一一分辨。第二,在这些故事中,有好些是大同小异的。我们知道,大同的地方是它们的'母题(motif)',小异的地方是随时随地添上去的枝节细叶。往往有一个母题,经过许多人辗转的传述,传播到各地,因为随时随地的改变,变到末了,几乎句句变了。但是无论如何改变,只要我们能把这些大同小异的故事比较着看,仍旧可以看出它们原来是不是处于一个母题。所以研究故事,首先要剥去枝节细叶,再拿来互相比较,而后可以看出它们的母题是什么";其称"在这些故事中,有好些情节很像数学中的公式似的。在任何故事中的相当情节上,都可像代数方程式一般的用 xy 来代进去。例如'骑马觅夫'在《灶神故事》中有这样一段情节,在《贫女富命》故事中也有同样的一段。这正像平剧的唱词一般,有好些是在任何一出戏剧中的相当角色口中,都可唱同样的词儿。例如'听谯楼,打罢了,初更时分。'在《黄金台》剧中的田单是这样唱的,在《八大锤》剧中的王佐也是这样唱。我们决不能凭这种相同的唱词,来断定它们的母题也相同。要知道这种相同处乃是枝节的枝节,细叶的细叶,与原来的母题是毫不相涉的。"①

其大量记述了苗族民众中流传的神话传说故事,他们不同意当年日本人鸟居龙藏所说苗族"已失去其固有之宗教",通过调查认为苗族"保存了固有的宗教"云云,以

---

① 凌纯声、芮逸夫:《湘西苗族调查报告》,国立中央研究院历史语言研究所,1947年版,第240、241页。

苗族民间文学的记录与发现,在中国现代民间文学史上有重要影响。诸如《苗族的洪水故事与伏羲女娲的传说》,堪称中国现代神话学的经典,是其民间文学思想的集中体现,论者将他们搜集整理的苗族神话划分为"洪水神话"、"自然神话"、"事物起源神话"、"神仙神话"、"龙王神话"、"鬼怪神话"、"阴阳界神话"等类型与类别,其称"神话的文化作用,即表现在仪式、风俗、社会组织等的有时直接引证神话,以为神话故事所产生的结果。同时,神话也是产生道德规律、社会组织、仪式或风俗的真正原因。它形成了文化中一件有机的成分,并支配着许多文化的特点。原始文化中的武断的信仰,即由神话的存在与影响而成。在我们搜集得来的苗族神话中,有上述的文化作用和功能的,最明显的例子就是洪水神话。它至今仍活在现在苗族社会生活中,并且是影响苗人的生活、命运和活动的"①,在这些神话传说中,有"人类的始祖设计擒住雷公,旋被脱逃","雷公为要报仇,就发洪水来淹人类的始祖","世人尽被淹死,只留兄妹二人","兄妹结为夫妇,生下怪胎,剖割抛弃,变化为人"等内容,"这四个洪水故事的中心'母题',只是以为'现代人类是由洪水遗民兄妹二人配偶传下来的子孙'"②云云。最后,论者做出"推测",详细论说道:"兄妹配偶型的洪水故事或即起源于中国的西南,由此而传播到四方。因而中国的汉族会有类似的洪水故事;海南岛的黎族,台湾的阿眉族,婆罗洲的配甘族,印度支那半岛的巴那族,以及印度中部的比尔族与卡马尔族也都会有类似的洪水故事。中国西南的民族,除苗族外,虽尚有瑶人、仲家、摆夷、倮罗、么些、以及其他许多因地殊号的名称;但据现有的材料,如上文所考,大概兄妹配偶型的洪水故事,是起于苗族的可能性较多。在尚未发现更多材料可资证明起源于他族之前,则上文所云伏羲女娲乃苗人之说,或者可以说是较近似的推测"③。这种推论在后来遭到有关学者质疑;但无论如何,这是在有力的论证基础上所做的推测,给人许多启发。令人遗憾的是,《湘西苗族调查报告》起自于1930年代初,完成于1939年之前,直到1947年才得以出版。

二 边疆建设的文化选择与民间文学问题

抗日战争爆发后,关于民族命运的思考成为时代的重要主题。由于上海、南京、武汉的相继沦陷,中央政府迁至西南地区。中国西南是我国非常集中的少数民族聚

---

① 凌纯声、芮逸夫:《湘西苗族调查报告》第十章《故事》,(上海)商务印书馆1947年版,第243页。
② 芮逸夫:《苗族的洪水故事与伏羲女娲的传说》,中央研究院历史语言研究所《人类学集刊》第1卷第1期,1938年。
③ 同上文,见马昌仪编《中国神话学文论选萃》第408页。

居区,生活着三十四个少数民族。所以,民族问题与少数民族问题、边疆问题,都成为文化发展中特别响亮的字眼。特别是边疆建设中的文化选择,与民间文学的联系日益密切。

对于我国西南地区的历史文化,尤其是少数民族文化的关注,西方人从来就没有停歇过。诸如1860年代,西方人考察西南地区,出版《扬子江五月考察记》和《中国的苗蛮》等著述;1880年代,出版有《云南罗罗文字研究》和《华西三年记》等著述;20世纪初,西方人出版《苗族调查报告》、《么些研究》、《中国南方的瑶子》、《中国非汉民族的历史记载》和《云南——连接印度和扬子江的链环》等著述。

民族学的主要内容是民族问题,而少数民族问题是民族问题中最重要的内容。因为历史的原因,许多少数民族长期没有文字,在客观上形成了他们的民间文学代替历史文化典籍的文化保存。所以,关于少数民族社会风俗生活调查就有了非常重要的民间文学研究意义。

西部是我国少数民族的重要聚居区,自然是民族文化特别是少数民族民间文学等社会风俗生活的重要分布区域;这里有着悠久的学术传统,集中了一批学者,包括他们组织的学会、创办的刊物和他们主持的各种社会风俗生活调查。抗日战争爆发之后,西部地区的民族调查取得更重要的成就。从事这些学术研究活动的,主要是各种研究机构与各个大学的青年学者。战争改变了中国现代学术体制与研究方式,大批高等学校流亡中迁到大西南,学者们有更多的机会接触到少数民族地区流传的民间文学,从而以边疆文化建设为契机,掀开了中国现代民间文学史新的篇章。

年轻的学者们对少数民族地区民间文学和社会风俗生活充满极大的学术热情,明确提出"边疆文化建设"的理论主张,高喊出走进田野的口号。如杨成志在《广东北江瑶人调查报告》"导言"中说:"要望民族学逐渐在中国发展起来,尚待一般同志们更加努力宣扬,尤其是抛开了书本能够实行到山国去或边疆去!"(《民俗周刊》第1卷第3期,中山大学民俗学会)他在著述中称,"在高山峻岭之区,或穷乡僻壤之处,与罗罗同享衣、食、住、行的野蛮的或半野蛮的或汉化的生活。"(杨成志《罗罗说略》,《岭南学报》第1卷第3期,1930年6月)梁瓯第在《我怎样通过大小凉山》中说:"凉山欢迎的是刻苦自励,有作为,肯牺牲的青年,不是一些企图做团圆富家翁的人物。"(《教育新时代》第2卷第1期,贵阳文通书局1944年版)这些激情澎湃的理论宣言贯穿于他们的探索与奋斗中,使得中国现代民间文学思想理论体系的建立和发展有了更灿烂的一页。

早在1922年,四川华西大学研究西部边疆问题,就成立了边疆研究学会,该会发起者为华西大学的外国学者,他们于1923年创办《华西边疆》,以西南少数民族研究为主要内容。四川大学法学院成立西南社会研究部,由胡鉴民具体负责。1930年10月,一些学者成立亚细亚学会,创办《新亚细亚月刊》,研究边疆文化与少数民族历史文化等问题。1934年2月,中央研究院的蔡元培、凌纯声与金陵大学徐益棠等人成立中国民族学会,出版《民族学研究集刊》;此后,凌纯声《亚洲西南瑶族之民族学的研究》在国际上产生重要反响。1934年3月,重庆北碚的中国西部科学院组成雷马峨屏学术考察团,深入大凉山地区进行少数民族社会风俗生活的考察,发表《四川省雷马峨屏调查记》,是研究凉山彝族问题的重要文献。丁文江考察云南社会风俗生活,编著《爨文丛刊》(国立中央研究院历史语言研究所专刊,上海商务印书馆,1936年),保存彝族传说故事及毕摩经典文献。1938年10月,凌纯声、方国瑜、徐益棠等创办《西南边疆月刊》。1940年4月,成都华西大学闻在宥等人成立中国文化研究所,创办《华西协和大学中国文化研究所集刊》。1941年8月,中国边政学会创办《边政公论》等。有学者统计,1930、1940年代,我国少数民族研究有三十多种刊物,出版少数民族问题著作有百余种之多。至此,西部地区,主要是西南地区以少数民族民间文学与社会风俗生活为主要内容的民族学调查形成一个学术热潮。

在抗日战争那样的困难时期,对这些少数民族地区的社会风俗生活调查具有非常重要的学术价值与非常特殊的时代价值。在关于少数民族地区社会风俗生活的学术考察中,以流亡西南地区的大学为主要研究力量,涌现出一批成就斐然的民族学家,如马学良、徐益棠等人,他们深入少数民族中间,甚至冒着生命危险,进行辛苦之至的田野作业,有大量内容涉及民间文学。这是中国现代民间文学史非常壮烈的一页。如马学良1930年代开始在西南地区进行少数民族社会风俗生活调查,发表大量著述,涉及民间文学的田野考察与理论研究。如其《黑夷做斋礼俗及其与祖筒之关系》(《边疆人文》第1卷第5、6期,1943年7月)、《黑夷风俗之一——除祸祟》(《边政公论》第3卷第9期,1944年9月)、《倮族的巫师"呗耄"和"天书"》(《边政公论》第6卷第1期,1947年3月)、《从倮罗氏族名称中所见的图腾制度》(《边政公论》第6卷第4期,1947年12月)、《倮族的招魂和放蛊》(《边政公论》第7卷第2期,1948年6月)、《罗民的祭礼研究》(《学原》第2卷第2期,1948年)等。1935年7至10月间,徐益棠赴广西象平调查瑶族社会风俗生活,其发表《广西象平瑶民之生死习俗》(《金陵学报》第8卷第1、2期合刊,1938年5月、11月印行)、《广西象平间瑶民之宗教及其宗教的文献》(《边疆研究论丛》(1941年度),成都金陵大学中国文化研究所,1941年)、《雷波小凉山罗族调查》(《西南边疆》第13期,1941年)、《广西象平间瑶民之占卜,符咒与禁忌》(金陵大学《中国文化研究汇刊》第2卷,1942年9月)、《广西象平间瑶民之法律》(《边政公论》第1卷第1期,1941年8月)、《广西象平间瑶民之婚姻》(《边疆研究论丛》,成都金陵大学中国文化研究所,1945年)、《广西象平间瑶民之饮食》(《边疆研究论丛》,成都金陵大学中国文化研究所,1945年)等。其中《广西象平间瑶民之宗教及其宗教的文献》,记述瑶族宗教神话、民间庙宇文化与民间信仰中敬神、请神唱词等内容。如其所言,"鄙夷名利,断绝仕途,奔走于荒郊僻壤,努力于田野工作"(《十年来中国边疆民族研究之回顾与前瞻》,《边政公论》第 1 卷第 5、6 期,1942 年 1 月),可见其辛苦备至。1937 年,马长寿等人在凉山彝区进行社会风俗生活调查,总结为《凉山罗夷系谱》之数十万言的调查报告,马长寿发表《凉山罗夷的族谱》(《边疆研究论丛》(1942 至 1944 年度,金陵大学中国文化研究所,1945 年),1938 年 11 月至 1939 年 7 月,庄学本调查越巂、冕宁、昭觉、盐源、盐边各县十二个彝族村落的社会风俗生活发表《西康夷族调查报告》。1939 年 6 月,陶云逵考察云南的彝族社会风俗生活,发表《大寨黑彝之宗族与图腾制》(《边疆人文》第 1 卷第 1 期,1943 年 9 月)与《西南部族之鸡骨卜》(《边疆人文》第 1 卷第 2 期,1943 年 11 月)。1939 年 8 月,中央研究院历史语言研究所组织贵州民族调查团、中央庚款董事会组织川康科学考察团,分别进行西南少数民族地区的社会风俗生活考察,发表许多研究著述。1940 年代初,大夏大学学者吴泽霖等人深入贵州少数民族地区进行社会风俗生活调查,编撰出《炉山黑苗的生活》十卷、《安顺苗的生活》一卷、《定番县苗民调查报告》十卷、《炉山县苗民调查报告》十卷等著述;他们主持《贵州日报》副刊"社会研究",发表许多地方民间文学搜集整理与理论研究,如吴泽霖《么些人之社会组织与宗教信仰》(《边政公论》第 4 卷第 4、5、6 期合刊,1945 年 6 月;第 7、8 期合刊,1945 年 8 月)等著述,他们出版《民族学论文集》,保存多篇苗族神话传说。其中,岑家梧以研究图腾理论而著称,其调查贵州少数民族民间文学与民间宗教信仰等问题,发表理论研究著述如《贵州仲家作桥的道场与经典》(《边政公论》第 4 卷第 2、3 期,1945 年 3 月)、《水家、仲家(布依族)风俗志》(《西南民族文化论丛》,岭南大学西南社会经济研究所印,1949 年 12 月)。此时,四川大学胡鉴民等学者着眼于岷江上游羌族社会风俗生活的调查,发表《羌族之信仰与习为》(《边疆研究论丛》(金陵大学中国文化研究所,1941 年)。1939 年 4 月,雷金流对云南澄江松子园彝区社会风俗生活的调查,发表《云南澄江罗罗的祖先崇拜》(《边政公论》第 3 卷第 9 期,1944 年 9 月)。1939 年芮逸夫和庞勋琴对苗族社会风俗生活的调查;1940 年,吴定良对贵州苗民社会风俗生活的调查及其《水西苗调查纪要》;1940 年 7 月,四川省教育厅组织"边区施教团",赴雷波、马边、峨边、屏山彝族地区进行社会风俗生活考察,出版《雷马峨屏纪略》(四川省教育厅,1941 年 7 月)。1940 年 6 月起,李霖灿在云南丽江、中甸、维西、宁蒗等县考察地方少数民族社会风俗生活,进行纳西族东巴教田野作业,先后出版《么些象形文字字典》(1944 年)、《么些标音文字字典》(1945 年)和《么些经典六种》(1946 年),其中《么些经典六种》有"占卜起源的故事"、"多巴神罗的身世"、"都萨峨突的故事"、"某莉庆孜的故事"等部分,记述了地方少数民族的民间文学。1941 年 4 月杨成志他们赴粤北乳源瑶山考察,发表《粤北乳源瑶民的宗教信仰》(中山大学《民俗周刊》第 2 卷第 1、2 期合刊,1943 年)和《《粤北乳源瑶人调查报告》(中山大学研究院文科研究所,1943 年)等著述。1941 年夏,高伦带领西南联大川康科学考察团对大凉山彝区社会风俗生活进行深入考察,编写出《大凉山彝区见闻录》。1941年6月,凌纯声、芮逸夫对四川理番羌民社会风俗生活的调查,芮逸夫和胡庆钧对川滇交界叙永苗民社会风俗生活的调查及其《苗语释亲》与《川南叙永苗民人口调查》,陶云逵对云南新平县杨武埧鲁魁山倮族社会风俗的调查及其《大寨黑夷之宗族与图腾制》,卫惠林与中央大学边政系学生对青海互助县土人社会风俗生活的调查及其《青海土人之社会组织》,芮逸夫、石钟对四川兴文县琪县焚人社会风俗生活的调查及其《焚人考》,李安宅对藏族的社会风俗生活的调查,1943年7月,林耀华等人深入大凉山彝区考察,主要成果有调查报告《凉山夷家》;之后,1946年12月,陈宗祥走遍大小凉山,进行彝族社会风俗生活与民间文学的调查,尤其是他对德昌县傈僳族水田族的调查,及其发表《西康傈僳水田民族之图腾制度》与《傈罗的宗教》(《边政公论》第六卷第四期,1947年12月;第七卷第一期,1948年3月),都是中国现代民间文学史上独具特色的篇章。这些社会风俗生活调查不同程度上涉及少数民族地区的民间文学内容,都卓有成效。

民间文学与民族学息息相关,尤其是对少数民族民间文学的深入调查与别开生面的理论研究,都有力促进了中国现代民间文学思想理论的发展。他们提出的"到边疆去",与五四以来走进民间、目光向下的民间文学思想主张是一致的,表现出他们非凡的学术品格、高尚的献身精神与强烈的责任感。

第十三章　中国现代民间歌曲理论

民间文学思想理论研究并不是仅仅围绕着具体的文本而展开,而应该是民众文化生活的多层次研究。诸如民间歌谣,如果抛却其音韵、旋律、表演形态等内容,有许多更有价值的现象,我们可能无法感受和理解其生动性与丰富性。

中国现代民歌理论研究包括了民间歌谣的社会文化研究与民间歌曲的表演等生活内容的多种理论研究。

歌谣与歌曲是两个相互联系而又有明显区别的概念;歌曲的概念在内容上涵盖了歌谣。这里,笔者提出现代民间歌曲理论,其实是把民间歌谣置之于民间歌曲之中,强调其文化生活属性的动态特征。

在历史上,我国是一个富有民间音乐资源的文化大国,人们运用音乐表达情感、抒发胸臆,形成独具中国特色的音乐文化。在中国传统文化生活中,常常不乏引吭高歌、慨当以慷,以歌声表现威武不屈的个人歌唱的历史文化记忆内容。如传说中的涂山氏"候人猗兮"与伯牙子期"高山流水"到岳飞的《满江红》,更有充满激越与昂扬的合唱,如葛天氏"三人操牛尾以歌八阕"、商民族被灭亡之后其遗民仍然高唱《商颂》,等等,雅俗并存,相互影响,共同发展。民间歌谣与民间歌曲在整体上是密不可分的,其基本区别在于前者多吟诵,后者可歌唱。它们的传播与传承都依赖民间音乐。我们中华民族很早就重视民间音乐,出现"乐府"等搜集整理保存民间歌谣、民间歌曲的文化机构,具有以歌曲振奋民族精神,特别是面对外敌入侵,在民族危亡重要关头,通过整理挖掘民间歌曲,唤醒民众,凝聚民族精神,团结御侮,革新与发展音乐文化的宝贵传统。有学者将这种现象概括总结为"礼失求诸野"的文化发展规律。现代中国社会,同样如此,富有正义感、责任感、使命感的知识分子,异常重视民间歌曲的价值意义;他们从启蒙民间到走进民间,努力遵循"礼失求诸野"这种音乐文化的发展规律,深入研究和大胆探索运用民间歌曲,使音乐文化传统发扬光大,并形成逐渐系统、完善的现代民间歌曲理论。从宏观上我们可以把这一过程概括为三个基本阶段,即承启近代文化发展的学堂乐歌教育歌唱运动时期,在科学、民主思想影响下所出现的五四歌谣学、民俗学与乡村教育运动时期,新音乐运动与大众文艺运动时期。在不同历史时期,形成不同的理论特色。

应该说,在我国近代社会存在着一个以学堂乐歌为主要内容与民间歌曲有密切联系的教育歌唱运动。在我们民族传统教育历史上,曾经把音乐教育列入"六艺"之中,真正把音乐教育提高到一个很高地位的还是在近代。在两次鸦片战争中,我们的民族身心都受到极大伤害;废除科举,新学兴起,学堂乐歌应运而生,一些具有觉醒意识的知识分子他们认识到音乐教育对于唤醒民众的重要作用,较早提出重视乐歌的社会教育作用,借鉴日本明治维新以来重视音乐教育的历史,吸收和借鉴西方音乐,组织音乐教育团体,创办音乐杂志出版或整理音乐作品集,在一定范围内形成了学堂乐歌教育歌唱运动。早期的学堂乐歌大多以旧曲填新词为主,使用民间歌曲或欧美歌曲的曲调填进创作的新词。据不完全统计,20世纪初出版了各种歌集100余种,编入学堂乐歌2 000余首。其中,沈心工编辑的《学堂乐歌集》、曾志忞编辑的《教育歌唱集》和李叔同编辑的《国学唱歌集》影响尤为突出,其他如《新唱歌》《女子唱歌集》《修身唱歌书》《新撰唱歌集》《中学唱歌集》《共和国民唱歌集》《雅乐新编》等,无不充满救国济世的热情。在这些唱歌集中,有许多苦心创作的音乐作品,而更多的是对民间歌谣的整理与改编,实际上成为影响五四歌谣学运动发生的重要因素。1904年沈心工、曾志忞等人在日本东京成立"亚雅音乐会",提出以"发达学校社会音乐,鼓舞国民精神"为宗旨,至1906年李叔同创办《音乐小杂志》,这期间可以看作学堂乐歌教育歌唱运动的先声。1911年1月,在上海成立了"中华女子音乐协助会"。南京中华民国临时政府教育部颁发的《普通教育暂行办法》《普通教育暂行课程标准》中指出音乐教育必须纳入学校日常课程体系。既而,教育部又公布《中学校令规则》《师范学校规程》和《高等师范学校课程标准》,包括《藏蒙学校章程》等文件,一再提出音乐教育特别是乐歌为必修科目。1919年3月,教育部颁发的《全国教育计划书》明确提出"文艺、音乐、演剧,皆人民娱乐之所寄,惟宜力趋于高尚者,故是项事业亟宜提倡或补助之"。自1919年1月蔡元培等人成立"北京大学音乐研究会",5月冯伯廉等人成立"中华音乐会",11月教育部组织成立国歌研究会,全国各地许多地方成立了音乐教育组织或机构。1919年3月北京大学音乐研究会编辑出版《音乐杂志》,蔡元培在发刊词中写道:"一方面输入西方之乐器、曲谱,以吾固有之音乐相比较。一方面参考西人关于西人音乐之理论,以印证于吾国之音乐,而考其违合","循此以往,不特可以促吾国音乐之改进,抑亦将有新发现之材料与理致,以供世界音乐采取"。蔡元培是学堂乐歌教育歌唱运动的重要组织者,此前他曾大力提倡美育,在《以美育代宗教说》中[①]提出借之"舍宗教而易之以纯粹之美育",之后萧友梅在他的支持下建立北京大学音乐传习所,系统讲授西方音乐史与西方声学,出版《今乐初集》《新歌初集》等中国现代歌曲理论的开拓

---

① 《新青年》1917年8月第3卷第6期

之作。黎锦晖是北京大学音乐研究会的积极参加者,他曾经深入研究民间戏曲,对皮黄、大鼓等民间艺术进行认真考察,1922年他创办《小朋友》,发表大量适应儿童教育的音乐作品,标志着学堂乐歌教育歌唱运动历史任务的完成。期间,许多有识之士积极呼吁在全社会加强音乐的革新与普及教育,对于学堂乐歌特别是民间歌曲概念、功能、价值和意义的理解,成为现代民间歌曲理论的重要内容。如廉士的《乐者古以平心论》[1]、张德彝的《乐可化民说》[2]、匪石的《中国音乐改良说》[3]、王国维的《论小学校唱歌科之材料》[4]、我生的《乐歌之价值》[5]等。其中曾志忞、萧友梅做出积极而卓越的贡献,他们在许多著述中大力提倡开阔视野,提出"教科书者,教育之命脉也"[6],重视西方音乐在国民教育中的借鉴与运用。同时,越来越多的人认识到在音乐教育上要有自己的声音,不能盲目照搬西方音乐。如德国留学的王光祈积极向国内介绍西方音乐学历史和理论,倡导比较音乐学的研究方法。他在《欧洲音乐进化论》中指出:"音乐是人类生活的表现,东西民族的思想、行为、感情、习惯,既各有不同,其所表现于音乐的,亦当然彼此互异。"他特别指出"西洋音乐是表白人的思想、行为、感情、习惯,原来不是为中国人作的","希望中国将来产生一种可以代表中华民族性的国乐。而且这种国乐是要建筑在吾国古代之音乐与现今民间谣曲上面的。因为这两种东西是我们民族之声"[7]。1912年至1922年十年间的音乐出版物表现出这样几种特点,即一为唱歌集,主要是振奋民族精神、愉悦民众的歌曲创作,一为曲谱集,其中个人创作曲谱与民间歌曲包括古代曲谱的整理出版有格外突出的意义,一为音乐知识与教科书在音乐教育普及方面影响突出。至北京大学成立歌谣研究会,发起抢救整理研究民间歌谣,即五四歌谣学运动的兴起,学堂乐歌教育歌唱运动继续存在,渐渐告一个段落。这两个运动在发展过程上未必有必然联系,但它们都不同程度对民间歌曲给以热情关注,在事实上形成民间歌曲理论的重要发展。

  对于现代民间文学发展中的民间歌曲理论而言,五四歌谣学运动、民俗学运动作为我国民俗学发展的重要开端,同样是民间歌曲理论发展的重要契机。乡村教育运动则是我国民俗学深入发展的重要时期。这三个运动在民间文化研究的整体上其意义是大致相同的,它们都以对于民间文化的关注,包括对民间歌曲的研究为学术研究的重要出发点。就五四歌谣学运动、民俗学运动而言,前者的主体是北京大学,后者

---

[1] 《万国公报》1883年第1卷第15期。
[2] 《五述奇》稿,1890年。
[3] 《浙江潮》1903年第6期。
[4] 《教育世界》1907年10月第148号。
[5] 《云南教育杂志》1917年第7号。
[6] 曾志忞:《音乐教育论》,《新民丛报》1904年第14号。
[7] 中华书局1923年11月版,第1页。

的主体是中山大学,他们共同关注于民间歌谣,包括民间歌曲,他们把搜集整理民间歌谣作为自己的基本任务,如何精确记录民间歌谣的曲调、音调,成为许多学者不可回避的问题。与学堂乐歌教育歌唱运动所不同的是,这两个运动更注重民间歌曲在文艺学、民俗学和文化史上的重要价值与意义。特别是一批文学家、语言学家,他们中的许多人精通我国古代音乐知识,将语言学、音乐学的知识贯通于民间歌谣的研究。如郭绍虞对于传统文化研究中将诗与歌分割开的批评,他说"只可惜孔子以后再没人同他一般纂集国风","忘了诗歌是同时发生,忘了诗是带有乐歌的性质",他引郑樵"自夔后以来,乐以诗为本,诗以声为用"的话,批评后来"腐儒之说起","以义理相受,遂使声歌之音湮没无闻",称"以此成为古乐失传的原因"①。又如刘半农对于俗曲的研究,他特别重视方音、乐曲在俗曲与民间歌曲中的重要价值。他在拟定《北京大学征集全国近世歌谣简章》中特别强调"歌谣之有音节者当附注音谱。用中国工尺谱、日本简谱,或西洋五线谱均可"②。他曾讲:"打算利用蓄音机,将各种方言逐渐收蓄下来,作研究的张本。同时对于社会上流行的俗曲,以及将要失传的旧乐,也须采访收蓄,希望十年八年之后,我们可以有得一个很好的蓄音库。"③刘半农的《中国俗曲总目稿》编入6 000余种俗曲,是我国现代民间歌曲特别是俗曲理论历史上一部重要著述,迄今仍然是我们不可缺少的工具书,他在序言中提到当年征集歌谣"最初所注意的只是歌谣,后来就连俗曲也同样看重,甚而至于看得更重些",对于其中"没有能谈到记载乐曲的工作"感到遗憾,但他又不得不承认自己"于唱的一方面是门外汉"④。他在《北平俗曲略》的序言中特别提到俗曲在音乐研究上"将来还大有继续研究的余地","在这一个范围之内的探求校订的工作,最好交给天华去做,可惜天华死了"⑤。刘天华是刘半农的兄弟,是国乐改进社的发起人之一。当时,国乐改进社提出"设法刻印尚未出版的古今乐谱","把无谱的乐曲记载下来",保存、改进和发展国乐,"以期与世界音乐并驾齐驱"⑥;刘天华本人也曾提出研究、保存古音乐"要顾及一般的民众",不要"以音乐为贵族的玩具"⑦。另外还有黎锦熙、董作宾他们大力提倡用工尺谱记录民间歌曲演唱的曲调,为歌谣学包括民间歌曲的研究提供了重要基础。工尺谱以汉字来标注音阶,也以汉字的读音来发音,但旋律却同现代的简谱相同。据考,我

---

① 郭绍虞:《村歌俚谣在文艺上的地位》,《晨报》1920年8月21日"艺术谈"。
② 《北京大学征集全国近世歌谣简章》,《歌谣》周刊1922年12月17日第1期。
③ 刘半农:《我的求学经过及将来工作》,《北京大学研究所国学门周刊》1925年11月第1卷第4期。
④ 《诳城隍庙牌子曲》,《语丝》1926年6月21日,第84期。
⑤ 李家瑞:《北平俗曲略》,中国曲艺出版社1988年。
⑥ 《国乐改进社成立刊》1927年8月。
⑦ 《"月夜"及"除夕小唱"说明》,《音乐杂志》1928年2月第1卷第2期。

国隋唐时期就已经形成了工尺谱、减字谱等音乐记录方法,宋代出现了俗字谱的记录方法。清末,通过留日学生的努力,简谱传入我国。在我国近、现代历史上,使用比较普遍的是简谱和五线谱,特别是使用简谱的人最多。1904年,沈心工先生倡导的《学校唱歌法》一书出版后,简谱的记录方法在我国逐渐普及,对于我国民间歌曲的整理、现代音乐知识的普及和推广音乐教育起到非常重要的作用。当然,他们更关注的是民间歌谣包括民间歌曲对于文化研究和文学发展的理论意义。如《歌谣》周刊的编者在发刊词中提出,其目的有两种"一是学术的,一是文艺的",就是"从这学术的资料之中,再由文艺批评的眼光加以选择,编成一部国民心声的选集","根据在这些歌谣之上,根据在人民的真感情之上,一种新的民族的诗也许能产生出来"[1],10多年后,《歌谣》周刊复刊时,胡适仍然念念不忘"替中国文学扩大范围,增添范本"作为其"最大的目的"[2]。

中山大学民俗学运动更为激进,顾颉刚他们强调推翻封建贵族为中心的历史,要建立以民众为中心的历史。董作宾曾专门在文章中提到他们"有三个目的",除了"学术的"和"文艺的",特别强调"教育的目的",说"我们感到'割股救亲'的愚孝,'奔丧守寡'的苦节,这些曲本唱书的教训,是20世纪所不应有的"。这里他们的"民间","不限于汉族","凡属于中国领域内的一切民族皆是",作品也不限于"韵文的歌谣、谜语、谚语、曲本、唱书","凡神话、童话、传说、故事、寓言、笑话"皆是。他曾经高呼有名的民间文学战斗口号:"打破传统的腐化的贵族文艺的旧观念!用研究学术的精神来探讨民间文艺!用批评文艺的眼光来欣赏民间文艺!用改良社会的手段来革新民间文艺!热心民间文艺的同志团结起来!提倡新颖而活泼的民间文艺!"[3]中山大学的学者们出版《民俗周刊》和《民俗学会丛书》,到杭州中国民俗学会时期,形成我国现代民俗学运动的又一次高潮。他们对于民间歌曲表现出很高的热情。如谢云声的《台湾情歌集》和《闽歌甲集》、黄诏年的《孩子们的歌声》、丘峻的《情歌答唱》、叶德均的《淮安歌谣甲集》等,大多在民间歌曲后面注音,注释方言含义。特别是对于少数民族民间歌曲的翻译、整理,更具有学术意义。如刘乾初、钟敬文合译的《狼傜情歌》[4],有人在序中由衷地感叹道:"我们与其读诗人成册的歌曲,不如听一个刈禾少女的几声慢唱"[5]。钟敬文的《民间文艺丛话》[6]对于客家山歌、台湾民歌、歌仙刘三姐、竹枝词和儿童歌谣等民间歌曲的探讨,格外关注民间歌曲在一定地区民众文化生活中的具体存在状况,

---

[1] 《歌谣》周刊1922年12月17日第1号。
[2] 《歌谣》周刊1936年4月4日第1号。
[3] 董作宾:《为〈民间文艺〉敬告读者》,《民间文艺》1927年创刊号。
[4] 中山大学民俗学会丛书之三,1928年。
[5] 王独清:《狼傜情歌》"序",中山大学民俗学会丛书之三,1928年。
[6] 中山大学民俗学会丛书之六,1928年

这种研究方法即使在今天仍然值得我们重视。顾颉刚等人在《孟姜女故事研究集》(三)①中,从不同方面对于孟姜女故事、戏曲、小调中的民间歌曲问题的研究更富有意义。如其中何植三的《诸暨与上虞的孟姜女歌曲》、涂光熙的《平湖的孟姜女歌》、"学生界一分子"的《吴中唱春调的孟姜女》、刘复(半农)的《敦煌写本中之孟姜女小唱》、钱肇基的《南曲谱及民众艺术中之孟姜女》和《孟姜女鼓词与听稗鼓词》、钟敬文的《送寒衣的传说与俗歌》、钱南扬的《目连戏与四明文戏中的孟姜女》等;这些文章在今天仍然对我们有深刻的启发。

总的来讲,《歌谣》周刊为重要阵地的五四歌谣学运动主要关注民间歌曲的文学性,《民俗周刊》民俗学运动主要关注民间歌曲的社会历史价值。应该说明的是,这二者对于民间歌曲的研究而言都是不可缺少的,尤其是它们对于确立民间歌曲的研究立场具有非常重要的意义。我们研究民间歌曲固然应该重视音乐形式,同样也不能忽视其词句所蕴涵的内容。

乡村教育运动中民俗学的发展是中国现代民俗学真正成熟的标志。它与俄国民粹运动、日本的新村运动有着十分密切的联系。在这一运动中,取之于民,用之于民,用和学都取得突出成就。以民间歌曲作教材,教农民识字,一些实验区内所展开的不同层次的民俗学建设,包括多种形式的民间歌曲与识字相结合实验。无论是从规模上还是从理论创新程度上,这一时期都远远超过了以往任何一个时期。这是一场有目的有步骤的理论与实践相结合的文化运动,其目的就是通过教育实验探索乡村社会迅速发展,承接了梁启超他们倡导的新民理论,民间歌曲在这一运动中发挥了十分积极而重要的作用。乡村教育运动中的学者们提出一个响亮的口号:"到农村去。"当然,他们也同样关注城市底层民众的生活。

乡村教育运动对于现代民间歌曲理论的意义主要体现在民间歌曲对于社会历史文化研究的探究,及其在社会教育实践中民间歌曲作为民众识字教育的具体运用。相当长一个时期,民间歌曲研究中存在一个缺陷,即忽视民间歌曲的文化存在条件,民间歌曲的研究应该是与民间戏曲的研究密切联系在一起的。民间戏曲大量吸收了民间歌曲的曲调,同时也广泛影响了民间歌曲的传播。二者常常密不可分;但是,我们许多学者有意或无意地忽略了这一方面。20世纪三十年代,乡村教育运动深入开展,诸如北京、河北、河南、山东、江苏、福建、贵州、云南、四川等地,学者们深入社会底层进行不同形式的考察,或以此了解社会历史文化的存在与发展,或寻找民间文化资源,直接服务乡村教育运动中的教材建设。在这一时期,许多学者通过对于外国民歌的介绍,运用比较的方法研究民间歌曲。如青主的《论民歌》②,就是相当难得的民间

---

① 中山大学民俗学会丛书之七,1928年。
② 《乐艺》1930年10月第1卷第3号。

歌曲理论文献。他提出,"本来的民歌发祥地,就是自然界,只有接近自然界的人们,才能够创作本来的民歌",即"本来的民歌的创作者,并不是音乐艺人,乃是接近自然界的居民,他们创作出来的民歌,是用来表示他们的哀乐,并用不着诗的艺人同他们做歌辞","还有许多由诗的艺人和音乐艺人创作成功的民歌",他说,"每一首民歌都是凭着它的歌辞和音乐用来表示出一种最真挚的情感,或欢乐,或愁苦,都是不可以易移的",他批评"外国民歌有些失之太淫",强调"我们有输入正当的世界民歌的必要","不论哪一处的民歌,只要它是美是好,我们都可以拿来唱,正不必把它的民族性妨害我们的乐性"。① 聂耳以黑天使的笔名发表《中国歌舞短论》,高喊"要向那群众深入,在这里面,你将有新鲜的材料,创造出新鲜的艺术",这才是"时代的大路"②。

对于中国现代民间歌曲理论而言,其中最有价值的应该是各地的民众娱乐调查。如晏阳初、梁漱溟、陶行知、王拱璧、黄炎培他们的乡村教育考察论著,尤其是张履谦的《相国寺特种调查》③和郑合成的《陈州(淮阳)太昊陵庙会概况》④,其他如《河北定县秧歌概况》、《山东庙会调查》等学术考察,这些著述对于民间歌曲的关注,具有非常重要的学术价值。《相国寺特种调查》中我们可以看到,如其所述,他们"调查相国寺的民众娱乐,是同民众读物调查的时间一同开始的",其调查方法采用"个案调查""实地访问与观察"。其中,"梆子戏调查"、"坠子戏调查"、"大鼓书调查"、"道情调查"等调查活动。他们除了民间戏曲基本内容的调查之外,尤其详细记录了许多民间艺人即民间歌曲演唱者的生活状况,包括他们传授演唱技巧、授徒方式等内容,这对于我们研究民间歌曲的形成、发展、传承、传播,及其价值、功能等问题都具有特殊的意义。其实际影响范围远远大于五四歌谣学运动和民俗学运动,但是,不可讳言的是其理论深度则明显不及前两者,其更多的是以相对浅显的社会学理论对于民间文化所做的描述与评说。

新音乐运动与大众文艺运动是我国现代民间歌曲理论发展和完善的重要阶段。我们应该看到新音乐运动与大众文艺运动都是新文化运动的重要发展,都是五四以来新文化的一部分。但是,由于社会文化发展的特殊的时代背景与其所赋予的任务不同,它们又表现出特殊的时尚与风格,形成现代民间歌曲理论的重要特色。尤其是文学语言与音乐语言在这里得到有机统一,更是现代民间歌曲理论的杰出成就。我们可以说,如果没有新文学对新音乐的文学支持,就不会出现《黄河大合唱》那样震撼人心的音乐作品;同样,如果没有新音乐对新文学的艺术支持,也不会出现《白毛女》、

---

① 《论民歌》《乐艺》1930年10月第1卷第3号。
② 《中国歌舞短论》,《聂耳全集》,上海音乐社1932年版。
③ 河南开封实验教育区出版,1936年。
④ 河南杞县教育实验区出版,1934年。

《王贵与李香香》那样的优秀文学作品。

1930年代,日本侵略中国,抗日救亡的文化潮流极大的改变了一大批文艺工作者的文化立场与艺术观念。许多人明确提出文化救国,如吕骥提出"目前对于大多数工农群众,新音乐运动不能不把一大部分力量致力于整理改编民歌的工作,不过我们更需要的还是用各地方言和各地特有的音乐方言制成的'民族形式,救亡歌曲'的新歌曲"①。大众文艺运动,其实就是文艺的大众化运动,应该看作五四歌谣学运动的余音和新文学运动的新声。它为新音乐运动提供了必要的文学支持,包括民间文化理论的思想支持。在当时,它反对的是欧化,即所谓五四新文学发展中的文学语言与文学形式的"欧化倾向"。他们认为五四新文学运动"产生了一种新式的欧化的'文艺上的贵族主义':完全不顾群众的,完全脱离群众的,甚至于是故意反对群众的欧化文艺——在言语文字方面造成了一种半文言(五四式的假白话),在体裁方面尽在追求着怪僻的摩登主义,在题材方面大半只在知识分子的'心灵'里兜圈子"。向林冰他们更是指责五四以来的新文学非大众化、非民族化,对于民间旧形式表现出巨大的热情,甚至看作民族形式的"中心源泉"。胡风他们则反对认为五四新文艺"割断了历史的优秀传统,割断了人民大众的联系",反对认为"民间文艺为中国文学的正宗"。他反复地批判向林冰他们提出的"新质发生于旧质的胎内"。特别是对于大众文艺和民族形式的讨论,通过对"民族形式"、"民间形式"的强调,不无偏颇的排斥对于西方文学必要的学习,瞿秋白在《大众文艺的问题》中强调语言形式问题,指出"革命的大众文艺必须开始利用旧的形式的优点"。毛泽东非常关注大众文艺运动的发展,组织召开延安文艺座谈会,针对当时的文艺发展情况,包括如何对待大众文艺运动及文艺大众化等问题,他发表了自己的意见,即《在延安文艺座谈会上的讲话》②。这篇文章是对大众文艺运动的重要概括与总结;它规定的文艺为人民服务,为工农兵服务的方向与任务,在相当长的一个时期内对广大文学工作者影响极其深刻。如延安新秧歌剧运动与赵树理小说的影响。最为典型的应该是以新音乐为背景的大众歌咏运动在全国各地的风行。

在实质上讲,大众文艺运动与五四歌谣学运动重视民间文学的文学价值、学术价值,包括民俗学运动提到的社会价值是一脉相承的,但是,在价值立场和叙述方式等方面他们又表现出不同意见。这两个运动都是在民族危亡的关头由文艺工作者自觉发起的,带有浓郁的救亡色彩,在现代文化发展中都发挥了重要作用;它们相互支持,共同发展,表现出非凡的文化品格。"新音乐运动"显然是以新音乐为主要内容的文

---

① 《中国新音乐的展望》,《光明》1936年8月第1卷第5号。
② 《解放日报》1943年10月19日。

化运动。其源头在于学堂乐歌教育歌唱运动。黄自曾经提出"民族文化的新音乐"①,主张学习俄国音乐文化建设,建立具有中国特色的民族乐派。萧友梅第一次提出"新音乐运动"的概念,他在《关于我国新音乐运动》②中回答了"我国旧音乐与现代西方音乐比较"、"复兴我国音乐的方法与道路"、"如何对待民众领略新音乐运动"、"如何形成我国音乐学派"、"我国音乐教育的途径"和"如何对待新音乐运动与时代"等问题,特别是对于如何对待民间歌曲,他提出"搜集旧民歌,去其鄙俚词句,易以浅近词句,并谱以浅近曲调;遇有谱之民歌,整理之后更配以适当的和声","搜集民曲(folktune 俗名小调,指有声无词的一类),加以整理,配以和声","选择好的旧剧加以整理","由政府及音乐学校双方征求新作民歌并配以曲谱。认为有价值的请政府给予奖励,藉以创作新时代的民众音乐"③。这在事实上应该看作新音乐运动基本纲领性的论述。后来,又有吕骥他们明确提出了"国防音乐";吕骥在《中国新音乐的展望》④、《伟大而贫弱的歌声》⑤等文章中进一步提出了"新音乐运动"的理论,贺绿汀的《音乐艺术的时代性》⑥和《中国音乐界的现状及我们对于音乐艺术所应有的认识》⑦,周钢鸣的《论聂耳和新音乐运动》⑧、《从"九一八"说到新音乐运动》⑨,穆华的《歌曲是一面社会的镜子》(《生活知识》1936 年 5 月第 2 卷第 1 期)等文章中,他们从不同方面对民间歌曲进行广泛而深入的探索。在抗日战争全面开展之后,新音乐运动进入发展高潮阶段。李凌、孙慎、林路他们在重庆、桂林等地建立了新音乐社,进行新音乐的宣传和鼓动。同时,各地的抗敌歌咏队、抗敌演剧队、抗敌宣传队、战地服务团、孩子剧团等各种各样的抗日文化宣传团体,如火如荼。特别是他们在重庆国立音乐院成立"山歌社",对民间歌曲进行收集、整理、改编和演唱,出版《山歌通讯》和《中国民歌选辑》、《五声音阶及其和声》等专集。许多人认识到民族性与时代性的重要,如贺绿汀在《抗战音乐的历程及音乐的民族形式》中所说,"中国是个地域辽阔、人口众多的国家,是个有几千年历史的国家,从南到北,从东到西,无论是语言、风俗、生活、习惯、民族性、社会组织等等,都有极大的差异。在这各不相同的地域里,蕴藏着几千年来遗留下来的无尽的民间音乐、歌谣等等,如昆曲、皮黄、梆子、大鼓、河南坠子等,大都是来自民间而富有极其

---

① 《怎样才可产生吾国民族音乐》,《晨报》1934 年 10 月 21 日。
② 《音乐月刊》1935 年 9 月第 1 卷第 1 期。
③ 萧友梅:《关于我国新音乐运动》,《音乐月刊》1935 年 9 月第 1 卷第 1 期。
④ 《光明》1936 年 8 月第 1 卷第 5 号。
⑤ 《光明》1936 年 12 月第 2 卷第 2 号。
⑥ 《新夜晚·音乐周刊》1934 年第 12 期。
⑦ 《明星》1936 年 10 月第 6 卷第 5、6 期合刊。
⑧ 《生活知识》1936 年 7 月第 2 卷第 5 期。
⑨ 《生活知识》1936 年 9 月第 2 卷第 9 期。

浓厚的地方色彩。从现代音乐的立场来看,这些东西已不够代表新中国的音乐,但是这些东西是创造新中国音乐的最宝贵的源泉","在抗战时期,我们要用音乐来动员群众,当然我们需要民间歌谣形式。利用民歌,创造为民众所喜欢的新民歌,我们的目的是在动员民众,教育民众,提高民众的音乐水平",要"创作无愧于我们伟大时代的史诗性作品"①。

延安的音乐运动更是热火朝天,与田间他们的街头诗运动交相辉映,共同构成延安文艺运动的灿烂景观。鲁迅艺术学院简称"鲁艺",其音乐系先后成立了民歌研究会(1941年更名为"中国民间音乐研究会")、理论作曲研究会、音乐工作团、大合唱团、小合唱团、鲁艺乐队等组织。在他们的课程表上,无论是公选课还是专修课、必修课,都排列着"民歌研究"、"民间文学"、"民间音乐"等课程。他们开展了多种多样的研究、创作和演出活动,到农村、部队、学校进行新音乐的宣传,建立"边区音乐界抗敌协会"、"延安作曲者协会"(后改为"边区作曲者协会")等组织,编辑出版《歌曲月刊》、《边区音乐》、《星期音乐》、《民族音乐》等刊物。特别是鲁艺音乐系音乐高级班学生发起成立的民歌研究会,把民歌的搜集、整理、研究作为自己的主要工作,如吕骥整理的《绥远民歌集》在当时形成积极影响。不久,吕骥他们又采集到许多山西、河北和三边地区的民歌,特别是吕骥亲手设计了民间歌曲记录整理格式表格,他们又成立中国民歌研究会(1940年10月),继而又提出"加强民间音乐的采集与研究工作",改名"中国民间音乐研究会"。安波、张鲁他们在对前线将士访问、慰问工作中采集到400多首民歌和大量的民间音乐、民间戏曲,包括马可他们组成的"鄜鄠五人团"根据民间道情等音乐创作的《白毛女》,对于中国现代文艺发展产生重要影响。到1942年的12月,他们搜集整理的民间歌曲达2000多首,自1942年12月到1943年的3月,他们出版《民间音乐研究》《秧歌集》《陕甘宁边区民歌》《鄜鄠道情集》《河北民歌集》等10余种民间歌曲集,同时还完成了《山西民歌》《江浙民歌》《河南民歌》《山东民歌》《东北民歌》等民歌集。

冼星海的《民歌与中国新兴音乐》原为《民歌研究》,他在这里集中论述了三个问题,即《从音乐观点上来看民歌》、《研究民歌与创作民歌的方法》、《民歌研究与中国新音乐前途》。他的民歌研究照他自己的话说,是受"曾看见刊载《北平文学周刊》的民谣研究"其实就是五四歌谣学的影响;他对于"只有歌词而无歌曲"作为文学研究的状况提出自己的意见,说,"自从中国一般前进的音乐家提出了'新音乐运动'之后,不少大众化、民族化的新兴歌曲,由民歌的影响产生出来,今天我们提出从音乐观点上来看民歌,既可补充过去民歌研究的不足,而且更可促进我们中国新兴音乐的向更实际方面的发展"。他提出,"音乐工作者应该深入民间,尽量搜集各省各地的民歌,与大众一

---

① 《抗战音乐的历程及音乐的民族形式》,《中苏文化》1940年7月抗战三周年纪念特刊。

起生活,同他们一块唱和;考察他们的生活,用记谱法精确地记录他们的曲调与歌词","把所有搜集的材料要分门别类用科学方法整理","歌词与曲谱并重,它们是彼此联系的,不能偏重一方面"并且特别指出"过去的毛病就是搜集民歌有词无谱,失去了它的生命","要从民间的艺术家那里学习","只有向民间不虚伪、不矫饰的劳苦大众去学习,才是条正路",靠自己"吃苦耐劳的精神","吸收民歌的精华,创作真善美的民歌","通过民歌去了解民众","吸收民歌的优良艺术要素来创造更丰富的、更伟大的、最民族性,同时也是最国际性的歌曲和器乐曲"①。在整个中国现代民间歌曲理论的发展中,冼星海的《民歌与中国新兴音乐》是一篇最系统而完整、最深入而具体的著述,应该说代表着中国现代民间歌曲理论发展的水平。与之相媲美的是吕骥的《中国民间音乐研究提纲》②,他详细论述了"研究中国民间音乐的目的"、"研究中国民间音乐的原则和方法"、"民间音乐的范围""应该研究的问题"等内容。相比而言,他在同时代人中视野更开阔。他特别强调对民间歌曲发展规律、特殊性及其相互间的关系的总结,强调对于民间歌曲形成的社会生活条件与历史传承、在社会生活中功能等内容的重视,强调实践的重要意义。他说,"研究中国民间音乐,既不应该从狭隘的民族主义观点、本位文化或源泉论的观点强调中国民间音乐的优越性,因此认为只有民间音乐才是创造中国新音乐的源泉;另一方面,也不应该从科学的、进步的观点认定中国民间音乐只有落后性、原始性,否定其作为民族音乐遗产的优秀传统的意义与价值,因此认为只要全心全意学会了近代西洋音乐就能创造出中国的新音乐",他以为这两种观点"都是不正确的",提出要注意从生活出发,要注意"不同地方民歌艺人在表演上创造的特殊风格"。他把民间音乐包括民间歌曲分为"民间劳动音乐"、"民间歌曲音乐"、"民间说唱音乐"、"民间戏剧音乐"、"民间风俗音乐"、"民间舞蹈音乐"、"民间宗教音乐"、"民间乐器音乐"等八大类别,进而提出"一般理论的问题"和"专门的技术问题",事实上就是基础理论问题与专业发展问题。直到今天,这些理论思想还有益于我们对中国民间歌曲的深入研究。

中国现代民间歌曲理论研究走过了一个世纪的历程,其生于忧患,直面现实,走进民间,深入民间,与人民同呼吸共命运,表现出崇高的学术品格。不仅仅是他们在研究方法上值得我们继承,更重要的是他们的研究立场与学术品格值得我们深入思索。特别是学科融合与交叉等方面,还有许多值得我们重新审视自我的内容。诸如全球化、信息化日益加剧,文化格局与文化观念多元并存,我们如何面对传统与现代、民族间的相互影响、民间艺术的生态保护、民间歌曲与时尚艺术,特别是如何对待以民间歌曲为主要内容的口头与非物质遗产的抢救与保护工作,有效而合理利用民间

---

① 《民歌与中国新兴音乐》,《中国文化》1940年1月创刊号。
② 《新音乐运动论文集》,新中国书局1943年。

文化资源进行文化产业开发等问题,最为突出的是相关学科建设与发展汲取现代民间歌曲研究理论思想等问题,回顾中国现代民间歌曲理论研究的历史,对于我们是十分有意义的。中国现代民间文学史应该关注其口头文学中语言和文字形态之外的旋律、节奏等艺术生态的内容,才能看到其作为社会风俗生活的实质意义与丰富的思想文化价值。

第十四章　少数民族民间文学

少数民族民间文学的搜集整理,在晚清时期就有西方学者参与,如1896年英国传教士克拉克(SamuelRClarke)在贵阳、在黔东南黄平苗人潘秀山的协助下记录的苗族民间故事和《洪水滔天》、《兄妹结婚》、《开天辟地》。1902年,日本学者鸟居龙藏在《苗族调查报告》中记述道:"关于苗蛮之神话,以往文献史上最著名者,为《后汉书》中所记《盘瓠之传说及夜郎大竹之传说二种。此等神话,凡欲言苗蛮事者必引用之,此处则无叙述之必要,兹所宜研究者为关于现时苗族有如何之神话传说耳",其记录整理了"青苗间有一种甚有趣味之创世记的传说",称此"为人类学上最有裨益之材料",其援引"安顺附近青苗之耆老"曰:"太古之世,岩石破裂生一男一女,时有天神告之曰:汝等二人宜为夫妇。二人遂配为夫妇各居于相对之一山中,常相往来,某时二人误落岩中,即有神鸟自天飞来,救之出险。后此夫妇产生多数子孙,卒形成今日之苗族。"又记曰:"太古之世,有兄妹二人,结为夫妇,生一树,是树复生桃、杨等树,各依其种类而附之以姓,桃树姓'桃'名 Chè lá,杨树姓'杨'名 Gai Yang,桃杨等后分为九种,此九种互为夫妇,遂产生如今日之多数苗族。此九种之祖先即 Munga chantai,Mun bān(花苗),Mun jan(青苗),Mun lō(黑苗),Mun lai(红苗),Mun la'i(白苗),Mun ahália,M'man,Mun anju 是也。"他由此总结道:"多数人产生后,分居于二山中,二山之间有深谷,比次等落入谷中时,有鹰(Lan Palè)一羽自天上飞来救之出,由是苗族再流传于四方。因此吾人视鹰为神鸟,常感其恩而祭之。吾等苗族,贵州最多,明时,吾等中有移住于西部及 Siotsuo 者。据以上神话考之,白、黑、红、青、花苗等皆出自同一祖先,且皆以 Mun 为名,故此传说实可证明苗族为同一种族也。"①当年,钟敬文曾发表《种族起源神话》(浙江《民众教育季刊》第1卷第3期,1931年4月30日)《南蛮种族起源神话之异式》(《艺风》第3卷第4期,即《民俗园地》第3期,1935年4月1日),已经表现出"少数民族"的学科独立意识。中央研究院成立民族学和民间文学的研究机构,制定少数民族民间文学在内的调查研究计划,成为搜集整理少数民族民间文学学术

---

① 鸟居龙藏:《苗族调查报告》(上),(南京)国立编译馆1935年4月版第48、49页。

活动的重要开端。

首先是学者们尤其强调对少数民族的尊重。当年,严复翻译英国甄克斯《社会通诠》,在注释中说:"古书称闽为蛇种,盘瓠犬种,诸此类说,皆以宗法之意,推言图腾,而蛮夷之俗,实亦有笃信图腾为其先者,十口相传不自知其怪诞也。"此不无鄙视之意。薛汕在《反对称"特族"》说:"以汉族为本位,将其他民族称为东夷、西戎、南蛮、北狄的时代应该是过去了。或者是如《周礼》所云,把'四夷、八蛮、九闽、九貉、五戎、六狄'等说得有声有色的高傲态度也应该收起来了。不久以前,有不少人已经知道将其他民族的名称,加上从'犬'、从'虫'、从'草'、从'豸'等贱视的符号为不当了。我们算是解除《说文》所注视的谎语,什么'南方蛮闽,从虫'。同样,对存在于各县的所谓"通志"的大片骗词,什么猺,什么獐,什么'兽身犬祖宗'……虽然'狗头瑶'传说中是以犬为祖先,甚至连他们本族的习俗亦显示出这一点,但单凭这粗浅的看法是危险的。我们由于有所谓历史'武功',对他们加以迫害,更由于历史的记载极其模糊,对这一点是值得考虑的。到现在,亦始获揭发了。是的,我们很赞成教育当局将有侮辱性的字眼改为从'人'。"①

在现代民俗学运动中,少数民族民间文学渐渐成为一个热点,尤其是在抗日战争时期,在边疆文化建设中,西南少数民族地区的少数民族民间文学调查达到高潮。1928年5月,中山大学生物系辛树帜教授他们深入广西瑶族和壮族中去做调查,更不用说钟敬文翻译古代典籍《粤风》中的少数民族歌谣,张清水也曾经记述瑶族民俗与相关的民间传说,等等;尤其是钟敬文他们"要解决西南各种人是否一个种族",通过编辑《西南民族研究专号》集中探讨这个问题,余永梁的《西南民族起源神话:盘瓠》在《国立中山大学语言历史学研究所周刊》1928年第3集第35、36期合刊发表,形成少数民族民间文学研究的热点。而真正形成大规模少数民族民间文学搜集整理,则是1930年代之后。如芮逸夫《苗族的洪水故事与伏羲女娲的传说》(中央研究院历史语言研究所《人类学集刊》第1期,1938年);对此,岑家梧《黔南仲家的祭礼》做了补充,并提出异议,说:"这个文化区的文化性质,除铜鼓、芦笙及芮氏所谓兄妹配偶型的洪水故事外,尚有口琴(Harp)、蜡染、文身、几何纹及盘瓠传说。但芮氏推测兄妹配偶型的洪水故事起源于苗人,我们却未敢同意,因为这种传说,除芮氏所述者外,如广西都安、象县板瑶(陈志良《广西特种部族歌谣集·历史歌类》,第4~9页,1942年,《说文月刊》丛书,桂林版),融县罗城的瑶人(常任侠《沙坪坝出土之石棺画像研究》一文所引,《说文月刊》第10、11期合刊,第61~66页,1939年,上海),川南的苗人,贵州威宁的花苗(见大夏大学社会研究部编《社会研究》第9期所载《威宁花苗之洪水滔天歌》),

---

① 薛汕:《反对称"特族"》,《民风》1944年5月15日。

下江的生苗(原注《社会研究》第 21 期所载《生苗的人祖神话》),黔南的侗家(《社会研究》第 8 期所载《侗家洪水歌》),云南鲁魁山的黑夷(陶云逵《大寨黑夷之宗族与图腾制》,《边疆人文》第 1 卷第 1 期,1943 年 9 月,昆明南开大学文科研究所边疆人文研究室油印本),西康的罗罗(庄学本《西康夷族调查报告》第 5 页,1941 年 5 月,西康省政府印行),以及荔波、三都的仲家水家(原注:荔波仲家水家的洪水传说,作者采得 8 种),贵州西南部的苗人(S. R. Clarke, Among the Tribes in South-West China, P. 55, 1911, London),都极盛行,所以此刻要解决它的起源问题,颇觉为时过早。"①对于芮逸夫《苗族的洪水故事与伏羲女娲的传说》,常任侠也表示不同意见,他将汉文典籍记载中的伏羲女娲传说、苗瑶民众流传的洪水传说进行比较研究,认定沙坪坝石棺上所刻之人首蛇身像,就是中国上古传说中的伏羲女娲:"稽考中国古史,苗瑶之民,亦中夏原住民族之一。古先传说,谓伏羲、女娲而后,黄帝尝与蚩尤战而胜之。至舜,更窜三苗三危。此说虽不必为信史,而古者苗民亦尝杂居中原,殆属可信。故于伏羲、女娲二灵,称为人类之祖。崇敬既深,传说亦富,固不仅为汉族之神话也。苗、瑶相传为盘瓠之裔,《后汉书·南蛮传》及干宝《搜神记》,述之颇详。而盘瓠亦即盘古。《赤雅》载刘禹锡诗曰:'时节起盘瓠'。谓苗人祀其祖也。〈岭表纪蛮〉引〈昭平县志〉曰:'瑶人祀盘古,三年一醮会。招族类,设醮场,行七献之礼,男女歌舞,称盛一时,数日而后散,三年所畜鸡犬,尽于此会。'《洞溪讖志》记苗俗曰:'苗人祀伏羲、女娲。'伏羲一名,古无定书,或作伏戏、庖牺、宓羲,同声俱可相假。伏羲与盘瓠为双声。伏戏、庖牺、盘古、盘瓠,声训可通,殆属一词,无间汉苗,俱自承为盘古之后。两者神话,盖亦同出于一源也。"②其"声训可通,殆属一词",是神话语言学研究的可喜尝试。诚然,语言学的研究是少数民族民间文学研究的重要拓展,少数民族民间文学中的语言固然是语言学研究的重要资源,而田野作业中也面临言语不通的巨大困难。此如《西南采风录》的作者刘兆吉所记述自己的感受称:"我国领土广大,交通不便,各省言语差异很大,尤其北方人初到南方来,时时会感到言语不通的困难。当我采集民歌的工作开始时,第一步便受到这种痛苦,因为民歌童谣不像载诸书册的诗词,它是村夫野老以当地土语吟咏出来的,听他们歌唱也很悦耳,但有时不懂歌的意思,要把歌词记下来,而没有相当的字能恰巧符合它的音意。求他们解释,但问答有时不能互相了解。再者一般的农夫牧童,虽然能唱歌谣,而多不识字,请他们把歌词写出来更不可能。往往为了仅仅四五句的短歌,费了不少的话和时间。还有一点也是因为语言不通而引起的困难。一般老守乡里又没受过教育的乡民,逢着异言异服的外乡人,生疏的很,即便好心好意和和气气的请他们告诉几首歌谣,也曾引起他们的怀疑。虽再三的解释他始终不

---

① 岑家梧:《黔南仲家的祭礼》,(重庆)《风物志集刊》第 1 期,1944 年 2 月版。
② 常任侠:《沙坪坝出土之石棺画像研究》,《说文月刊》1939 年第 1 卷第 10、11 期合刊。

肯尽量的告及,这也是由于自己的经验不够,不能洞悉民众的心理,以致在湘西碰了不少这样的钉子。"①刘兆吉所谈现象,在这个时期的学者中是普遍存在的。

　　同时期的少数民族民间文学搜集整理与理论研究还有马学良的《云南土民的神话》(《西南边疆》1941年第12期)、《云南罗族(白夷)之神话》(《西南边疆》1942年第15~17期)、楚图南的《中国西南民族神话之研究》与马长寿的《苗瑶之起源神话》(《民族学研究集刊》第2期,1940年)等。此如楚图南所说:"要想对于西南民族及其文化得到一个明确的认识,最先得探险,调查,搜集和根据于过去的成文的与未成文的史实,各作分科或专题的研究。譬如言语,文字,民族,社会组织,风俗习惯,宗教思想等,由初步的分析,比较,以进于统整的认识和理解。又由统整的认识和理解,以进于与四邻文化和民族的交互的影响的研究。在所能得到的资料中,有属于神话,或是近于神话的,也只能把它作为神话或传说来加以研究和处理,不能即直截了当的作为史实或信史来应用。过去已被误认,或误用了的史实,现在也得先将它们还原为神话,然后以对于神话的态度,以神话学的一般的方法,来将它们清梳,整理,研究,判断,得出正确的结论。又从这些结论中,来推论,来研究出西南民族的比较可靠的信史来。"②管思九、丁仲皋受吴泽霖影响,编纂出《江口情歌集》("大夏大学丛刊第三种",1935年3月版),吴泽霖在该书的序言中写道:"近年来我国青年的注意和努力又转入革命的思想和活动,对于这一类'无聊'的研究工作,又遭唾弃,这或许又是一种时代精神,我们很难与之逆流对抗。但是我们如能放大眼光,我们立刻就可以看到这一类民谣、情歌、风俗的研究,也正足以明了中国社会的结构、变迁和动向。这类的调查研究倒是一种脚踏实地的工作。这本情歌集的编者能在国家扰乱之际,苦心地搜集了百首之多,再加上注音解释,实足令人钦佩。如果他们的工作能够引起江口以外人的兴趣,而去同样的搜集研究,那他们的功绩,真是大呢!"③吴泽霖主持大夏大学社会研究部关于少数民族社会风俗生活包括民间文学的调查研究,其深入少数民族中,调查记录了贵州花苗中流传的大量兄妹婚神话、大花苗民间古歌《洪水滔天歌》、八寨黑苗洪水遗民神话、短裙黑苗洪水神话。④他在《苗族祖先来历的传说》中讲:"他们所述的"那些洪水神话与祖先神话,"都不是开天辟地后第一个老祖宗的故事","乃是人类遇灾后民族复兴的神话",其中的兄妹婚"很可以证明在这些神话形成的时候,兄妹间的婚姻已不流行或已在严厉禁止之列",包括神话传说中的铁器等物质的出现,"这又可以证明这样神话的形成,当在春秋以后又产生了许多的变化";他举例"美国的人类学家

---

① 刘兆吉:《西南采风录》,商务印书馆1946年12月版。
② 楚图南:《中国西南民族神话的研究》,《西南边疆》,1938年第1、2期,1939年7、9期。
③ 吴泽霖:《管思九、丁仲皋编〈江口情歌集〉序》,(上海)大夏大学1935年版。
④ 吴泽霖:《苗族祖先来历的传说》,《贵州苗夷社会研究》,(贵阳)文通书局1942年8月版。

在美洲的印第安人中得到不少材料,证明摩擦的方法,较撞击法为早",解释说"这在花苗的神话中,火是用铁块投掷于石上而产生的","这明明是撞击的方法,当然撞击不一定需要铁块,在事实上人工造火的开端,远在使用铁器以前,凡燧石之类互相撞击,都可以生火星,铁块显系由苗人后来改编的","无论如何这是撞击较摩擦为早的证据,并且证明造火方法的次序至少带有地方性,而不一定循古典派所主张的一定的程序和阶段",最后,他强调说"所以,这一点在人类学上也是值得注意的"①云云。陈国钧曾经搜集整理黑苗、花苗、红苗、白苗、生苗、花衣苗、水西苗、仲家、水家、侗族等少数民族965首民间歌谣,编成《贵州苗夷歌谣》和《广西特种部族歌谣集》等;陈国钧是一位尤其勤奋的学者,他还曾发表了《生苗的人主神话》(《社会研究》第21期,1939年)、《广西蛮瑶的传说》(《社会研究》第46期,1942年)、《广西特种部族歌谣之研究》(《说文月刊》第2卷第6、7期,1940年)、《广西东陇瑶的礼俗与传说》(《说文月刊》第5卷第3、4期,1945年)、《恭域大士瑶的礼俗与传说》(《风土什志》第2卷第2期,1948年)等著述。他研究神话传说中的兄妹婚等历史遗留物现象,称:"古时候曾经有一次洪水泛滥,世上人类全被淹死,只有两个兄妹躲免过,后来洪水退却,这对兄妹不得已结成夫妻,他们生了一个瓜形儿子,气得把这瓜儿用刀切成碎块,撒在四处,这些碎块即变成各种人了。"②亦如其在《贵州苗夷歌谣》"自序"中所说:"我专事调查贵州苗夷族生活,已历多年,早就打定主意,在我所编的书中,一定要先编这本书。因为当我每次作苗夷族调查,附带搜集歌谣材料,是件轻而易举并有意味的事,而且材料积到相当多时,也不必化多大的整理工夫,就可以编成书。现在,经过了几年的采集,略有一些所得","本书在国内尚属第一本集录特种民族的歌谣,所以,我不敢随便在中间加以修改和诠释,只原原本本把它转译编汇在一起,以便保存它本来朴质的真面目,并就它的内容种属分了先后,我想,这样仍不会减却它的价值,也可以供研究苗夷族者,一大堆材料"③。因而,有学者给予其很高评价,称"陈先生对于调查与汇集的工作,不辞劳苦!这一部歌谣集就是陈先生费了许多心血汇集而来的。此集出版以后,贵州苗夷族的歌谣始有定本。我们翻开来一看,其中无一首不是天籁。我们很庆幸,中国的民间文艺从此又增加了一种宝贵的资料"④云云。这些记录文本,一方面成为当世少数民族民间文学流传状况的证明,一方面成为他们进行科学研究的珍贵历史文化资料。此如张小微为《贵州苗夷歌谣》写的序中所论说道:"人类社会文化有了种族性和地方性的区别,学术上的研究便不能够一概而论,除非个别的加以分析之外,结果

---

① 吴泽霖:《苗族祖先来历的传说》,《贵州苗夷社会研究》,(贵阳)文通书局1942年8月版。
② 陈国钧:《生苗人的人祖神话》,《贵州苗夷社会研究》,(贵阳)文通书局1942年8月版。
③ 陈国钧:《贵州苗夷歌谣》,(贵阳)文通书局1942年4月版。
④ 陈国钧:《贵州苗夷歌谣》谢六逸"序",(贵阳)文通书局1942年4月版。

一定难望深刻彻底。个别研究的途径固然很多,但是利用歌谣来作分析的资料,实不失为犀利的工具之一,倘若所研究的社会文化是属于缺乏文献的落后民族,则这种工具尤擅重要。因歌谣是人类社会生活的附产品,可以反映出来各种族和各区域的特有形态。不过歌谣的研究系客观研究的性质,必须首先从事于多量歌谣的汇集,否则便无法着手研究。是以汇集歌谣乃是以分析歌谣为研究人类社会文化的途径的初步工作。"① 其他如王兴瑞曾发表《海南岛苗人的歌谣与传说》(《文史杂志》1944年第5卷第3、4期)、《苗人起源传说之研究》(《新政治》1938年第1卷第2期)、《海南岛苗人的来源》(《西南边疆》1939年第6期)、《海南岛的苗人生活》(《边疆研究季刊》1940年创刊号)、《黎人的文身、结婚、丧葬——从史籍上所见》(《风物志集刊》1944年第1期)等,学者们的论述形成一个通则,即从文献记录状况(包括有无文字)出发,按图索骥,寻求少数民族民间文学口头记录,并以此展开田野作业,进行不同形式的研究;他们都强调通过一定的社会风俗生活具体研究少数民族民间文学,或通过民间文学研究风俗,以及文化人类学在风俗与民间文学中发现历史文化。

卫聚贤主编《说文月刊》是少数民族民间文学研究的重要理论阵地。在这里,郭沫若曾经提出"禹化黄龙",孔令谷提出"神话还原论",论说"古代原始民族往往以歌谣神话表叙自己民族的著名史事","神话传说决无无因而至","神话并不是梦话,而是实际的事"。其他如常任侠《重庆沙坪坝出土之石棺画像研究》(1945年第5卷第10、11期合刊)等文章,不同程度上论及少数民族民间文学。陈志良曾经发表《广西特种部族歌谣之研究》(《说文月刊》1940年第1卷第6、7期)、《广西东陇瑶的礼俗与传说》(《说文月刊》1940年第1卷第3、4期)等著述,他还翻译发表了藏族史诗《格萨王传》"序幕"之一、"序幕"之二,发表在《康导月刊》1947年1月第6卷第9、10两期。其他还有朱祖明《塔尔寺与其神话》发表于《康导月刊》1943年第5卷第2、3期合刊、岭光电辑《圣母的故事》(猓民故事)发表于《康导月刊》1943年11月第5卷第7、8期合刊、任乃强《关于〈蛮三国〉》发表于《康导月刊》1947年第6卷第9、10期。《风土什志》也是少数民族民间文学理论研究的重要刊物,如吕朝相关于羌民端公神话的文章《羌民生活一瞥》(1944年第1卷第3期)、李元福《猓猓的文学》(1944年第1卷第4期)、陈志良《板瑶情曲》(1946年第1卷第6期)、陈志良《恭城大土瑶的礼俗与传说》和林荣标《介绍几条高山族民歌》(1948年第2卷第2期)等。《风土什志》还发表了许多少数民族民间文学作品,如第1卷第6期的《瑶民情歌四首》、《苗民恋歌》;第2卷第2期的《独龙族创世故事》、第2卷第4期的《闷域(门巴族)的传说》、第3卷第1期的《西藏民歌》等。另外,李霖灿(李灿霖)所编《金沙江情歌》,也是少数民族民间文学的优秀之

---

① 陈国钧:《贵州苗夷歌谣》张少微"序",(贵阳)文通书局1942年4月版。

作。这些现象背后,充满无数艰辛,表现出年轻的学者们对学术事业的执著追求,也为后来少数民族民间文学研究奠定了重要基础,特别是他们不畏艰苦、孜孜以求、坚忍不拔、勇敢开拓、精益求精的科学精神,是后来者应该备加珍惜的学术传统。

总之,少数民族民间文学的搜集整理和研究,学者们更多是从民族学和社会学等学科理论需要出发,其大致情况,笔者在前面关于民间文学的民族学研究等章节中已经论述。

最后要特别提到的是《阿细的先鸡》。

光未然《我怎样整理〈阿细的先鸡〉》(代跋)中声称自己是在原来民间演唱的基础上做了适当修补,所做的忠实于彝族人民民间文学原貌的搜集整理。"阿细",指彝族支系阿细人,"先鸡"指他们的歌曲①,这首叙事长诗的搜集整理过程与意义,颇类似于芬兰人的《卡列瓦拉》,都属于民族危亡特殊背景下的民族传统被强化记忆与认同的结果。

其内容如光未然所述:"据我们现在所记录下来的,全部约计两千行,内容包括丰富的神话传说,男女的恋情和民族生活与民族风习的忠实而准确的记录;阿细人民的幻想与希望,欢乐与痛苦,大概都可以从他们自己这部长诗中窥见一斑了";其"第一部的神话传说的部分,来源一定是极其悠久的,而且我猜想,说不定其中还保存了若干已经湮灭了的汉民族神话传说的转化或变形。至于《创世纪》和《洪水记》的部分,是不是搀杂了后来传播到该地的基督教传说的若干影响,我这时还不敢断言",其"第二部描写民族风习的地方,形成的年代自然较后些,其中汉民族文化风习的影响,显然占有重要的支配地位",包括"在阿细部落中所流传的原诗,全部是五言体,这里是由阿细族青年毕荣亮君逐句口译,由我在不失原诗情趣的原则下略加润色发展而写定的。原诗天然地分上下二部,现在由我分为若干章并加上标题"云云。他说,"《阿细的先鸡》是一部活的口碑文学","随着他们的历史与生活的发展,随着一代代的流传,这部长诗也不断地在增加它丰富的创造性",同时,他也指出其濒临失传的危险,称"然而我们也可以说,这种发展到今天为止已经告一段落。因为即(使)在阿细部落中的男女青年,能够从头至尾唱完这"先鸡"的全部的,已经不多了","这部先鸡的生动的形象和语言,哪些是由来已久的,哪些是由于毕荣亮君的发展和创造,此刻也很难辨别了。我所以说这位毕荣亮君,这位保存了先鸡而且发展了先鸡的阿细人民的诗人,不愧为'阿细的荷马',其理由也就在此",而"把这部长诗逐句传述给我的阿细青年毕荣亮君,是在邻近的数十个村落中能够唱完"先鸡"全部的唯一的一人,所以被当地同族的青年戏呼为"王子",大家都不敢和他对唱","毕君是路南县中学毕业的学生,他的家

---

① 光未然:《阿细的先鸡》,(昆明)北门出版社1944年版。

住在弥勒、路南两县交界处的深山中。在这个山岳地带里,散布着许多大大小小的阿细族的村落,其中有些已经汉化了。毕荣亮君的家乡磨香井,因为位置在崇山峻岭的最深处,所以还大部分保留着自己的文化面貌",其称:"这也许就是这部《阿细的先鸡》所以在磨香井部落得以保全下来的重要原因吧。① 这是中国现代民间文学史上关于民歌手即民间文学发生主体研究的表现;其感慨"当地的男女青年们日常所歌唱着或者说所使用着的,大概都是这部"先鸡"中的某些片段。如果不很快的记录下来,再经过若干岁月,我想这部长诗会有逐渐泯灭的危险"②云云,所以有这部长篇叙事诗的出现。田野作业是这部少数民族民间文学经典形成的重要基础;或曰,没有光未然从民间歌手那里的详细调查,就没有这些脍炙人口的民间歌唱。

光未然是一个著名的诗人,富有表现时代的政治热情和文化热情。他在《阿细的先鸡》做"题解"时,详细论述了自己的记录过程,包括自己对民歌的理解。其记曰:"云南是一个多民族的省份。我们在昆明附近常见的夷人(Lolo),是云南少数民族中间的一系;而阿细族又是夷族(Lolo)中的一个支系;他们的地区散布在路南、弥勒、陆良一带的高山峻岭中","夷族各支系(如阿细、撒尼、阿哲、黑夷等)彼此之间,在文化上虽大同小异,语言上却相当隔阂,甚至到彼此不能通话的地步。这种种族上语言上的隔阂,或许就是今天云南的少数民族不能团结起来走上进步的文化生活的一个重要原因吧!"他进一步论述说:"据我们所知道的,分布在云南各地支派繁多的少数民族中间,经过年长月久的积累,都有他们丰富而瑰丽的史诗一般的民歌流传着。《阿细的先鸡》就是千百年来流传在阿细族中的一部长诗。"他解释称歌名"阿细语 asy 的音译",意即"歌曲",所谓"阿细的先鸡",即"当地汉人恒译为先鸡"而得名,其接着记述道:这部长篇民间叙事诗"是一部活的情歌","有着现实的使用价值的",即"在阿细族的村落中,青年男女们在耕作之暇互相对唱,作为求偶的手段"③云云。

这里,他提出问题说:"受过近代文明洗礼的我们,或许觉得惊异;在男女恋爱的场合,为什么要反复无穷地歌唱一些与当前的现实无关的神话故事以及风俗习惯这一类的题材呢?"然后,自己作答曰:"我们或许可以这样解释:在原始文化的部落中,歌唱是发挥青年智慧的重要手段,甚至可说是唯一的手段。谁唱得最多,谁记得最多,谁创造得最多,谁的歌声最响亮,最美丽,也就代表谁的智慧最丰富,谁才有资格博得异性对手的欢心。这和我们的社会中某些人以资格学历学位等等头衔来换取异性的赞佩,或者说,如在鸟类与昆虫社会中以羽毛、以歌喉来换取异性的爱悦,是初无二致

---

① 光未然:《阿细的先鸡题解》,《阿细的先鸡》,(昆明)北门出版社1944年版第1—5页。
② 光未然:《阿细的先鸡题解》,《阿细的先鸡》,(昆明)北门出版社1944年版第12页。
③ 光未然:《阿细的先鸡题解》,《阿细的先鸡》,(昆明)北门出版社1944年版第1页。

的。"① 显然,这种解释未必就是文化人类学的理论,而是文化演进的推论与假设。

民间文学是千百年来无数民众共同的创造,蕴含着中华民族丰富的聪明智慧。尤其是我国众多少数民族,能歌善舞,他们的民间文学更富有特色。《阿细的先鸡》是一种典型,三大民族史诗《格萨尔》、《江格尔》、《玛纳斯》也是典型。其他如壮族的民族史诗《布洛陀》,讲述一位"山中无事不晓的老人"如何开辟世界,造就敢壮山、五子山,劈开右江河,充满豪情的故事;所有少数民族的民间文学都有着非常重要的价值意义,中华民族众多民族和睦相处,相互尊重,使中国民间文学事业充满生机。随着国际间交往的频繁,中国少数民族民间文学受到国际范围内越来越多学者的关注,使得这些内容形成更大影响。诸如国际纳西族学会、国际瑶族学会等,研究中国少数民族民间文学取得可喜成就。尤其是国外学者对中国少数民族民间文学的研究,一方面表现出他们的研究方法与他们的思想理念,另一方面在交流中也对我们提出挑战,在挑战中形成学术发展的诸多机遇。我们不再仅仅把意识形态问题提到很高的程度,而是更重视相互学习,共同发展、提高。这是社会发展巨大的进步,改革开放让我们越来越清晰我们与世界各民族间的联系,看到我们的位置,包括我们应具有的立场和态度。想当年,西方人揭开敦煌的面纱,曾经给我们带来多少尴尬;今天,一切都在改变,因为一切都在发展,更重要的是我们逐渐战胜了自我,逐渐摆脱惟我独尊的文化本位主义,越来越自信,越来越从容。但是,完全纯粹的学术研究是否在每一个地方都存在,或者一夜之间是否能够完全消除意识形态方面的差别,完全做到平等的交流,这还需要用事实验证。而无论如何,我们研究民间文学,将之与实现中华民族伟大复兴的时代任务相结合,这绝对没有过错;一味用西方学者的理论衡量中国民间文学,也未必就是走向了世界。

众多少数民族间流行的民间文学是中国民间文学的重要表现形式和重要组成部分,是中国传统文化的一部分。有人数不少的学者并不懂得或不完全懂得民间文学这些内容,便动辄倡言什么民间文学充满封建糟粕,在 1940 年代对于民族形式的讨论中,如胡风、葛一虹等人,极力谴责民间文学所显示的封建糟粕,十分武断地把民间文学作为与时代发展相悖的封建迷信,放大了那些所谓低级趣味的内容。这种现象在 1949 年之后表现得更强烈。民间文学未必完美无缺,但是,把民间文学完全等同于落后,视作小农经济的产物,这未必不是新的蒙昧,未必不是一种极其狭隘而肤浅的理解。中国近代社会曾经政治动荡不断,军阀混战,外敌入侵,中华民族到了最危险的时候。胸怀救国救民雄心壮志的年轻一代知识分子,不畏艰险,始终走一条与人民大众相结合的道路,在田野中发现问题、思索问题,立足脚下,胸怀世界,运用各种新说、

---

① 光未然:《阿细的先鸡题解》,《阿细的先鸡》,(昆明)北门出版社 1944 年版第 5 页。

旧说，重说中国民间文学，发掘出一大批珍贵的民间文学。他们的民间文学思想理论是属于整个中华民族的思想文化财富；他们献身民族独立自由解放事业的豪情与品格，更是整个民间文学思想理论的光荣传统。

除了这些，少数民族民间文学的搜集整理者还有许多民间社会的宗教团体与个人。其中，有许多是出自民间宗教中民族文化教育需要，或作为教材，或刻写在教堂宣传墙壁上，或作为民族文化的文献典籍整理而进行。如人所言，伊斯兰教自唐代传入中国以来，在明末之前其传播还比较单一，主要使用阿拉伯语、波斯语作为中国信仰伊斯兰教的穆斯林语言。明末清初以来，汉语逐渐成为回族社会生活中的共同语言，中国伊斯兰教文化的传承与传播，除在经堂中用阿拉伯语和波斯语之外，还有许多穆斯林学者开始用汉文译述伊斯兰教文化经典。他们称之为"不但使吾教人容易知晓，即儒教诸君子咸知吾教非扬墨之道也"云云。这也构成中国现代民间文学的重要内容；其典籍整理在后来形成《回族经堂歌》[1]。有学者称，这是中国穆斯林学者发起的一次护教辩教的宣传活动，也是中国穆斯林内部振兴宗教信仰的自救活动，它和经堂教育一起，为中国伊斯兰文化的发展，起到了积极的推动作用[2]。其中有许多经歌采用三字经、四字经、五更月、哭五更、十叹、十夸、十二叹等传统民间文学形式。其民间歌谣篇，收集有《信主歌》、《伊玛尼颂歌》、《十二等复生》、《可叹歌》、《劝世人》、《劝青年歌》、《劝老人歌》、《戒酒歌》、《穆民要知道》等。如其《回教女子三字经》中歌唱道："嫂子前，有礼行。多礼请，少任性。人亏人，主不亏。亏人者，主必罪。"这是宣传民族道德传统的瑰宝。从搜集整理的范围看，如江苏南京、河南商丘、宁夏银川、甘肃兰州等地；从搜集整理时间来看，有近现代，也有当代。这是中国民间文学的重要内容，却被许多民间文学史著作所忽略。

总之，中国民间文学史是中华民族共同的民间文学史，东西南北中，上下五千年，伴随着中华民族发展壮大的历史，走过了无数的风风雨雨，体现了中华民族古老的文明历史及其非凡的聪明智慧与独特的审美情操。这是中华民族世世代代共同创造的文化宝典。民族文化传统的基本标志就是不同形式的记忆与表达，而民间文学世代相传，是任何历史文献都不可比拟的极其鲜活的民族文化遗产。从其体现人民大众的情感与意志上说，中国民间文学史是一部民族心灵史；从其表现社会历史发展进程上说，这是一部口头形式的民族生活通史，与各种文献构成的中国社会通史相对应；从其显示的社会风俗生活内容上说，这是中华民族的百科全书。所以，笔者把中国民间文学称之为是人民的信仰，是民族的图腾，是历史的良心，是文化的底色，是时代的强音。

---

[1] 马广德选注：《回族经堂歌》，宁夏人民出版社2009年版。
[2] 马廷义：《回族经堂歌》"序"，宁夏人民出版社2009年版。

千百年来,民间文学哺育了民族文化的诸多形式,从口头到文字,再发展成为各种新媒介所表现的内容,生生不息,变化万千。更重要的是它培养和锻炼了中华民族坚强不屈的性格与文化精神,其追求自强不息,厚德载物,讲究与人为善,见贤思齐,惩恶扬善,嫉恶如仇,崇尚聪明、仁义、正直、勇敢、和谐、善良,造就了中华民族海纳百川般极其坦荡、博大的胸怀。尤其是在民族危亡的历史关头,中国民间文学表现出威武不屈、坚忍不拔的民族气概,出现许多可歌可泣的民族英雄。中国民间文学浩如烟海,是一望无际的文化森林。

中国民间文学是人类社会伟大而神圣的文化遗产,是当之无愧的人类文明史诗。